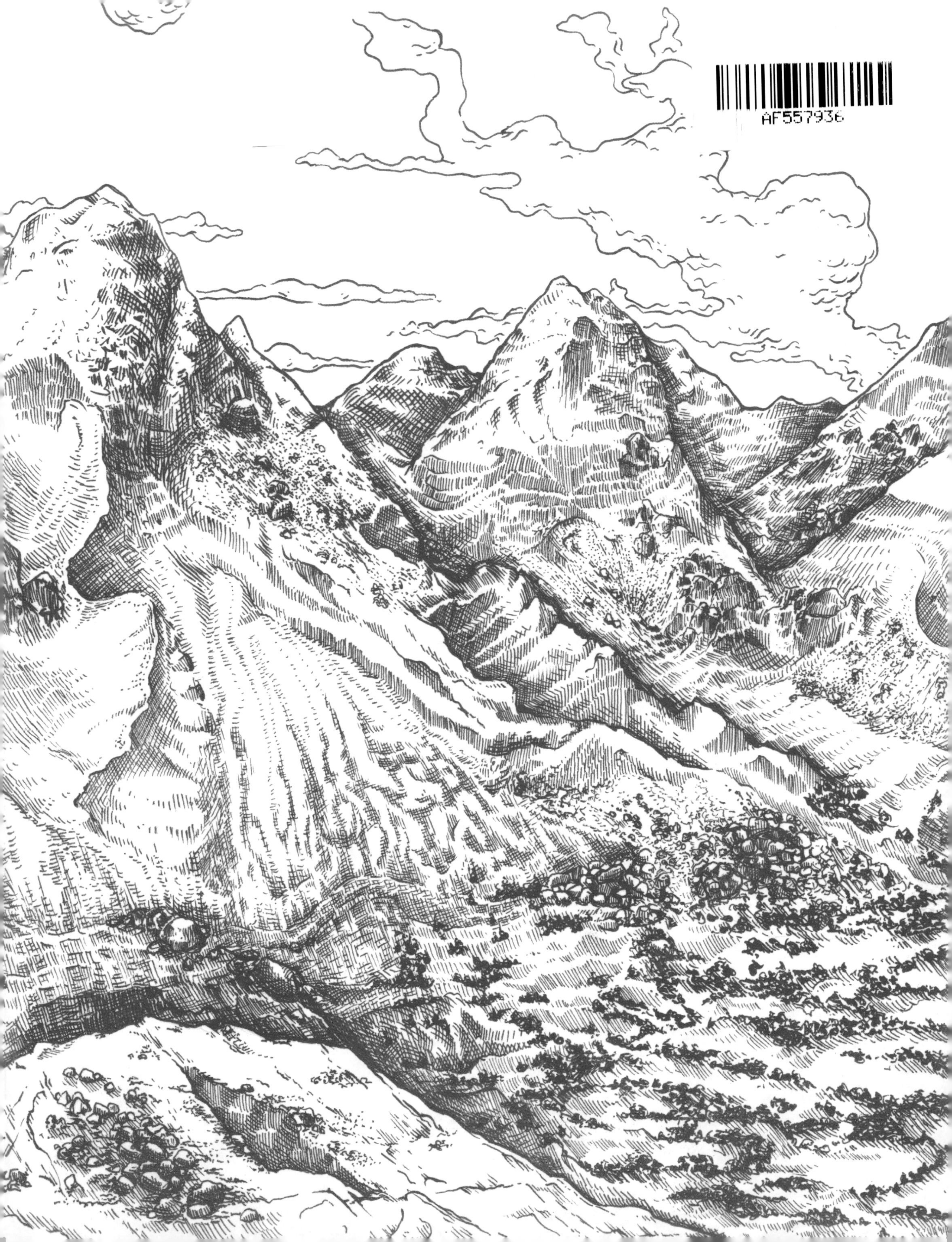

Trutzburg, Schutzhaus, Basislager. Durstlöscher, Wärmespender, Begegnungsstätte. Berghütten haben viele Rollen zu erfüllen – und jede tut es auf ihre ganz spezielle Art. Die Recherche für dieses Buch hat uns wieder einmal bewusst gemacht, wie charakterstark und individuell diese Häuser sind, jede für sich ein Unikat, geprägt von ihrer besonderen Lage, ihrer Geschichte und nicht zuletzt von den Menschen, die sie mit Leben füllen.

Geschichten, Gesichter, Gebäude.

Es gibt knorrig-knarzige Urgesteine, alteingesessene Institutionen und besonnen gestaltete Neubauten. Es gibt Hütten für Hartgesottene und solche für Genießer. Hütten, die auf einer weiten Wiesenkuppe liegen, und andere, die sich eng an die Felsflanke schmiegen. Während bei der einen noch die Ziegen auf das Stadeldach steigen, sichert auf anderen Dächern die Photovoltaik das autarke Dasein.

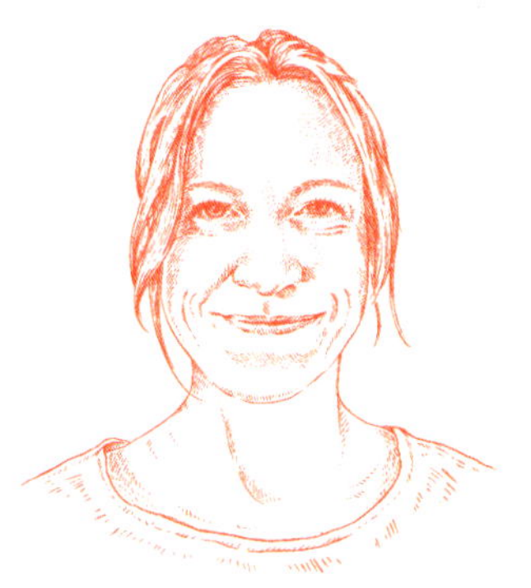

Über die Autorin

Die gebürtige Allgäuerin Sissi Pärsch lebt als Journalistin in München, reist jedoch die meiste Zeit durch die Bergwelt. Für sie sind Hütten primär Geschichtenlieferanten und somit auch Arbeitsplatz. Dort sitzt sie dann und beglückwünscht sich zu ihrer Berufswahl.

Hinweis

Das Berghüttenleben ist dem Wetter unterworfen, und so ist bei jeder Tourenplanung der Blick auf die Hütten-Website unverzichtbar. Online finden sich alle Angaben zu aktuellen Öffnungszeiten und Preisen sowie Hinweise zu Wegbeschaffenheiten. Wer über Nacht bleibt, sollte unbedingt vorab reservieren. Und natürlich empfehlen wir jedem, den Hüttenaufenthalt, wenn irgendwie möglich, auf die Nebensaison oder zumindest nicht aufs Wochenende zu legen.

Hütten sind sowohl Zeugen des Wandels wie auch Symbole der Stetigkeit. In ihnen steckt so viel Geschichte und noch mehr Geschichten – und es war uns ein großes Vergnügen, diesen nachzuspüren und sie einzufangen.

Ein Werk der Inspiration sollte es werden, ein Vorfreudestifter, ein Buch, in dem das Bergwelten-Team von besonderen Orten erzählt. Fünfzig Einträge sind es geworden. Fünfzig wunderbare Berghäuser, über die Alpen verteilt. Jedes eine Persönlichkeit, jedes einen Aufstieg wert – versprochen. Steigt auf, grüßt und genießt – aber zunächst wünschen wir viel Spaß bei der Lektüre.

Eure Sissi Pärsch und das Bergwelten-Team

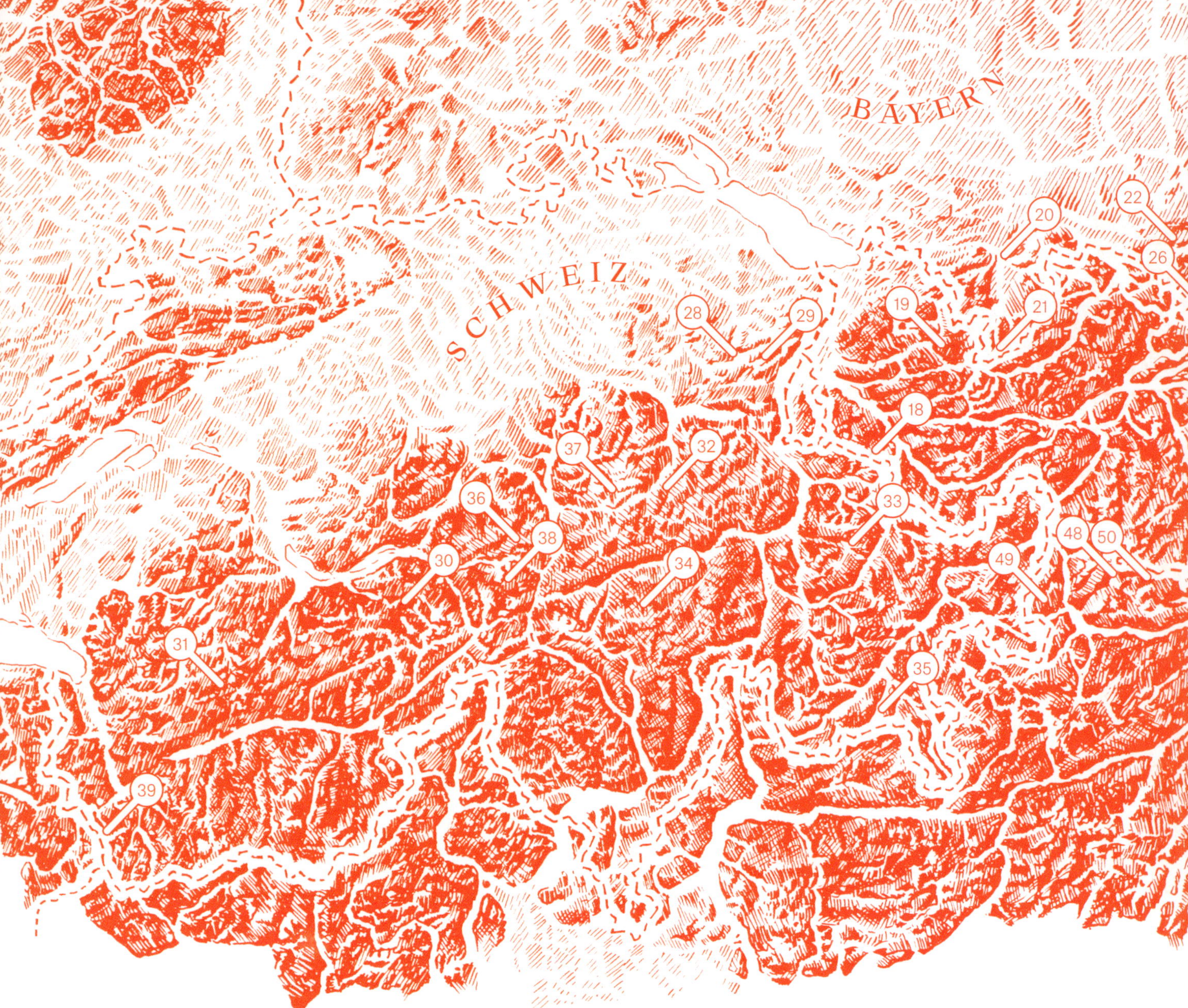

50 Porträts aus dem Alpenraum

Österreich

1. Millstätter Hütte
2. Nossbergerhütte
3. Wolayerseehütte
4. Schutzhaus Vorderötscher
5. Goiserer Hütte
6. Traunsteinhaus
7. Zellerhütte
8. Krefelder Hütte
9. Peter-Wiechenthaler-Hütte
10. Richterhütte
11. Gollinghütte

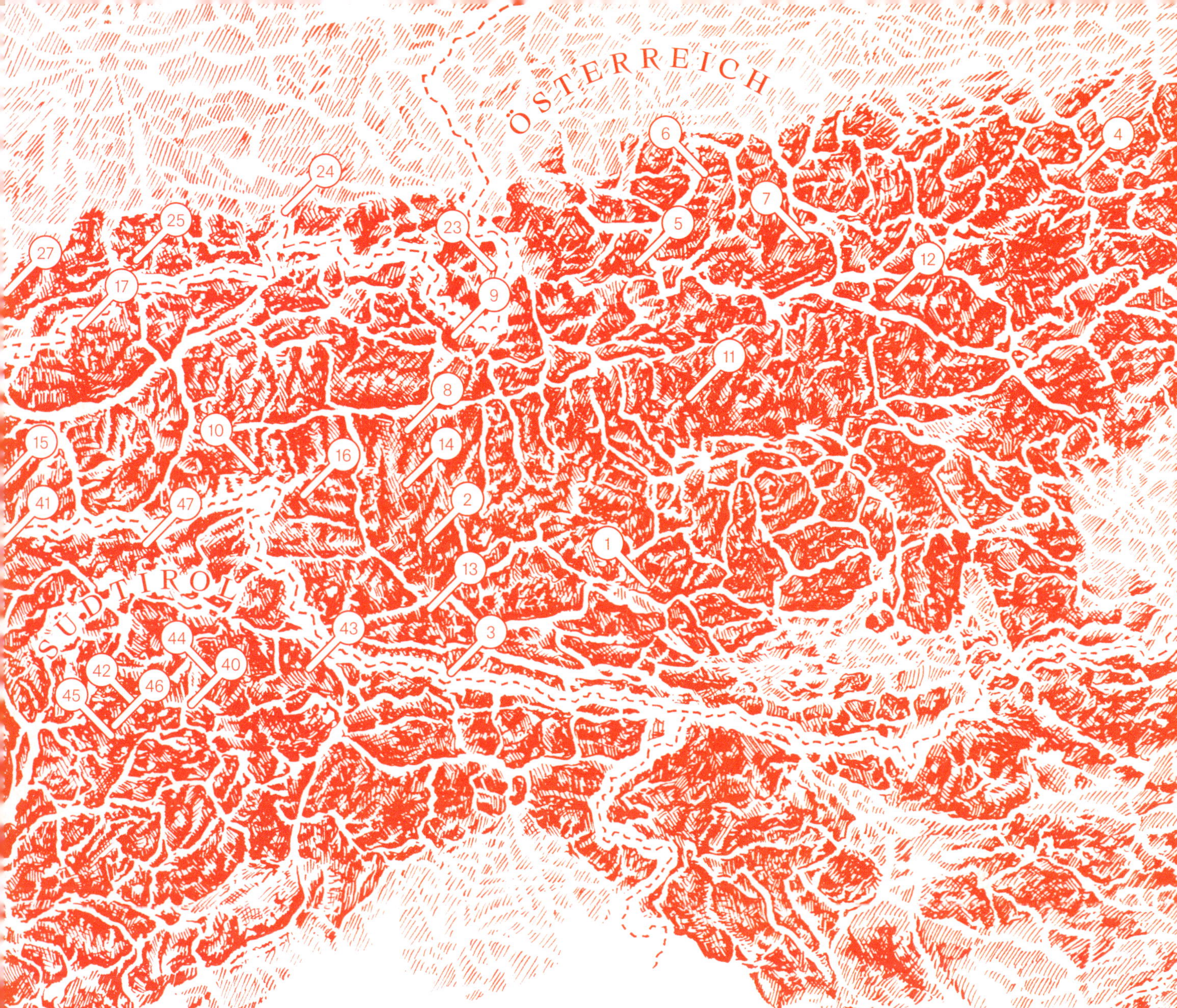

12	Mödlinger Hütte
13	Dolomitenhütte
14	Erzherzog-Johann-Hütte
15	Franz-Senn-Hütte
16	Johannishütte
17	Tölzer Hütte
18	Lindauer Hütte
19	Schwarzwasserhütte

Bayern

20	Prinz-Luitpold-Haus
21	Waltenbergerhaus
22	Brunnenkopfhütte
23	Purtschellerhaus
24	Hochrieshütte
25	Tegernseer Hütte
26	Höllentalangerhütte
27	Weilheimer Hütte

Schweiz

28	Berggasthaus Tierwies
29	Hundsteinhütte
30	Glecksteinhütte
31	Wildstrubelhütte
32	Leglerhütte
33	Heimeli
34	Terrihütte
35	Tschiervahütte
36	Spannorthütte
37	Glattalphütte
38	Voralphütte
39	Cabane du Trient

Südtirol

40	Pralongià
41	Becherhaus
42	Langkofelhütte
43	Büllelejochhütte
44	Lavarellahütte
45	Grasleitenhütte
46	Tierser Alpl
47	Edelrauthütte
48	Oberetteshütte
49	Sesvennahütte
50	Similaunhütte

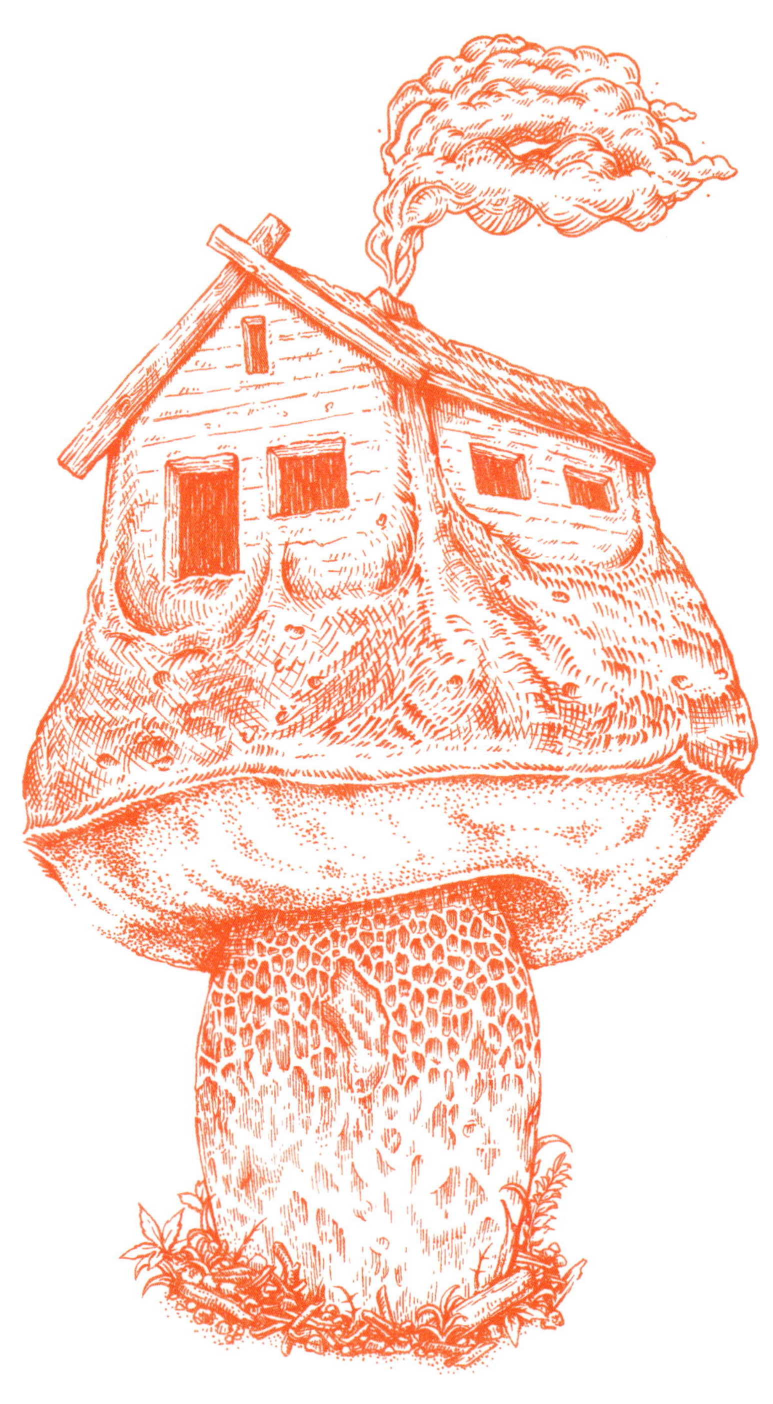

Inhalt

Österreich

Bayern

Schweiz

Südtirol

Anhang

»Auf der Hütte wird die Gemeinschaft gefeiert. Hier verweilt man, sitzt beisammen, tauscht sich aus.«

Scarlett Olesova,
Besitzerin der Dolomitenhütte

Österreich

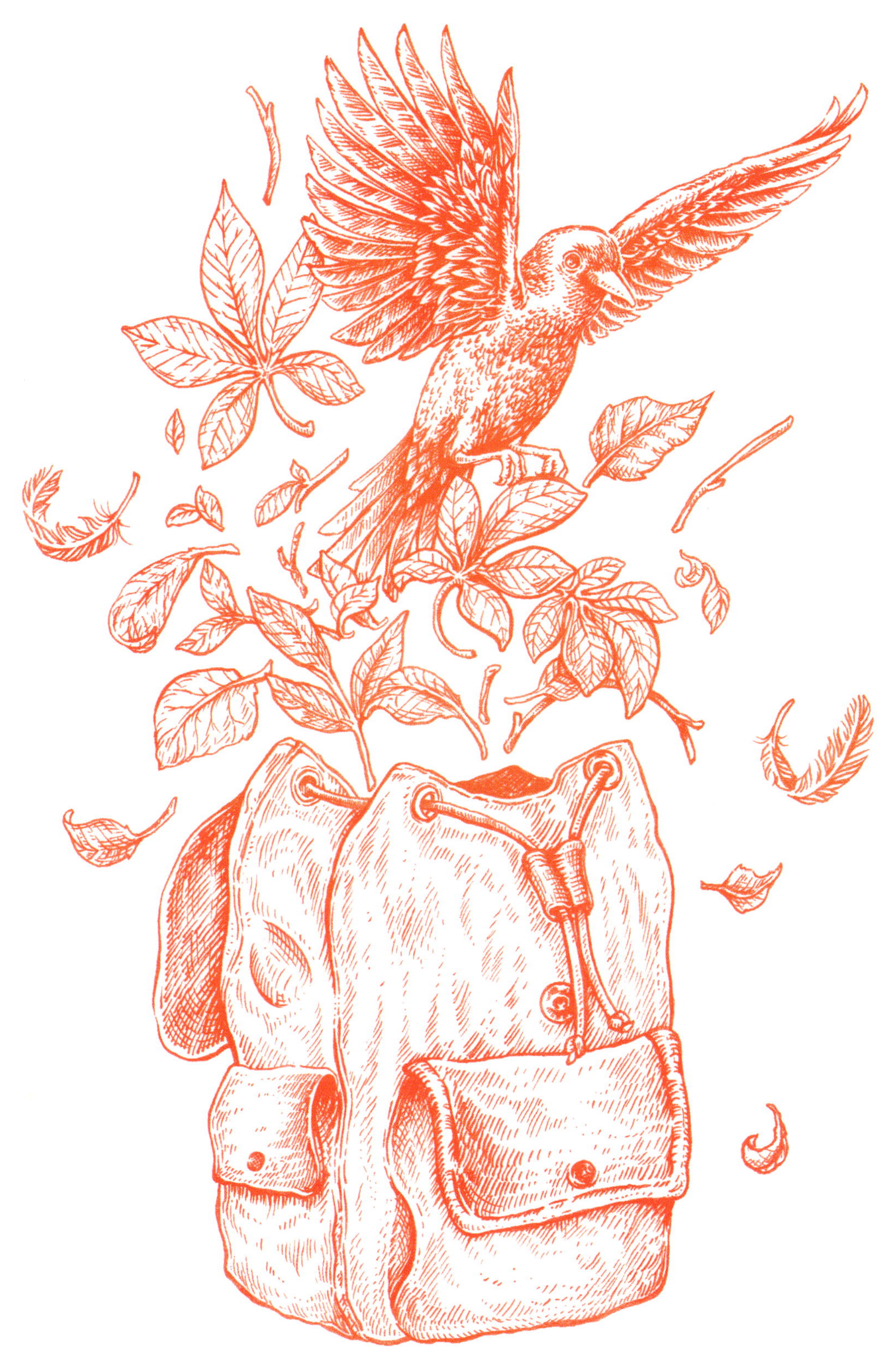

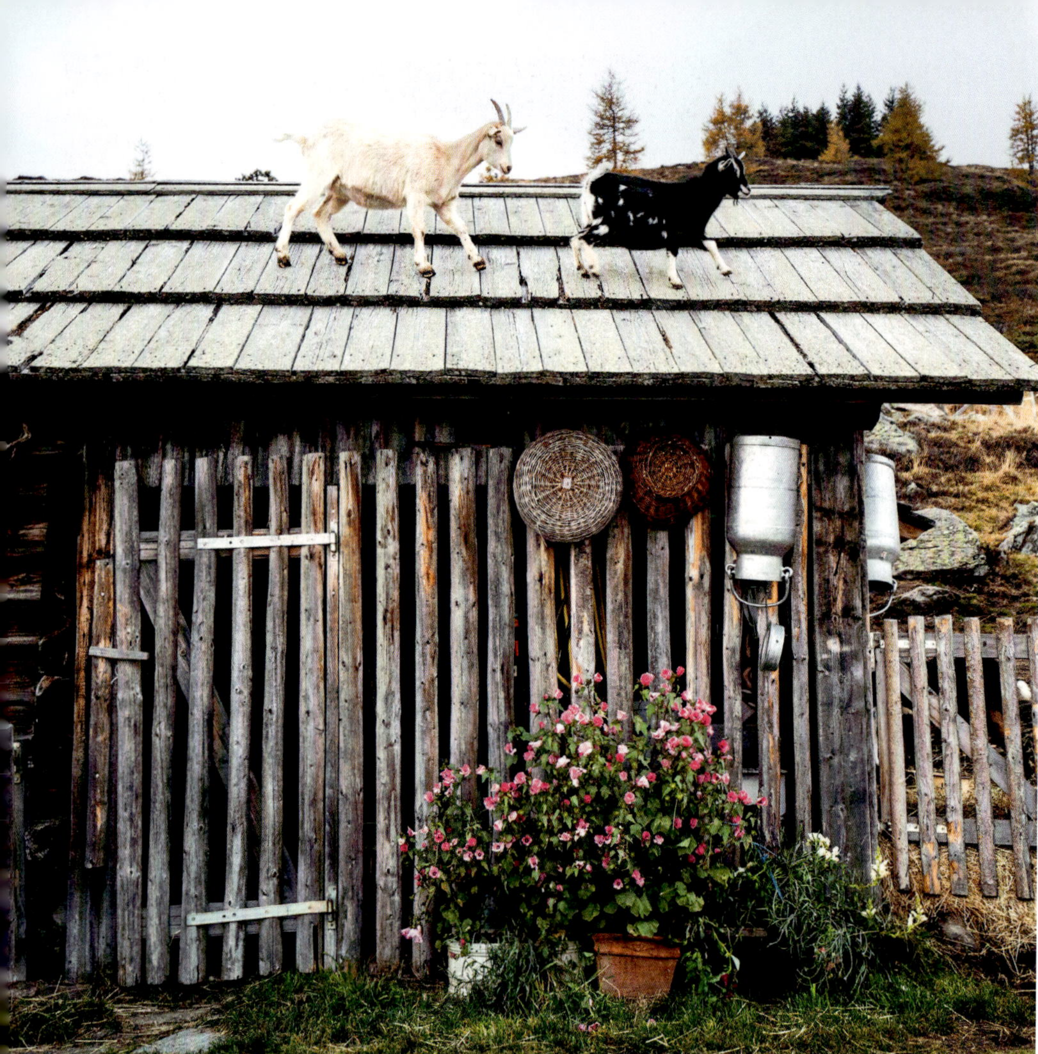

Lage
Nockberge

Hüttenwirtin
Edith Widmann

Geöffnet
Anfang Mai bis Ende Oktober – die beheizbare Winterhütte mit elf Schlafplätzen kann angemietet werden.

Touren & Zustiege
→ Seite 238

Millstätter Hütte ↗ 1.880 m

Das ist besonders
Milch, Butter und Graukäse stammen von den vier Kühen der Millstätter Hütte, die gerne vor den Augen der kleinen Gäste gemolken werden.

Man sah sie bereits kommen, zu Beginn des 19. Jahrhunderts, die Gäste aus dem mondänen Bad Gastein. Denn der Tauerntunnel war am Entstehen, und der Bahnweg nach Kärnten würde auch für Touristen aus dem deutschen Kaiserreich bald frei sein. So wurde 1908 auf einer lieblichen Alm am Millstätter Törl oberhalb des Millstätter Sees eine Hütte errichtet. Elf Jahrzehnte später versammelt sich hier vielleicht keine feudale Gästeschar, dafür freut sich Gastgeberin Edith Widmann aber über die vielen Familien und Genusswanderer. Der Weg von der Schwaigerhütte ist kurz und auch mit Kinderwagen zu bestreiten, die Landschaft der südlichen Kärntner Nockberge ist lieblich, und um die Idylle perfekt zu machen, grasen und suhlen sich um die kleine Hütte Pferde, Esel, Ziegen und Schweine. Natürlich kann man auf dem Weg zur Edith auch richtig ins Schwitzen kommen – so wie zum Beispiel die Mountainbiker, die auf der Transalp-Route von Salzburg nach Hermagor unterwegs sind.

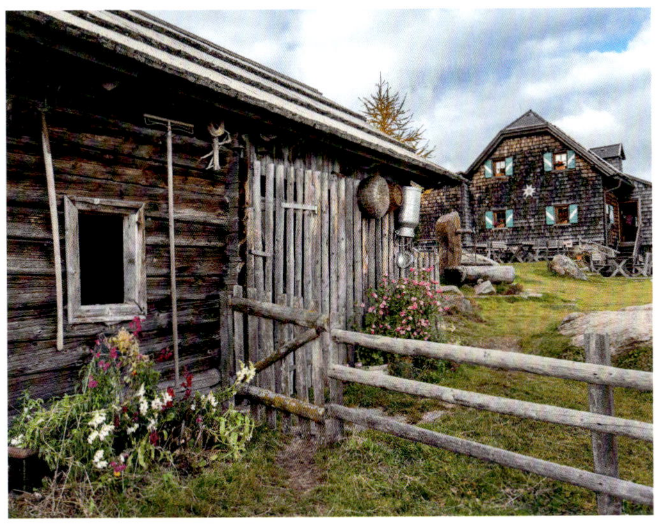

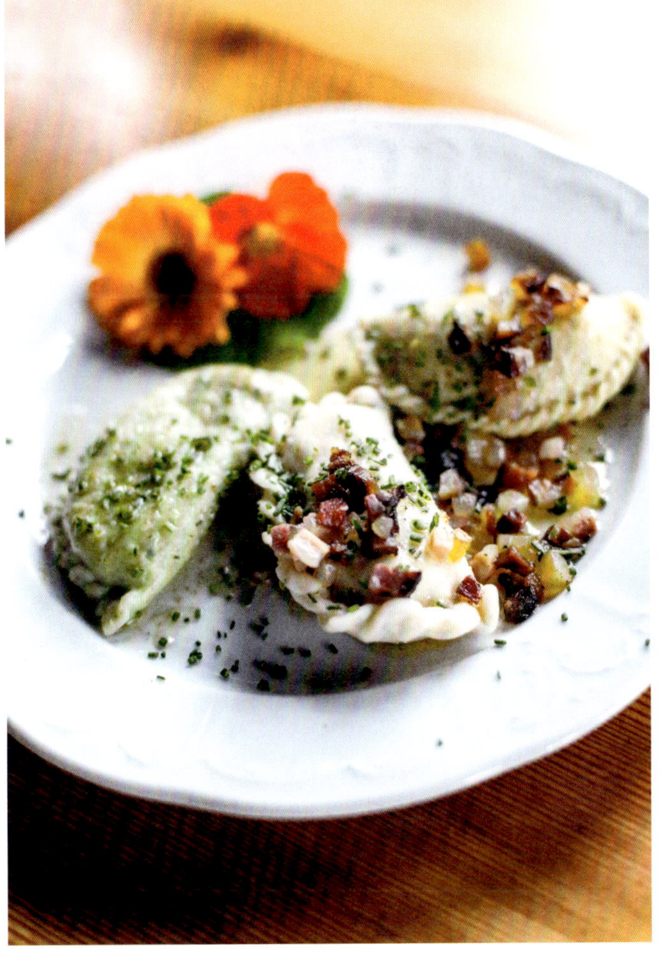

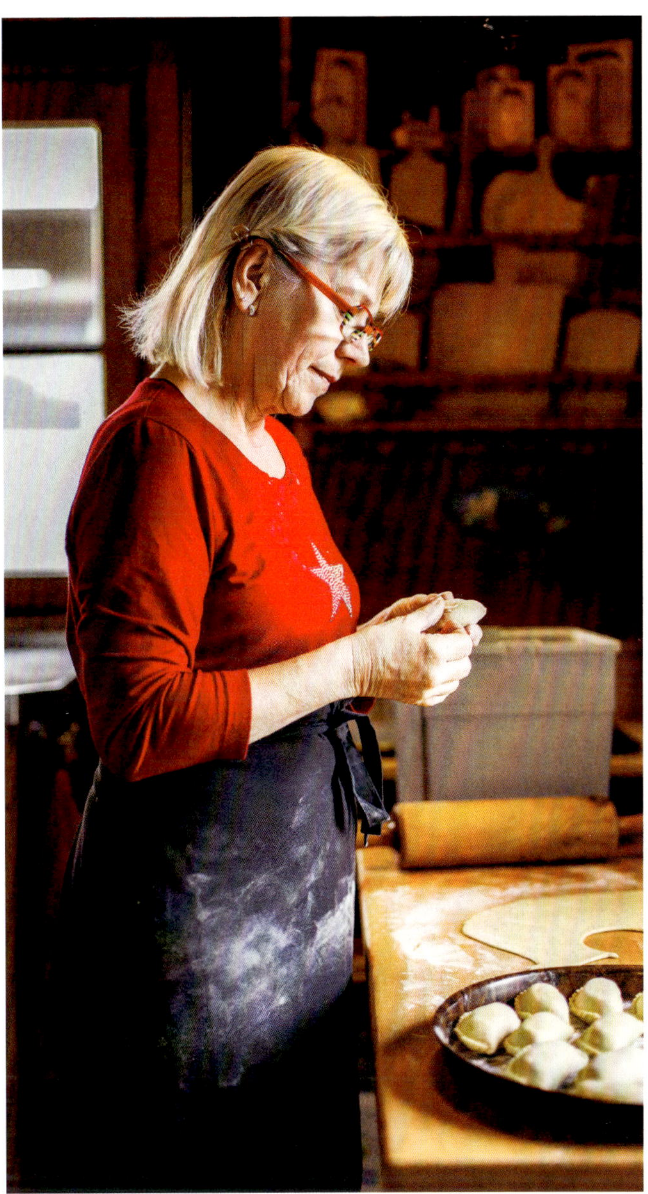

Kulinariktipp

Köchin Waltraud Auer krendelt die Kärntner Nudeln in liebevoller Handarbeit.

Nossbergerhütte ↗ 2.488 m

Das i-Tüpfelchen in der Wildnis

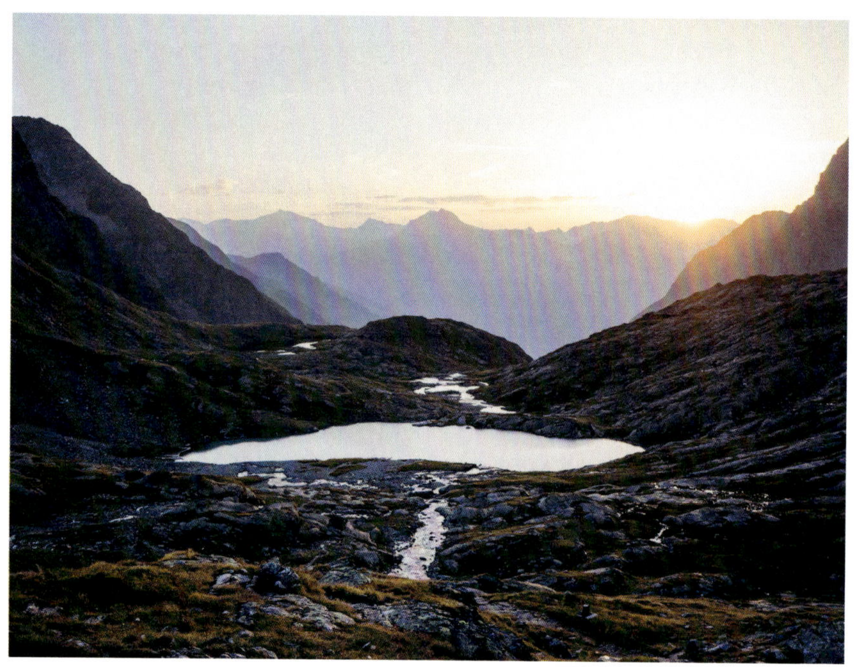

Wie ein Außenposten steht die Nossbergerhütte in der wilden Schobergruppe. Sie scheint bewusst Abstand zum Rest der Welt zu halten – umso mehr überrascht die Vielfalt, mit der der Mensch hier oben verwöhnt wird.

»Nossi« wird sie liebevoll genannt, die Hütte von Christian Krüger, die am Ende des Gradentals im Nationalpark Hohe Tauern liegt. Die Abkürzung passt ganz wunderbar zu dem holzgeschindelten Gebäude, das von aufgeregt im Wind flatternden bunten Gebetsfahnen eingerahmt ist. Der volle Name – Adolf-Nossberger-Hütte – wirkt einfach zu sperrig. Obwohl die Umgebung eine Verniedlichung ja nicht wirklich verträgt: Im hochalpinen Gelände der Schobergruppe steht die Hütte wie ein Solitär zwischen Osttirol und Kärnten auf 2.488 Metern, umzingelt von 15 Dreitausendern.

Der Zustieg ist nicht einfach. Auf 1.600 Metern verabschiedet man sich von den letzten Ausläufern der Zivilisation, auf 2.000 Metern lässt man die Baumgrenze hinter sich, überschreitet ein idyllisches Moos, wandert vorbei an Wasserfällen und schwitzt auf dem finalen Stück, einem hüftbreiten, steilen und steinigen Pfad, kräftig. Einmal oben angekommen, eröffnet sich dafür ein fast schon unwirklich schönes Panorama: imposante Felsformationen, vom Gletscher über Jahrtausende glatt geschmirgelt und zu einem Trogtal geformt, durchsetzt von moosigem Grün, flankiert von mächtigen Gipfeln, schroffen Scharten und hohen Satteln. Die Natur zeigt wuchtige Präsenz – während von menschlicher Existenz nur die 1931 erbaute Nossi zeugt.

Auch die abgeschiedene, einsame Lage ist ein Grund, warum Wirt Christian Krüger sich seit 2013 hier oben so wohl fühlt. »Ich mag es nicht, wenn zu einer Hütte Straßen führen oder eine Seilbahn«, sagt er und ergänzt: »Da hast du dann einfach auch gleich andere Gäste.« Bei ihm hingegen bleibt die sportliche, bergerfahrene Klientel unter sich. Ebenfalls anspruchsvoll ist nämlich der Wiener Höhenweg, der auf seiner Route vom Osttiroler Iselsberg bei Lienz zum Glocknerhaus bei Heiligenblut in Kärnten an der Nossi vorbeiführt.

Lage
Schobergruppe

Hüttenwirt
Christian Krüger

Geöffnet
Mitte Juni bis
Ende September

Touren & Zustiege
→ Seite 238

Christian – Jahrgang 1982 – steht seinen Gästen in Sachen Fitness in nichts nach. Einmal pro Woche geht er ins Tal hinab, um seinen Rucksack mit frischem Obst, Gemüse und Fleisch zu füllen und mit den gut 25 Kilo auf dem Rücken wieder bergan zu steigen. Pro Saison kommen so schon 35.000 Höhenmeter mit Extragepäck zusammen. Der Hubschrauber fliegt hingegen nur einmal pro Saison, dann aber gleich ein gutes Dutzend Mal, um das Vorratslager maximal zu bestücken: 12 bis 15 Tonnen an Brennholz, Gasflaschen und Lebensmittel. Ab Mitte August wird das Angebot auf der Karte zunehmend kleiner, »weil ich ja bis zum Saisonende alles aufbrauchen muss«. Die Ware genau zu kalkulieren ist ein kniffliges Unterfangen – und Christian bekommt es am eigenen Leib zu spüren, wenn er sich verschätzt. »In der zweiten Saison«, erzählt er mit einem Grinsen, »musste ich zehnmal absteigen – jeweils mit 50 Kilo im Rucksack.«

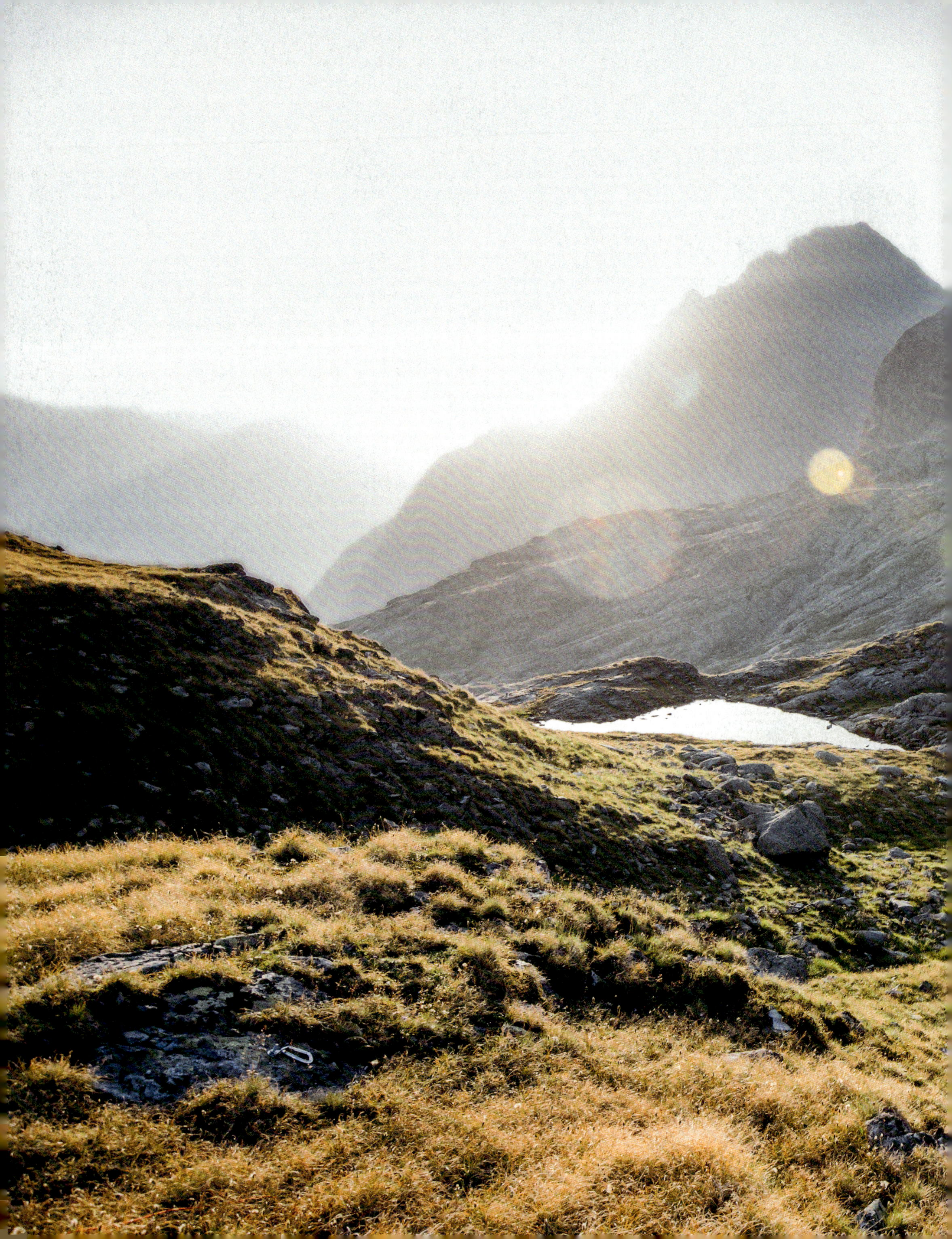

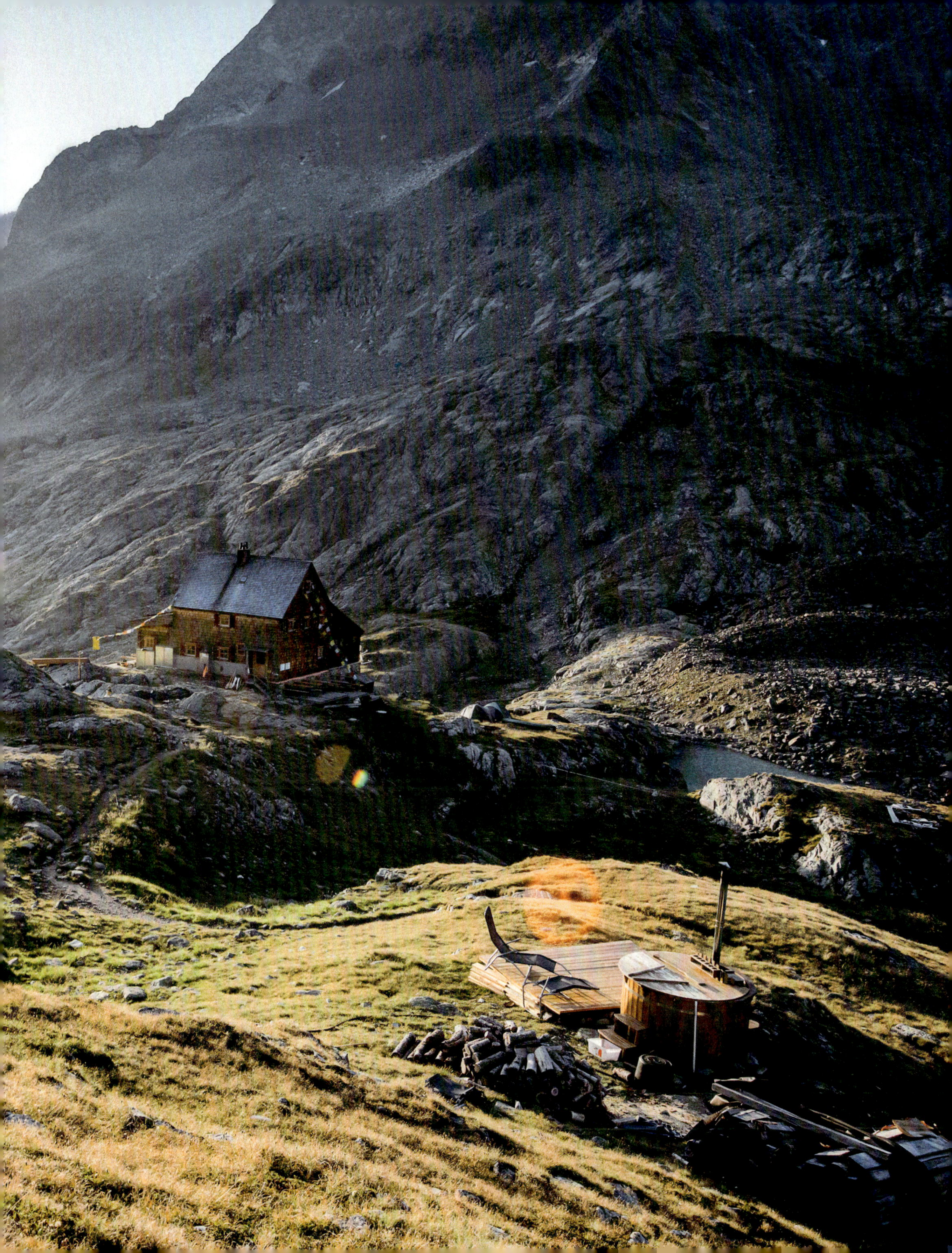

Das ist besonders

Neben finnischem Badefass, Bogenschießen und Kanufahrten bietet Christian auch noch eine spezielle Art der Übernachtung an: Man kann in einem Tipi oder kleinen Kuppelzelten vor der Nossbergerhütte schlafen.

Gerade vor diesem Hintergrund ist man überrascht, was Christian auf einer Höhe von 2.488 Metern alles zu bieten hat. Da wäre zum einen das kulinarische Erlebnis – Christian ist gelernter Koch, und was aus der 15 Quadratmeter großen Küche kommt, liegt ihm besonders am Herzen. Da wird der knusprige Schweinsbraten begleitet von einem guten Glas Wein, auf das Schokoküchlein mit Vanilleeis folgt ein selbst gebrannter Zirbenschnaps. Das Brot wird frisch gebacken, die Mehlspeisen ebenso. Genießen kann man das bei entsprechendem Wetter auf der schönen großen Sonnenterrasse.

Es gibt zwar nur eine Freidusche für alle, dafür hat Christian aber ein finnisches Badefass errichtet, eine Art Riesenbadewanne, deren Wasser von einem Holzofen angeheizt wird. Ganz in der Nähe gibt es einen Klettergarten, und hinterm Haus kann man sogar mit Kanus auf dem türkis strahlenden Großen Gradensee paddeln.

Das Angebot auf der abgeschiedenen Hütte überrascht genauso wie der Lebensweg des Hüttenwirts. Christian schätzt man vielleicht zunächst als Osttiroler Original ein, aber sein Vater stammt aus Köln, seine Mutter aus New Jersey. Die Liebe hat ihn vor knapp zwei Jahrzehnten nach Lienz geführt – und eine Lebenskrise dann in die Berge. »Dort habe ich meine Art der Freiheit gefunden«, erklärt er. Er half bei seinem Freund Harry in der Küche der Hochschoberhütte aus, und als der Alpenverein dann 2013 einen neuen Pächter für die Nossbergerhütte suchte, setzte Christian alles daran, die Pacht zu übernehmen. Seitdem ist er von April bis September am Ende des urtümlichen Gradentals zu Hause. Bereut hat er den Schritt keine Sekunde.

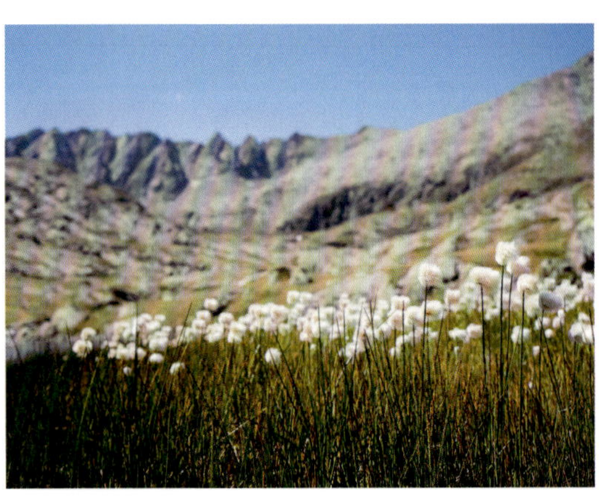

Bevor es um 18 Uhr wieder in die Küche geht, genießt Christian eine kurze Pause in der Sonne. Die versorgt die Hütte seit einigen Jahren auch mit Strom. Die Solaranlage auf dem Dach ersetzte den Strom aus einem Generator, »der alle zwei Tage 40 Liter Benzin gebraucht hat« – und damit drei Extraflüge mit dem Heli. Die Gäste regen ihre Verdauung abends gerne mit einem Zirbenschnaps an. Später, wenn sie wohlig ihre Bäuche streicheln, serviert Christian mit seinem Team noch ein besonderes Betthupferl: Dann wird die Gitarre von der Wand genommen und das originale Brotrezept der Nossi besungen.

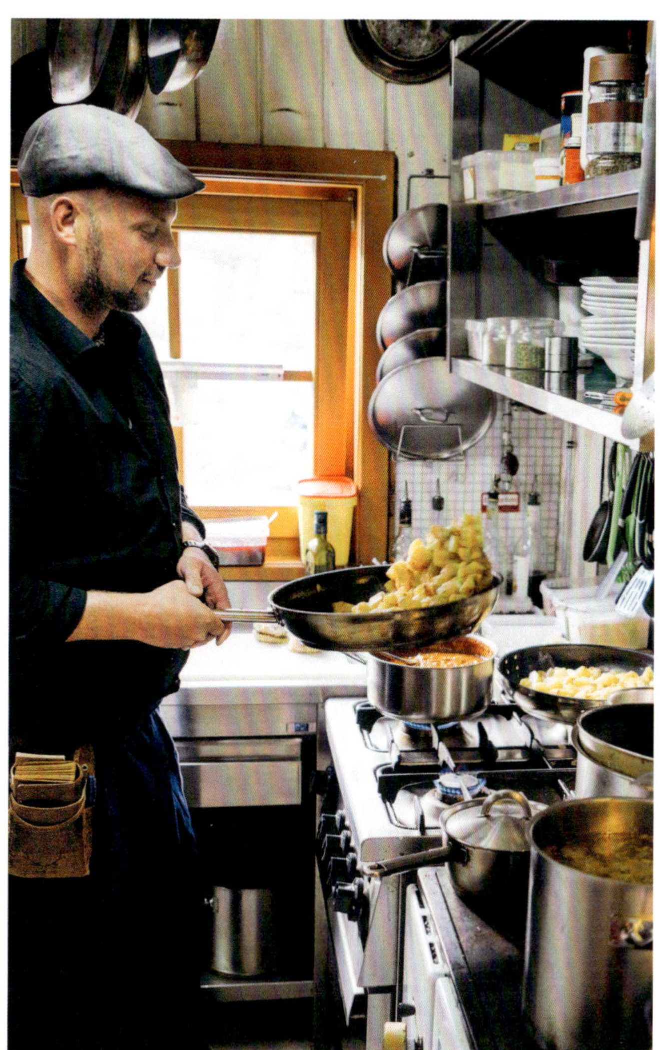

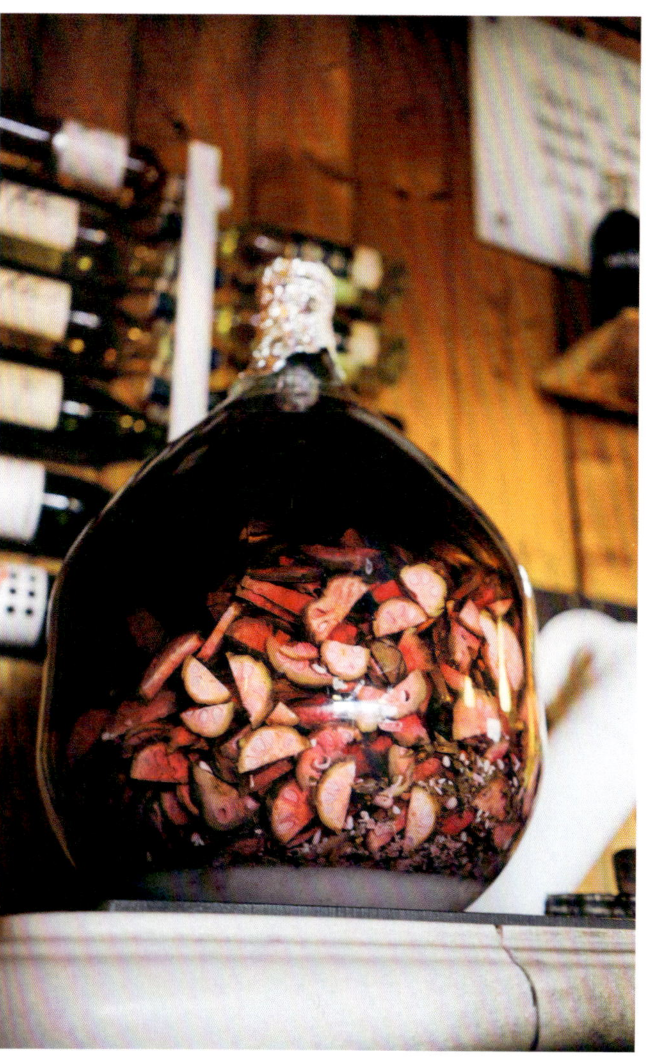

Kulinariktipp

Das Chili con Carne fällt bei Christian kräftig und kreativ aus: Verfeinert wird es mit Zartbitterschokolade und serviert mit selbst gemachtem Hausbrot – und gern mit einem Glas Blaufränkisch. Zum Nachtisch gibt es die Marillen-Topfen-Torte und einen Espresso.

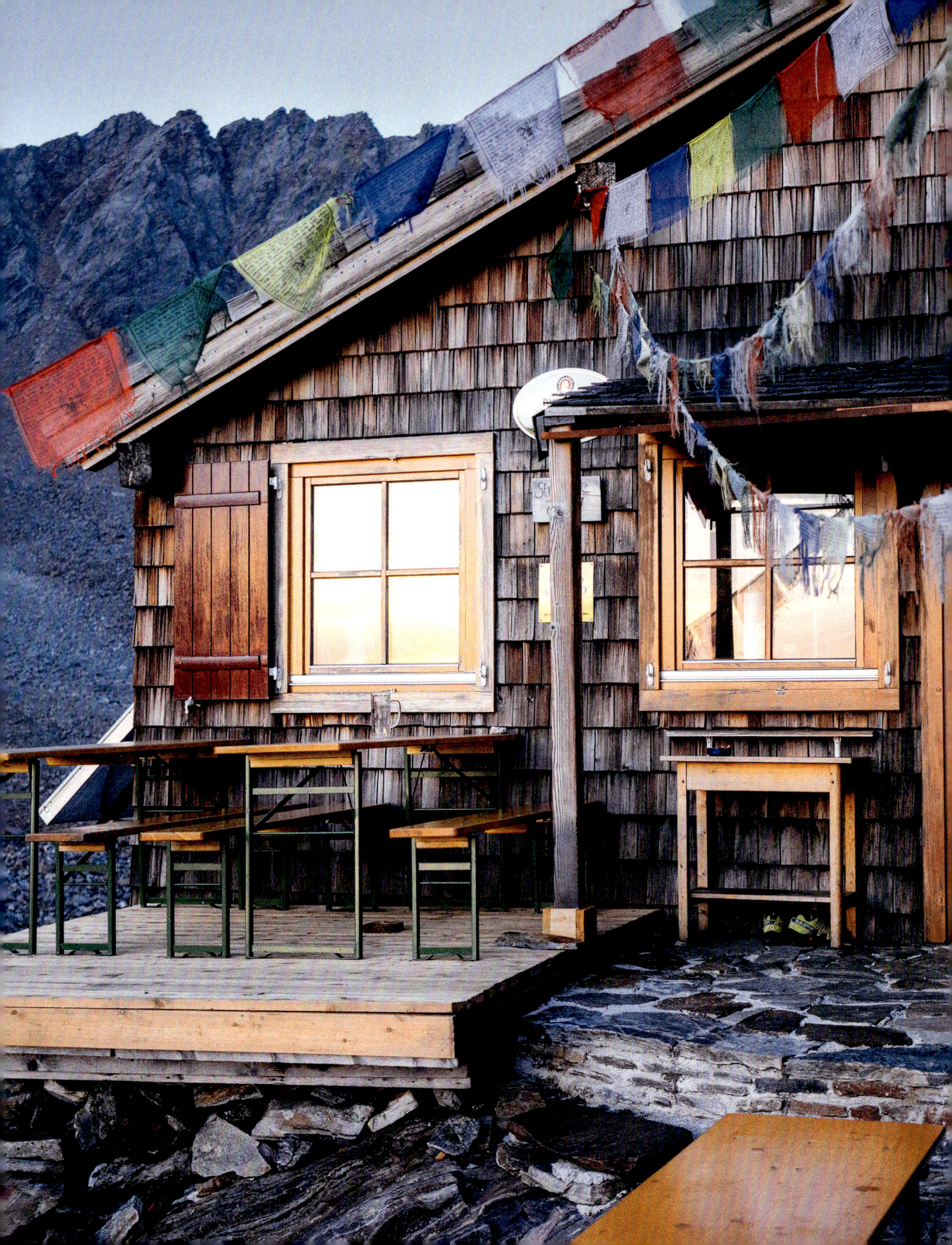

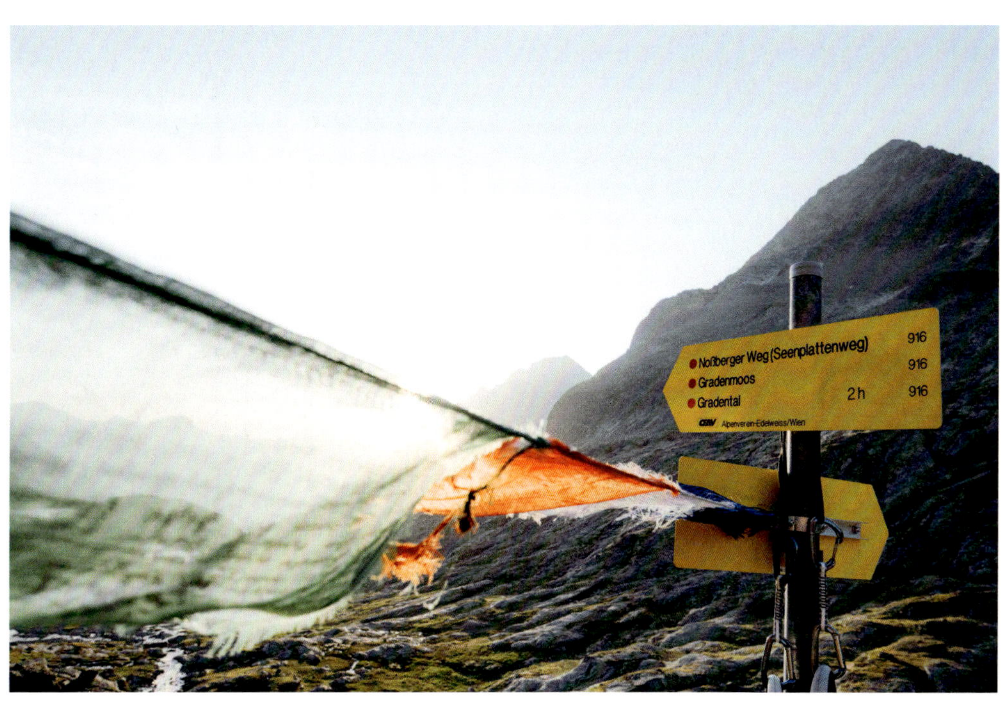

Österreich
Nossbergerhütte

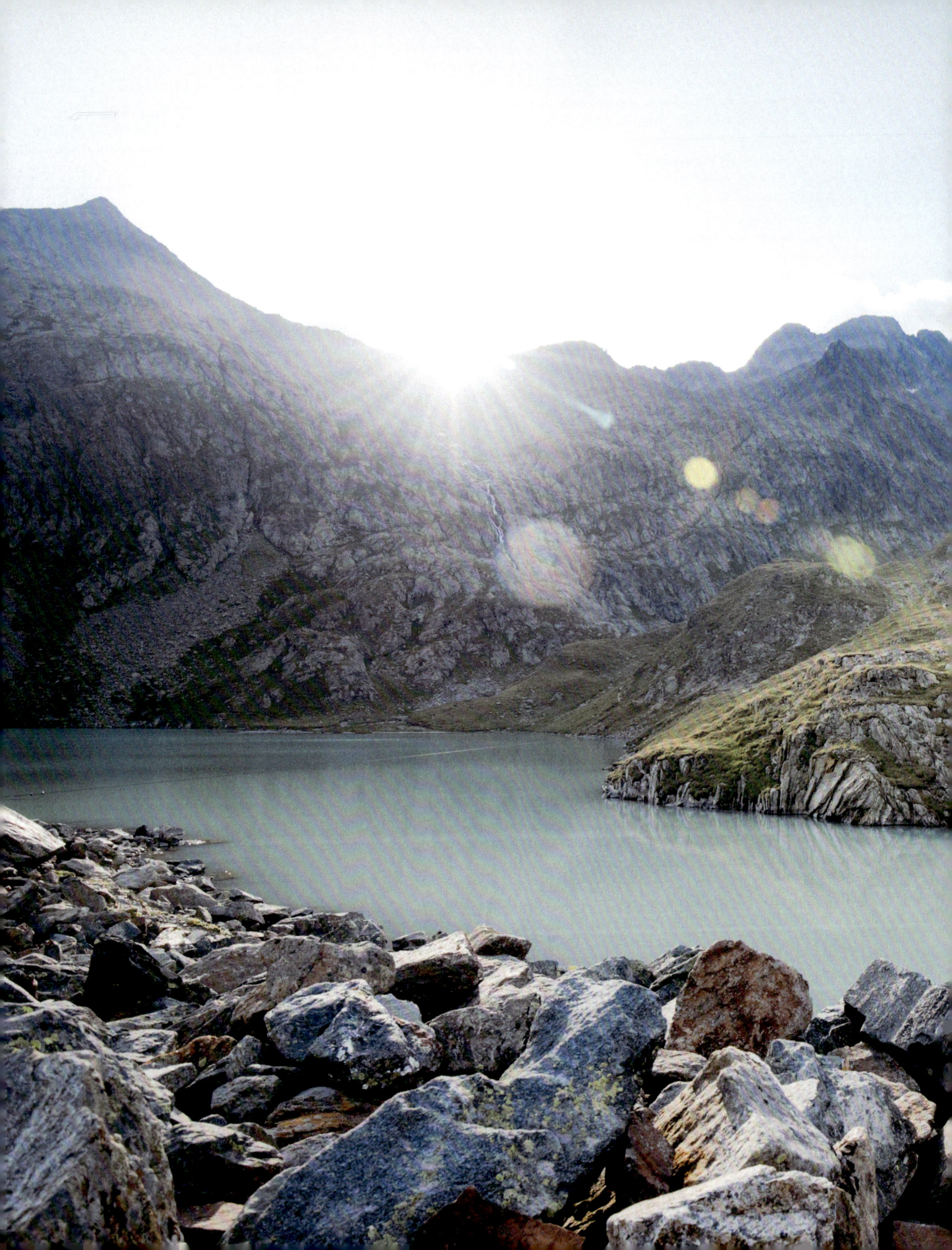

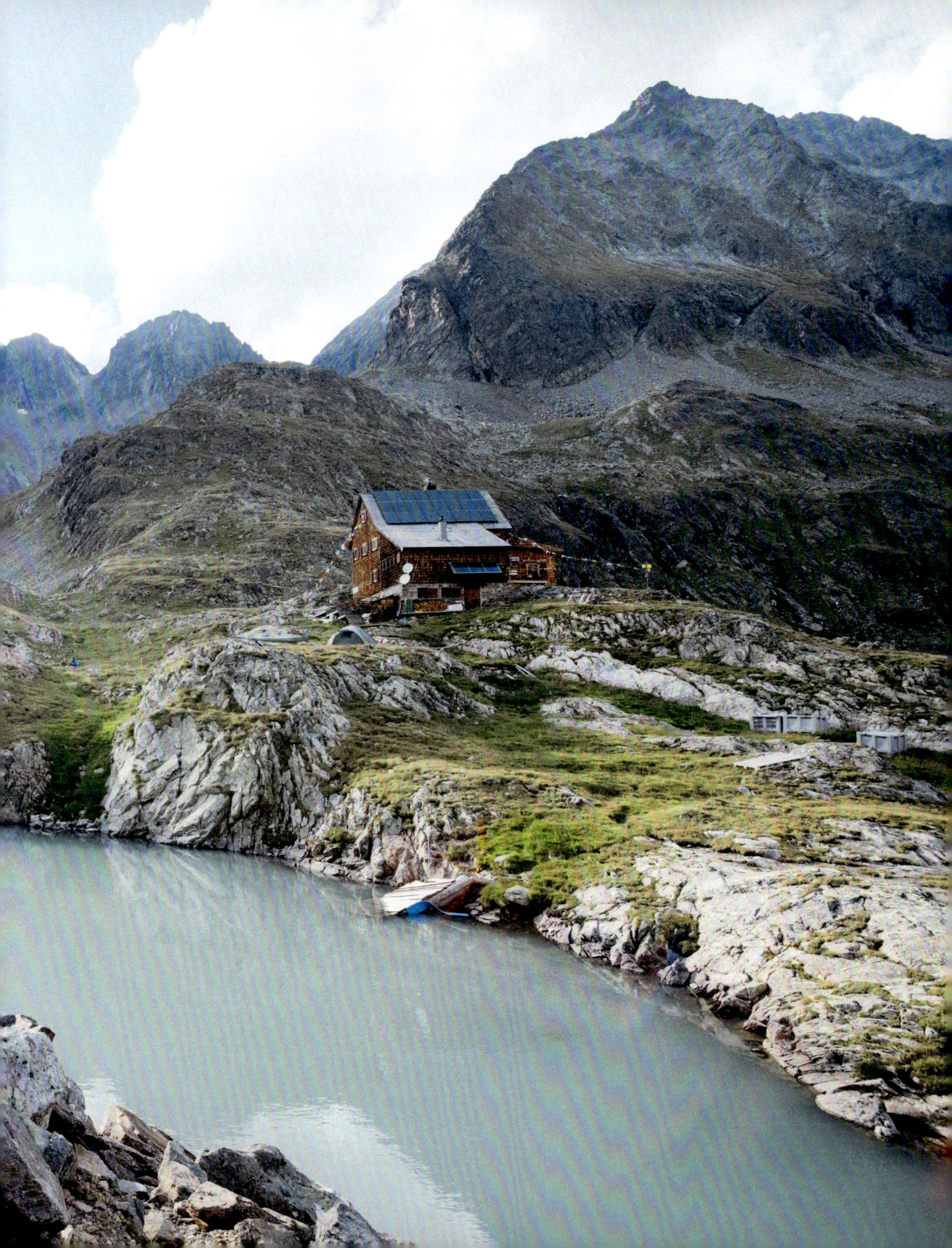

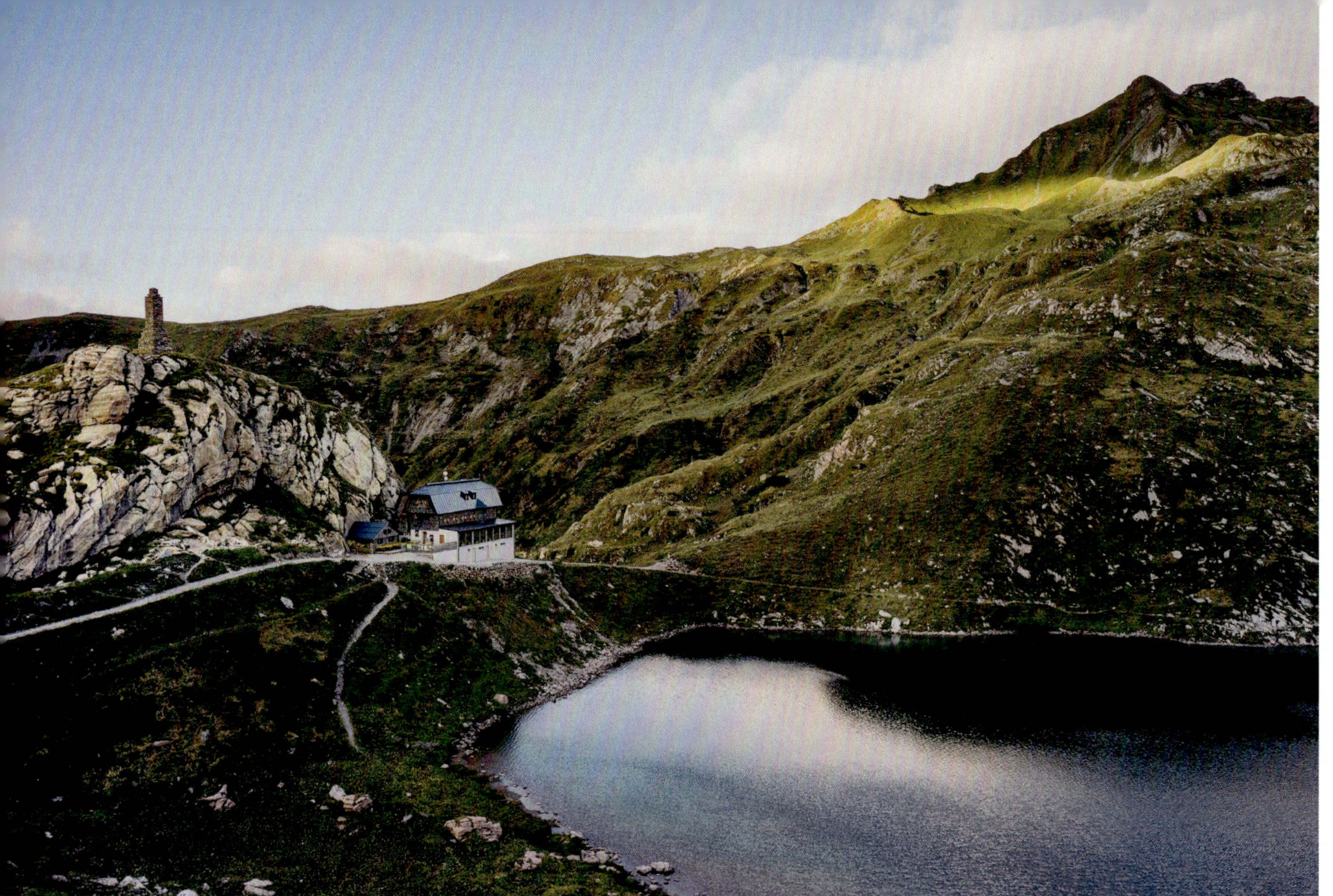

Wolayerseehütte ↗ 1.960 m

Lage
Karnische Alpen

Hüttenwirt
Helmut Ortner

Geöffnet
Mitte Juni bis Anfang Oktober

Touren & Zustiege
→ Seite 238

Gibt es etwas Idyllischeres als einen Bergsee? Aber ja: einen Bergsee, an dessen Ufer eine Hütte sitzt, auf der man auch noch einen ausgezeichneten Kaiserschmarren serviert bekommt – Helmut Ortner, Bergführer und Wirt der Wolayerseehütte, weiß, wie man die Gäste im Herzen der Karnischen Alpen verwöhnt. Den grandiosen See- und Bergblick genießt man auf der großen Terrasse und auch drinnen noch, wenn man in der Gaststube Platz genommen hat, denn die ist komplett verglast. 2012 wurde die Hütte rundum saniert, und so kommt man nun auch in den Genuss von Duschen und schönen, schlichten Zimmern mit Zentralheizung, sogar einen Seminarraum gibt es. Den nehmen unter anderem gerne Kletterer in Anspruch, denen die Hütte als Kursstützpunkt für die Kletterausbildung dient – in den Klettergärten nahe der Hütte gibt es an die 70 Routen in den unterschiedlichsten Schwierigkeitsgraden.

Das ist besonders

Jeden Donnerstag und Freitag kann man sich in und unter die Hände von Heilmasseur Markus Hohenwarter begeben.

Kulinariktipp

Der Kaiserschmarren mit Preiselbeeren und Apfelmus (bzw. Frittata dolce con marmellata di mirtilli rossi e mousse di mele).

Schutzhaus Vorderötscher ↗ 887 m

Mit mächtigen Felswänden und einer imposanten Hochgebirgskulisse kann der Naturpark Ötscher-Tormäuer nicht aufwarten. Dafür aber mit stattlichen Hirschen, den natürlichen Regenten in dieser eindrücklichen Landschaft. Den Weg von Wienerbruck zum Schutzhaus geht man nicht bloß, um den 1.893 Meter hohen Ötscher, das Wahrzeichen des Mostviertels, zu erklimmen. Man geht ihn vor allem um des Weges willen, denn die Wanderung durch die tiefen Ötschergräben ist spektakulär. In der langen, wilden Schlucht passiert man drei Wasserfälle – den Lassing-, den Mira- und den Schleierfall –, bevor man auf die offene, sonnige Lichtung tritt, auf der einen das Schutzhaus erwartet. Vor etwa 200 Jahren wurde es hier in dieser Abgeschiedenheit als Gasthaus und Treffpunkt der Holzknechte errichtet. Natürlich wurde es mehrfach renoviert, im Jahr 2014 sogar generalsaniert, aber seinen urigen, ruhigen Charakter, den hat sich das Schutzhaus bewahrt. So wie seine Stammgäste, die Hirsche, die der Hütte während der Brunftzeit ganz nah kommen.

Kulinariktipp

Zum knusprigen Schweinsbraten aus dem Holzofen oder dem saftigen Rindsgulasch empfiehlt sich das regionale Erzbräu-Bio-Bier.

Das ist besonders

Das Schutzhaus kann man auch für Betriebsfeste oder Familienfeiern anmieten.

Lage
Ybbstaler Alpen

Inhaber
Naturpark Ötscher-Tormäuer

Geöffnet
Anfang Mai bis Ende Oktober

Touren & Zustiege
→ Seite 239

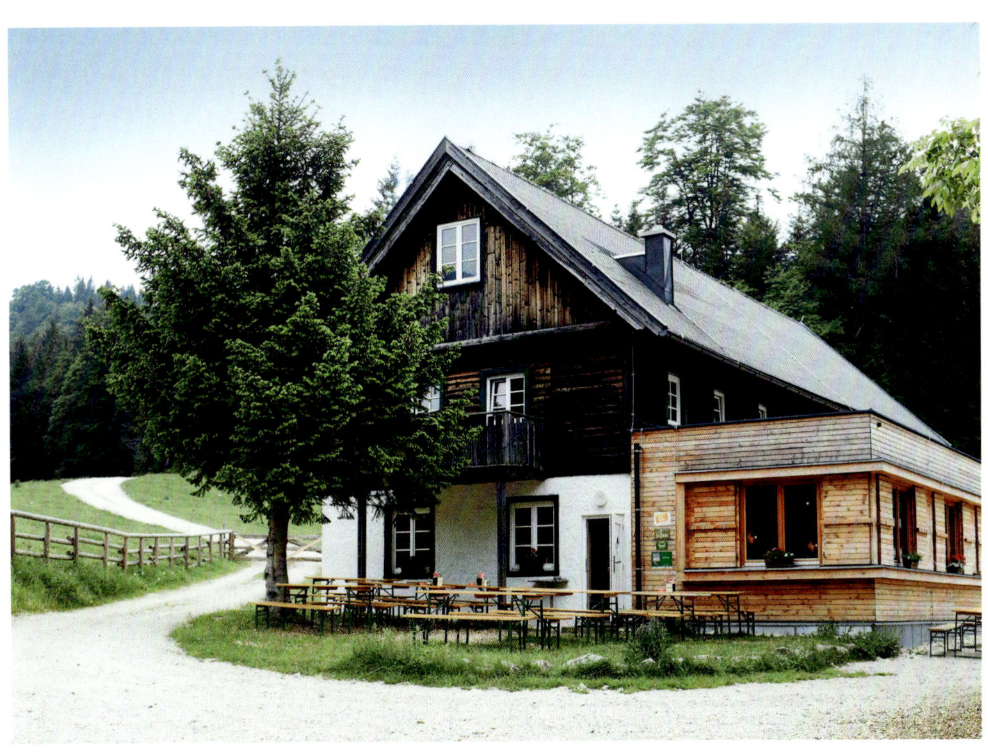

Goiserer Hütte ↗ 1.592 m

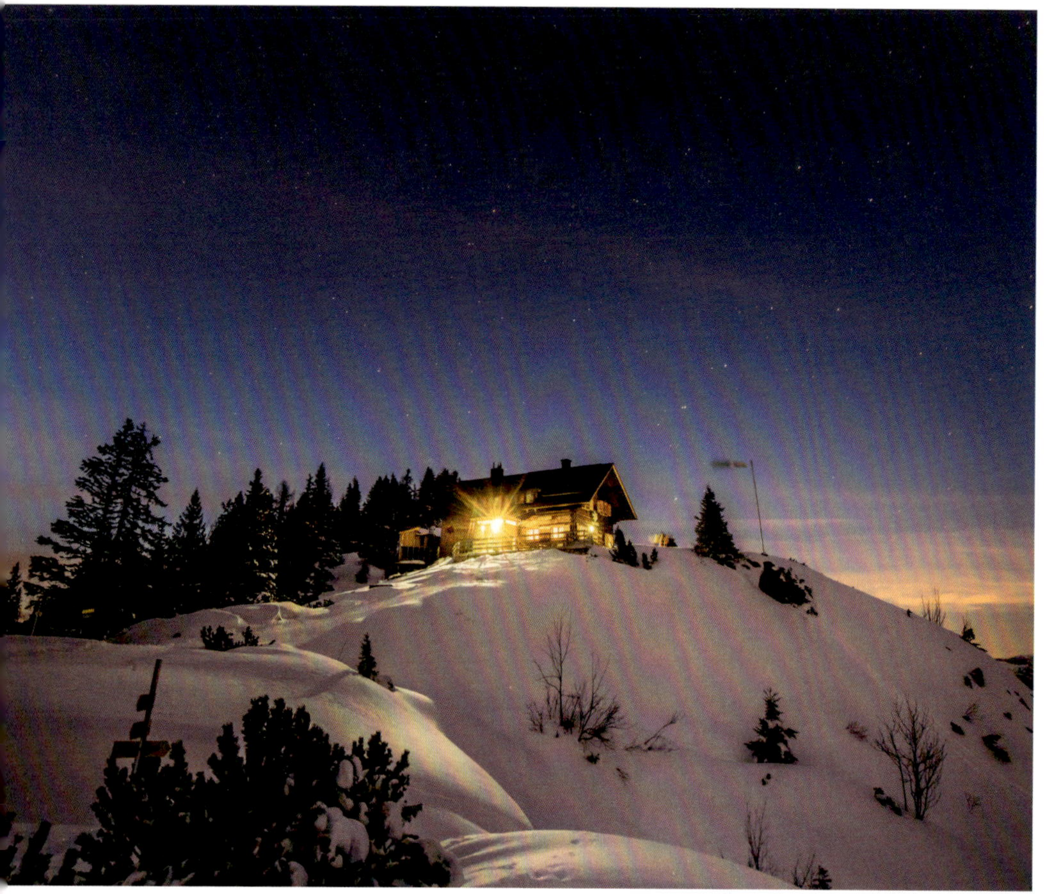

Das ist besonders

Der Hohe Kalmberg hat eine Silhouette wie ein Indianer – deshalb sagen die Einheimischen, sie gehen »auf den Indianer«. Der Weg führt oberhalb der Kalmooskirche vorbei, wo zur Zeit der Gegenreformation heimlich protestantische Gottesdienste stattfanden.

Kulinariktipp

Die selbst gemachten Kaspressknödel mit Rotkrautsalat »sind um eine Spur besser als alles andere«, sagt Max mit einem Augenzwinkern, »und die Himbeertorte auch«.

Eine »liebe, kleine Hütte« sei die Goiserer, meint Max Verwagner – und er muss es wissen: Seit Mai 2018 darf er das gemütliche Haus im oberösterreichischen Salzkammergut bewirtschaften und hier auf 1.592 Metern seine Talente als Gastgeber, Musikant und Koch ausleben. Die Hütte ist auch sehr hübsch anzusehen mit ihrer Lärchenschindelfassade, die sie seit der Sanierung 2013 schmückt. Für Max ging mit der Übernahme ein Traum in Erfüllung, schließlich hatte er die Goiserer schon seit jeher im Blick: Von seinem Haus im Tal sieht man gut zur Hütte hinauf. Hier oben wiederum tut sich ein Blick tief ins Tennengebirge, zum Gamsfeld und bis zum Großglockner auf. So ist der Platz am Kalmberg für viele Goiserer und Gosauer ein Stammziel, fast schon ein zweites Zuhause. Und das auch im Winter, wenn Max den Weg zu seiner »lieben, kleinen Hütte« für Besucher perfekt präpariert und pflegt.

Lage
Salzkammergut-Berge

Hüttenwirt
Max Verwagner

Geöffnet
Sommer: Mitte Mai bis Ende Oktober.
Winter: teils durchgehend, teils am Wochenende ab Ende Dezember bis Ende März.

Touren & Zustiege
→ Seite 239

Ein geschmackvoller holzverschindelter Neubau ummantelt das ursprüngliche, 1927 errichtete Haus auf dem Traunkirchner Kogel. Der heutige Hüttenwirt Kurt Resch half schon 1976 bei den (deutlich weniger umfangreichen) Renovierungsarbeiten mit. Damals war er gerade 14 Jahre alt. Gut 20 Jahre später, 1997, übernahm er dann das Naturfreundehaus und führt es seitdem gemeinsam mit seiner Frau Birgit. Der Gipfel des Traunsteins liegt gut 100 Höhenmeter oberhalb der Hütte. Von hier blickt man südwärts auf das Dachsteinmassiv, daneben liegt das Tote Gebirge, und im Norden eröffnet sich ein Blick über das oberösterreichische Land hinein nach Böhmen und Bayern – und unter der schier senkrecht abfallenden Westwand leuchtet der Traunsee herauf. Als einer der landschaftlich schönsten Klettersteige der Ostalpen gilt der versicherte Naturfreundesteig, der unmittelbar vor der Terrasse des Traunsteinhauses endet.

Das ist besonders

»Bei uns erlebt man Sonnenuntergänge von der schönsten Panoramaterrasse Österreichs«, sagt Wirt Kurt Resch.

Kulinariktipp

Das deftige Bratl und die Spinatknödel mit Käsesauce.

Traunsteinhaus ↗1.580 m

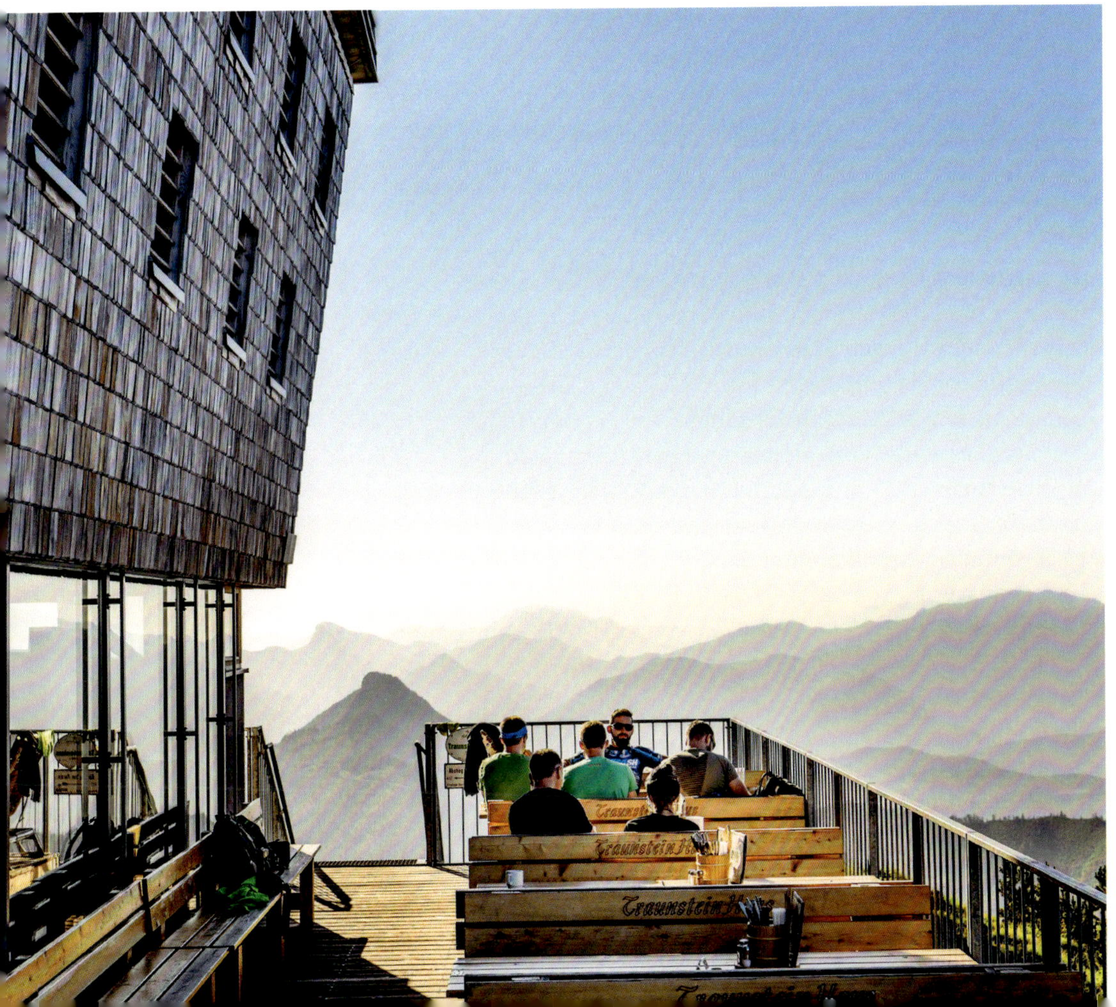

Lage
Oberösterreichische Voralpen

Hüttenwirt
Kurt Resch

Geöffnet
Anfang Mai bis Ende Oktober

Touren & Zustiege
→ Seite 239

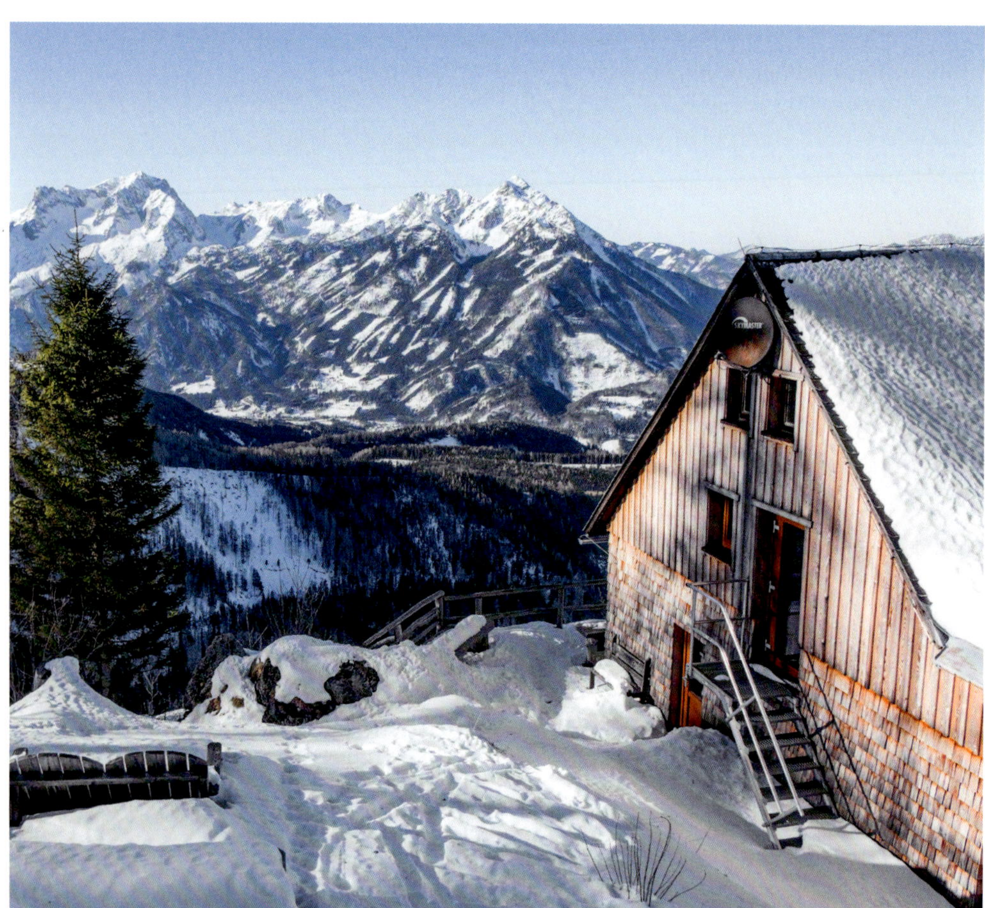

Lage
Totes Gebirge

Hüttenwirte
Theresia Panholzer
und Wolfgang Peböck

Geöffnet
Sommer: Anfang Mai
bis Ende Oktober
Winter: Anfang Dezember
bis Ende Februar, Freitag
bis Sonntag. In den
Weihnachtsferien täglich.

Touren & Zustiege
→ Seite 240

Zellerhütte ↗ 1.575 m

Vom oberösterreichischen Talort Vorderstoder windet sich ein serpentinenreicher Weg durch den steilen Bergwald zur Zellerhütte. Schmuck ist sie mit ihrem dichten Holzschindelkleid, gemütlich mit ihrer urigen Stube – und aussichtsreich ist sie obendrein. Vor der Ostterrasse breiten sich der Nationalpark Oberösterreichische Kalkalpen mit Sengsengebirge und Reichraminger Hintergebirge aus. Hinter dem Haus blickt man von der Westterrasse auf die Gipfel des Toten Gebirges mit Kleinem und Großem Priel, Brotfall und Spitzmauer. Errichtet wurde die Ur-Hütte 1901 von Emil Zeller, dem damaligen Bürgermeister von Windischgarsten, und einer Riege bergbegeisterter Freunde. Seit 2018 wird sie von Theresia Panholzer und Wolfgang Peböck geführt. Lange haben die beiden auf großen Hütten gearbeitet. Die Zellerhütte, sagt Wolfgang, hätten sie nun gewählt, »weil da können wir noch Hüttenwirte sein. Bei aller Arbeit finden wir hier noch Zeit, um mit den Gästen zu ratschen.«

Kulinariktipp

Zum hausgemachten gezogenen Topfenstrudel trinkt man ein Glas von Theresias Zitronenmelissensaft oder ein Bier der lokalen Brauerei Schloss Eggenberg.

Das ist besonders

Wer sich ein (Live-)Bild machen möchte: Die einzige Webcam der Gemeinde Vorderstoder filmt vom Dach der Zellerhütte das Panorama samt Nationalpark und Totem Gebirge.

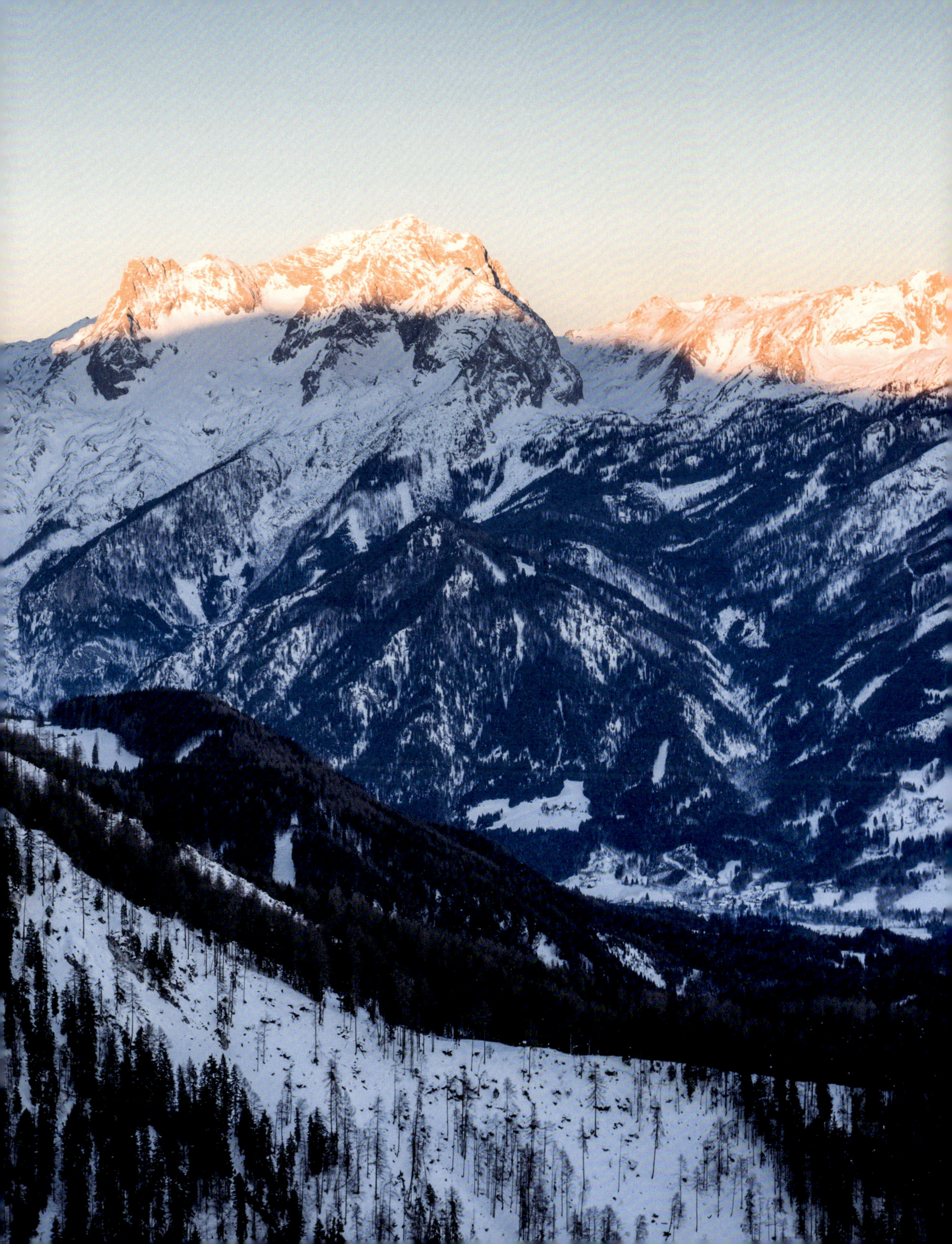

Kulinariktipp

Die hausgemachten Tiroler Speckknödel, Kaspressknödel und Leberknödel mit Hirter Bier aus Kärnten.

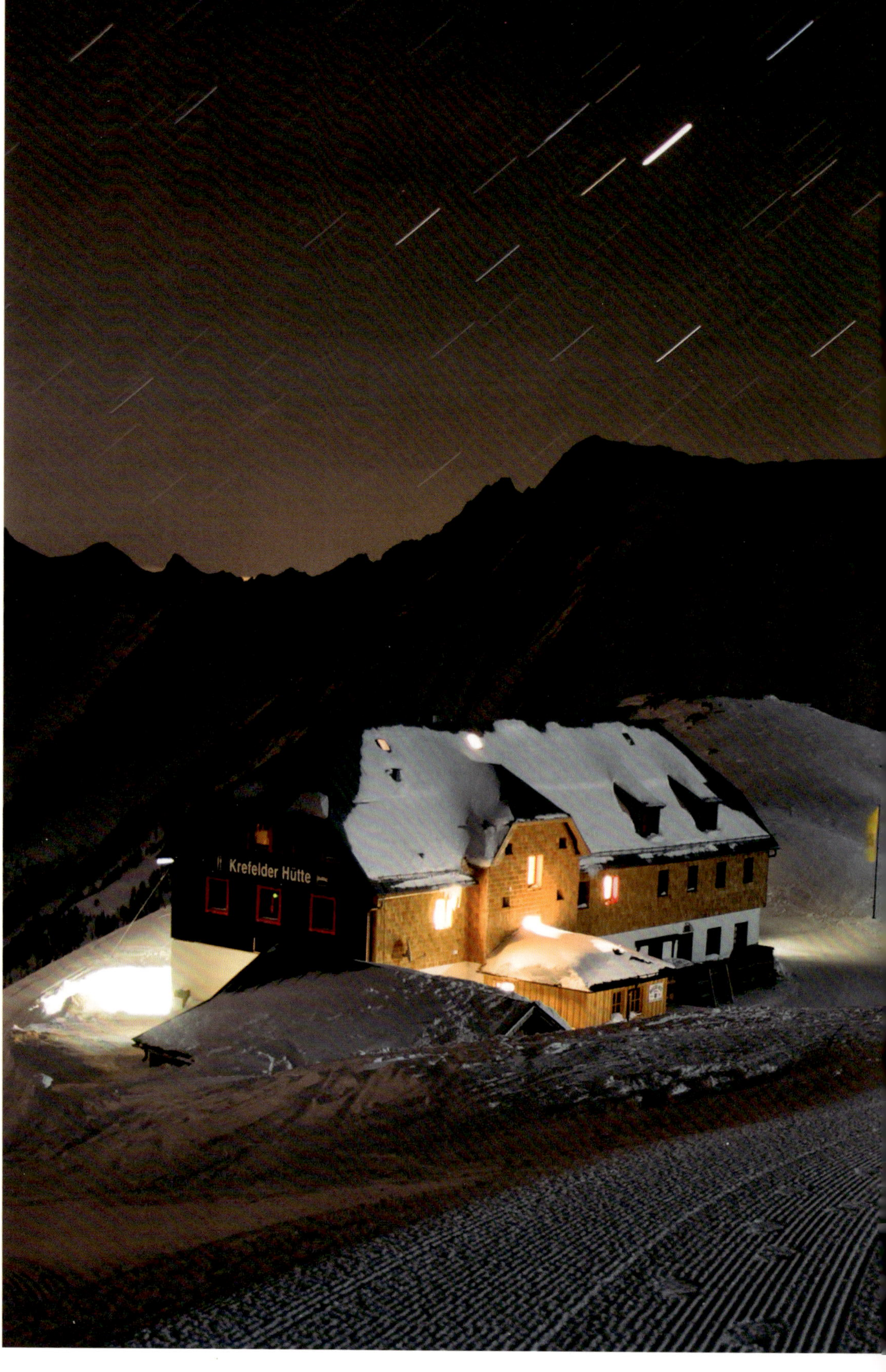

Das ist besonders

Im Winter gibt es offiziell ausgewiesene Freeride-Routen sowie Skitouren-Strecken, die auch Anfängern den Einstieg in den Sport ermöglichen.

Krefelder Hütte ↗ 2.295 m

Bescheidene 20 Kronen legte die Alpenvereinssektion Krefeld im Jahr 1907 für eine 2.877 Quadratmeter große Fläche am Roßkopf in den Hohen Tauern auf den Tisch. Dort, auf 2.295 Metern – mit Blick auf den Zeller See im Tal und das Kitzsteinhorn knapp 900 Höhenmeter weiter oben –, sollte die Krefelder Hütte entstehen. Über zwei Jahre schleppten Arbeiter und Maultiere das Material für den Bau hinauf. Dass hier knapp sechs Jahrzehnte später Österreichs erstes Gletscherskigebiet erschlossen werden würde, hätten sich die Arbeiter von damals wohl kaum ausmalen können. Dafür trug sich Dichter Ludwig Ganghofer noch als einer der Ersten in das Gästebuch ein. Dank der Seilbahnerschließung ist die Krefelder Hütte heute weit mehr als nur ein perfektes Basislager für ambitionierte Alpinisten: Im Sommer zieht es Kletterer an die griffigen Grüngestein-Routen, viele Familien kommen in die Glocknergruppe, und auch immer mehr (E-)Biker nutzen die Wege. Und im Winter schnallt man direkt vor der Krefelder Hütte Pisten-, Touren- oder Freeride-Skier an und ab.

Lage
Hohe Tauern-Glocknergruppe

Hüttenwirte
Jutta und Christian Strolz

Geöffnet
Sommer: Mitte Juli bis Anfang August
Winter: Mitte November bis Anfang Mai

Touren & Zustiege
→ Seite 240

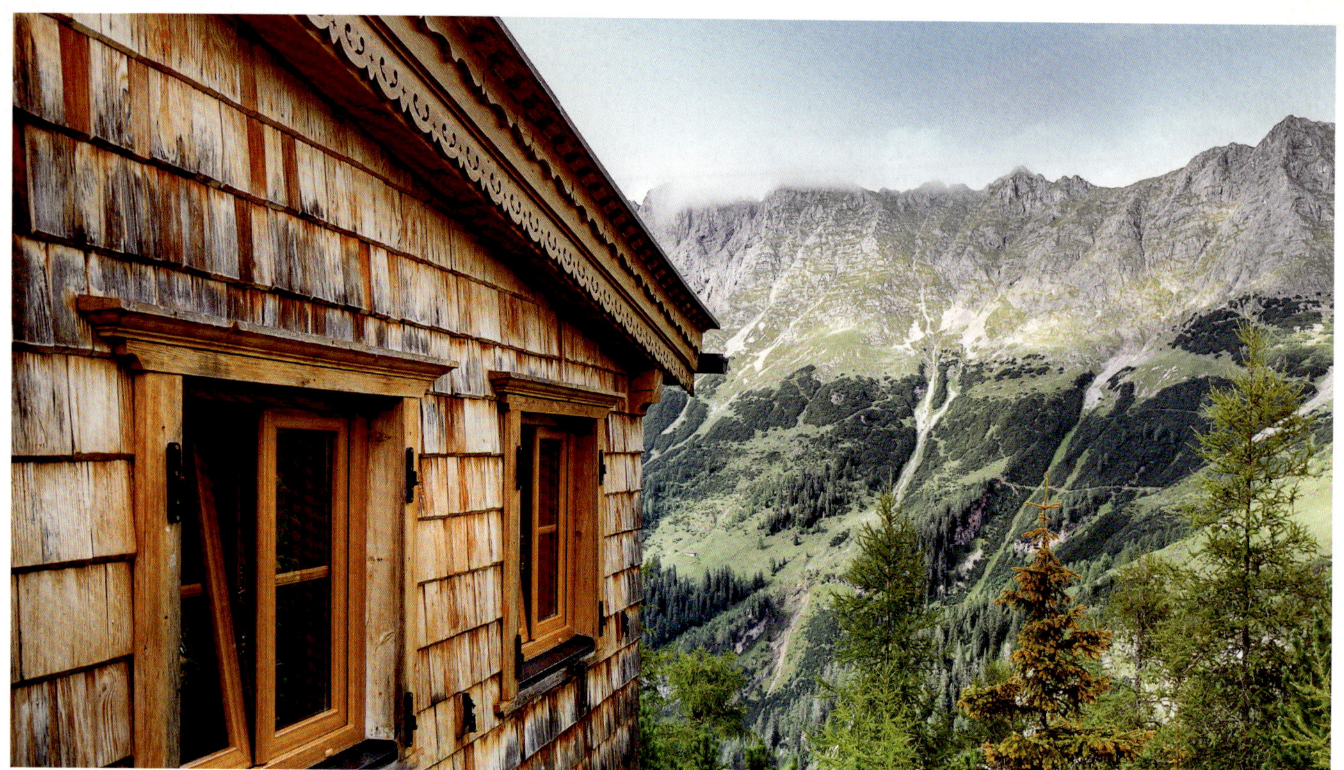

Peter-Wiechenthaler-Hütte ↗ 1.752 m

Lage
Berchtesgadener Alpen

Hüttenwirtin
Christiane Feller

Geöffnet
ab Mitte April von Freitag bis Sonntag; ab Mitte Mai bis Ende Oktober täglich

Touren & Zustiege
→ Seite 240

Die ersten Einheimischen aus dem Saalachtal gesellen sich um 7 Uhr zu den Übernachtungsgästen. Sie kommen regelmäßig zum Frühstücken auf die Peter-Wiechenthaler-Hütte. Immerhin hat die sich auf dem Rücken des Kienalkopfs den schönsten Balkonplatz von Saalfelden gesichert. Doch auch die Hütte selbst ist eine Zier, ein ehrlicher und herrlicher Holzbau mit einem braungrauen Fassadenkleid aus Lärchenschindeln. Das Holz und das Grün drumherum genießt man noch, bevor es in die Felswelt des Steinernen Meeres geht. Die meisten Gäste nämlich brechen in dieses schier endlos weite Karstplateau auf, in dem nur ein Drittel der gut 60 Gipfel mit einem markierten Weg oder Steig erschlossen ist. Von Hüttenwirtin Christiane Feller und ihrem Sohn Philipp wird man auf jeden Fall bestens auf die Touren vorbereitet. Philipp, den es aus einem Dreihaubenrestaurant in die Berge zog, serviert so gute Hausmannskost, dass manch einer beim Start schon die Belohnung bei der Rückkehr abwägt.

Kulinariktipp
Traditionell und gut: das Wiener Schnitzel mit Petersilkartoffeln und Preiselbeeren.

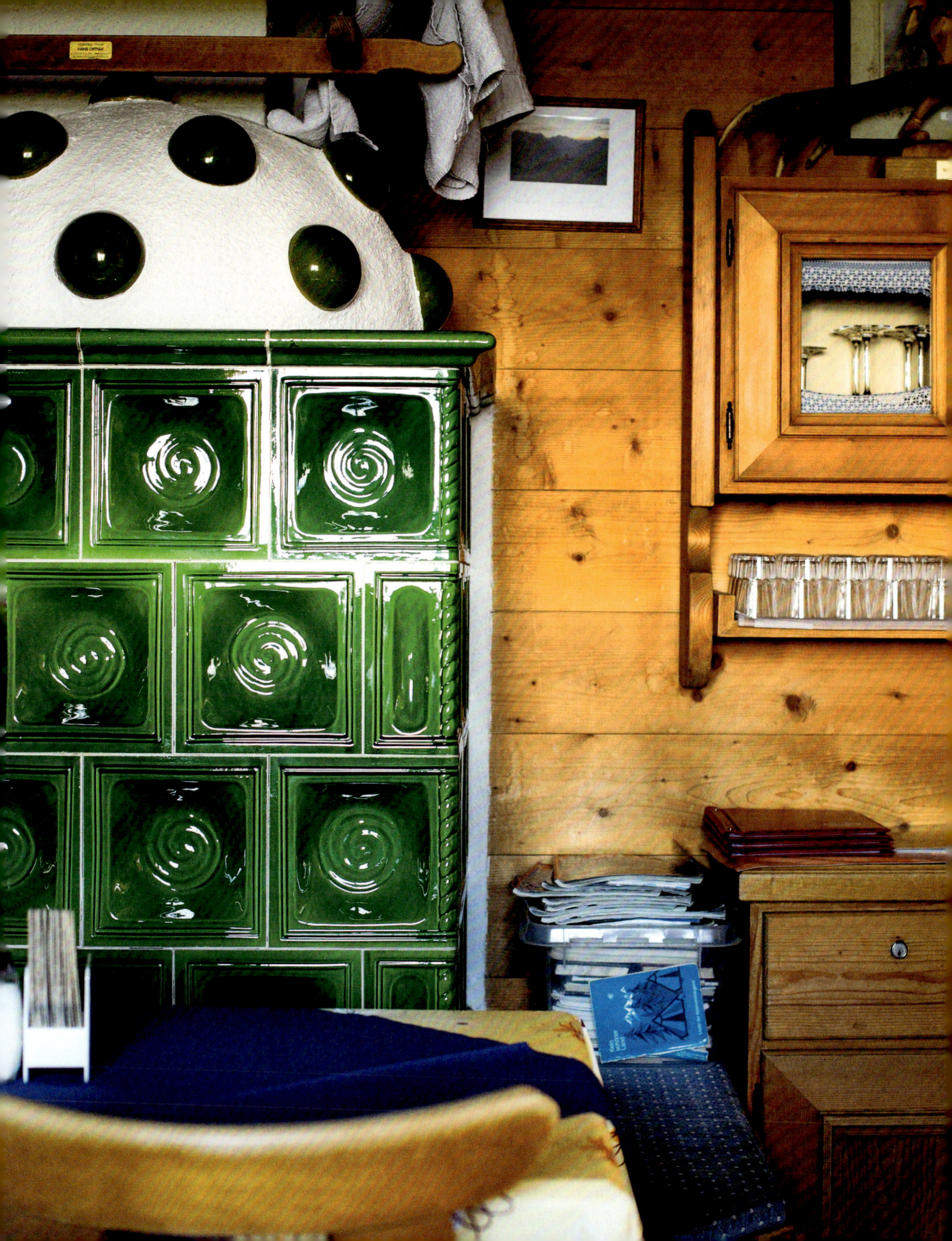

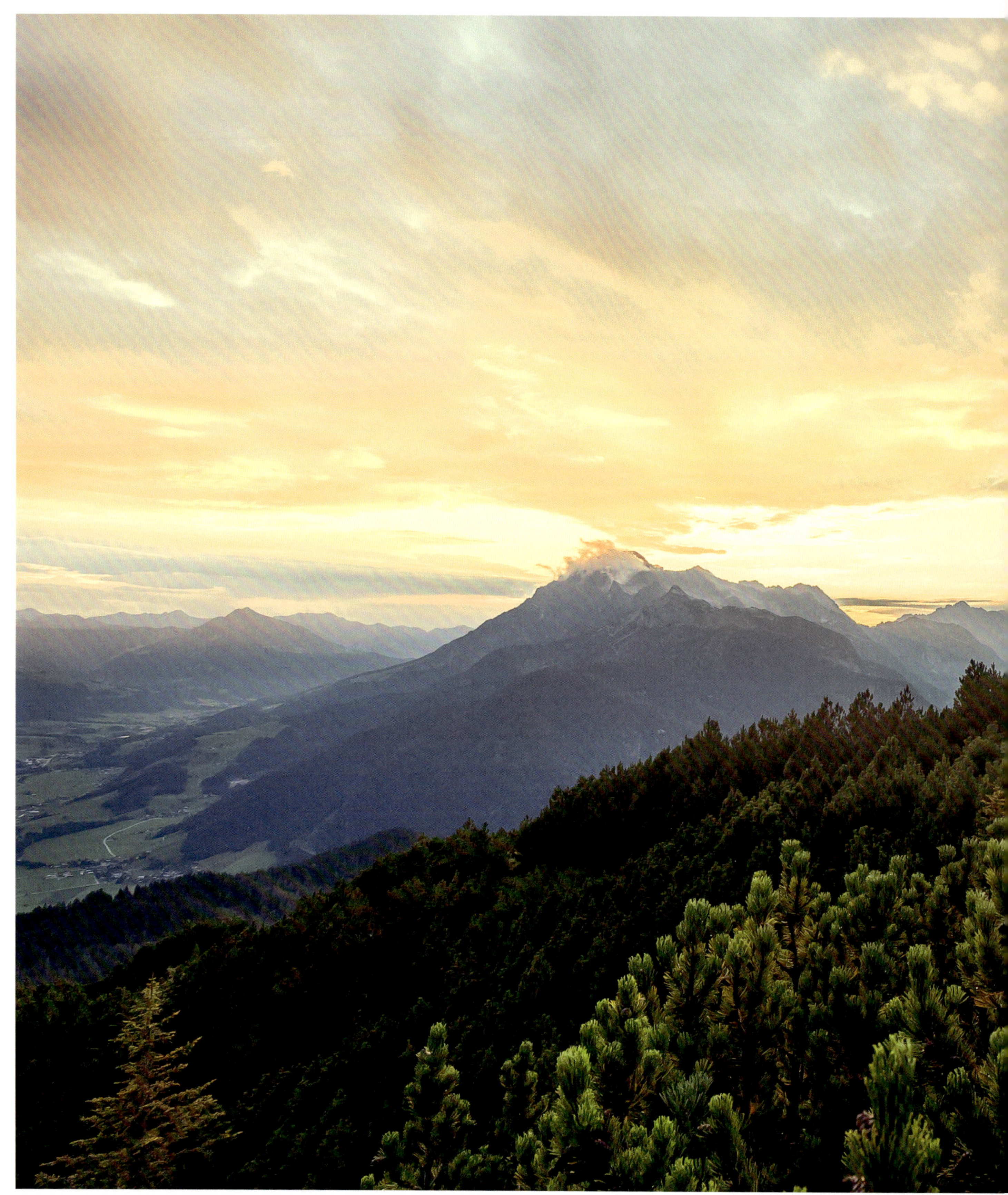

Österreich
Peter-Wiechenthaler-Hütte

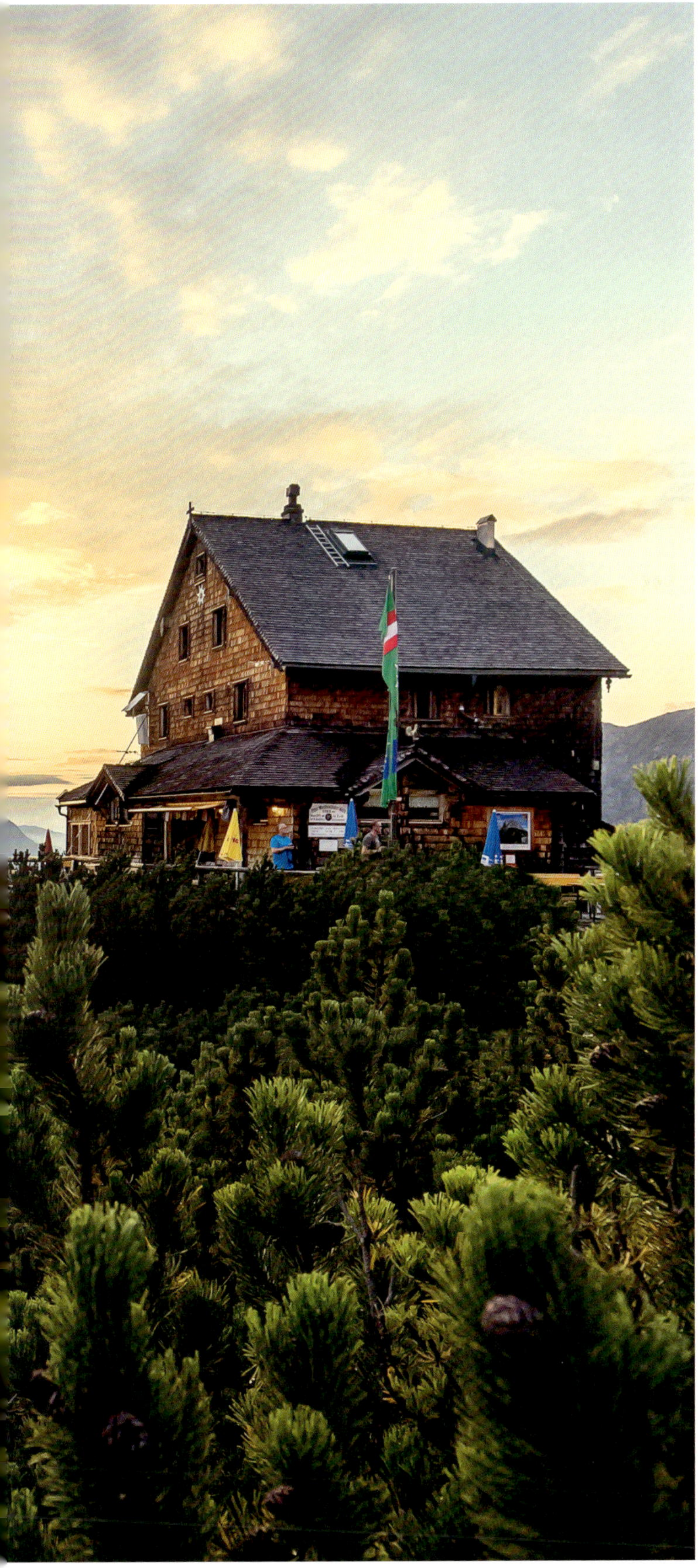

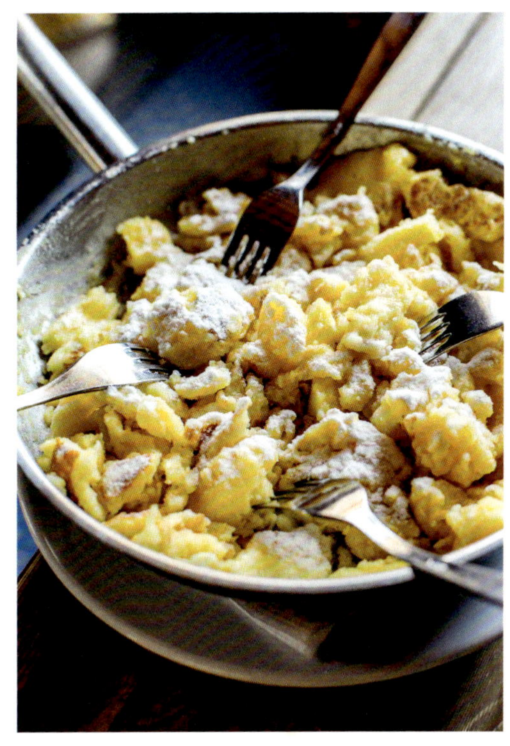

Das ist besonders

Bei rechtzeitiger Reservierung kann man zur Sommersonnenwende die Höhenfeuer in der Gebirgskette um Saalfelden von der Hütte aus beobachten. Ein unvergessliches Erlebnis.

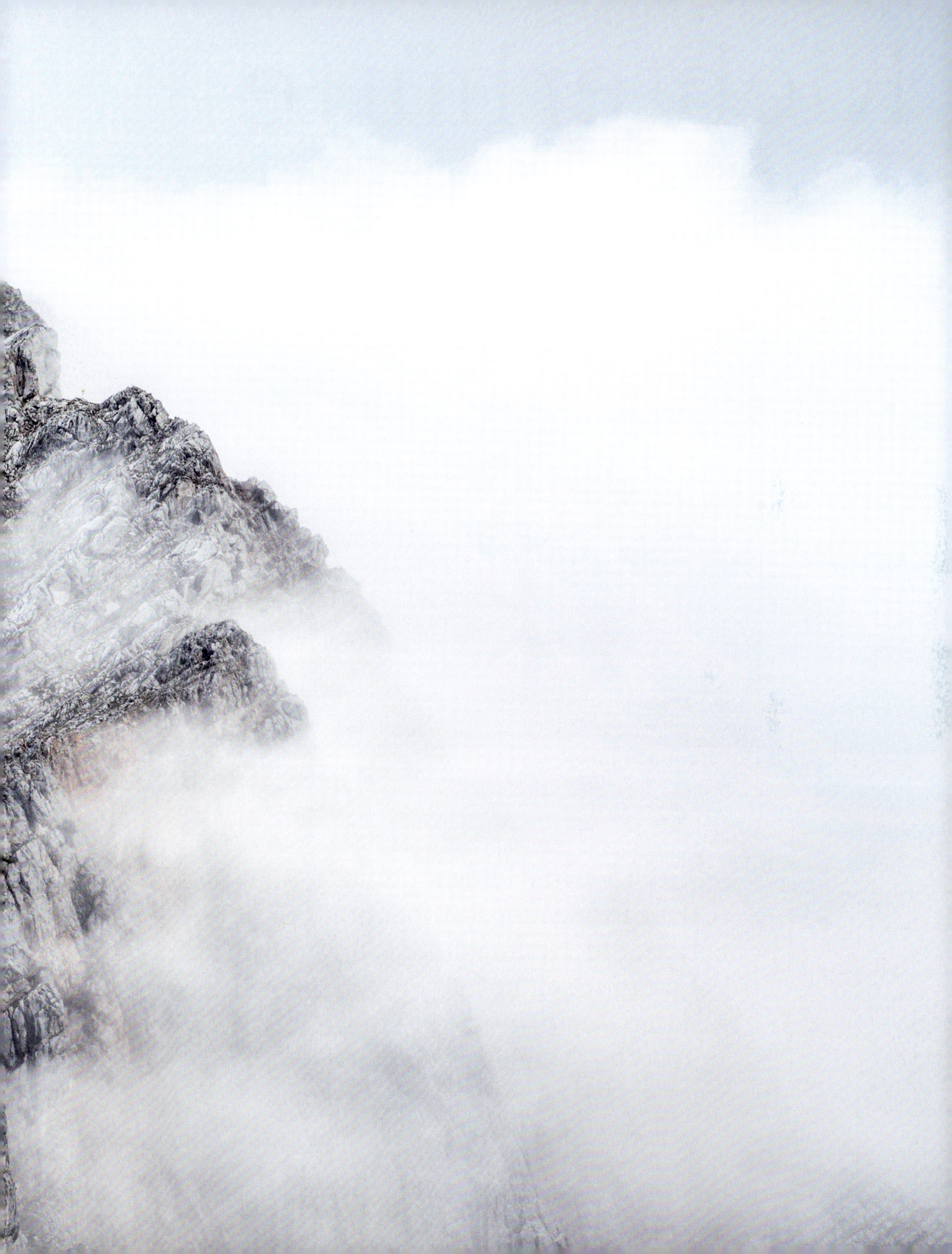

Richterhütte ↗ 2.374 m

Die Spezielle

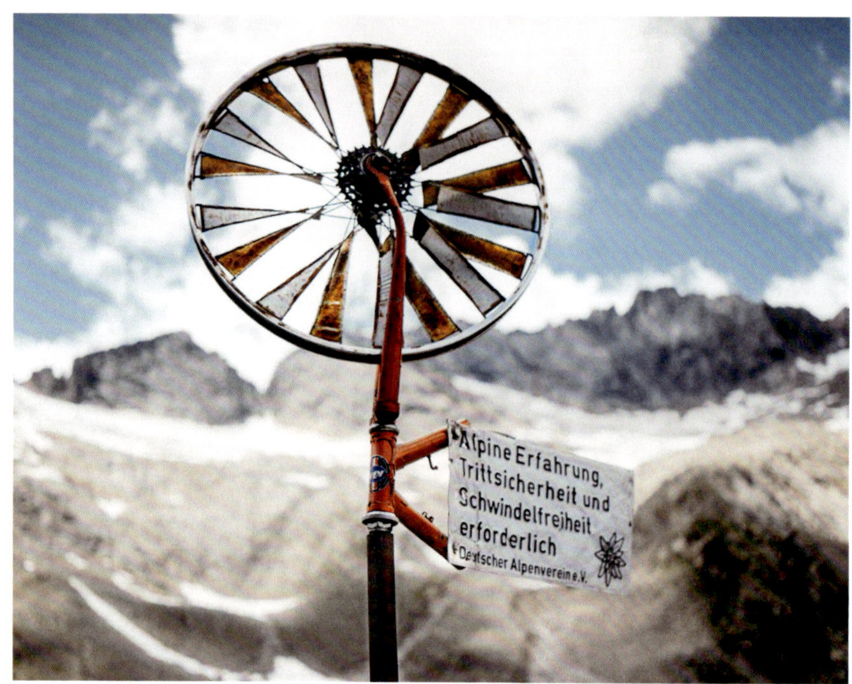

Einst verlustierte sich hoch über dem Pinzgauer Rainbachtal die Berg-Boheme. Heute ist die Richterhütte das Refugium einer jungen Wirtsfamilie, deren Gastgeberqualitäten jeden Tropfen Wandererschweiß wert sind.

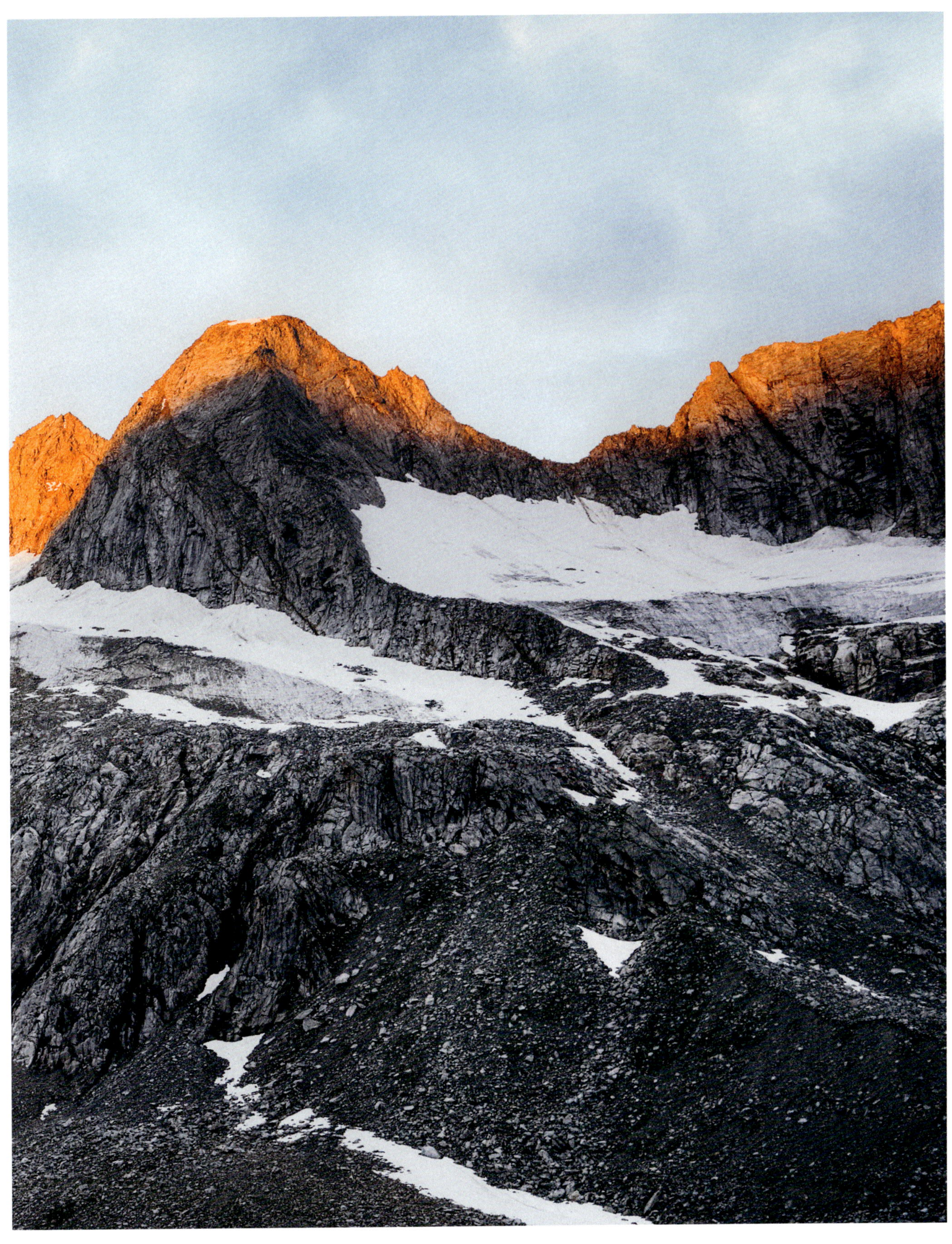

Österreich
Richterhütte

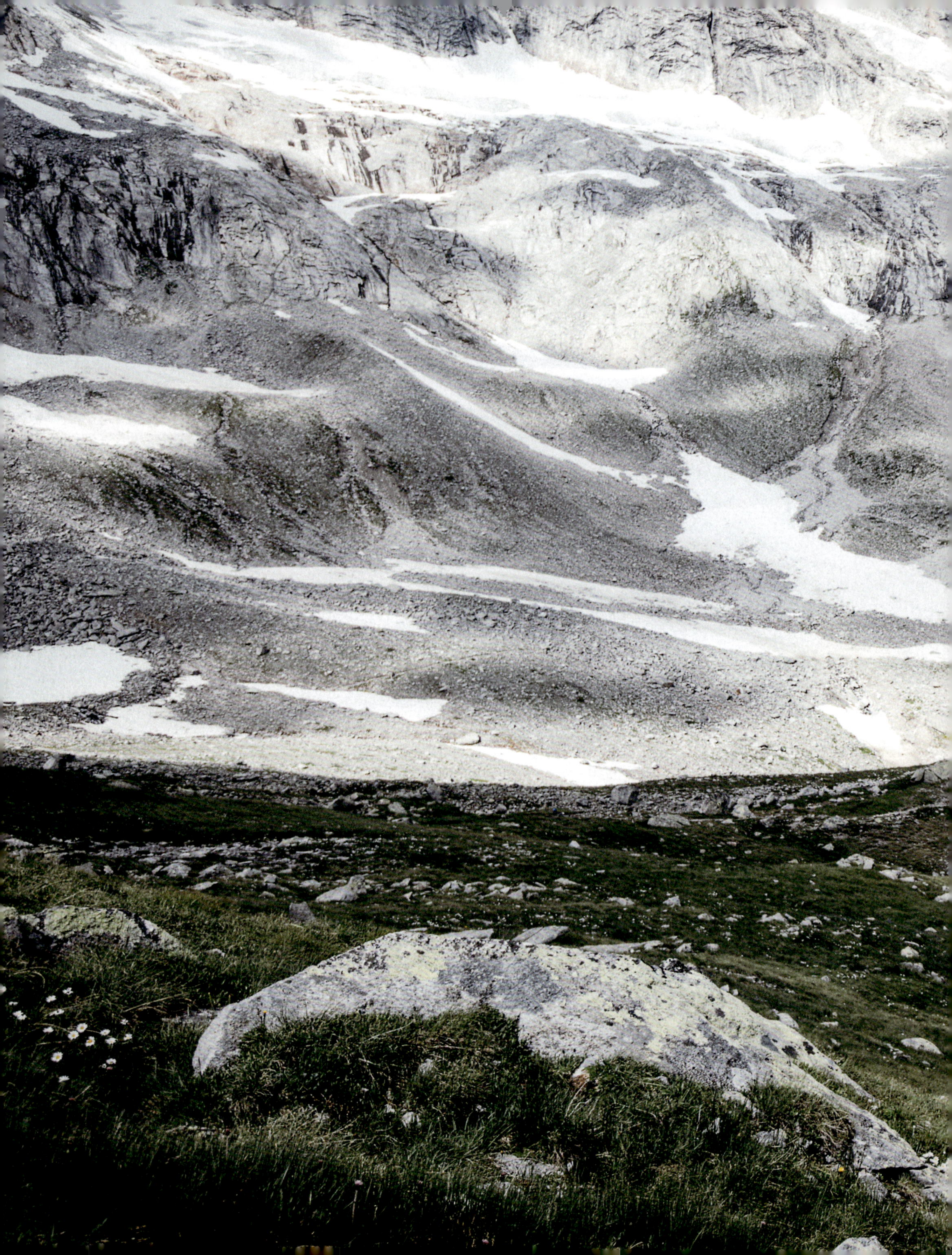

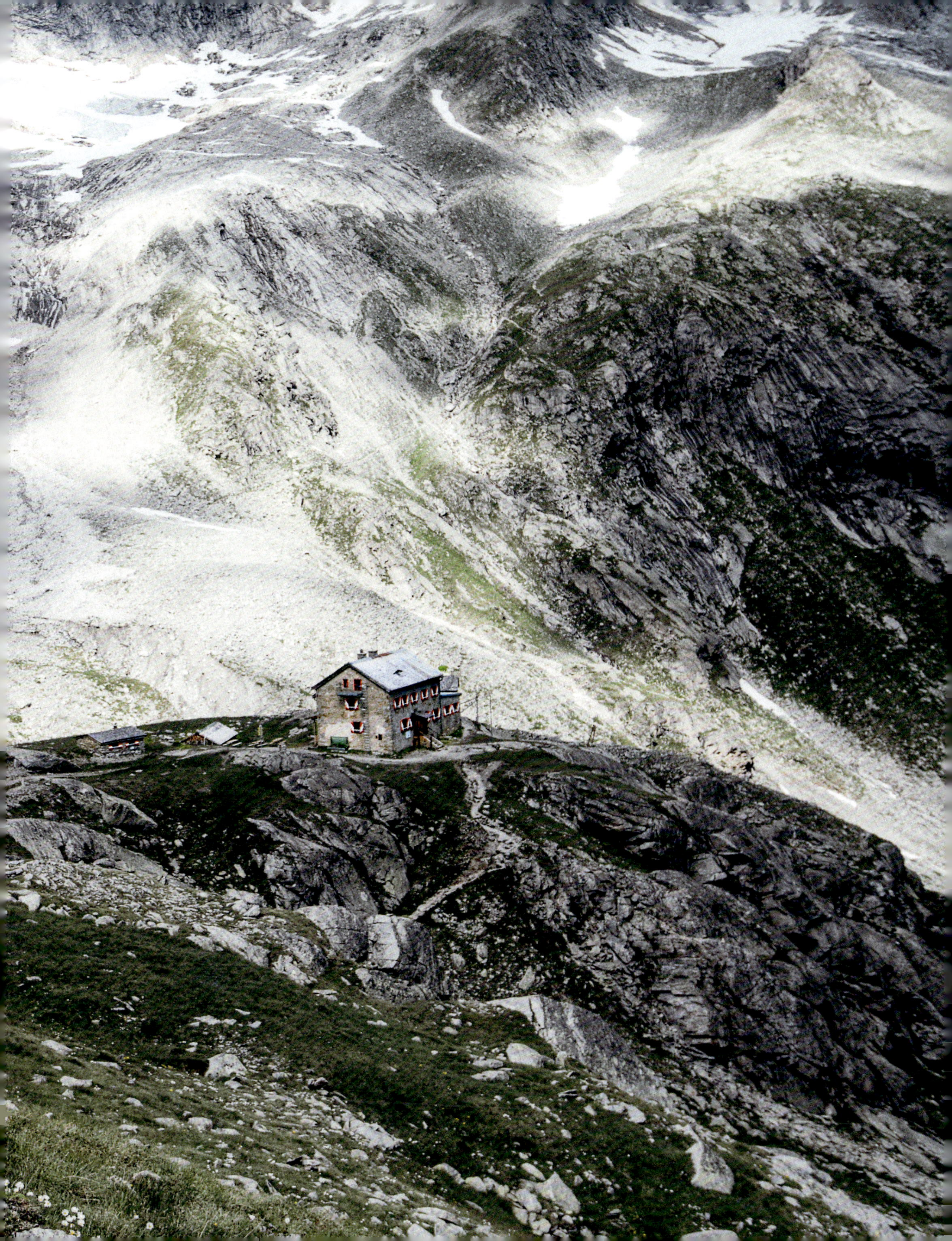

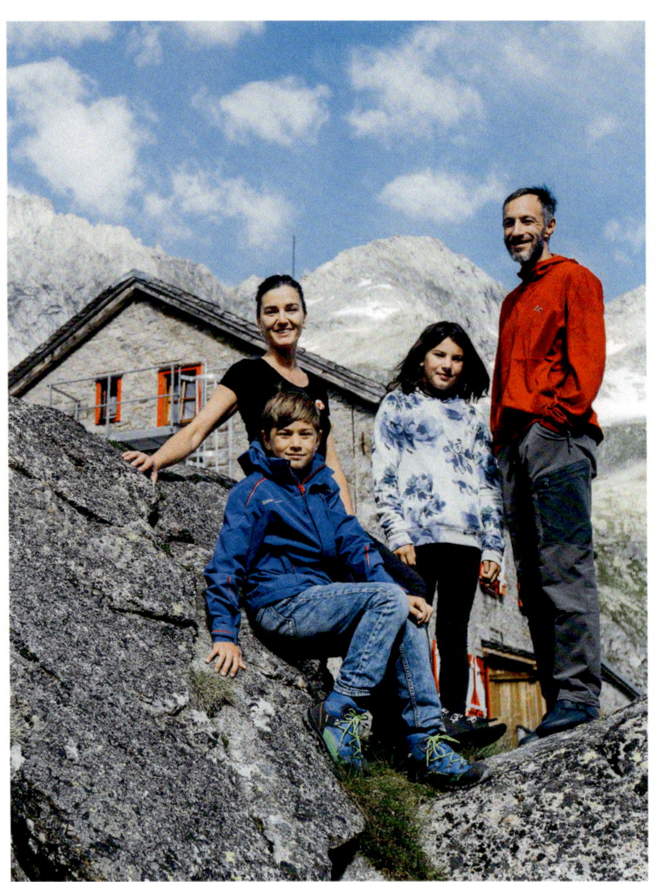

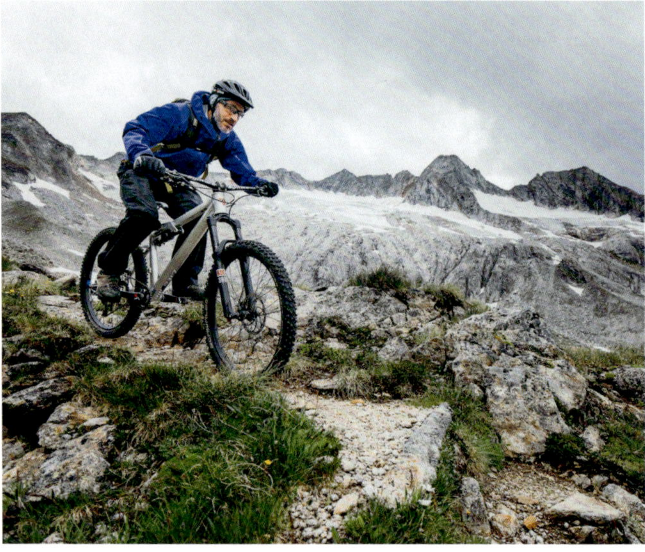

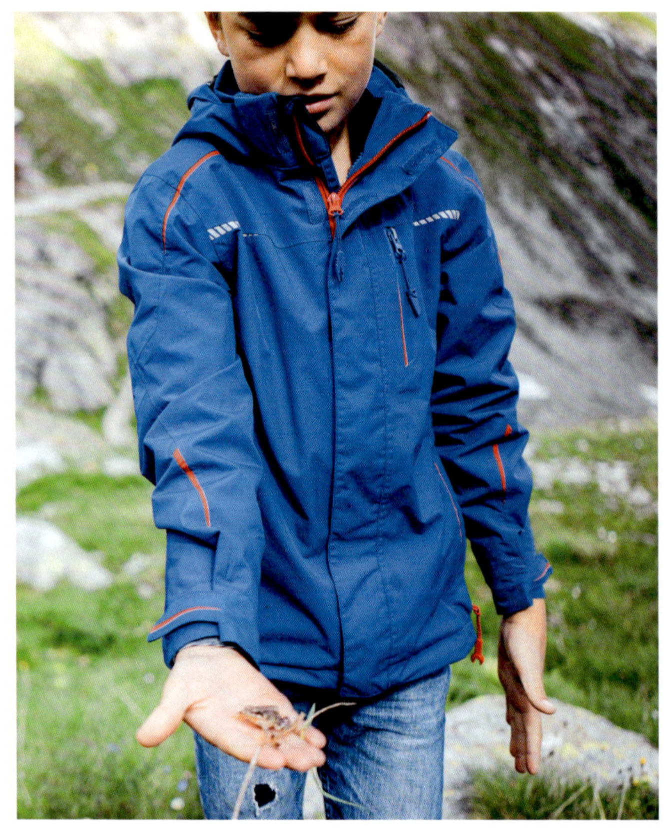

Kulinariktipp

Julias selbst gemachtes Kürbis-Chutney ist ein wahres Küchen-Highlight. Serviert wird es mit Ziegenkäse, den Rosi Bachmaier auf der Söllnalm im Krimmler Achental herstellt.

Einen geradlinigen Charakter haben sie beide. Einen geradlinigen Lebenslauf aber keineswegs, weder Julia Stauder noch ihr Partner Martin Falkner. Viel zu umtriebig waren sie und viel zu vielseitig interessiert. Martin, der Automechaniker, Lkw-Fahrer, Himalaya-Reisende und Sozialarbeiter. Julia, die Hüttenhilfe, Bühnenbildnerin und Kunsthandwerkerin. Doch dann schob sich im Jahr 2015 die Richterhütte in ihr Leben, und das Paar fasste einen Entschluss, dem es zielstrebig folgte – tief hinein und hoch hinaus in die Zillertaler Alpen, in den südwestlichsten Zipfel des Salzburger Pinzgaus.

Lage
Zillertaler Alpen

Hüttenwirte
Julia Stauder
und Martin Falkner

Geöffnet
Mitte Juni bis Ende September

Touren & Zustiege
→ Seite 241

Irgendwie sei er immer da gewesen, meint Julia, der Wunsch, eine Hütte zu bewirtschaften. Aber »im Alltagsnebel ist er aus dem Blickfeld geraten«. Dann stolperte Martin über die Ausschreibung des Alpenvereins. »Die Hütte hat einfach gepasst. Sie ist nicht zu groß und nicht zu klein – und vor allem: Sie ist speziell.« Ja, das ist sie. Speziell, individuell, abgeschieden. Eine behagliche Hütte inmitten der kargen Landschaft des Nationalparks Hohe Tauern. Eine Hütte, die man sich erst einmal erarbeiten muss – die Wanderer ebenso wie die Wirte.

»Die Herausforderung brauchen wir«, erklärt Julia. »Bloß keine Hütte, die einfach zu erreichen ist. Das sind wir nicht.« Sie nicht und Martin, der besonnene Bergmensch, schon gar nicht. Aber auch die beiden Kinder nicht. »Sie waren natürlich die Ersten, die wir gefragt haben, ob sie sich das vorstellen können.« Tochter Dora und Sohn Rian, damals zehn und acht Jahre alt, haben sofort ja gesagt. Die Familie hat sich ein Jahr lang vorbereitet. Martin hat zusätzliche Mechanikerkurse besucht, Julia die Prüfung zur Bergwanderführerin abgelegt.

Seit 2016 begrüßen sie nun Gäste, die so wenig den bequemen Weg suchen wie sie. Ausdauer muss man im Gepäck haben, wenn man über gut sechs Stunden von Krimml aufsteigt, vorbei an dem Naturspektakel der Krimmler Wasserfäller. Wer auf die Richterhütte kommt, der tut dies gezielt – mittlerweile bereits auch wegen der Verpflegung, denn der Ehrgeiz von Julia und Martin macht vor der Küche nicht halt.

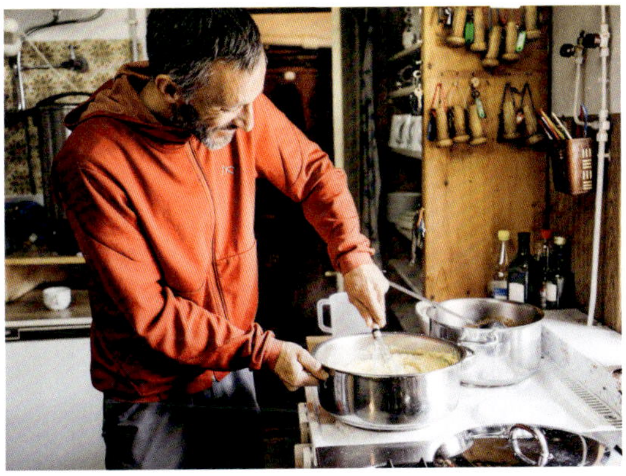

So ist es nicht verwunderlich, dass der Tag in der Hochsaison laut Julia gern zwölf Sonnen- und bis zu achtzehn Arbeitsstunden hat. Ohne die handfeste Unterstützung der Freunde aus dem Tal wäre gerade die erste Saison, in der sich so manch alte Gerätschaft spontan zur Ruhe setzte, kaum möglich gewesen. »Sie haben Staub gesaugt, beim Zwiebelschneiden geweint, den Geschirrspüler voll und leer geräumt«, erzählt die Hüttenwirtin. »Es ist wahnsinnig viel Arbeit, aber wenn ich beim Biomüll-Raustragen oder Wäsche-Aufhängen wieder diese Kulisse sehe, atme ich tief durch, und alles ist gut.« An den langen Abenden versuchen sie, die Sonne noch zu erhaschen, bevor sie hinter der Reichenspitzgruppe, einem mit Gletschereis gesprenkelten Dreitausender-Spalier, versinkt.

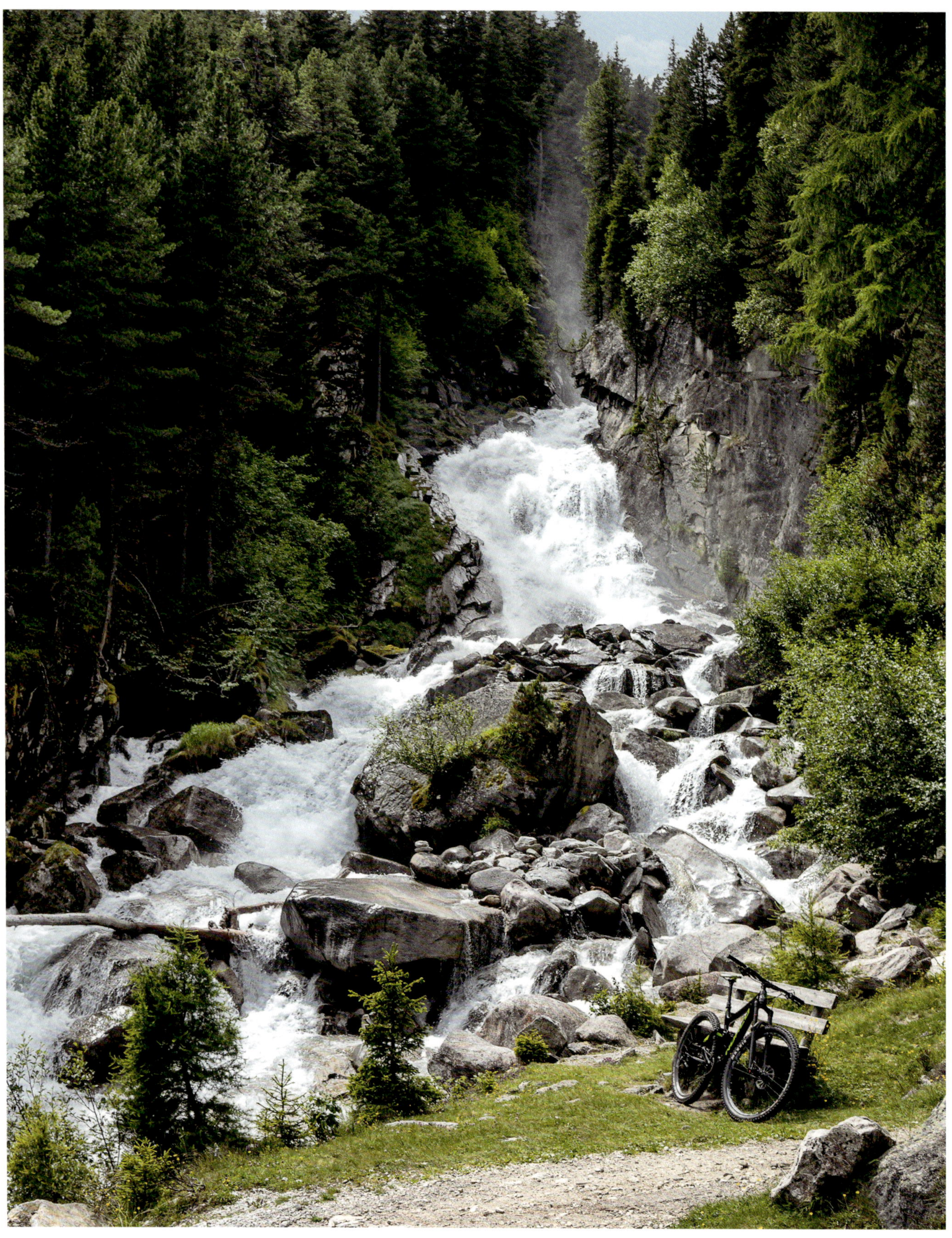

Doch Natur ist bekanntlich nicht nur Spektakel, sondern auch Gewalt: Gleich zwei Richterhütten putzte sie hinfort. Den ersten Versuch des deutsch-böhmischen Textilfabrikanten Anton Franz Richter riss 1896 eine Lawine weg. Der zweite, 300 Meter tiefer gelegene Bau war nicht weniger als ein mondänes Chalet für die Berg-Boheme, mit einzeln beheizbaren Zimmern, Kleinkraftwerk und Telefonanschluss. Standesgemäße Kurzweil versprach die mit Samt ausgekleidete Kegelbahn, die Getränkekarte führte Champagner. Das Highlife beendete ein nächtlicher Orkan in der Zeit des Ersten Weltkriegs – zurück blieb eine Ruine.

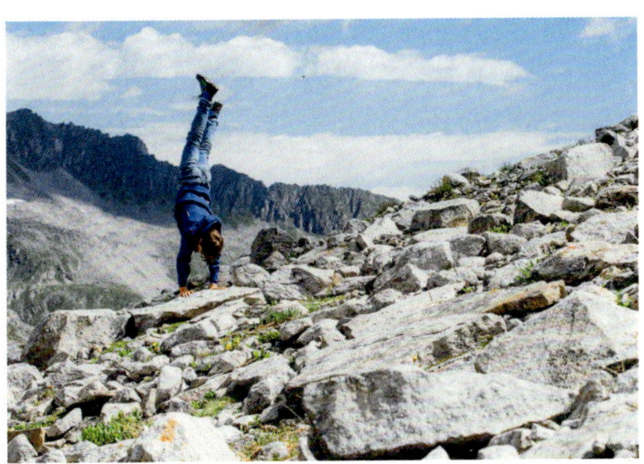

Erst im Jahr 1928 ließ Richard Richter, der Sohn des Fabrikanten, das steinerne Hauptgebäude in ein zweckmäßiges Schutzhaus umbauen. Und das trotzt nun seit über 90 Jahren dem Zeitlauf und strahlt jene zirbenholzgetäfelte, wohlig-knarrende Behaglichkeit aus, in der sich Energie für den nächsten Tag am Berg sammeln lässt. Einen weiteren entscheidenden Beitrag dazu leisten die Schmankerl, die Julia und Martin auftischen. Herzhafte Kaspressknödel, ein zartes Gulasch mit Polenta oder die Gerstensuppe mit Selchfleisch. Und das mild-würzige Krimmler Märzen ist ein würdiger Schampus-Ersatz.

Einmal in der Woche sammelt Martin im Tal frische Ware von Almen und Händlern ringsum zusammen. Er ist ein ruhiger Typ, dessen Ausgeglichenheit sich ohne Reibungsverluste auf die Gäste zu übertragen scheint. Vielleicht holt Martin sich seine innere Balance auch auf dem Bike. Damit unternimmt er sehr gerne Kontrollfahrten, begutachtet die Steige und Wege – und lässt es dabei durchaus mal laufen. Auf den verblockten Pfaden, zwischen Felsen und Scharten, wo der Durchschnittswanderer aufmerksam einen Fuß vor den anderen setzt, fährt sich der ausgebildete Mountainbike-Lehrer in den Flow. Das fordernde alpine Gelände ist für den Tiroler auch auf zwei Reifen das liebste Terrain. Der einfache Weg passt ebenso wenig zu ihm und Julia wie zur Richterhütte.

Das ist besonders

An heißen Tagen empfiehlt Julia den hartgesottenen unter den Gästen eine besondere Abkühlung: die Zweistundentour zum gletschernahen Eissee – natürlich inklusive Bad.

Gollinghütte ↗ 1.642 m

Ganz
Berghütte

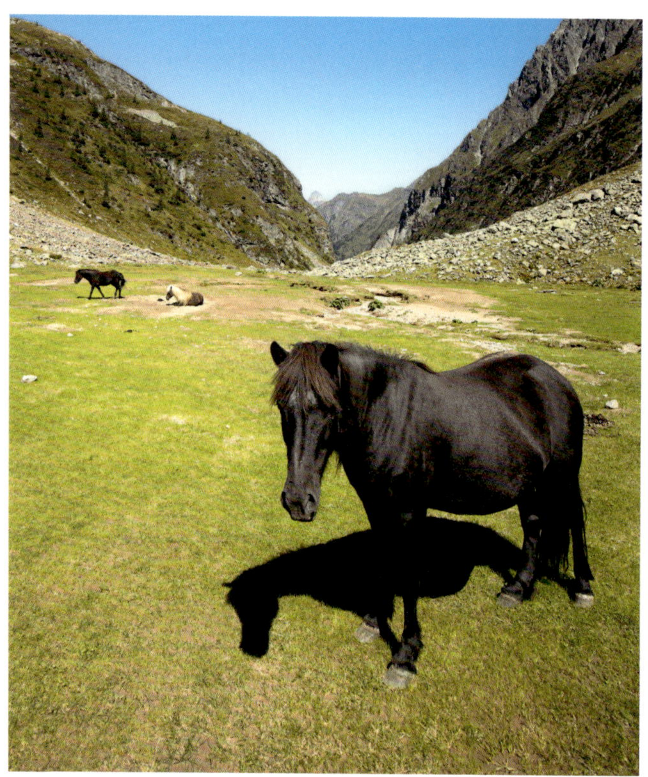

Fast am Talschluss des Gollingwinkels, am Fuße steiler Hänge, auf einer Klippe, über die ein Wasserfall in die Tiefe stürzt: Hierher kommt nur, wer es ernst meint mit dem Berg und dem Steigen – und dem Paradies.

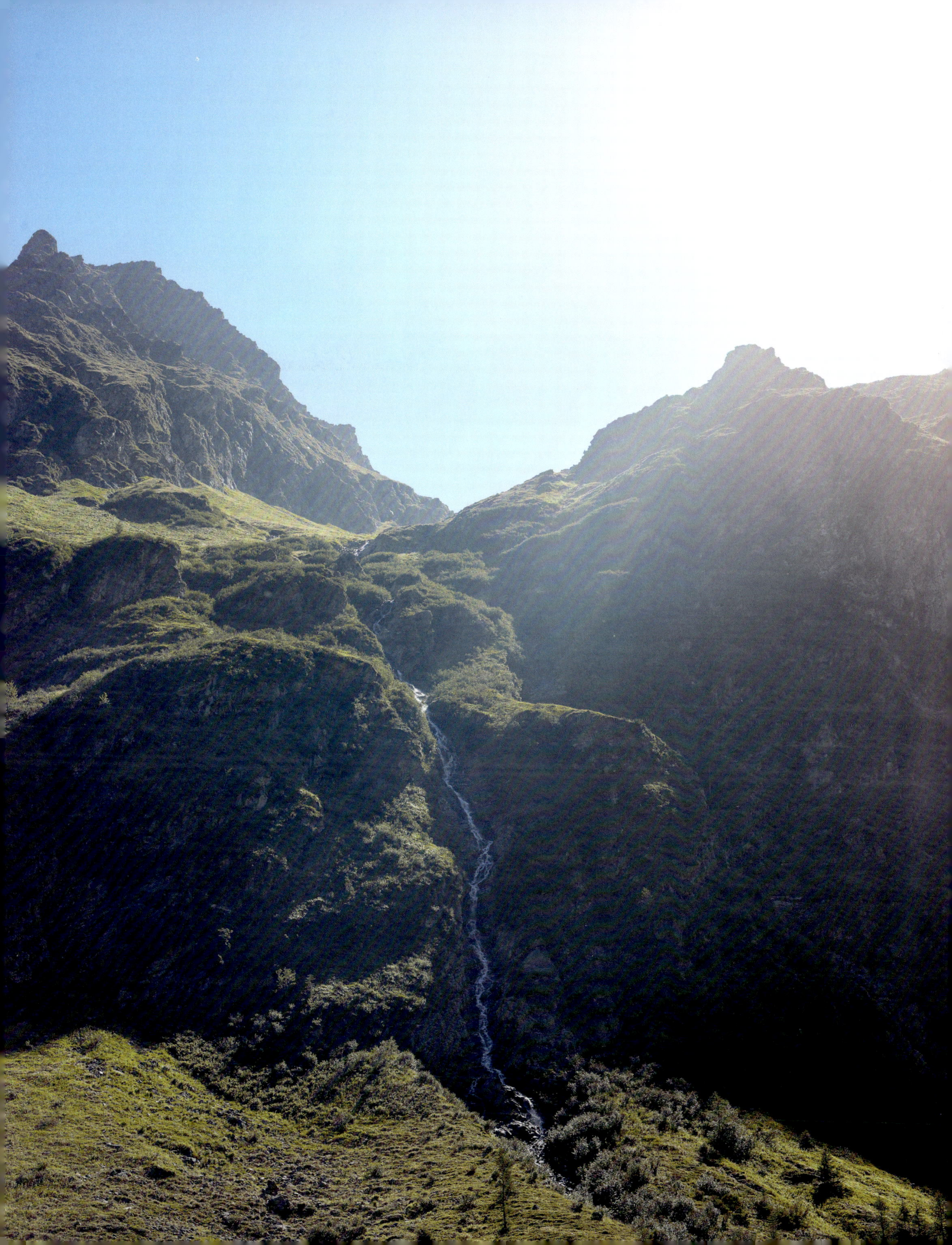

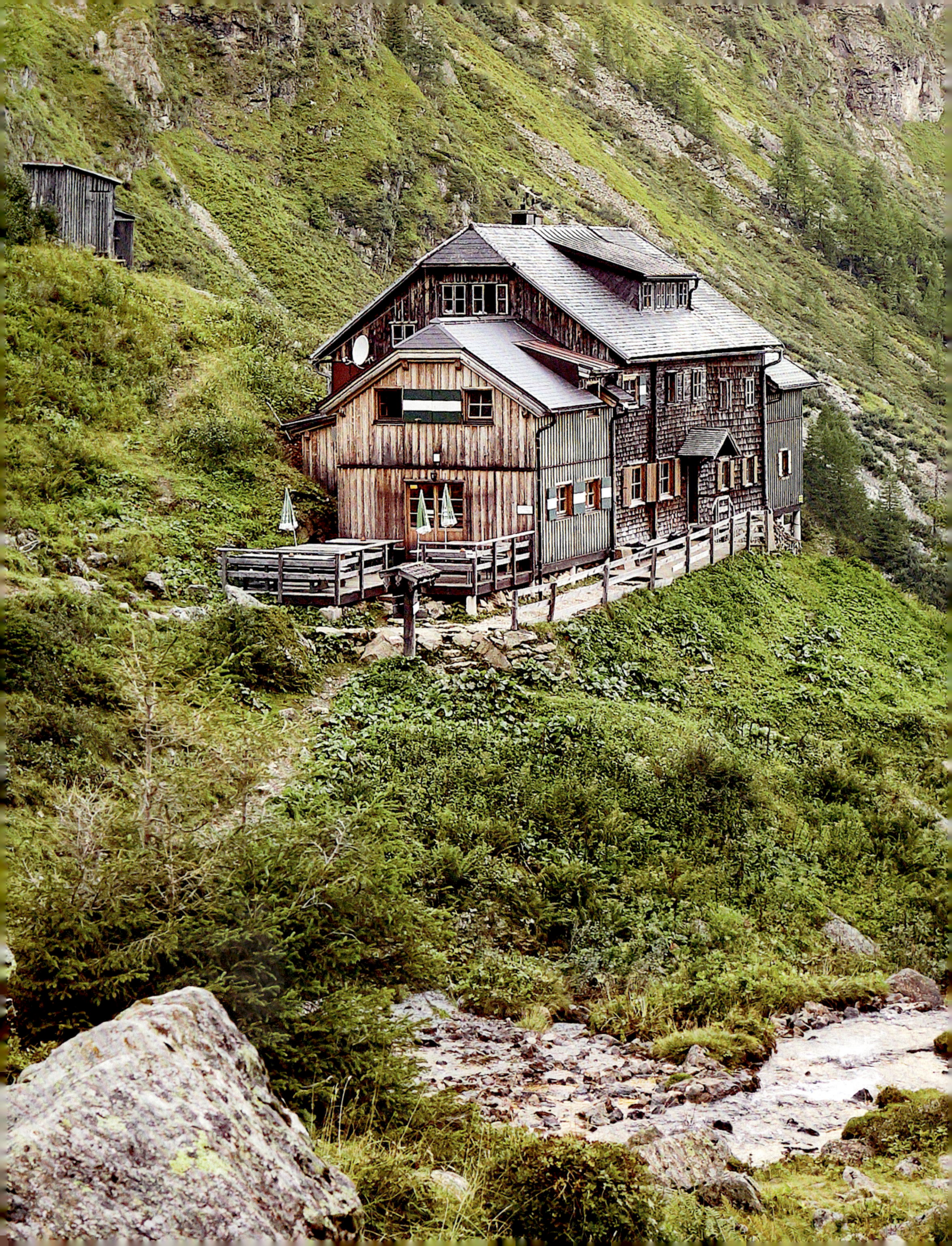

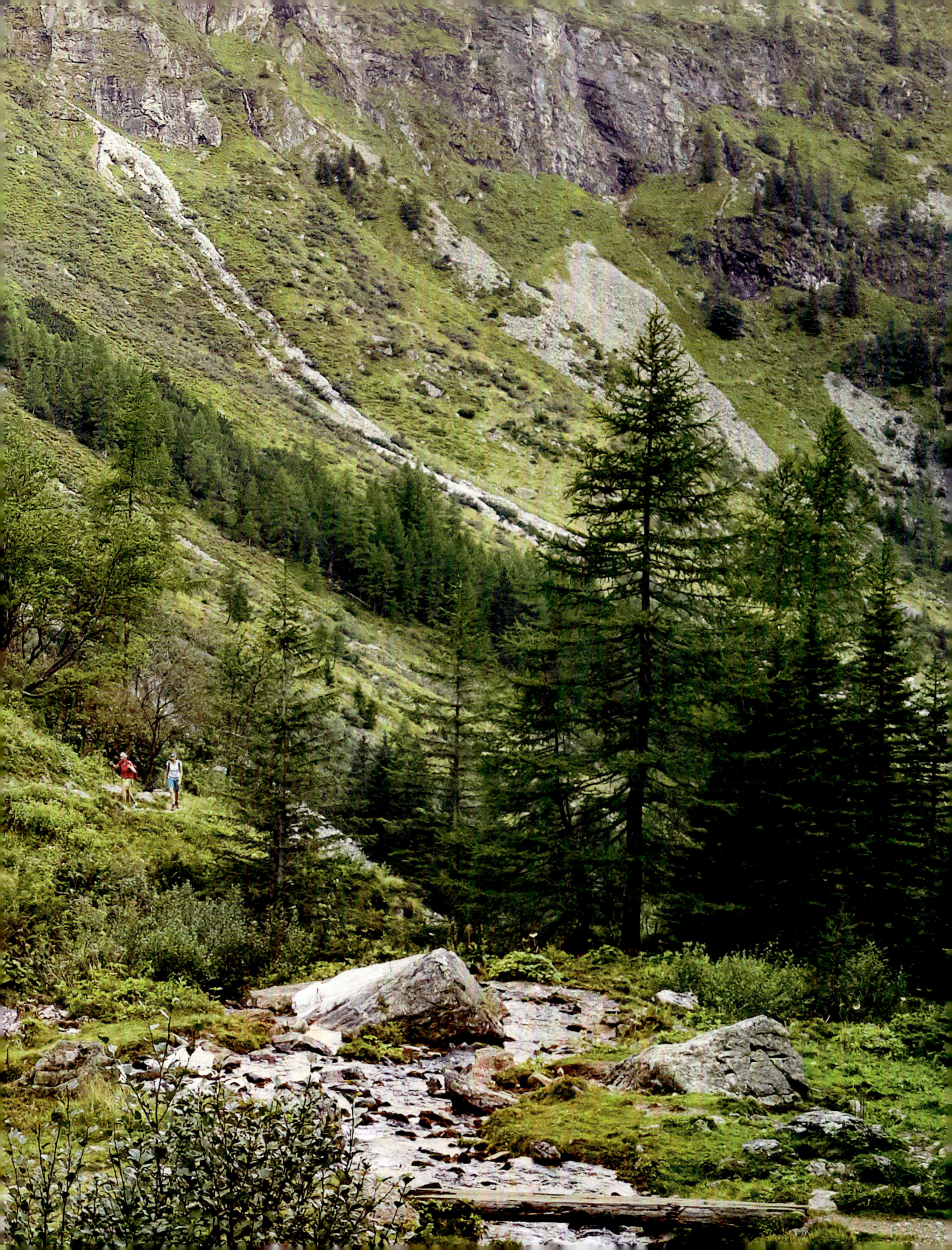

Lage
Schladminger Tauern

Hüttenwirte
Herwig und Herta Reiter

Geöffnet
Mitte Juni bis
Anfang Oktober

Touren & Zustiege
→ Seite 241

Die Gollinghütte, auf 1.642 Metern im Steinriesental südlich von Schladming gelegen, biedert sich nicht an – weder durch ihre Lage noch durch ihr Panorama und schon gar nicht durch Holladrio-Gemütlichkeit. Sie ist ganz Berghütte: letzte Rast vor einer beschwerlichen Tour, Licht in der hereinbrechenden Dunkelheit eines langen Tages, Schutz vor einem drohenden Unwetter.

Zu diesem abgeschiedenen Winkel aufsteigen kann man zum Beispiel über den Obertalbach – erst gemächlich, dann etwas herausfordernder, gekrönt von einem jähen Schlussanstieg. Dann wandert der Blick in eine Richtung, in der es kein Weiterkommen mehr zu geben scheint, weil die Wände fast senkrecht in den Himmel ragen. Links der Greifenberg, die Pöllerhöhe und der Große Gangl, rechts der Geinkel, der Elendberg und der Zwerfenberg, alles solide 2.600er – und vorn der Hochgolling, mit seinen 2.863 Metern der höchste Berg in den Schladminger Tauern.

»Riesenhaft erhob sich vor unseren Blicken die colossale Hochwildstelle, von allen Seiten kahle, schroffe Wände uns entgegenstreckend, gleichsam herausfordernd, die kühnen Alpensteiger zum Versuche, sie, die Mächtige zu besiegen«: Besser, als es Erzherzog Johann getan hat, dem diese Zeilen zugeschrieben werden, lässt sich die Landschaft hier kaum charakterisieren. Der Habsburger bezwang im Jahr 1817 als erster namentlich bekannter Bergsteiger den Hochgolling. Begleitet wurde er nicht nur von einheimischen Führern und Trägern, sondern auch von Malern und Schriftstellern, die das Ereignis dokumentieren sollten.

Heute würde er sich wohl sehr darüber freuen, ein so schön anzusehendes und einkehrenswertes Haus wie die Gollinghütte auf seinem Weg zu finden. Sie wurde aber »erst« 1904 erbaut, von Wienern – der Alpinen Gesellschaft Preintaler, die Ende des 19. Jahrhunderts »die damals noch ganz einsamen und nahezu unbekannten Schladminger Tauern« durchforschten. Trotz schlechtester Wetterverhältnisse berichteten sie zu Hause »von der ernsten, wilden und unberührten Schönheit dieser Berge«, so die Chronik der Vereinigung. Und den »ersten Erkundungsfahrten folgte nun eine rege bergsteigerische Erschließungstätigkeit«. Die Gollinghütte wurde hauptsächlich als Basisstation für den Aufstieg auf den Hochgolling errichtet. Ihre Geschichte hält auch viele dramatische Abschnitte bereit – und das nicht nur über die kargen Kriegszeiten. 1923 wollte Hüttenwirtin Adelheid Gassner einem verunglückten Edelweißpflücker zu Hilfe kommen und ließ dabei selbst ihr Leben. Geradezu paradiesisch mutet die Gollinghütte dagegen heute an – in erster Linie auch wegen ihrer Lage.

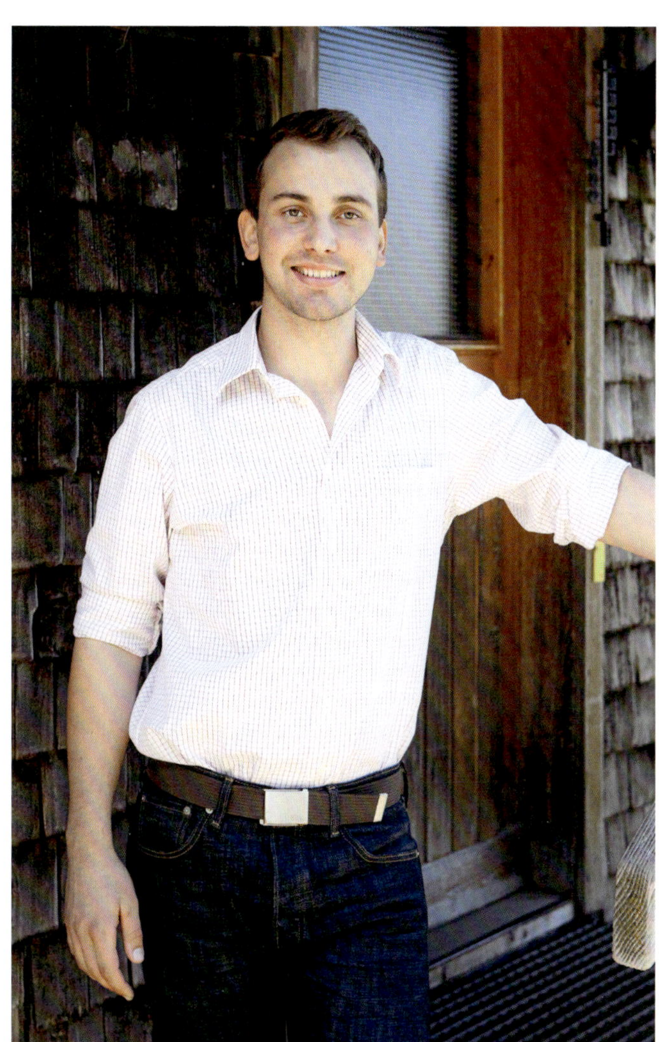

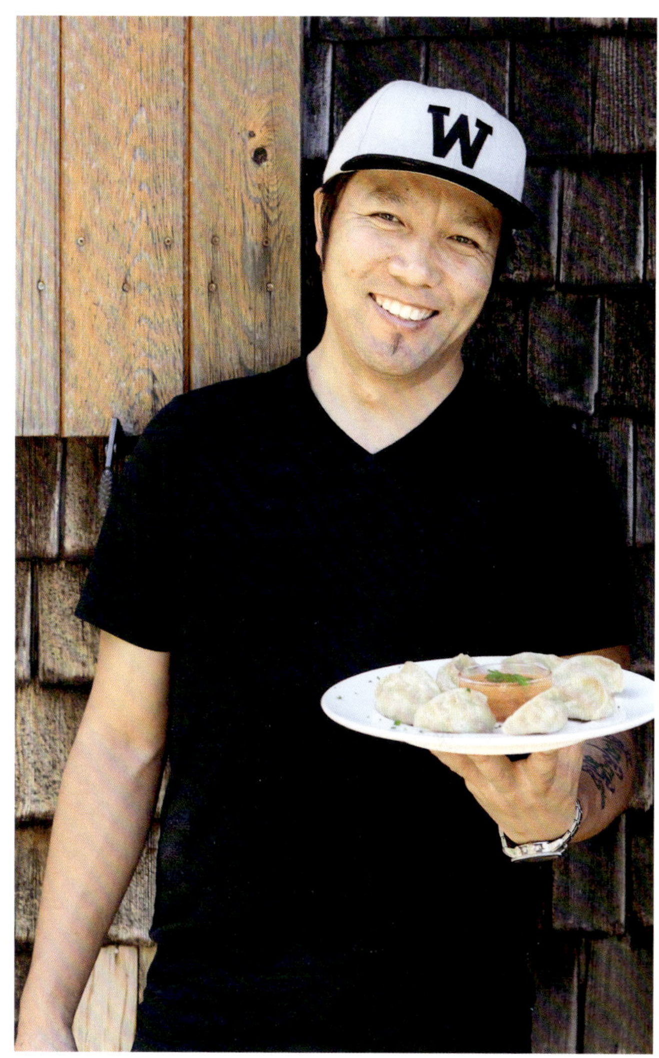

Kulinariktipp

So wie die Momos, die nepalesischen Teigtaschen, ist auch das Wildragout mit Knödel keine Selbstverständlichkeit. Hertas Ehemann muss dafür eine erfolgreiche Jagd absolviert haben, weil nur selbst erlegtes Wild verarbeitet wird.

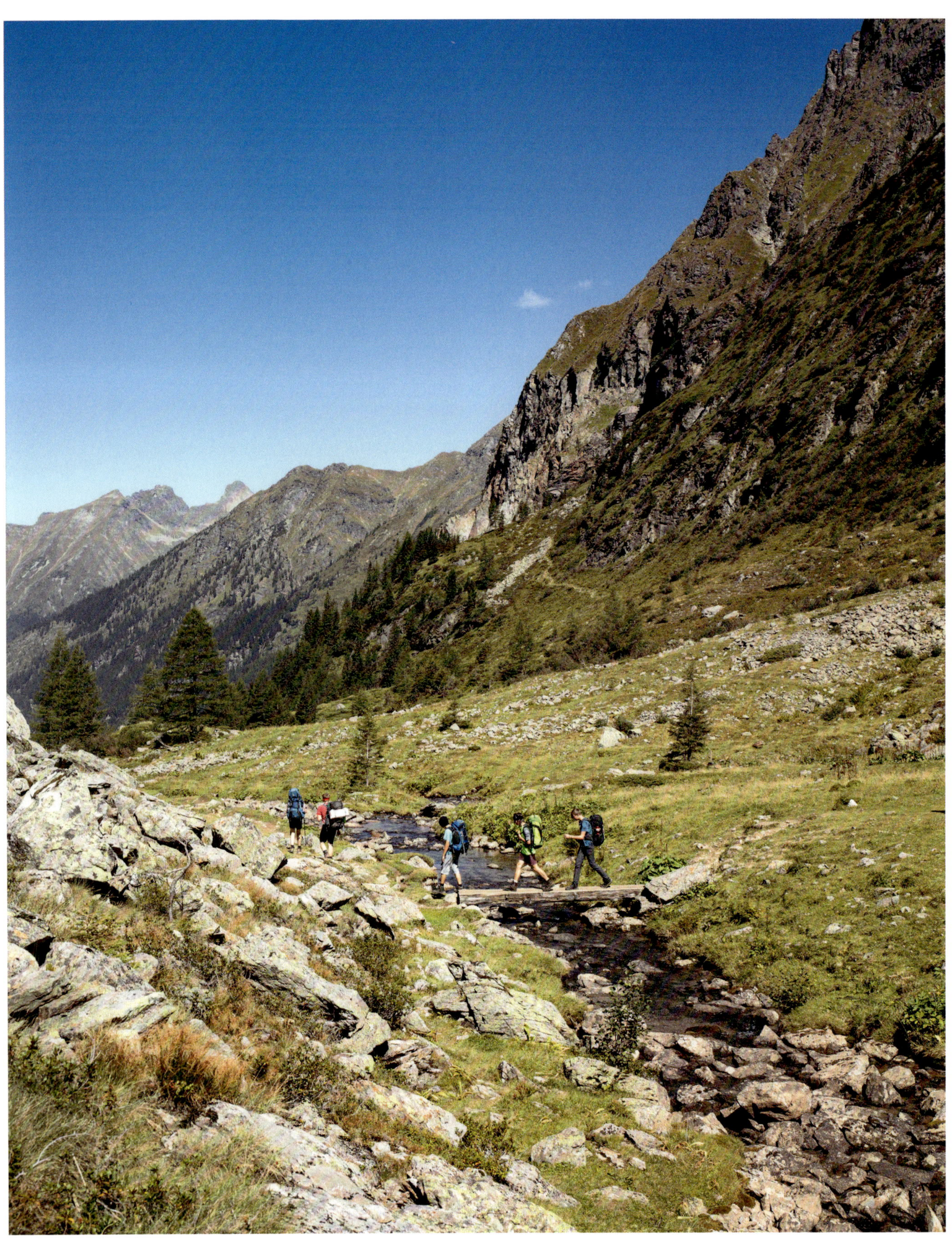

Österreich
Gollinghütte

Das ist besonders

Die meisten Gäste unternehmen die berühmte Königstour über den Klafferkessel, der auf 2.300 Metern über dem Meer mit rund 30 Bergseen in verschiedenen Größen gesprenkelt ist. Es ist auch ein Etappenziel auf dem Tauernhöhenweg. Die, die es schaffen, erklimmen den Hochgolling – doch keinesfalls auslassen sollte man den idyllischen Talschluss, den man in nur 20 Minuten von der Hütte erreicht.

Ein paar Minuten Fußmarsch von der Hütte entfernt liegt ein Talschluss, den die Einheimischen nicht ganz zu Unrecht als den schönsten der Welt bezeichnen: der Gollingwinkel. Hier grasen Isländerpferde, hier wohnen Murmeltiere, hier zieht ein Steinadlerpärchen, das ganz in der Nähe gebrütet hat, seine Kreise. Und hier wurde sogar schon einmal ein Heiratsantrag gemacht, weil der Brautwerber nach einer Tour auf den Hochgolling zur Überzeugung gelangt war, an dieser Stelle eine irdische Entsprechung zum Paradies gefunden zu haben. Auch wenn dabei vielleicht die Euphorie der Erschöpfung nach 1.200 Höhenmetern Auf- und Abstieg mitgespielt haben mag: Die Braut sagte jedenfalls nicht nein.

Noch deutlich weiter oben in den Bergen hat Sonam Sherpa um die Hand seiner Frau angehalten – allerdings nicht in den Alpen. Er stammt aus Nepal, und das ist bekanntermaßen das durchschnittlich höchstgelegene Land der Welt. Aber es ist nicht seine einzige Heimat: Eine zweite habe er hier auf der Gollinghütte gefunden, sagt er lächelnd. Andernfalls würde er kaum seit 2006 jeden Sommer in der Küche des Schutzhauses arbeiten und im Winter auf der Eiskarhütte gleich in der Nachbarschaft. Glück hat man, wenn das Küchenteam Muße für Momos findet: Die Teigtaschen mit der schmackhaften Fleischfüllung sind eine nepalesisch-tibetische Spezialität, die Sonam zwar besonders gerne zubereitet, die aber auch besonders aufwendig zu kochen sind. Doch die Speisekarte der Gollinghütte wartet auch mit traditionellen österreichischen Bergsteigergerichten wie Kaspressknödelsuppe, Speckbrot oder Bratwürsteln auf.

Sonam hat seit 2016 zwei neue Chefs: Herta und Herwig Reiter, ein eingespieltes, tateifriges Mutter-Sohn-Gespann, deren Familie »schon seit immer« im Besitz der Steinwenderalm ist. 22 Jahre war Herwig erst alt, als er die Hütte übernommen hat. Es war für ihn ein ebenso großer Schritt wie für seine Mutter Herta, die am Hof im Tal »ja eigentlich so schon genug zu tun« hatte. Aber beide genießen die Sommer heroben – sie hauptsächlich in der Küche, er »an vorderster Front«. Es ist eine wunderbar friedliche Front, wo Menschen aus aller Herren Länder die Schladminger Tauern bewundern. »Du glaubst nicht, wer da kommt«, versichert Herta, »Amerika, Australien, Finnland, Israel – es ist alles dabei.« Früh am Morgen stapfen die ersten Hüttengäste geruhsam davon – einige von ihnen dorthin, wo nur diejenigen gehen, die es ernst meinen mit dem Berg und dem Steigen.

Mödlinger Hütte ↗1.523 m

Kulinariktipp

Das Blunzengröstl oder Steirergröstl mit einem passenden Gesäuse-Wein.

Wie in ein alpines Gemälde hineingesetzt, steht die Mödlinger Hütte auf einer weiten, offenen Alm mit den steilen Felsen des Reichensteins im Hintergrund. Ein perfektes Ansichtskartenmotiv am Rand des Nationalparks Gesäuse – fast zu schön, um nicht kitschig zu sein. Kreuzkogel, Riffel, Kalbling, Sparafeld, Totenköpfl, Buchstein und Ödstein bilden aber nicht nur ein prächtiges Panorama, sie sind auch beliebte Tourenziele und zum Teil anspruchsvoll zu gehen beziehungsweise zu klettern. Es gibt allerdings auch für weniger geübte Wanderer passende Ziele, wie etwa die Pfarrmauer oder den Spielkogel. Auch den Aufstieg bzw. die Auffahrt per Bike zur Mödlinger Hütte kann man gemütlich bestreiten. Und wenn es dann Nacht wird, stellt man fest, dass die Aussicht auf dem Treffnerboden nicht nur tagsüber grandios ist: In klaren Nächten blitzt der Sternenhimmel hier ganz ungetrübt von jeglicher Lichtverschmutzung.

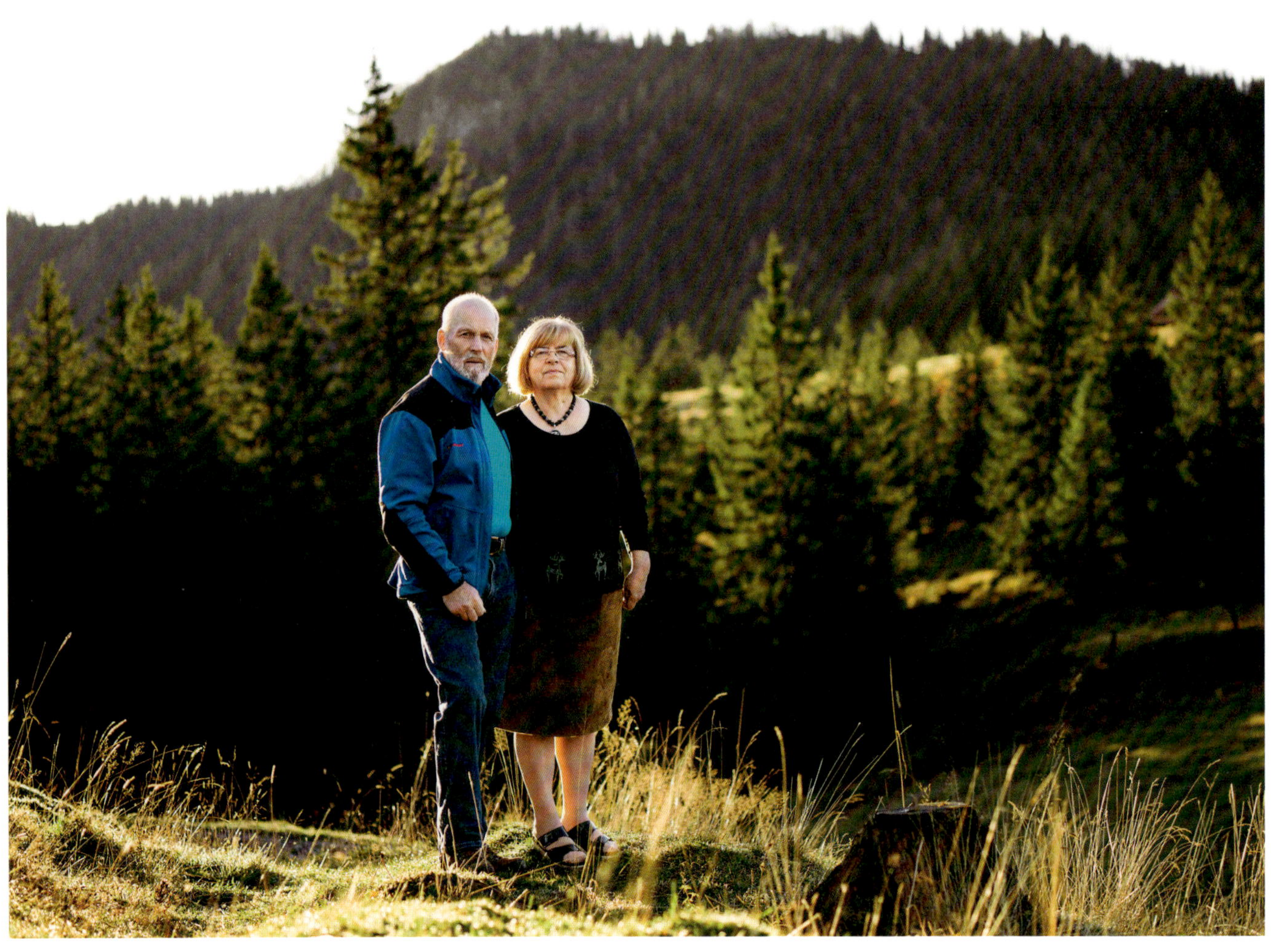

Das ist besonders

Es lohnt sich, einen Besuch auf der Hütte zeitlich abzustimmen. Zu Sonnwend und Silvester wird gefeiert, im Spätsommer wird die Treffneralm zum Heidelbeerparadies, und im Herbst kann man die Hirschbrunft lautstark miterleben.

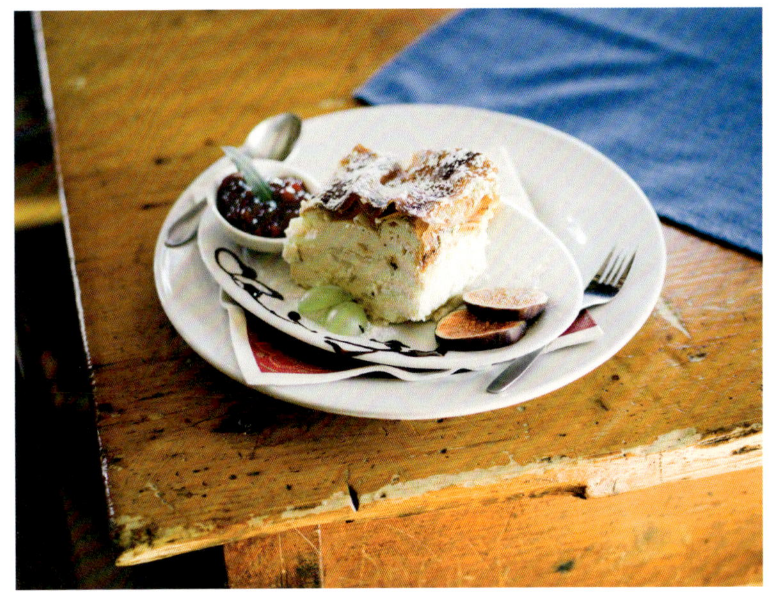

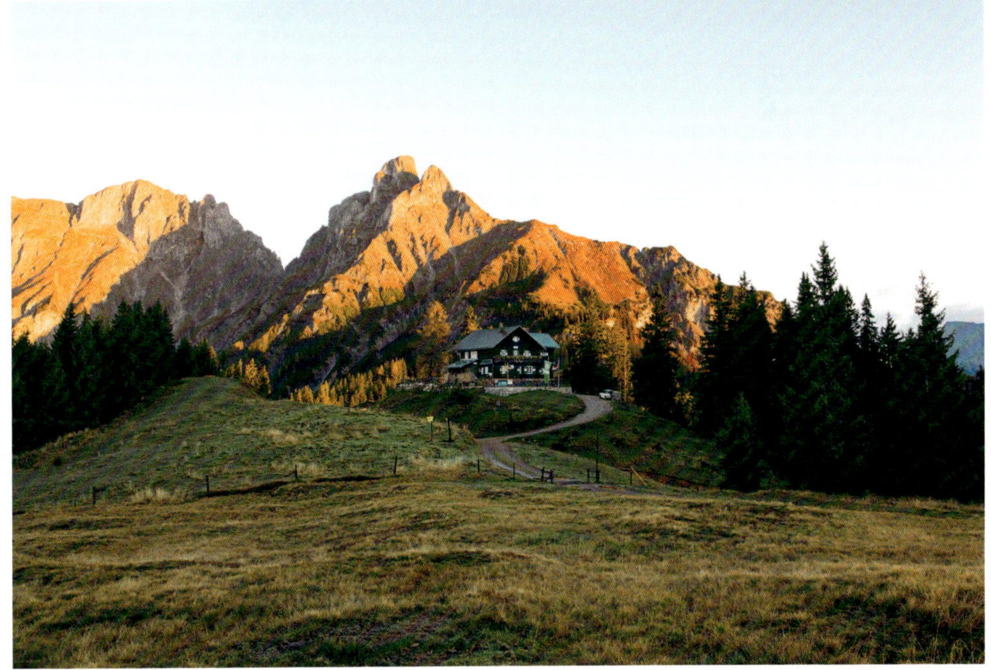

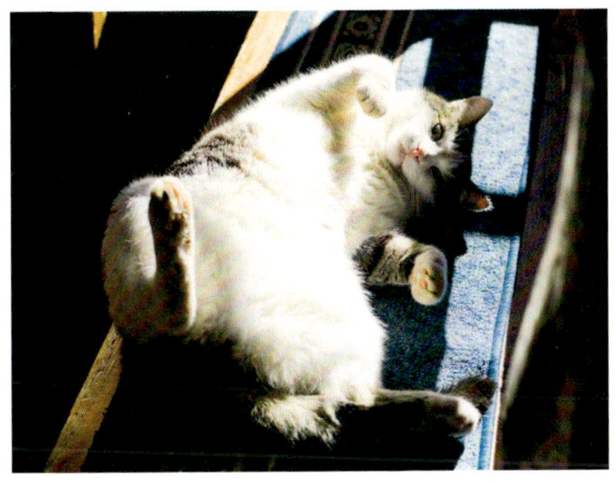

Lage
Ennstaler Alpen

Hüttenwirte
Annabell und Alfred Stieg

Geöffnet
Mitte Mai bis Ende Oktober

Touren & Zustiege
→ Seite 242

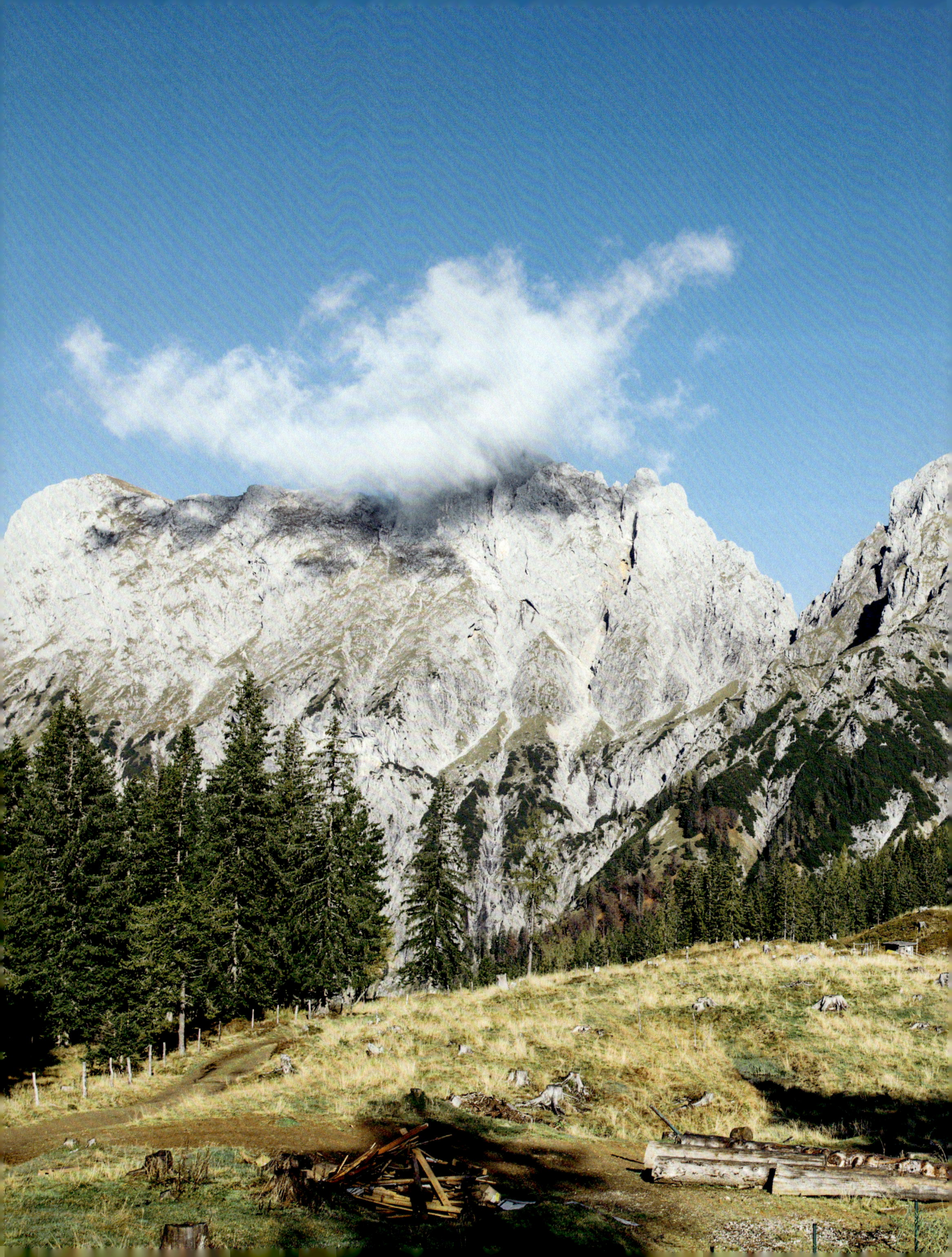

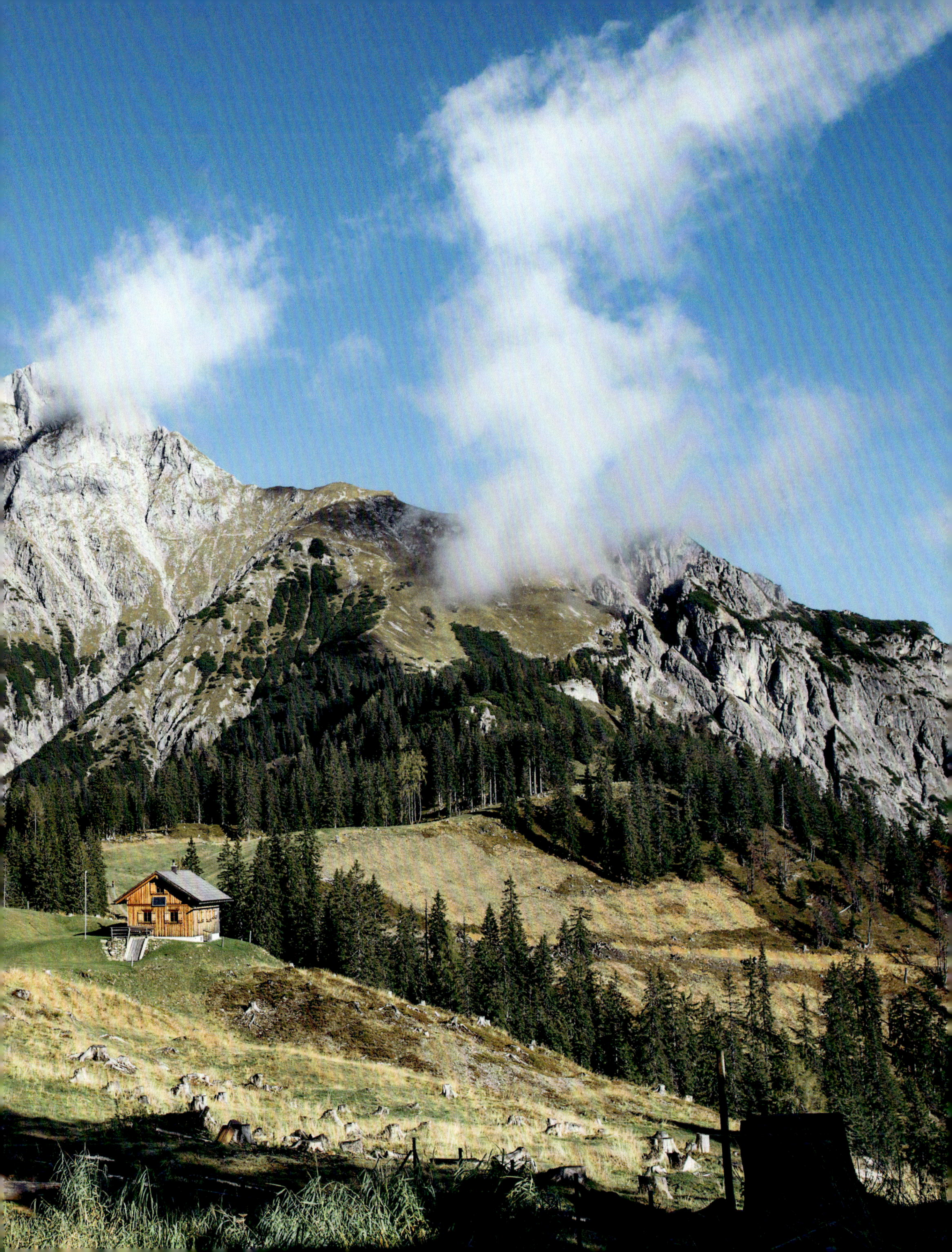

Dolomiten-hütte ↗ 1.616 m

Abgrundtiefe Schönheit

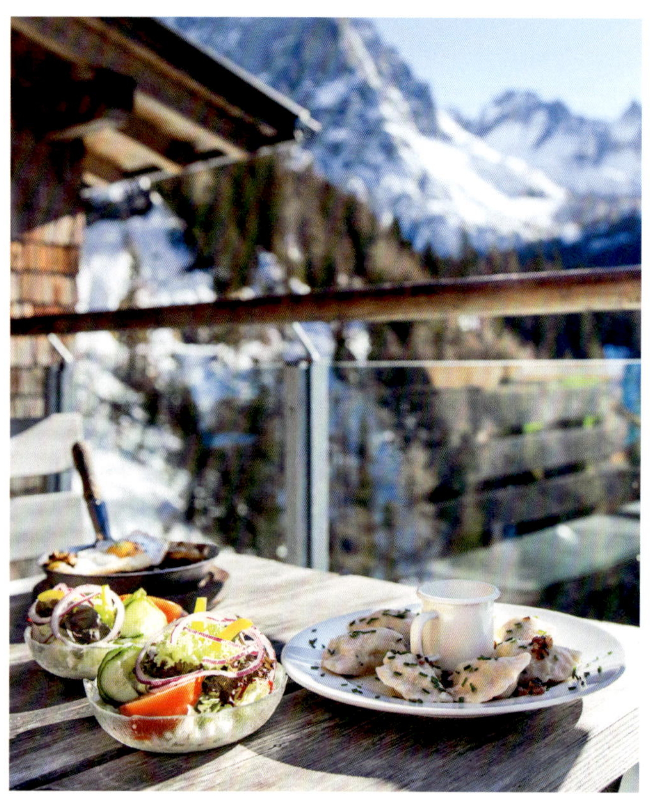

Keine typische Hüttenwirtin, keine typische Berghütte. Ob genügsamer Wanderer oder ambitionierter Kletterer – allesamt sind sie froh, dass sich Scarlett einst in diesen Platz am Abgrund verliebte.

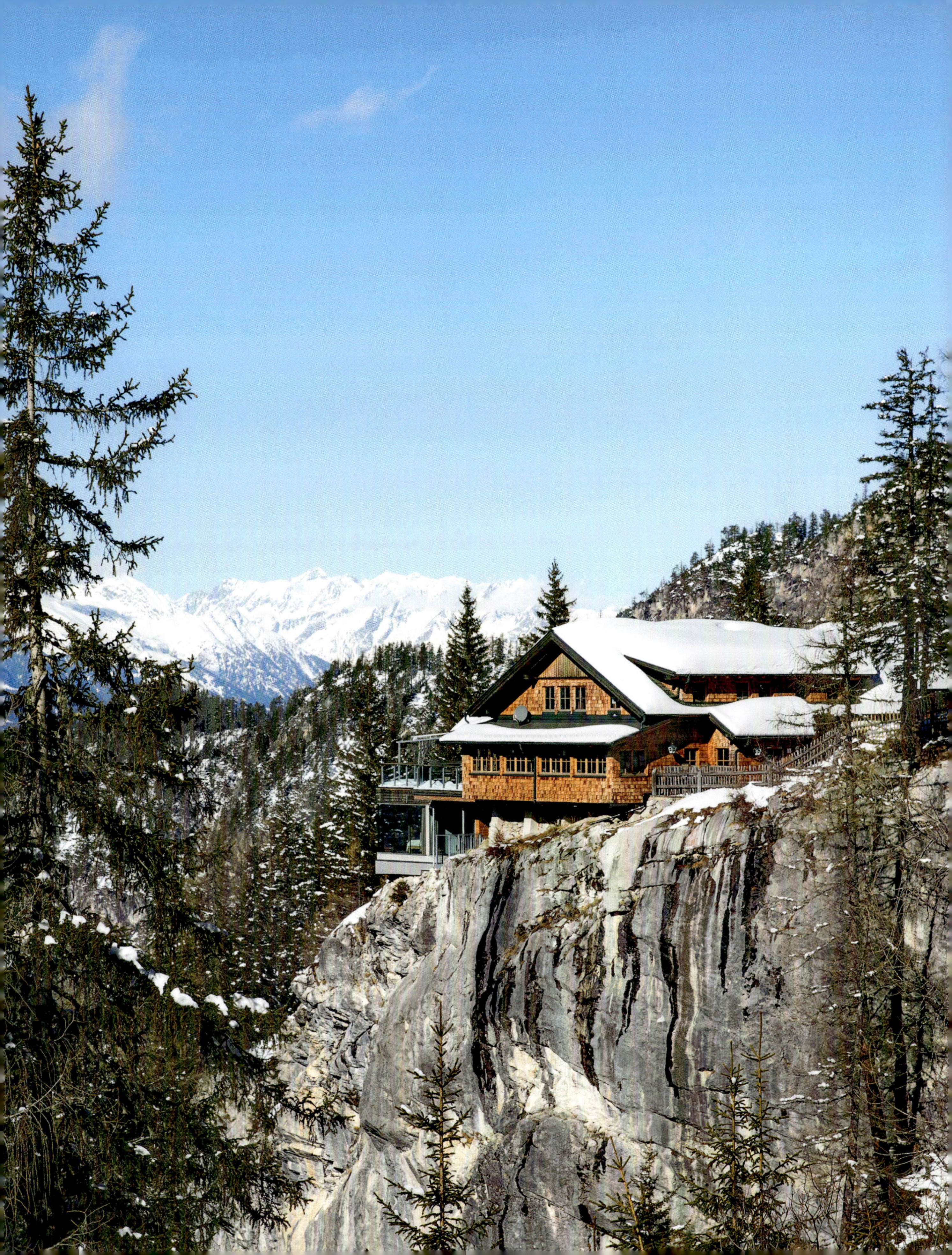

Lage
Lienzer Dolomiten

Besitzer
Scarlett Olesova
und Juraj Oles

Geöffnet
ganzjährig bis auf
November

Touren & Zustiege
→ Seite 242

Auf einem gewaltigen Felsriegel, direkt am Abgrund, thront die Hütte, in die sich Scarlett Olesova im Juni 2007 verliebte. Direkt darunter befindet sich ein Klettergarten, im Süden ruhen die Felszacken der Lienzer Dolomiten; so wuchtig, rau und schön, wie es eben nur die Dolomiten sein können. Dass es damals vor über einem Jahrzehnt um die gebürtige Slowakin geschehen war, ist nachvollziehbar. Aber weil sich die Gegenwart der Dolomitenhütte – geprägt von Kletterern, After-Work-Menschen sowie Wildspezialitäten und Doppelzimmern mit bodentiefen Fenstern – leichter über ihre Geschichte begreifen lässt, ist ein Blick in die Annalen wertvoll: Diese reichen bis 1936 zurück, als der einstige Pächter der Karlsbader Hütte, Josef Amort, die Dolomitenhütte an seinem Lieblingsplatz errichtete. Bis in die Fünfzigerjahre war diese allein über einen steilen Steig erreichbar und nur im Winter bewirtschaftet. Die Wirte wechselten – nicht oft, aber namenlos –, ehe Hans Wibmer das Gebäude 1989 übernahm und bis 2007 führte. Und hier tritt nun die junge Scarlett auf.

Als sie in jenem Sommer an der alten Dolomitenhütte – »kleine Fenster, gusseiserner Ofen, dunkel« – vorbeikam, erzählte der Wirt, er wolle das Gebäude verkaufen. Scarlett ist ein spontaner Mensch. Offensichtlich. Sie alarmierte ihren Bruder Juraj, ob er sich vorstellen könne, Miteigentümer einer Osttiroler Hütte zu werden. Konnte er. Zwei Monate später hatte Scarlett ihren Job gekündigt und war nach Osttirol gezogen. Ein irrer Plan.

Scarlett entspricht nicht so ganz dem »Idealtypus« eines Hüttenwirts. Sie ist auch kein langhaariger Alpinkletterer mit Maurerhänden. Sie ist eine ehemalige Leistungsturnerin aus der Slowakei. Sie hat die Einheimischen anfangs nur schwer verstanden, wenn diese zum Beispiel einen »Graukas« bestellten. Im ersten Winter, noch vor dem Umbau, türmte der von Heimweh geplagte Koch am ersten Weihnachtstag. Also stellte sich Bruder Juraj in die Küche – mit Headset, damit die Mama die Gerichte über das Telefon erklären konnte.

Heute kann man sich kaum vorstellen, wie die Hütte einmal ausgesehen hat. Nur die tragenden Säulen blieben erhalten, sonst ist alles neu: Kamin, Treppenhaus, Zimmer, Fenster, Lärchenschindeln als Außenverkleidung. Fragt man Scarlett, wie viel das neue Hüttenantlitz inklusive des neuen Innenlebens im Jahr 2008 gekostet habe, sagt sie nur: sehr viel. Für den Gast hat es sich definitiv gelohnt. Er genießt den Blick auf die Felszacken des Spitzkofels, des Grauen Turms oder der Bischofsmütze genauso wie die Atmosphäre der Hütte. 2012 legte das Geschwisterpaar (inzwischen samt Mama) sogar noch nach und baute komfortable Zimmer, die gerade noch so über dem 50 Meter senkrecht abfallenden Abgrund zu schweben scheinen. Durch die raumhohen Fenster sieht man direkt auf den Hausberg der Lienzer, den Spitzkofel – atemberaubender kann man kaum erwachen.

Das ist besonders

Scarlett ist ausgebildete Yogalehrerin und ihr Bruder Juraj Shaolin-Qigong-Lehrer. Sie bieten beide jeweils viermal die Woche Kurse an. Im Winter drinnen und im Sommer auf den Wiesen und im Garten.

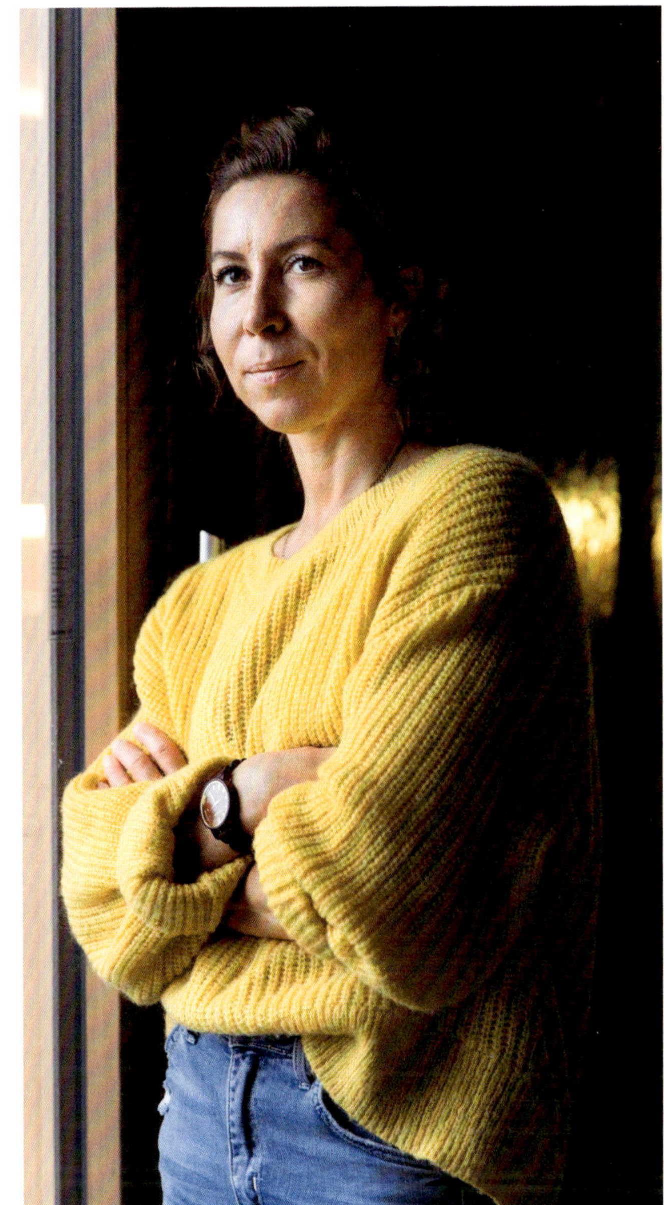

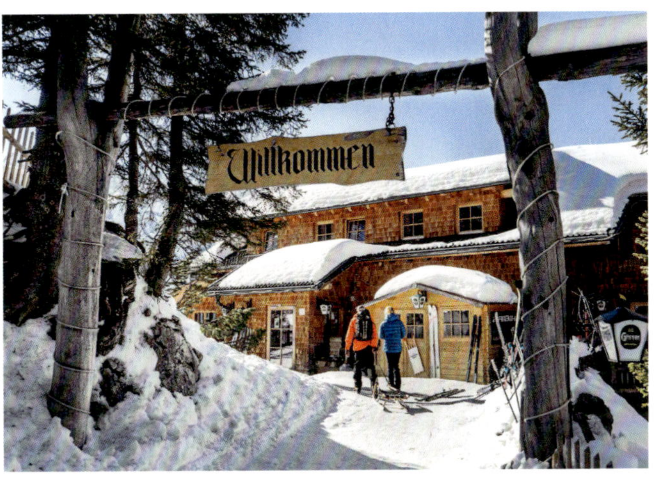

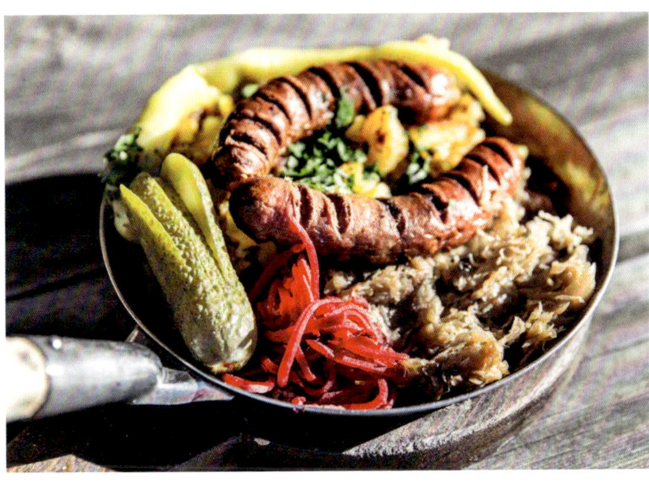

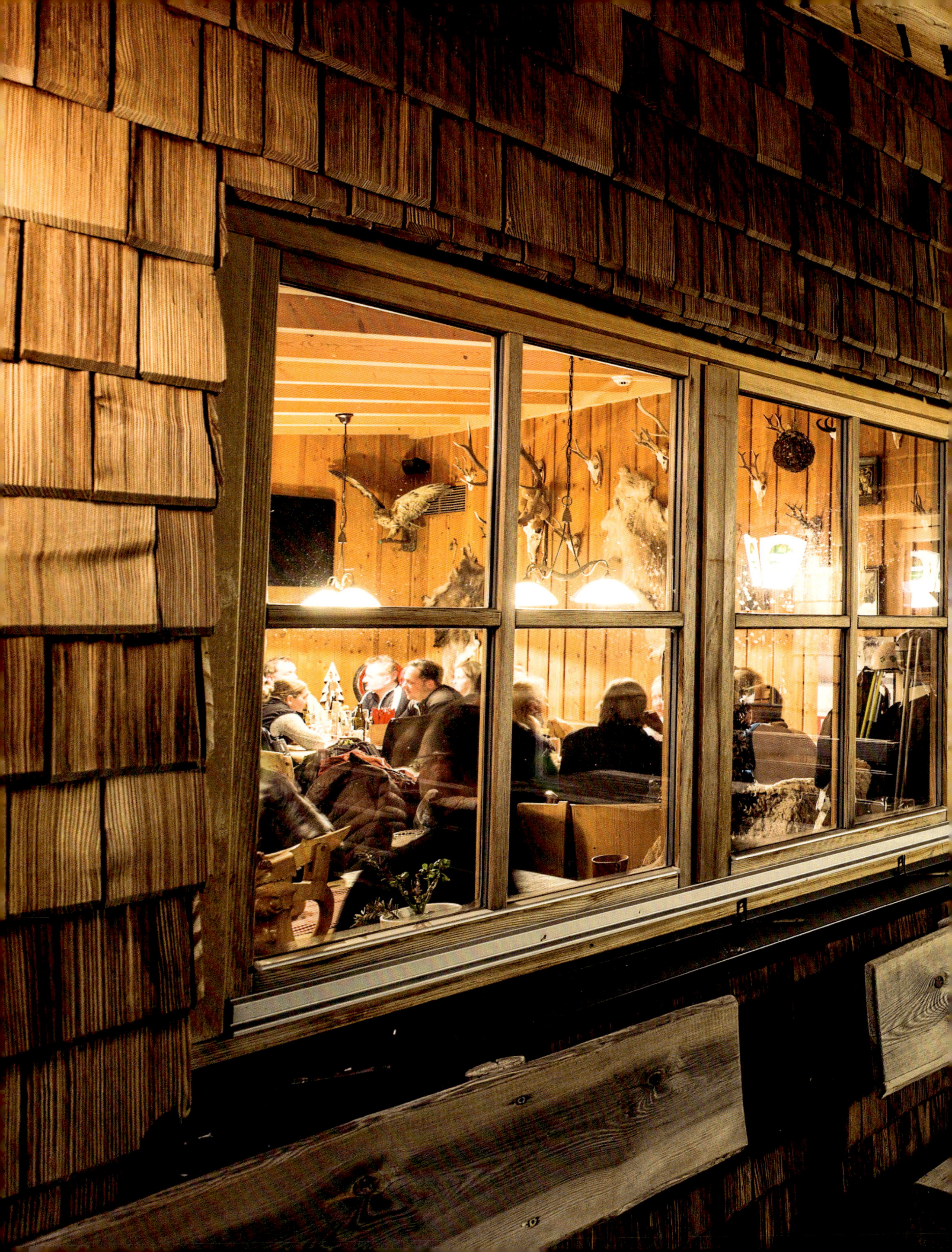

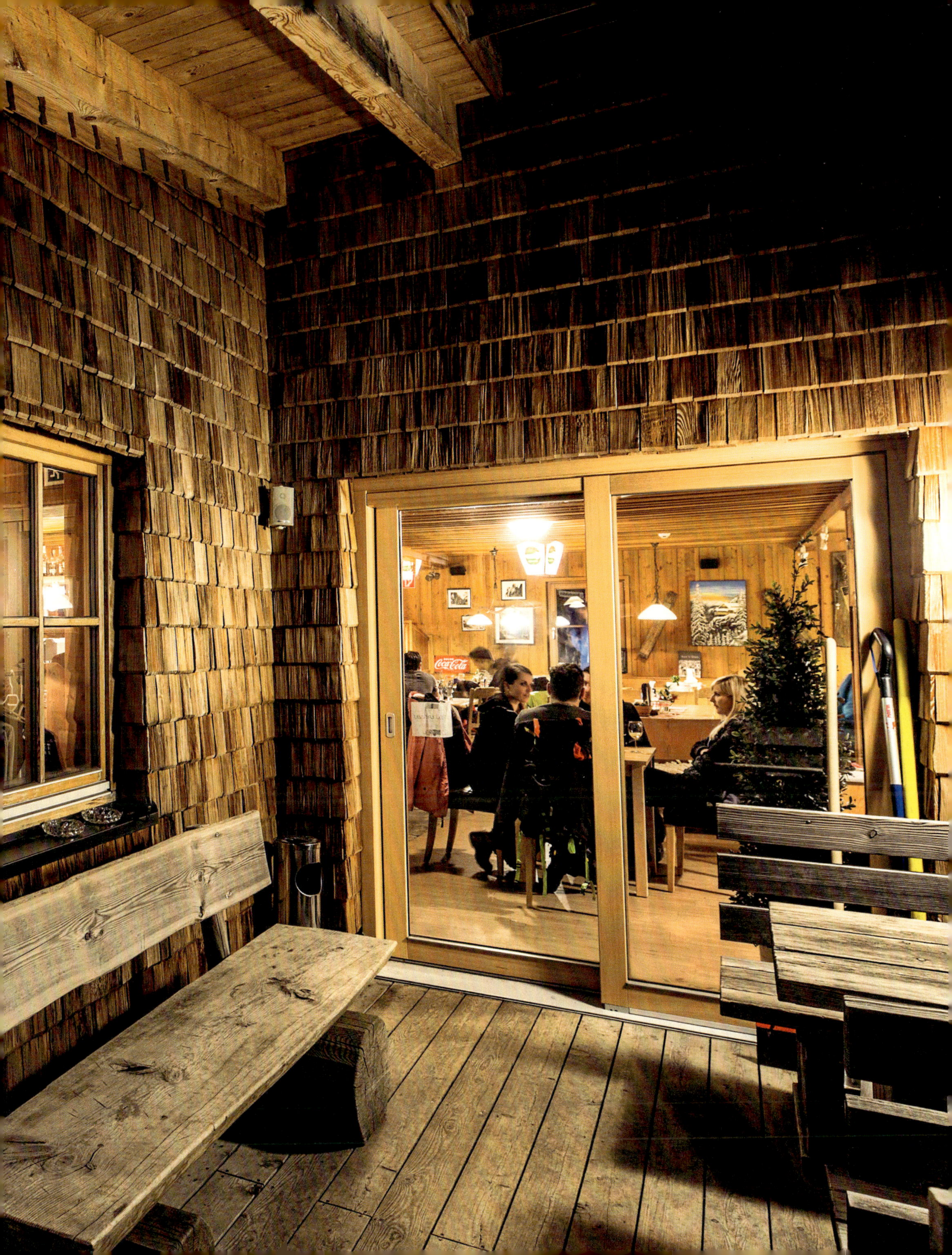
Coca-Cola

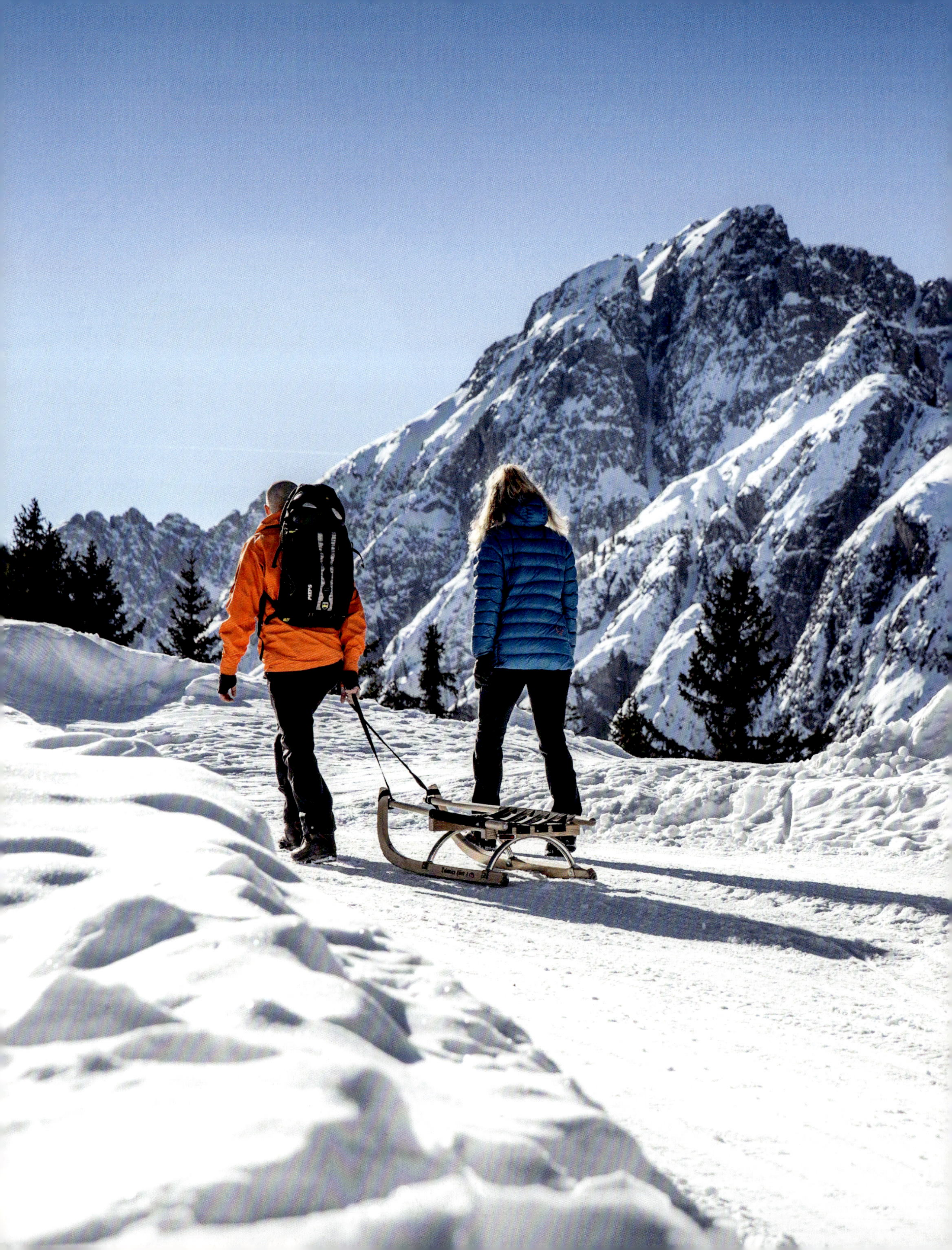

19 Betten, verteilt auf acht Zimmer, sind eher wenig für eine Hütte, aber Scarlett sagt: »Ich weiß nicht, ob mehr immer gut ist.« Kurz hat sie überlegt, der Hütte einen neuen Namen zu geben – aber eine Hütte umtaufen? »Du kannst deine Frau auch nicht einfach Steffi nennen, wenn sie eigentlich Julia heißt.«

Das Schöne an dem Ort ist, dass sich vom After-Work-Abenteurer bis zum Extrembergsteiger keiner ausgeschlossen fühlt. Das Gebäude präsentiert sich sozusagen als Rundum-sorglos-Refugium. Ihr Heim ist genauso ein Anlaufpunkt für die weither angereisten Wanderer als auch für die Einheimischen mit klettererfahrenen Händen. Erstere sind gemütlich vom Tal aufgestiegen und wandern womöglich weiter auf die Karlsbader Hütte am Laserzsee oder zur Insteinkapelle unterhalb der mächtigen Laserzwand. Die tellergroßen Hände werden wohl eher den Felskontakt suchen. Zirka 100 Routen bis zum VIII. Schwierigkeitsgrad finden sich um die Dolomitenhütte.

Dann sind da noch die Rodler und Biker, Alpinisten und Klettersteiggeher. Material kann man direkt auf der Hütte kaufen oder ausleihen: Klettersteigzubehör und E-Bikes im Sommer, Tourenski und mit Scheinwerfern ausgestattete Schlitten im Winter. Auch wenn die Dolomiten-Topografie allerlei Wände, Törl und Joche zur Verfügung stellt, werden im Umkreis keineswegs nur knackige Skitouren und alpine Klettereien geboten. Im Winter führt neben einer präparierten Piste ohne Lift auch eine Rodelbahn hinunter ins Tal.

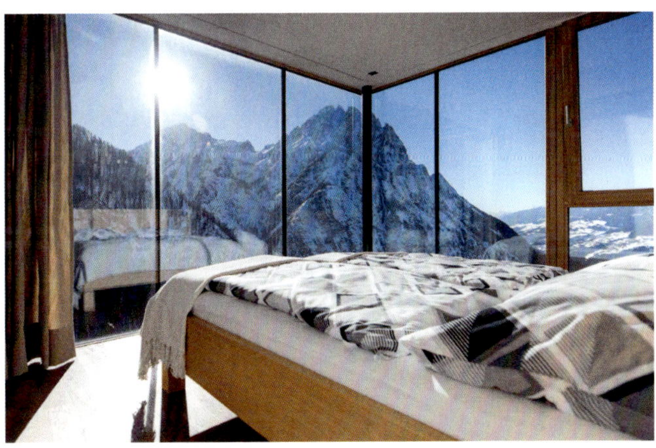

Kulinariktipp

Die Grillwurst vom Tauernhirsch, begleitet von einem Bier der heimischen Brauerei Loncium.

Nicht einmal die Dunkelheit beendet den Spaß. Das gilt vor allem bei Vollmond, speziell oben auf der Weißsteinalm (1.750 m). Der Ort liegt nur einen halbstündigen Anstieg auf Tourenskiern oder Schneeschuhen durch nahezu waldloses Gelände von der Dolomitenhütte entfernt und entführt doch in eine andere Welt. Wenn der Mond langsam im Osten über die Bergkuppen spitzt und die nackten Felsen der Lienzer Dolomiten in ein sagenhaftes Licht taucht, ist man sich sicher, dass man unbedingt öfter bei Vollmond auf Berge steigen sollte.

Kulinariktipp

Der im Holzofen gebackene Apfelstrudel oder die Osttiroler Schlipfkrapfen kommen gerne mit Nachschlag – und mit selbst gemachtem Hollerblütensaft.

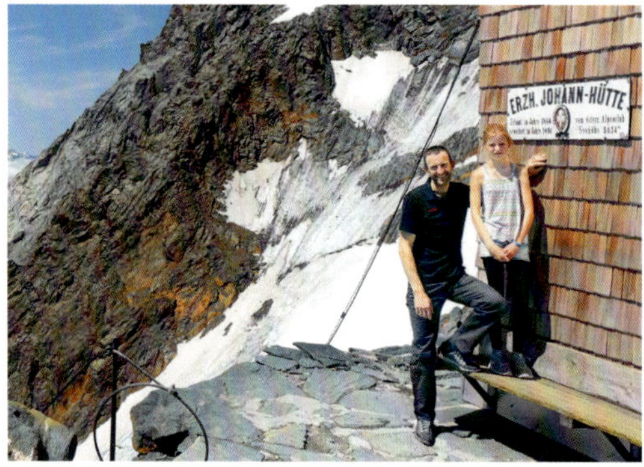

Erzherzog-Johann-Hütte ↗ 3.454 m

Dreitausendvierhundertvierundfünfzig Meter – bei dieser beeindruckenden Höhenlage ist es kaum verwunderlich, dass die Erzherzog-Johann-Hütte die höchste Schutzhütte Österreichs ist. Selbst Gipfel gibt es nicht viele, von denen sie überragt wird. »Von hier«, meint Pächter Toni Riepler, »schaut man fast nur abwärts.« Bis auf einen natürlich: Der Großglockner thront mit seinen 3.798 Metern über der Hütte und über ganz Österreich. Der höchste Berg des Landes ist von der auf den Felsen der Adlersruhe sitzenden Hütte in knapp zwei Stunden zu erreichen. Das ist auch der Grund, warum der 1880 errichtete Bau kontinuierlich erweitert werden musste – über 5.000 Bergsteiger erklimmen den Glockner im Jahr. Mindestens fünfzigmal stand Toni Riepler auf dem Gipfel. Seit 2017 führt er die Hütte, »ein besonderes Privileg«, wie er sagt, »und nur zu stemmen mit dieser großen Familie«. Neben seiner Familie unterstützen ihn die vielen Bergführer, die immer wieder mit anpacken, und Peter Tembler, Freund, Helfer und Vorgänger in dem Job als »Portier des Glockners«.

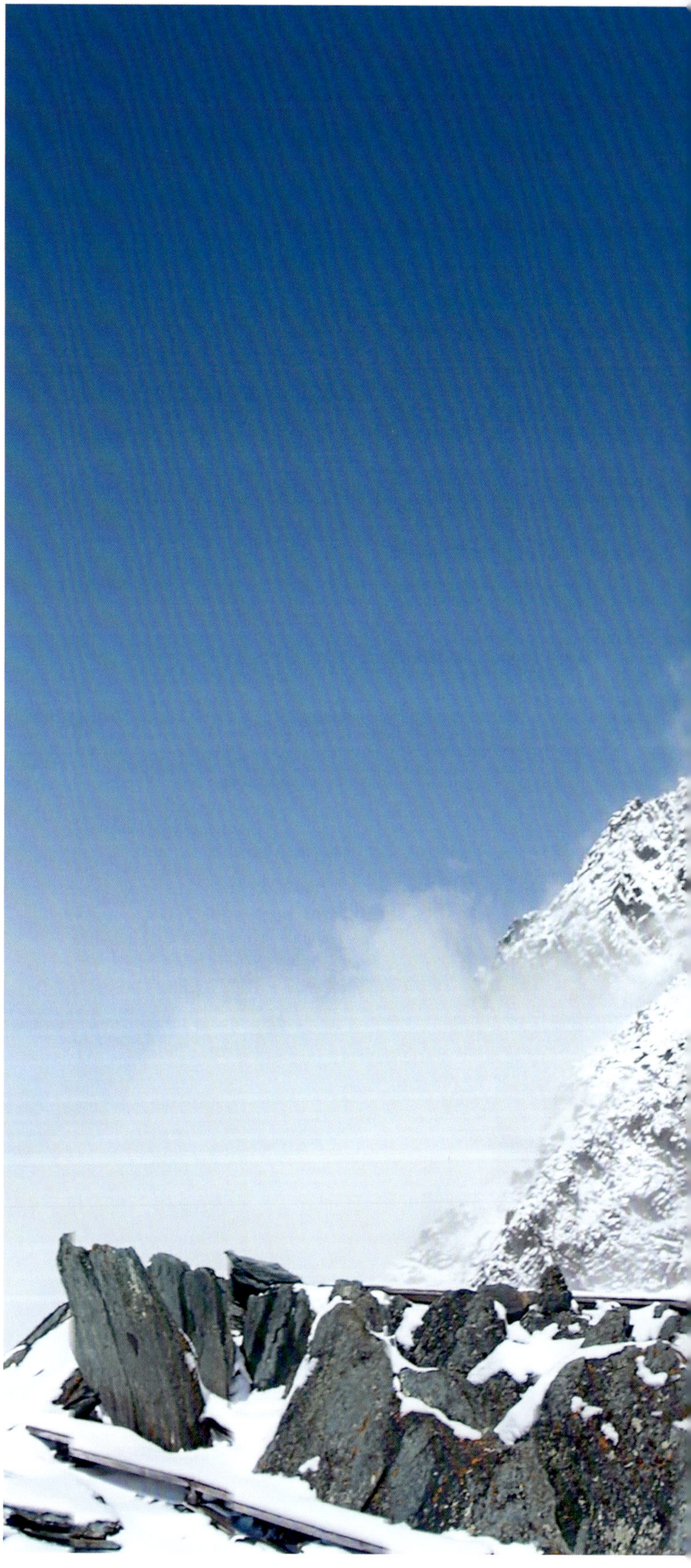

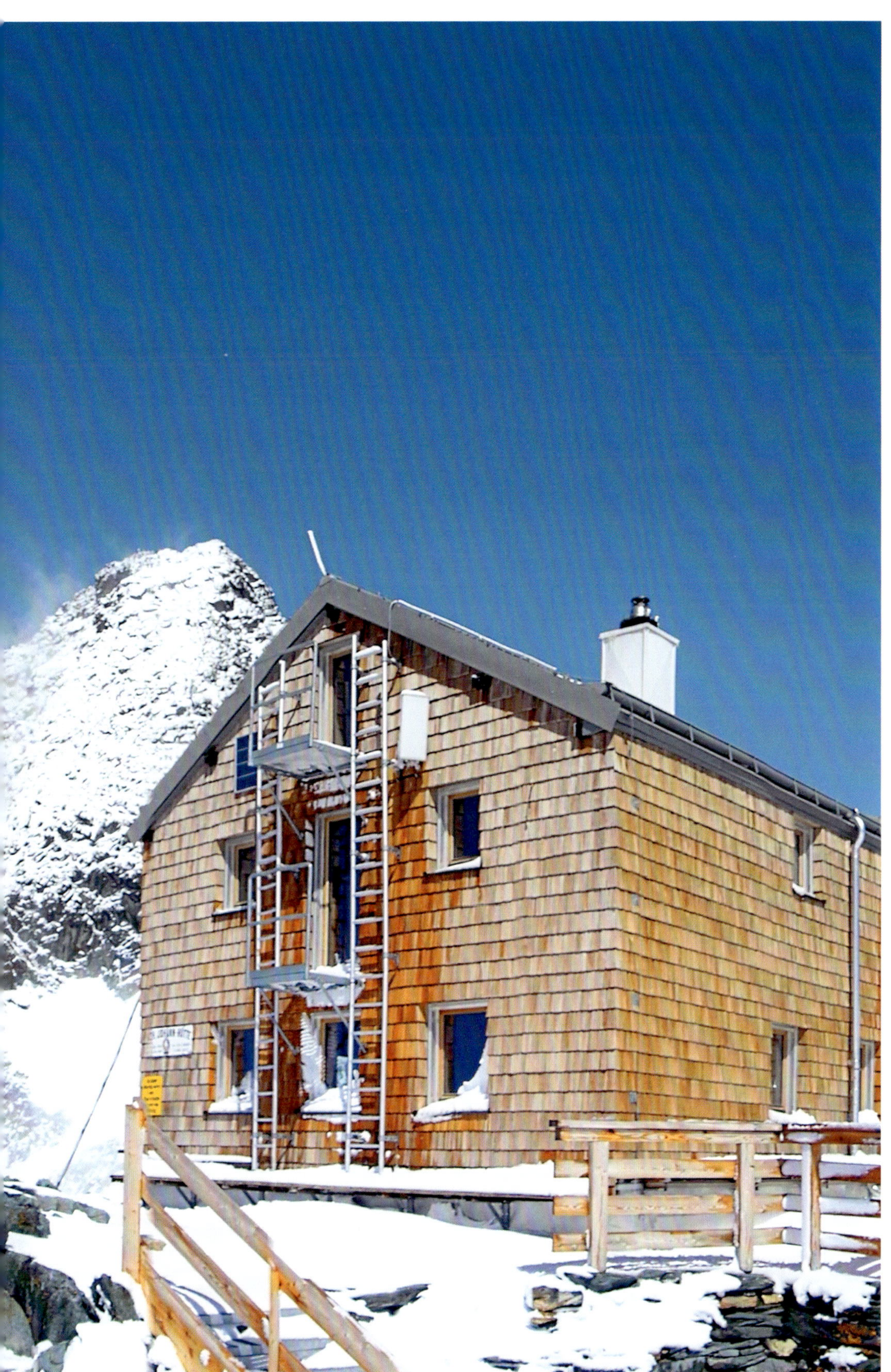

Lage
Glocknergruppe

Hüttenwirt
Toni Riepler

Geöffnet
Mitte Juni bis Ende September

Touren & Zustiege
→ Seite 242

Das ist besonders

Hüttenwirt und Bergführer Toni empfiehlt, den Großglockner in der Vor- oder Nachsaison anzugehen: »Von Mitte Juni bis Mitte Juli oder in der zweiten Septemberhälfte ist weniger los, und auch die Verhältnisse sind sicherer. Wer zu dieser Zeit kommt, der hat ein klares Plus an Bergerlebnis.«

Kulinariktipp

Das hausgemachte Knödeltrio (nach Wahl: Spinat-, Speck- und Käseknödel) samt gemischtem Salat.

Das ist besonders

Während mit dem Gschwetzbach und der Sommerwand zwei Klettergärten mit Routen von II+ aufwärts warten, kann der Nachwuchs am hüttennahen Kletterigel kraxeln – oder sich einfach auf dem Spielplatz samt großer Holzkugelbahn austoben.

Franz-Senn-Hütte ↗ 2.145 m

Lage
Stubaier Alpen

Hüttenwirte
Familie Fankhauser

Geöffnet
Sommer: Mitte Juni bis Anfang Oktober
Frühjahr: Mitte Februar bis Mitte Mai

Touren & Zustiege
→ Seite 243

Sie ist eine der ältesten und größten Alpenvereinshütten und steckt voller Geschichte(n), knarzender Böden und außergewöhnlicher Menschen. Seit über 130 Jahren steht die Franz-Senn-Hütte im Schoß der Stubaier Alpen, im Alpein, umzingelt von imposanten Gipfeln wie Ruderhofspitze, Schrankogel und dem Aperen Turm. Das Haus kann mit weit über 150 Gästen gefüllt sein, und doch geht es hier familiär zu – allein schon, weil die Wirtsfamilie aus drei Fankhauser-Generationen besteht: Da wäre einmal der legendäre Seniorwirt Horst Fankhauser (über den Peter Habeler einst sagte: »Er klettert wie ein junger Teufel«) mit seiner Frau Klara, deren Eltern die Hütte zuvor geführt hatten und die die Herrscherin über die Knödel ist, sowie Thomas und Beate, die aktuelle Generation, die ihre Kinder in der Stubaier Bergwelt aufziehen und neben ambitionierten Bergsteigern, Kletterern oder Skihochtourengehern auch gerne Familien auf der Hütte versorgen. Wer Fragen haben sollte: Das alpine Kompetenzzentrum schlechthin wohnt im Hause.

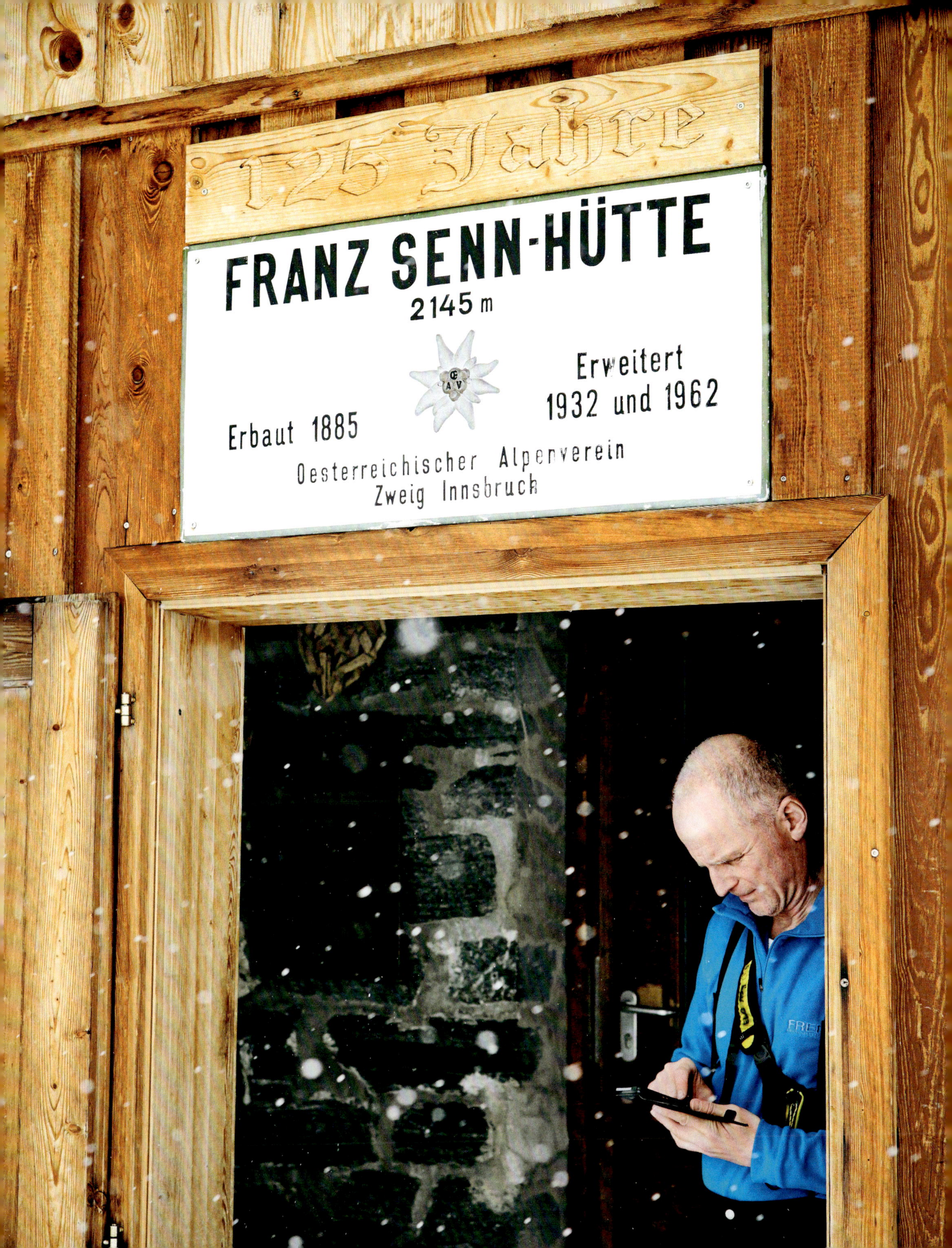
125 Jahre
FRANZ SENN-HÜTTE
2145 m
Erbaut 1885
Erweitert
1932 und 1962
Oesterreichischer Alpenverein
Zweig Innsbruck

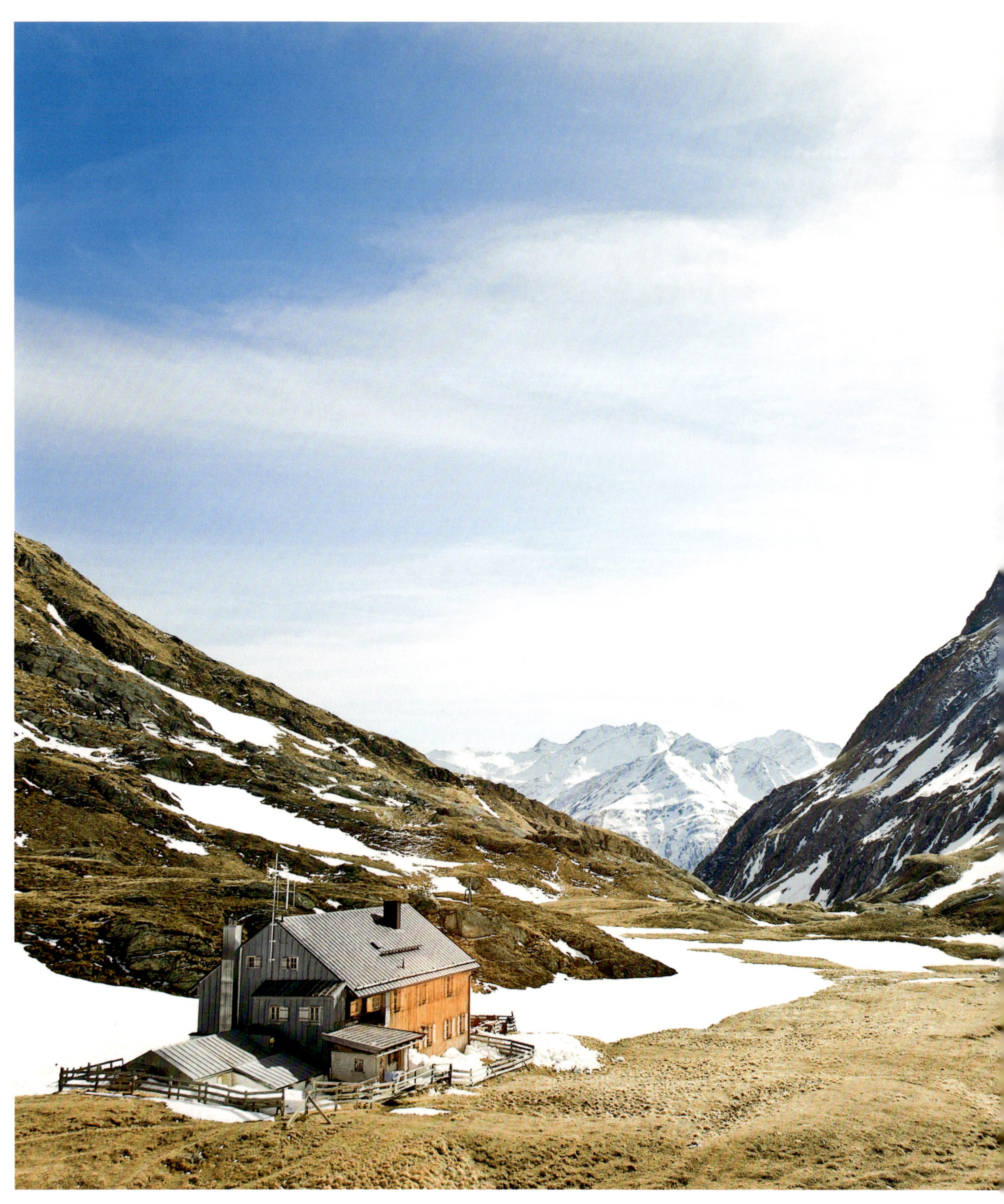

Österreich
Johannishütte

Kulinariktipp

Hüttenwirt Leonhard ist gelernter Koch und bereitet mit Vorliebe Prägratner Berglamm zu.

Das ist besonders

Unweit der Johannishütte findet man ein kleines Bouldergebiet mit rund 20 Gneisblöcken.

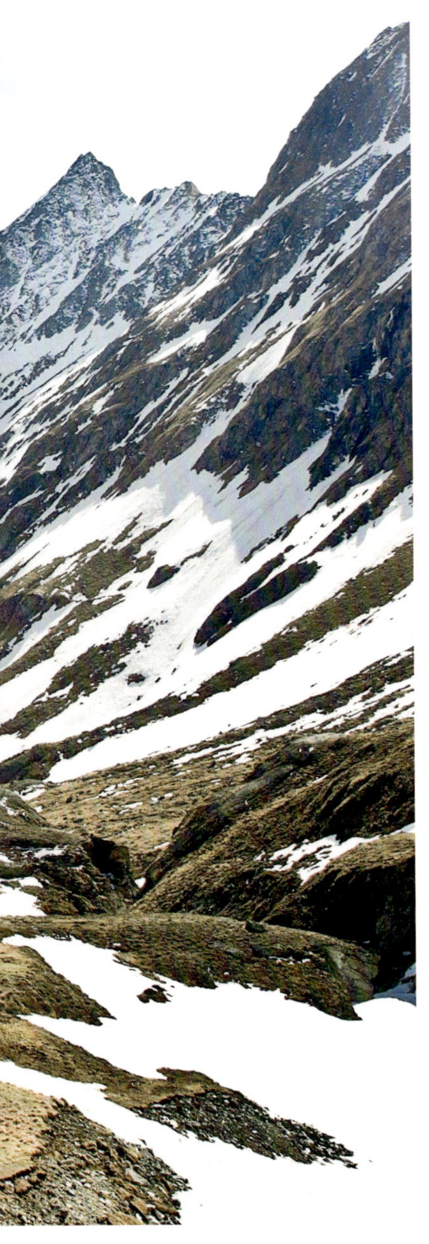

Johannishütte ↗ 2.121 m

Als »weltalte Majestät« bezeichnete Ignaz von Kürsinger den Großvenediger, als er 1841 zu dessen Erstbesteigung aufrief. Die von ihm organisierte Begehung war tatsächlich erfolgreich, während zuvor unter anderem ein Habsburger an der Majestät gescheitert war: Eine Eislawine hatte Erzherzog Johann im Jahr 1828 nur 120 Meter unterhalb des Gipfels zur Umkehr gezwungen. Die 1857 auf der Osttiroler Seite errichtete Johannishütte wurde dennoch nach dem adeligen Alpin-Pionier benannt. Selbstredend, dass der Blick von hier auf den Großvenediger herrlich ist. Und weil das Wohl der Gäste dem Hüttenwirtspaar Margit und Leonhard Unterwurzacher am Herzen liegt, halten sie Liegestühle parat für die Familien und Weitwanderer, die Mountainbiker, Kletterer und Alpinisten. Und (an warmen Frühjahrstagen) auch für die Skitourengeher, für die sie die Johannishütte durchgehend von März bis Mai öffnen.

Lage
Venedigergruppe

Hüttenwirte
Margit und Leonhard Unterwurzacher

Geöffnet
Sommer: Mitte Juni bis Anfang Oktober
Frühjahr: Anfang März bis Anfang Mai

Touren & Zustiege
→ Seite 243

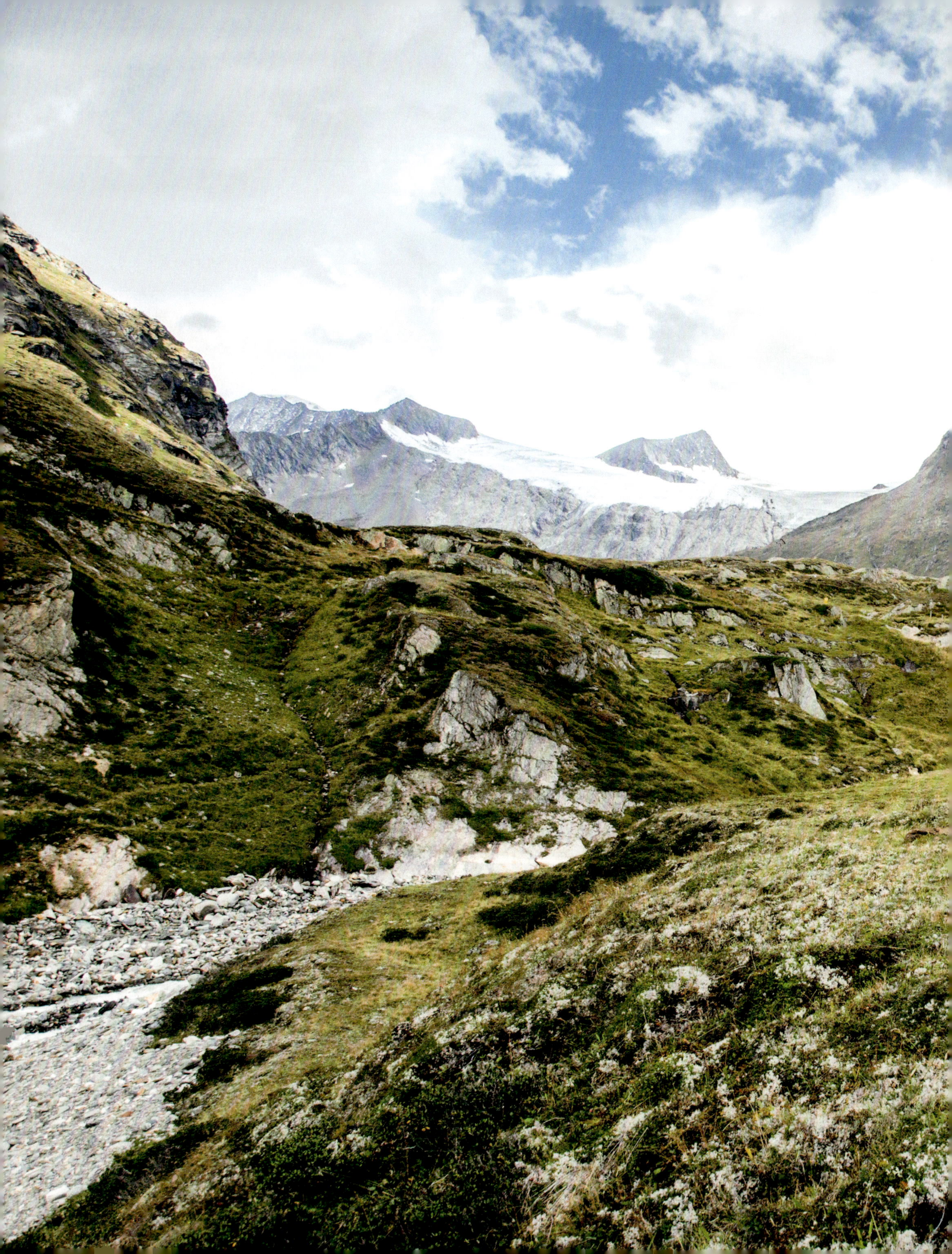

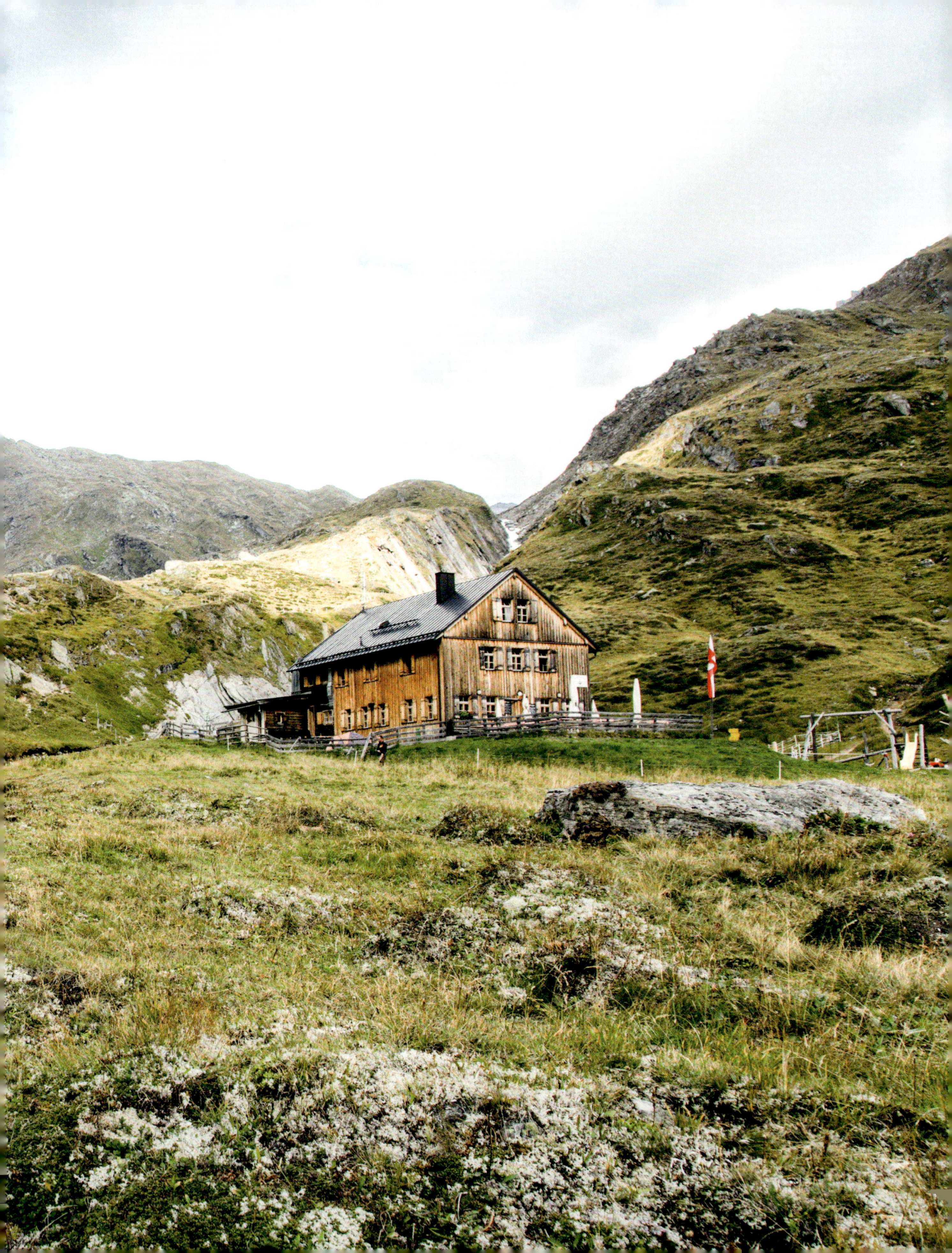

Tölzer Hütte

↗ 1.825 m

Die Bude von Tölz

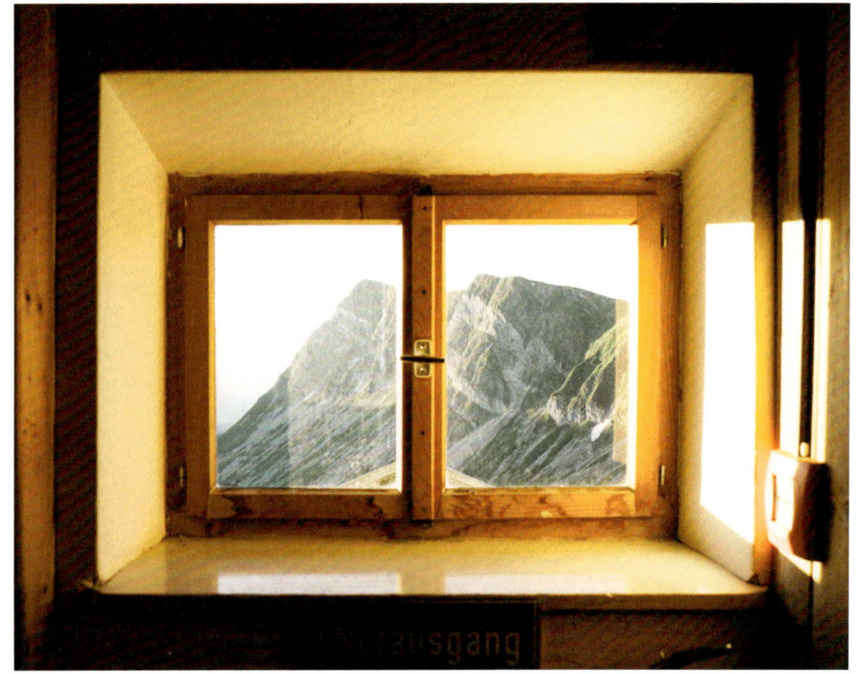

Die Speisekarte ist tirolerisch, das Bier bayerisch, das Wirtspaar schwäbisch. Viele Herzen schlagen in der Tölzer Hütte im Karwendel – und das ist gut so.

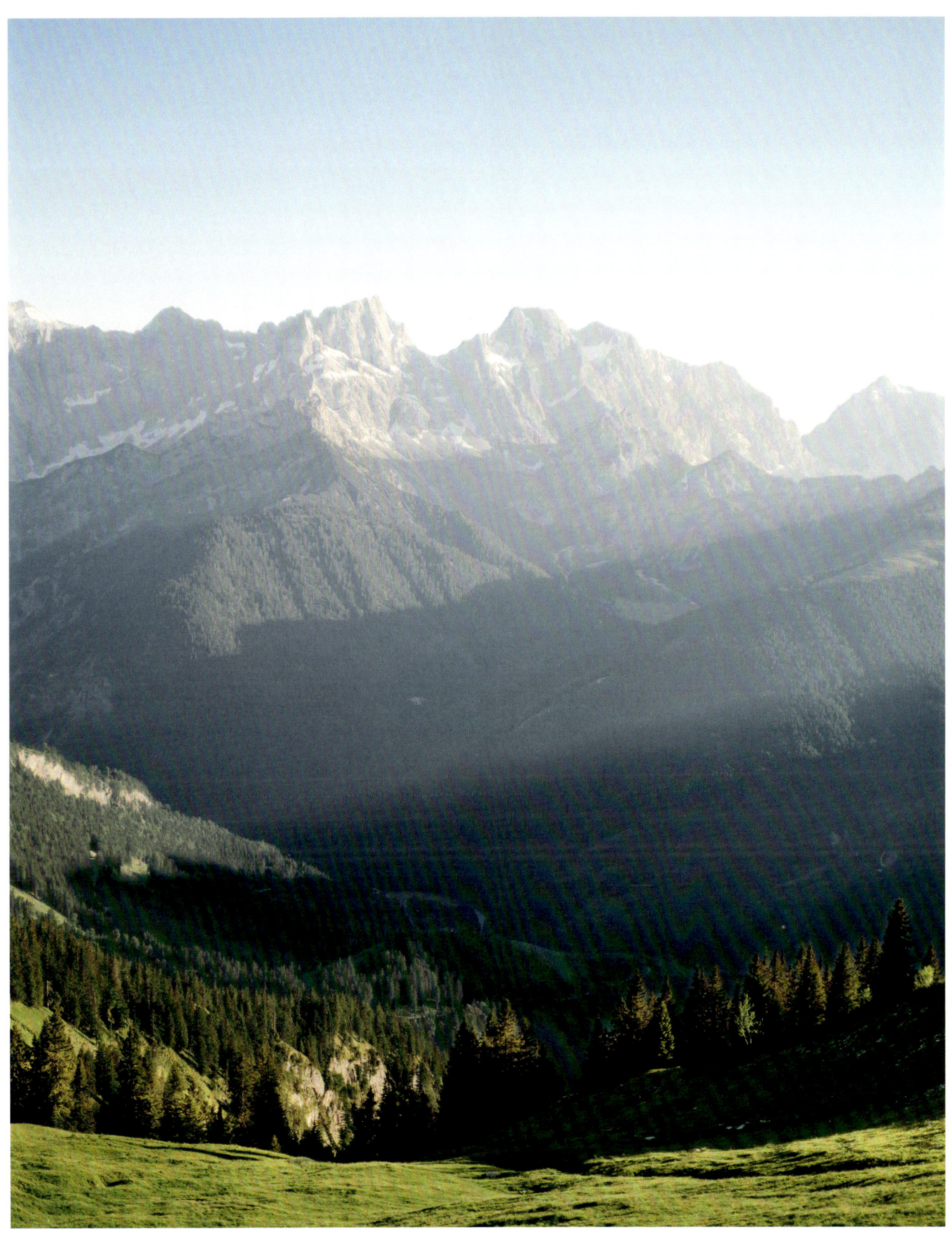

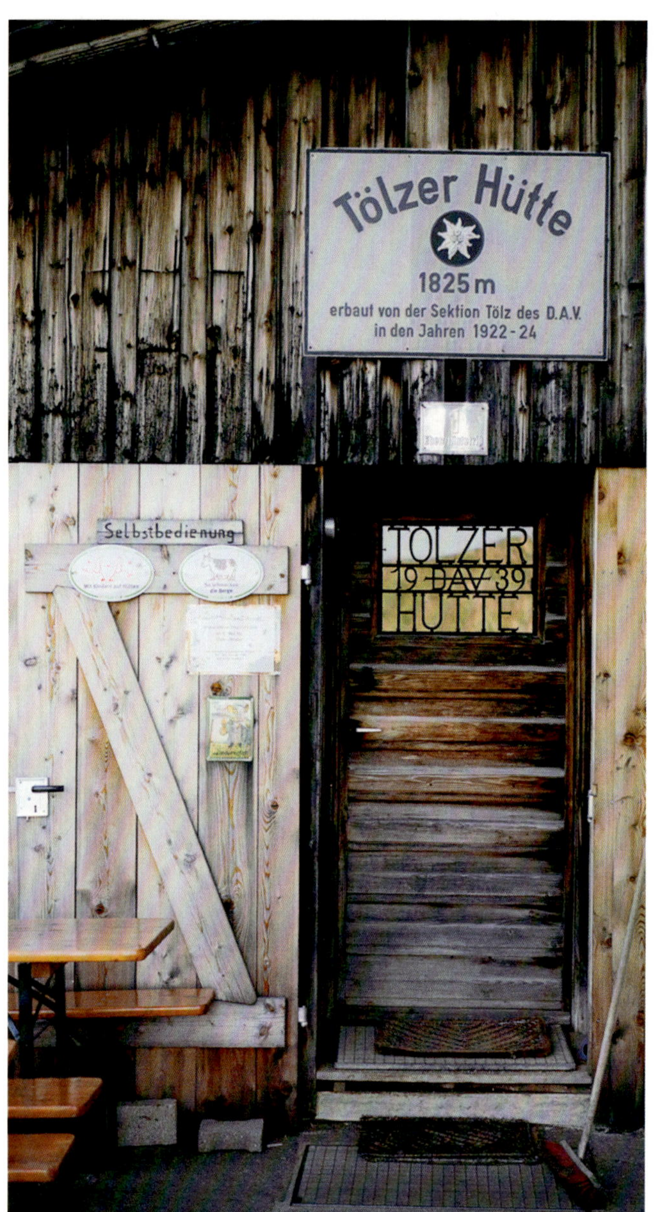

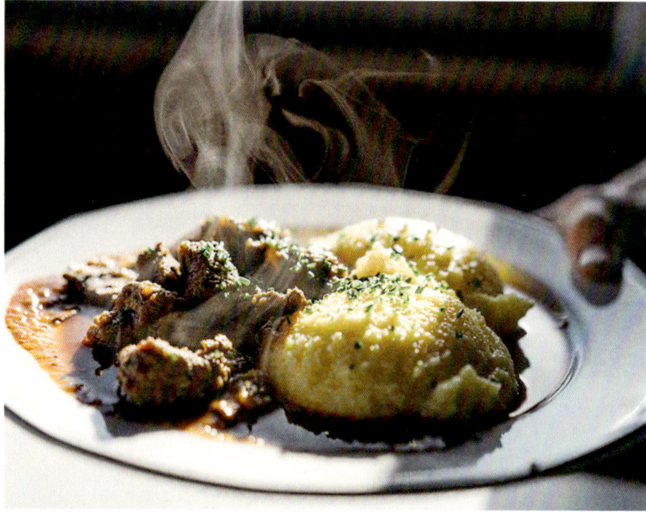

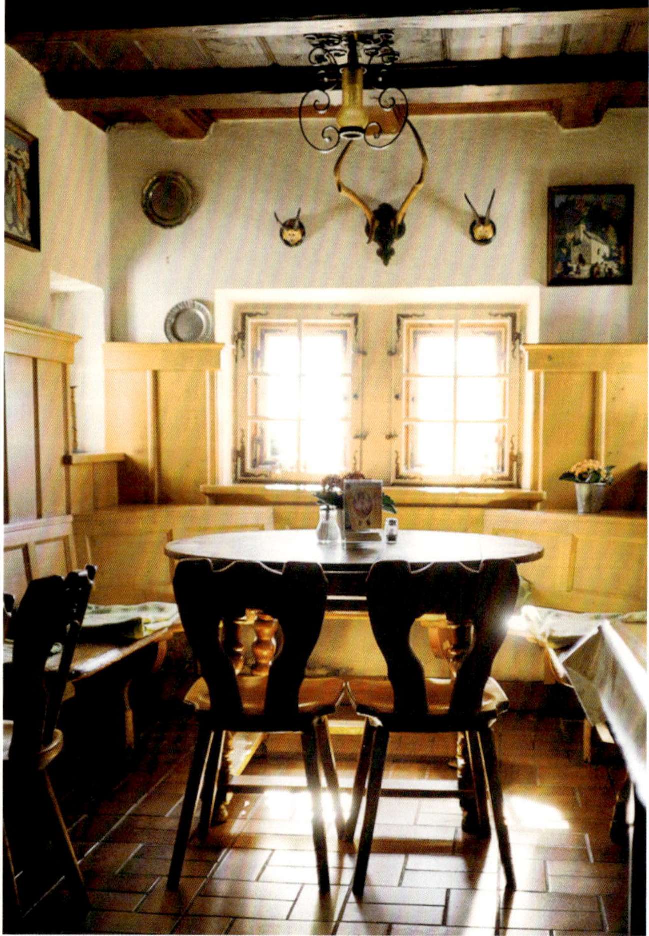

Kulinariktipp

Ganz klar die von Hüttenwirtin Margot selbst gemachten Knödel – rund 8.000 Spinat-, Speck- und Käseknödel werden pro Saison verspeist.

Lage
Karwendel

Hüttenwirte
Margot Lickert und
Michael Bubeck

Geöffnet
Mitte Mai
bis Ende Oktober

Touren & Zustiege
→ Seite 243

Eben 1 ist eine exklusive Adresse. Ein großes Haus mit Balkon und 13 Schlafzimmern, in einmaliger Lage mit Blick auf die Gipfel des Karwendels und ohne Nachbarn in einem Umkreis von vier Kilometern. Doch hier enden jäh die Luxusherbergsattribute, denn mit einem Bad kann man auf Eben 1 nicht dienen. Statt einer Villa findet man hier die Tölzer Hütte, eine klassische Berghütte, 1922 bis 1924 aus Stein erbaut. Hinauf führen viele Wege, keiner davon ist unanstrengend. Dementsprechend ernst nimmt Hüttenwirt Michael Bubeck seine Aufgabe, die durstigen Aufsteiger mit Getränken zu versorgen.

Michael und seine Partnerin Margot Lickert bewirtschaften die Hütte seit 2008. Wer so lange bleibt, fühlt sich hier oben offensichtlich wohl. Die Tölzer Hütte macht einem das aber auch ziemlich leicht. Sie steht auf einem Plateau unterhalb des Schafreuters. »Da siehst du bei gutem Wetter alles, was alpin Rang und Namen hat«, sagt Michael. Rang und Namen haben Großglockner, Großvenediger und die Zugspitze. Der Schafreuter ist aber auch ein Grenzberg.

»Gott segne Tirol« liest man auf der einen, »Gott segne Bayern« auf der anderen Seite. Die Tölzer Hütte steht auf Tiroler Boden, wird aber vom Deutschen Alpenverein betrieben. Und auch die Gäste sind großteils aus Deutschland. Das liegt daran, dass beinahe alle Zustiege in Bayern beginnen. Selbst der kleine Ort Hinterriß, von dem der einzige Tiroler Weg heraufführt, ist von der geografischen Heimat durch hohe Berge getrennt. Außer den 40 Hinterrißerinnen und Hinterrißern müssen alle Österreicher erst über die Grenze nach Bayern, um zur Tölzer Hütte hinaufzukommen. Michael und Margot nehmen als Schwaben eine Vermittlerrolle ein: Die Speisekarte ist tirolerisch (Speckknödel und Palatschinken), das Bier bayerisch.

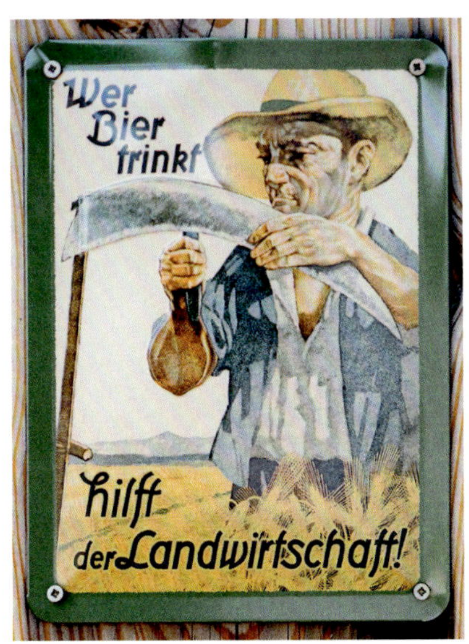

Eigentlich wäre die Tölzer Hütte fast gar nicht gebaut worden: Während am Berg der Grundstein gelegt wurde, brach nämlich im Tal die Wirtschaft zusammen. Anfang der 1920er Jahre herrschte in Deutschland eine Hyperinflation. Erst trugen die Menschen Säcke voll Geld nach Hause, dann hatten die Geldscheine zwölf Nullen. »Es war furchtbar schwierig, die Bauarbeiter auszuzahlen. Erhielten sie hier oben ihren Lohn, war das Geld schon nichts mehr wert, wenn sie im Tal ankamen.« Dass die Hütte dennoch fertig wurde, ist der beherzten Hilfe der Mitglieder der Alpenvereinssektion Tölz verdanken. Steine müssen sie heute nicht mehr hinaufschleppen, aber sie können Margot eine besondere Freude machen und eine Thermoskanne mit Schokoladeneis in die Materialseilbahn im Tal legen und dann die süße Köstlichkeit hinaufschicken.

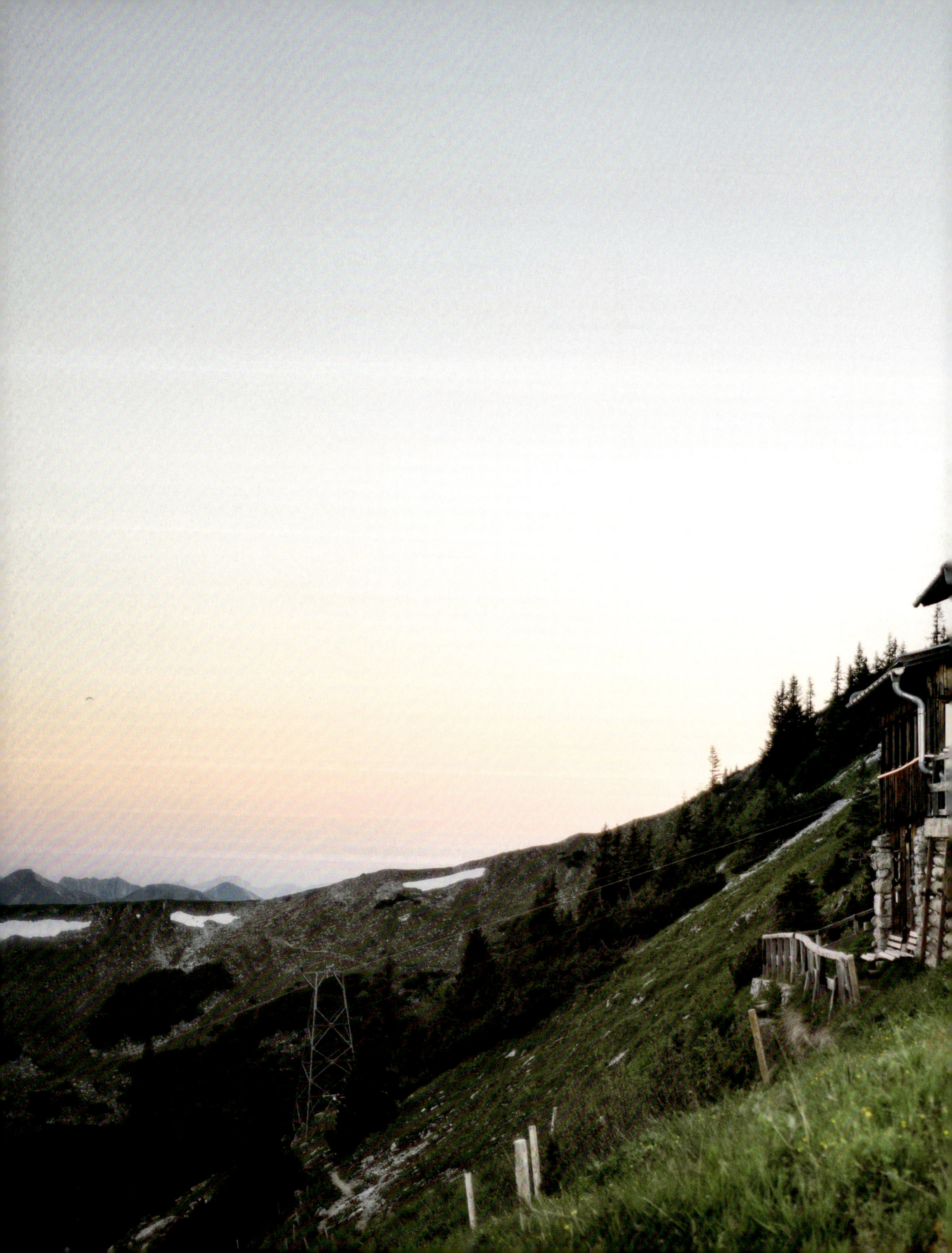

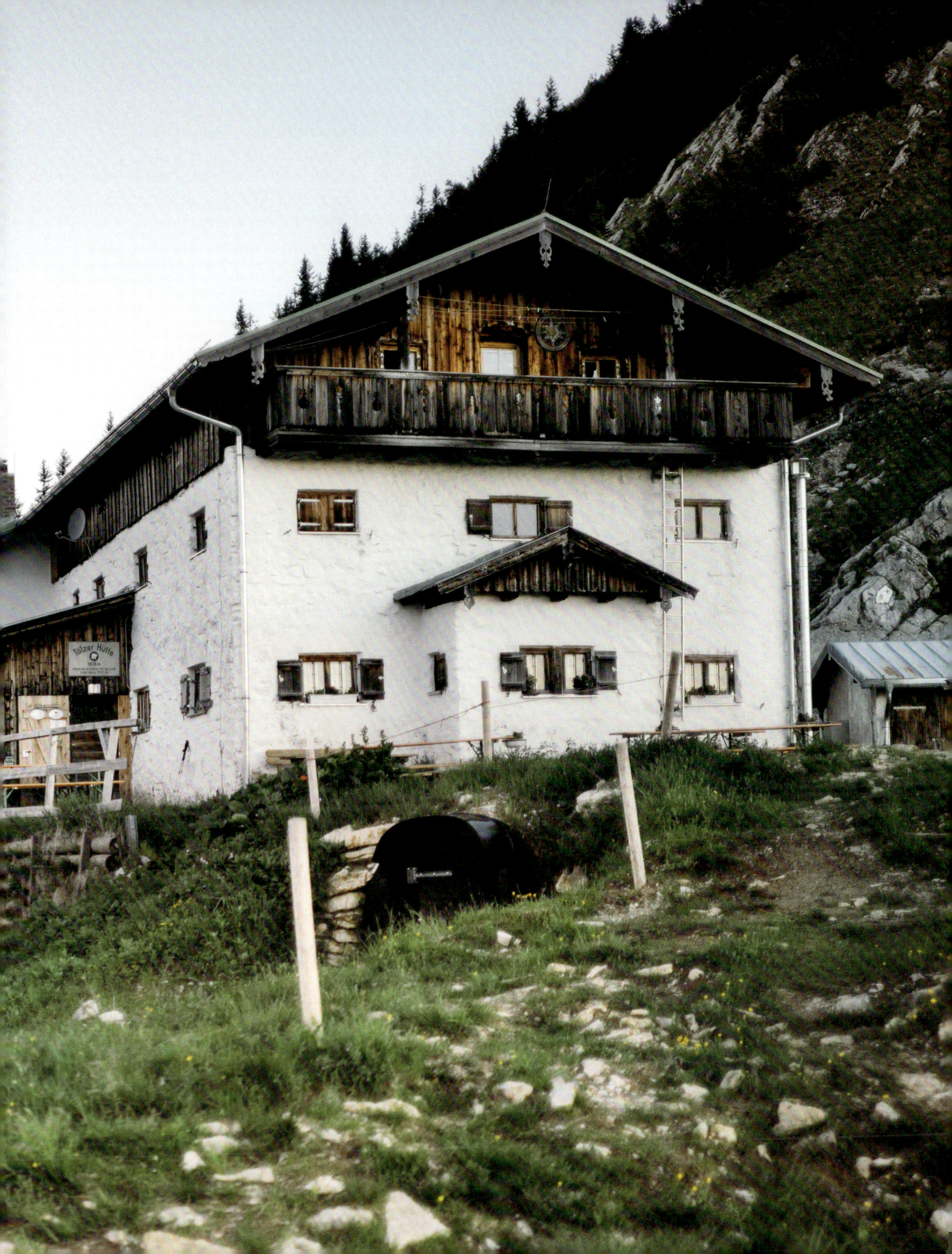
Tölzer Hütte
1825 m

Das ist besonders

Für die Wanderung mit Kindern haben Margot und Michael eine Aufstiegsrallye mit Fragen zu Flora, Fauna und Bergwelt auf dem Weg zur Hütte entworfen. Man kann sie von der Website herunterladen. Oben angekommen, kann sich der Nachwuchs eine Belohnung sichern.

Das wäre vielleicht heute nicht möglich, hätte Prinzessin Lilian von Belgien seinerzeit ihren Kopf durchgesetzt. Bis 1970 die Materialseilbahn zur Hütte gebaut wurde, musste nämlich alles, was auf die Tölzer Hütte kommen sollte, mit Maultieren hinauftransportiert werden. In einem Gelände, in dem der kürzeste Zustieg zweieinhalb Stunden dauert, ist das kein einfaches Unterfangen. Lange hatte sich die belgische Hoheit, damals Jagdpächterin des Gebiets, gegen die Errichtung einer Seilbahn quergelegt. Es bedurfte sieben Jahre des Bittbriefeverfassens, der Pressekampagnen und vieler persönlicher Unterredungen – mit dem belgischen König, der bayerischen Staatskanzlei, dem Auswärtigen Amt in Bonn, mit Bürgermeistern, Anwälten und Obersthofmeistern –, bis die Prinzessin nachgab.

Auch der Ausbau der Hütte in den 1970ern wäre ohne Seilbahn wesentlich schwieriger gewesen. Ein Tipp darf an dieser Stelle nicht fehlen – jener bezüglich der schönsten Zimmer nämlich. Das sind weder die Präsidentensuite noch das alte Damenlager, in dem in dieser Nacht ausschließlich Herren schlafen, sondern die Zweierlager – ja, Lager – vor dem Balkon im Obergeschoß. Das einzige Doppelbett steht nämlich im Zimmer der Wirtsleute, und so muss man im Stockbett entweder von Romantik Abstand nehmen oder sehr eng kuscheln.

Die schönste Aussicht von der Tölzer Hütte hat man (abgesehen von der Terrasse natürlich) vom Panoramazimmer. Und das schönste Platzerl in der schönsten Gaststube ist der kleine Tisch links hinten im Eck. Dort, wo die untergehende Sonne am längsten den Rücken wärmt, neben dem grün-weißen Kachelofen. Der wird auch im Sommer hin und wieder eingeheizt, sagt Margot: »Es schneit sicher einmal im Monat, außer im August.«

Wenn die Sonne hinter den Karwendelzacken verschwunden ist und das orangefarbene Licht auf den steinernen Hängen verblasst, ist es Zeit, die Geschichte vom Elefanten zu erzählen, bevor es ins Lager geht. Die hat jedoch nichts mit Hannibal zu tun, der die Alpen viel weiter südlich überquerte. Die Gutenachtgeschichte spielt vielmehr in den 1950er-Jahren und handelt von einem Filmelefanten, der Bergelefant sein wollte. Als eine amerikanische Filmgesellschaft im Tal eine Zirkusgeschichte drehte, büxte der Dickhäuter eines Nachts aus und wanderte los – in die Berge. Man fand ihn Tage später; wohin er wollte, war nicht ganz klar. In der Gaststube hängt jedenfalls eine Schwarzweißfotografie vom Elefanten. Darauf steht er neben einem Wegweiser zur Tölzer Hütte.

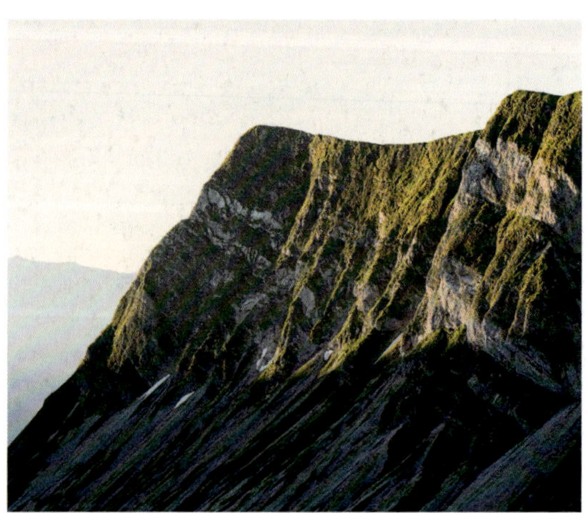

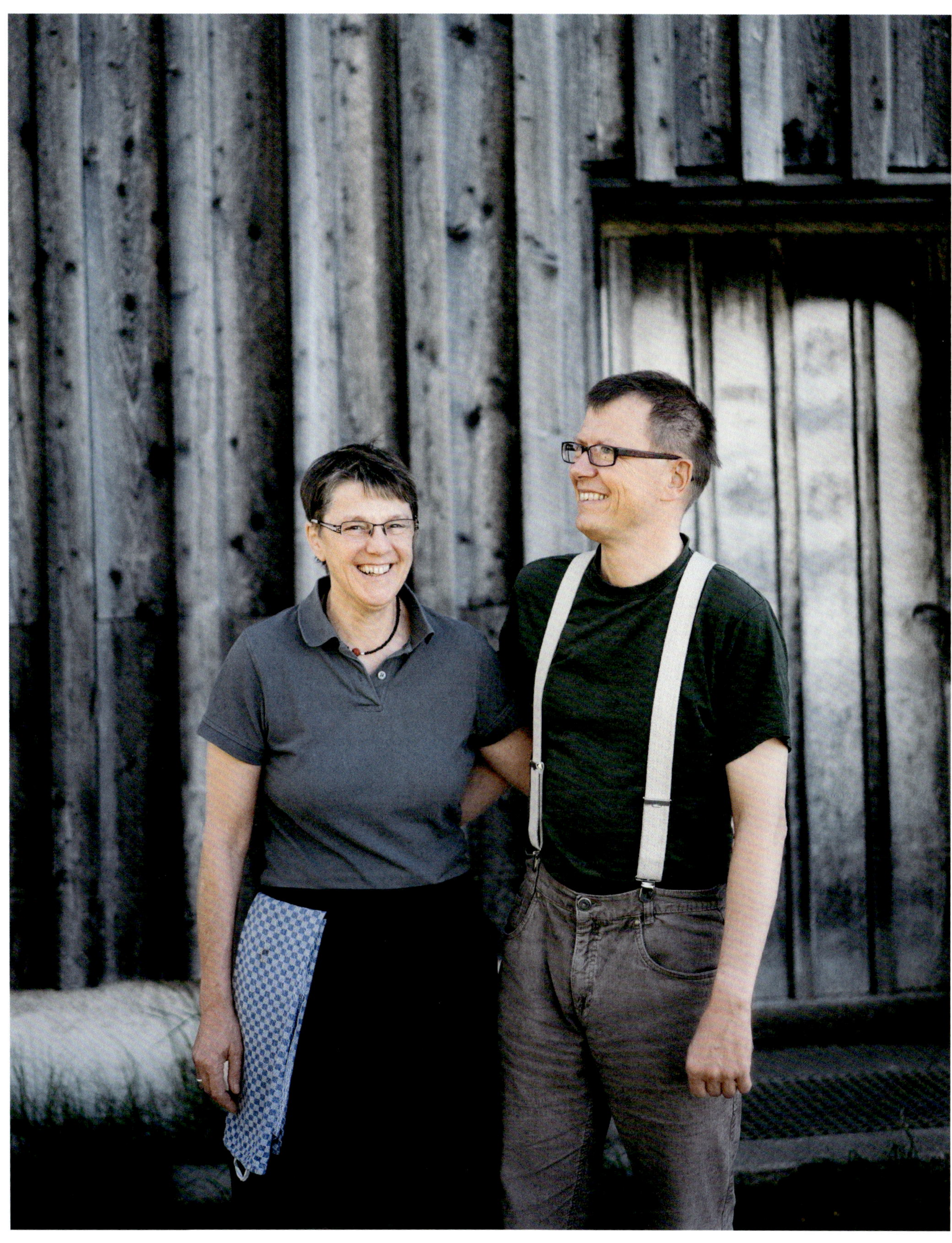

Lindauer Hütte ↗ 1.744 m

Ein tolles Ensemble

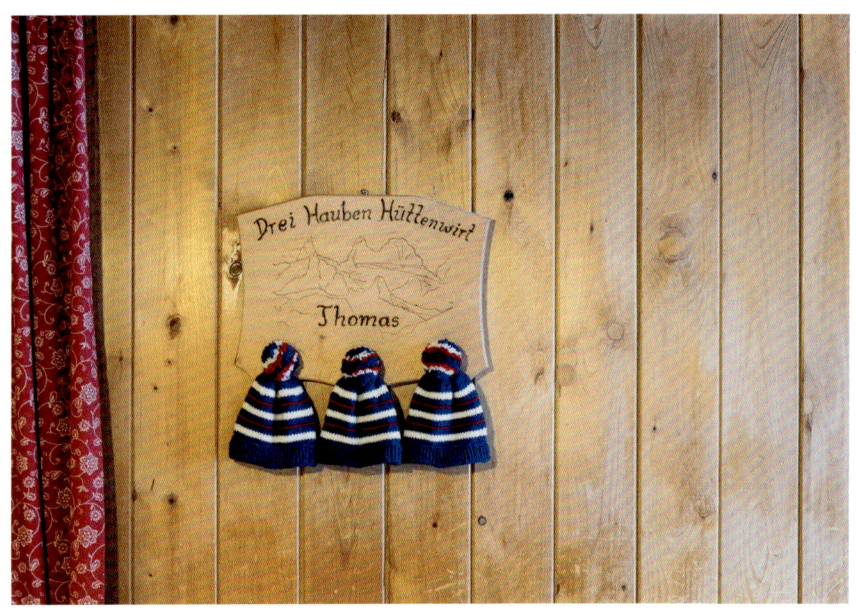

An einem traumhaft schönen Talschluss im Rätikon kommt viel zusammen: warme Gemütlichkeit und moderne Klarheit, wuchtige Felsen, weite Wiesen, flaumige Speisen – und sehr große Fußstapfen.

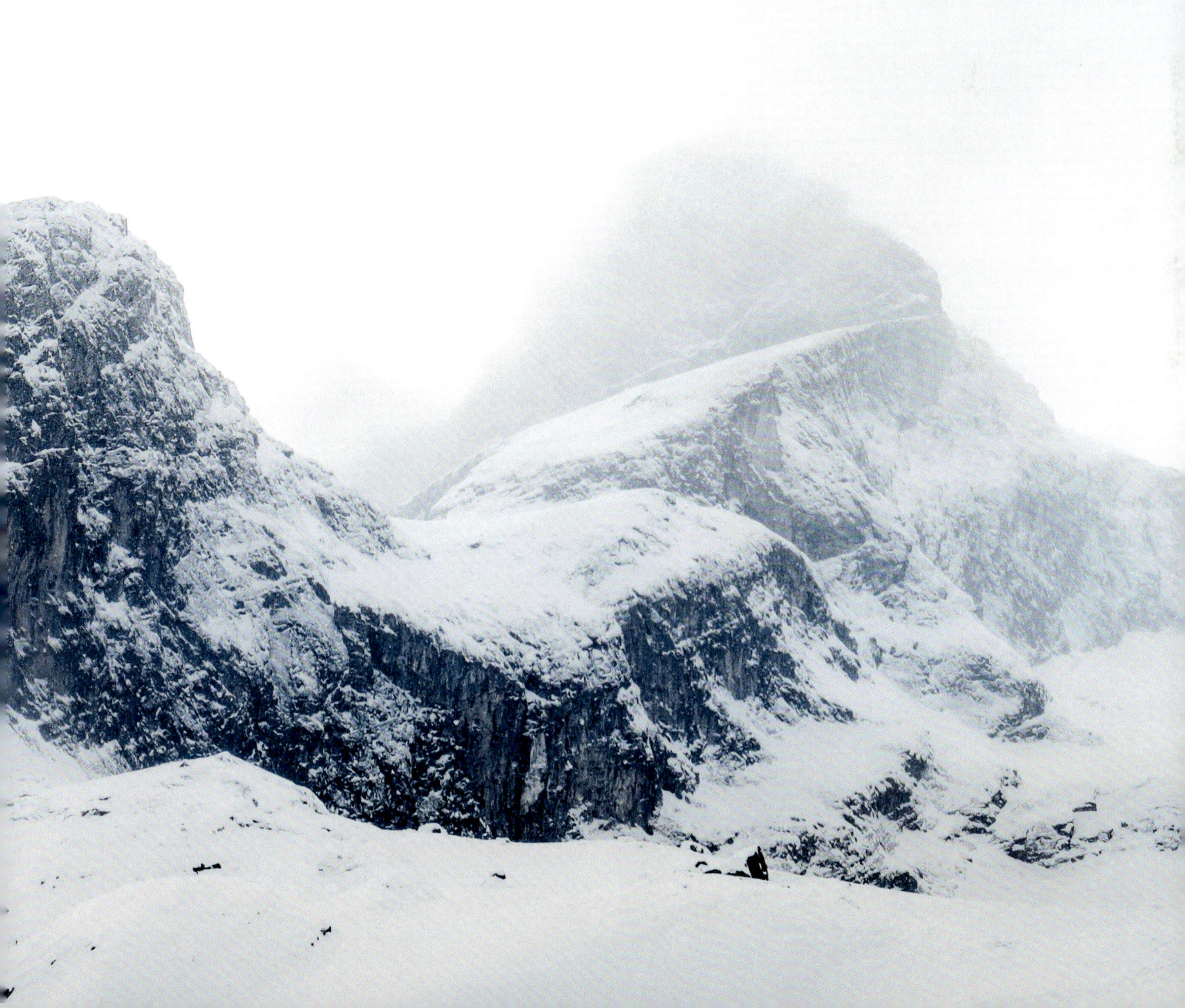

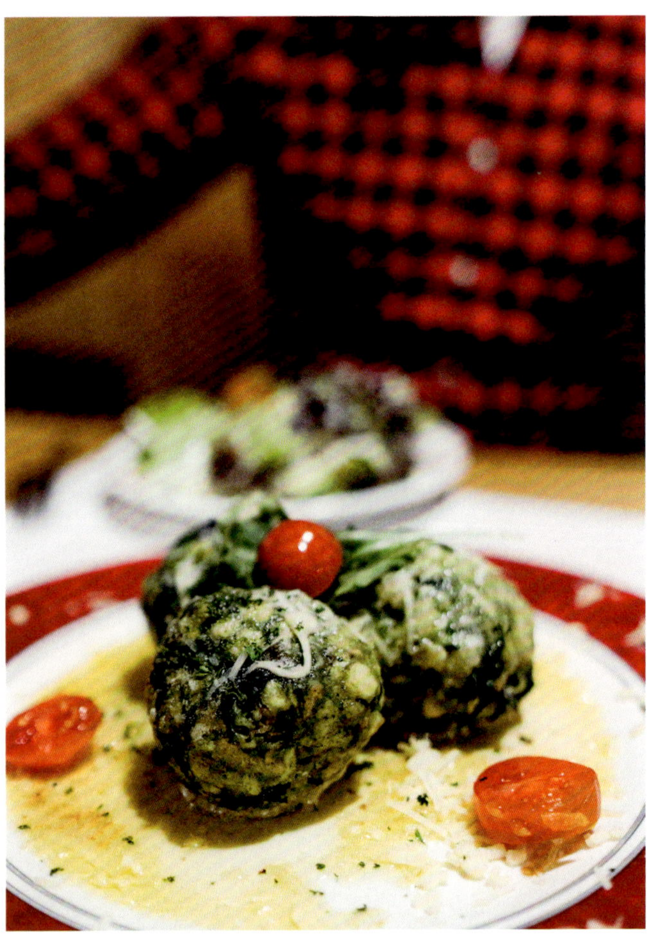

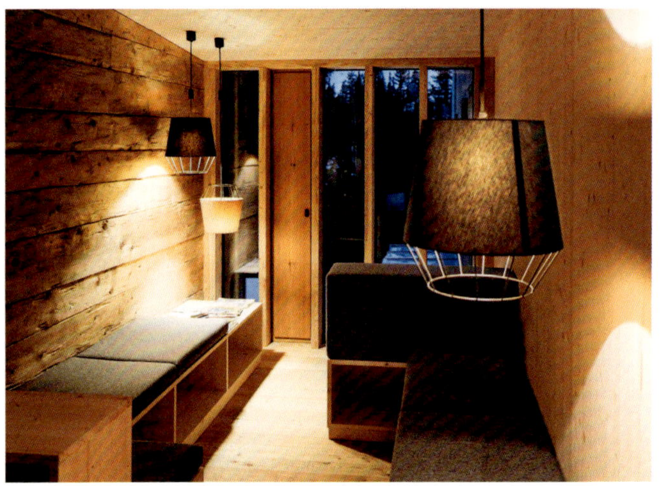

Kulinariktipp

Das Geheimnis hinter den berühmten Käsknöpfle von Küchenchefin Andrea Beck: Sie mischt mehrere Sorten Montafoner Bergkäse von unterschiedlichem Reifegrad.

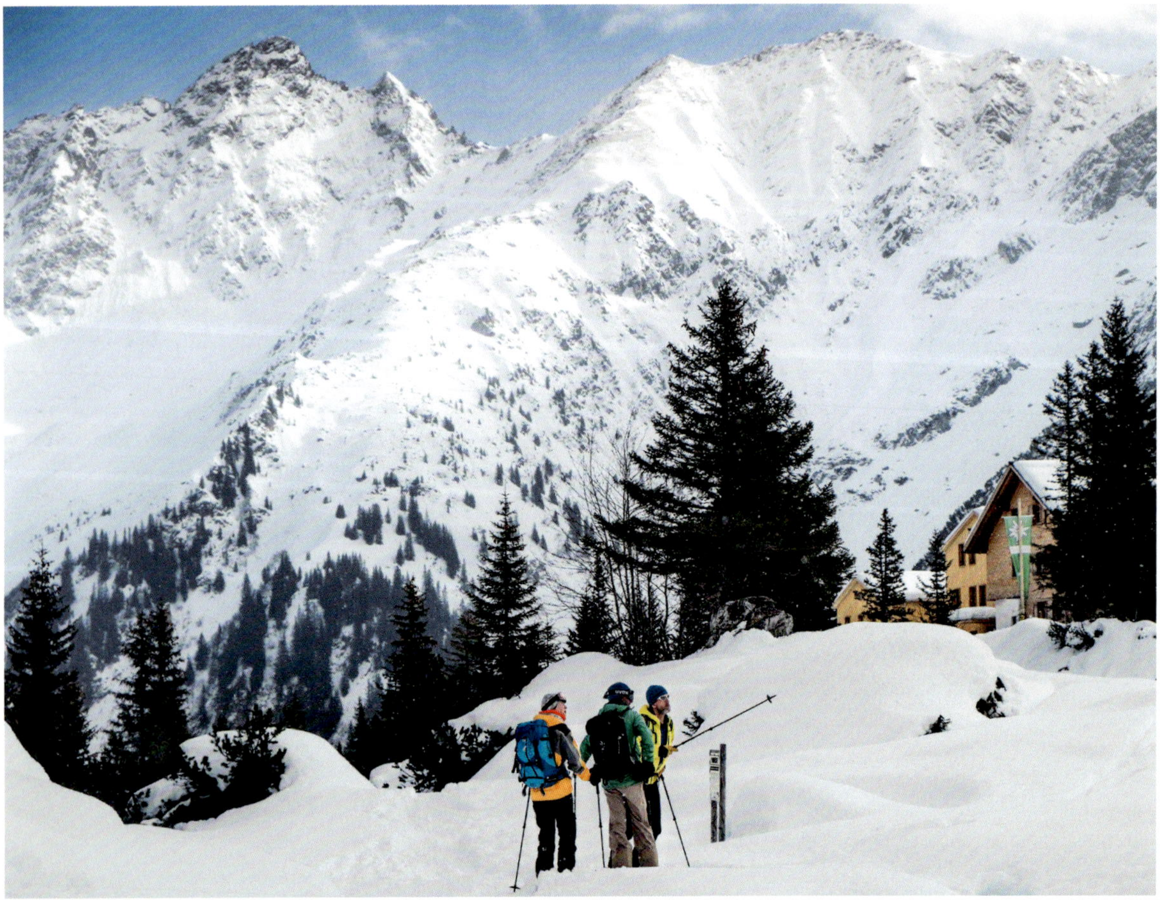

Das letzte Stück bis zur Lindauer Hütte im Vorarlberger Rätikon wird von einem beeindruckenden Empfangskomitee überwacht: Am Ende des Gauertals ruht ein moderner Holzbau am Fuße der kalkbleichen Drei Türme. Bis zu 2.830 Meter ragen die senkrechten, teilweise sogar überhängenden Felswände des Trios in den Himmel. »Ein tolles Ensemble«, nickt Thomas Beck, der seit 2000 in diesem Ensemble zu Hause ist.

Der weiche, weite Talboden, auf dem das Schutzhaus 1899 errichtet wurde, bildet einen spannenden Kontrast zu der schroffen Felswucht dahinter. Generell scheinen hier auf 1.744 Metern die Gegensätze ganz wunderbar zu harmonieren. Die schicken, schlichten Neubauten aus dem Jahr 2016 reihen sich mit ruhiger Selbstverständlichkeit neben den alten Trakt, den ursprünglich belassenen Kernstück der Hütte. Aus der Küche kommen mächtige Käsknöpfle wie auch flaumiger Kaiserschmarren. Und auf der Terrasse ringt der eine mit dem neugierigen Zögling und der andere mit seinen unsortierten Kletterutensilien.

»Wir kümmern uns um alle«, sagt Thomas in seiner trockenen Art. »Uns erreicht man mit Kinderwagen, mit dem Bike, mit guten Halbschuhen und Kletterpatschen.« Natürlich wechseln die Kletterer erst am Fels in ihr enges Schuhwerk. Einfache Routen finden sie ganz nah an der Hütte in dem recht frisch sanierten Klettergarten. Es gibt aber durchaus auch fordernde Touren im elften Schwierigkeitsgrad. Früher, erzählt Thomas, da war die Lindauer eine klassische Kletterhütte. »Am Freitag sind sie nach der Arbeit heraufgekommen und waren das Wochenende durchgehend unterwegs.« Der Hüttenwirt macht eine Pause: »Heute müssen die Dinge ein wenig schneller gehen. Da klettern sie einen Tag eine Route in der Schweiz und den nächsten Tag bei uns im Rätikon.« Etwas mehr Muße bringen die mit, die von Hütte zu Hütte wandern, oder jene, die den Klettersteig der Gauablickhöhle in Angriff nehmen. Im Winter ist die Hütte ein beliebtes Ziel für Rodler, aber auch ein traditionelles Basislager für Skitourengeher, die von hier zu so eindrücklichen wie anspruchsvollen Märschen aufbrechen: auf den höchsten Punkt der Drei Türme, den Großen Drusenturm oder auf die Sulzfluh mit der berüchtigten Passage durch den Rachen.

Lage
Rätikon

Hüttenwirt
Thomas Beck

Geöffnet
Sommer: Ende Mai bis Mitte Oktober
Winter: Mitte Dezember bis Ende März

Touren & Zustiege
→ Seite 244

Blickt Thomas denn manchmal sentimental auf vergangene Zeiten zurück? Er winkt entschieden ab. Der Montafoner ist viel zu offen und nüchtern für nostalgische Momente. Entsprechend positiv stand die Familie dem Um- und Neubau gegenüber. »Hart war es schon. Wir haben den Hüttenbetrieb während der Bauphase ja aufrechterhalten. Aber als sie dann zu Weihnachten 2016 fertig wurde, war es das schönste Weihnachtsgeschenk, das man sich vorstellen konnte – und definitiv das größte, das wir je bekommen haben.«

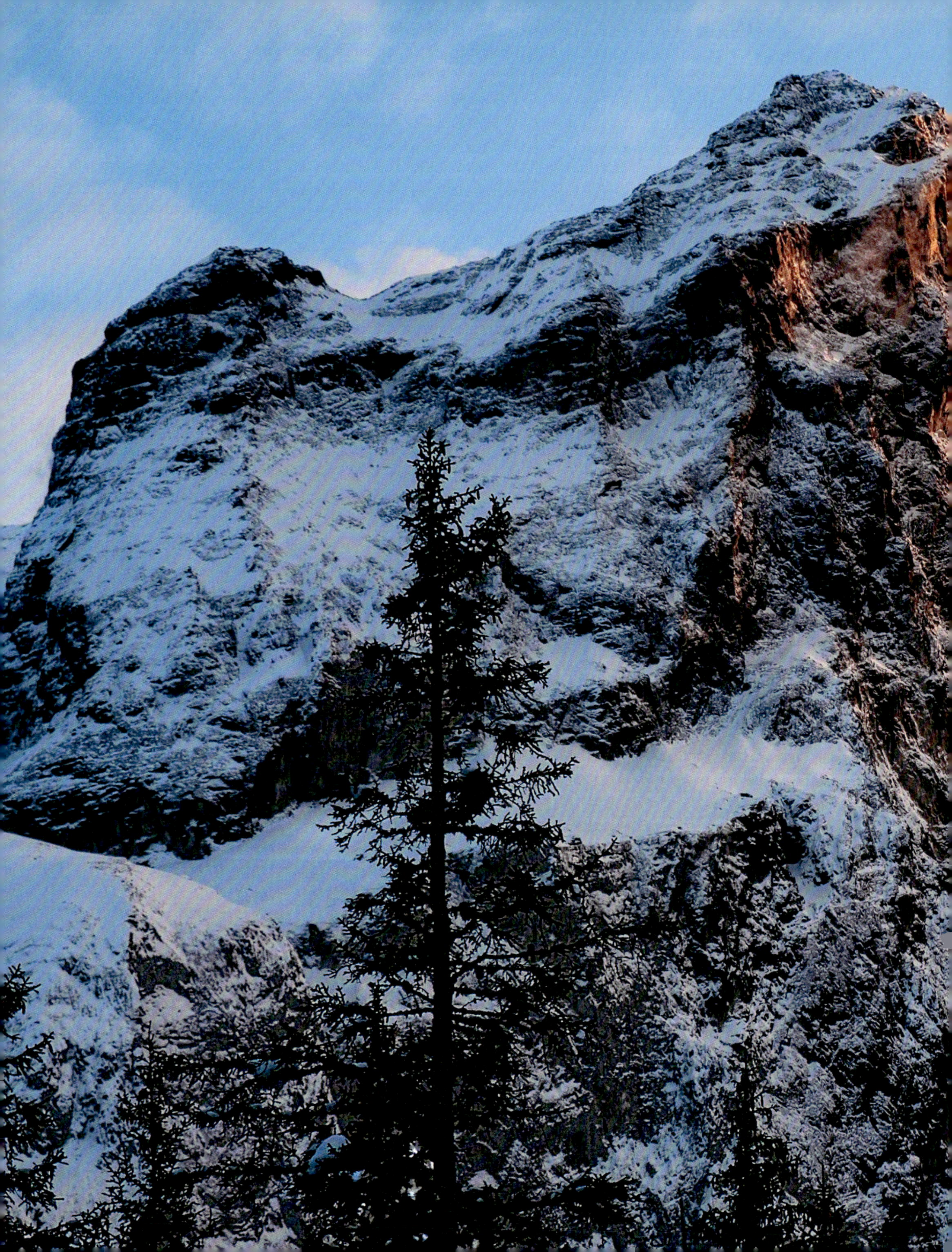

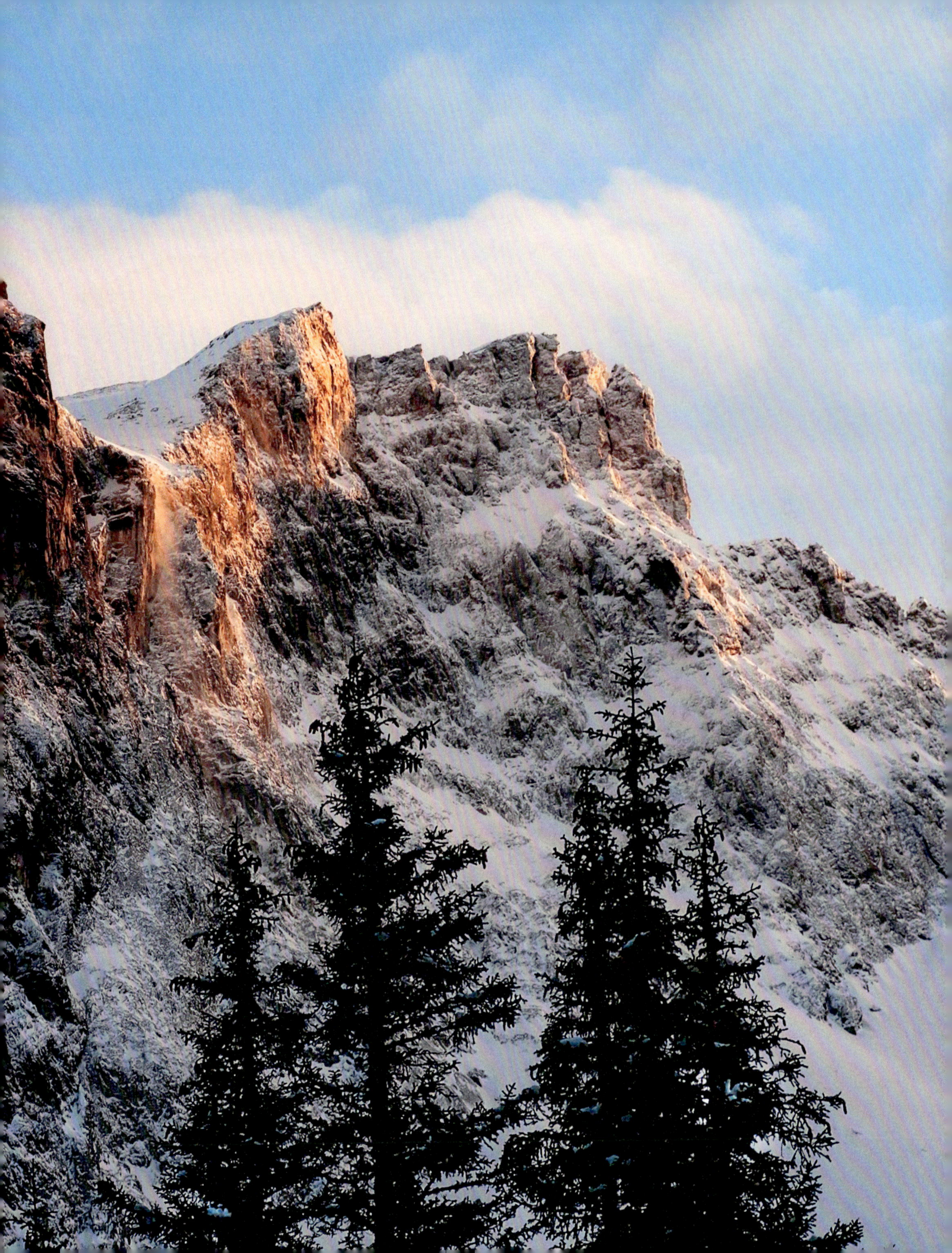

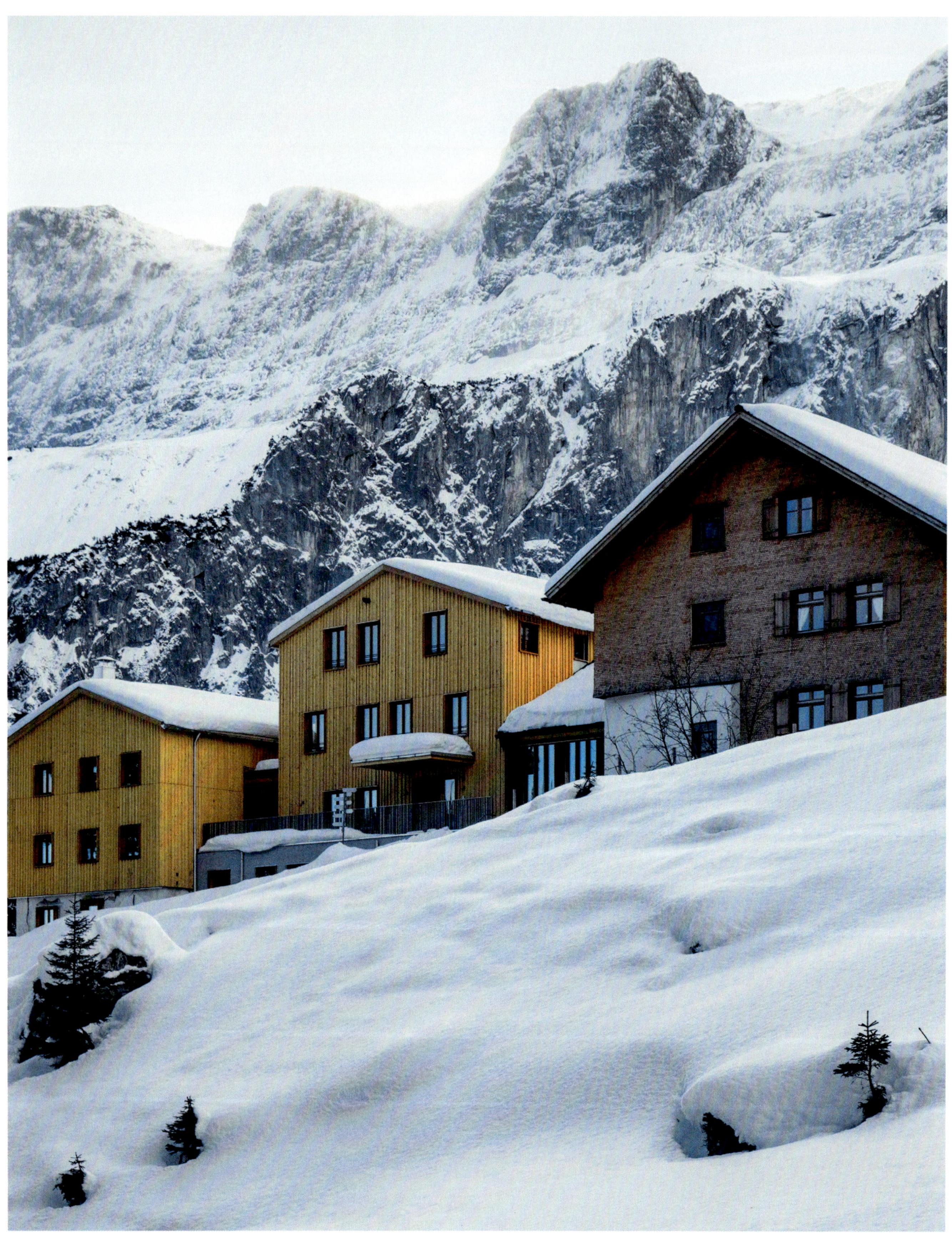

Österreich
Lindauer Hütte

Das ist besonders

Der Klettersteig Gauablickhöhle führt tatsächlich ins Berginnere: Über 350 Meter geht es durch die Höhle – weshalb man neben dem Klettersteigset auch mit einer Stirnlampe gerüstet sein muss –, bevor man auf der anderen Seite der Sulzfluh wieder ans Tageslicht gelangt.

1899 schlief man noch auf Strohsäcken in einem kleinen Bau am Gauertalschluss. Heute liegen über die Hälfte der knapp 200 Schlafplätze in Doppel- und Mehrbettzimmern, und selbst die Lager wirken alles andere als unbehaglich. Klare Formen, gerade Linien, helles Holz und viel Glas prägen die neue Lindauer Hütte, und dennoch strahlt sie eine heimelige Gemütlichkeit aus. Man kuschelt sich in die Sitzkissen, das Licht ist gedämpft, und einige Gäste ziehen sich in die kleine Leseecke zurück. Modern, aber warm – sogar wärmer als zuvor, denn jetzt heizt eine finnische Sauna (gefertigt aus dem Holz der alten Hütte) den Gästen ein. Kein Wunder, dass im Winter so manch ein Skitourengeher nicht direkt ins Tal abfährt, sondern noch eine weitere Nacht auf der Hütte dranhängt. Wellness im alpinen Gelände, wer kann da schon widerstehen?!

Thomas lächelt: »Weißt, keiner gibt es zu, aber jeder schätzt den versteckten Komfort. Wir ja auch.« Mit ihrer umfangreichen Hüttenerfahrung haben die Becks – neben Thomas und Gattin Andrea sind da noch die beiden Töchter Valentina und Annalena – den Wandel buchstäblich hautnah miterlebt. »Wir haben inzwischen ein Mitarbeiterhaus für uns allein. Jeder hat ein Einzelzimmer und kann sich auch mal zurückziehen und erholen.« Das sah in den Jahrzehnten zuvor anders aus. Als die Familie im Jahr 2000 auf die Lindauer Hütte kam, hatte sie schon neun Jahre auf der Mannheimer und der Totalphütte verbracht.

Wie Thomas als gelernter Heizungsinstallateur damals auf die Idee kam, Hüttenwirt zu werden, weiß er nicht mehr, nur so viel: »Es war auf jeden Fall eine unüberlegte Entscheidung.« Im Jahr zuvor hatte er Andrea geehelicht, und »sie musste einfach mit. Sie hat ja gesagt: in guten und in bösen Tagen«, schmunzelt Thomas. »Aber sie hat es nicht so schlecht mit mir, denk ich, und mit den Gästen auch nicht.« Nach fast drei Jahrzehnten steigen die Becks im Jahr 2020 ins Tal ab. Es sind keine kleinen Kletterpatschen-Abdrücke, die sie ihrem Nachfolger hinterlassen – eher ausgewachsene Stapfen robuster Alpinschuhe. Doch das war auch beim Vorgänger Fritz Moosmann so, der 43 Jahre auf der Hütte gewesen war. Und am wichtigsten ist für Thomas: »Die Hütte und die Landschaft, die bleiben doch gleich.« Da hat er recht – das tolle Ensemble, das bleibt.

Lage
Allgäuer Alpen

Hüttenwirte
Nicole und Martin Kinzel

Geöffnet
Sommer: Ende Mai bis Anfang Oktober
Winter: Ende Dezember bis Ende März

Touren & Zustiege
→ Seite 244

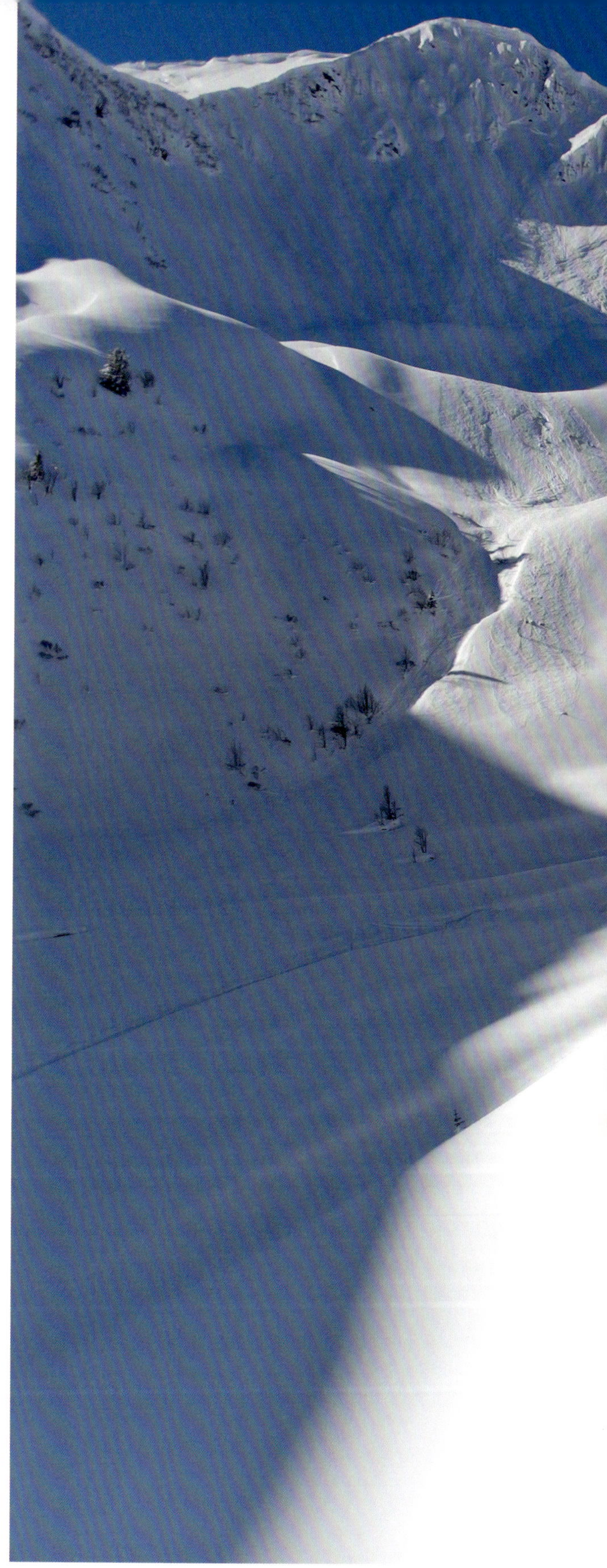

Schwarzwasser-hütte ↗ 1.620 m

Was man vom Kleinwalsertal getrost behaupten kann: Land wie Leute sind alles andere als gewöhnlich. Das Sackgassental gehört zwar zu Vorarlberg, ist allerdings nur über Bayern erreichbar. Entsprechend lässt der Walser – charakterstark, gemütsruhig und ein wenig stur – sich nicht gern in eine nationale Schublade schieben, sondern genießt seine Zwischenstellung. Von Natur aus speziell ist auch die Landschaft des Tals: allen voran das verkarstete Gottesackerplateau mit seinem riesigen Höhlensystem und der Hohe Ifen, dieses markante Gebirgsplateau, das sich buchstäblich schräg stellt. An dessen Fuß, inmitten eines weiten, offenen Kessels, liegt die Schwarzwasserhütte. Sie ist winters wie sommers ein einfach zu erreichendes Tages- und Übernachtungsziel, eine Art zweites Zuhause für manch einen Einheimischen und das erste für Nicole und Martin Kinzel. Bereits seit 2010 führt das junge Paar die urtümliche Hütte mit einer gelassenen Herzlichkeit, wie sie vielleicht nur die Walser an den Tag legen.

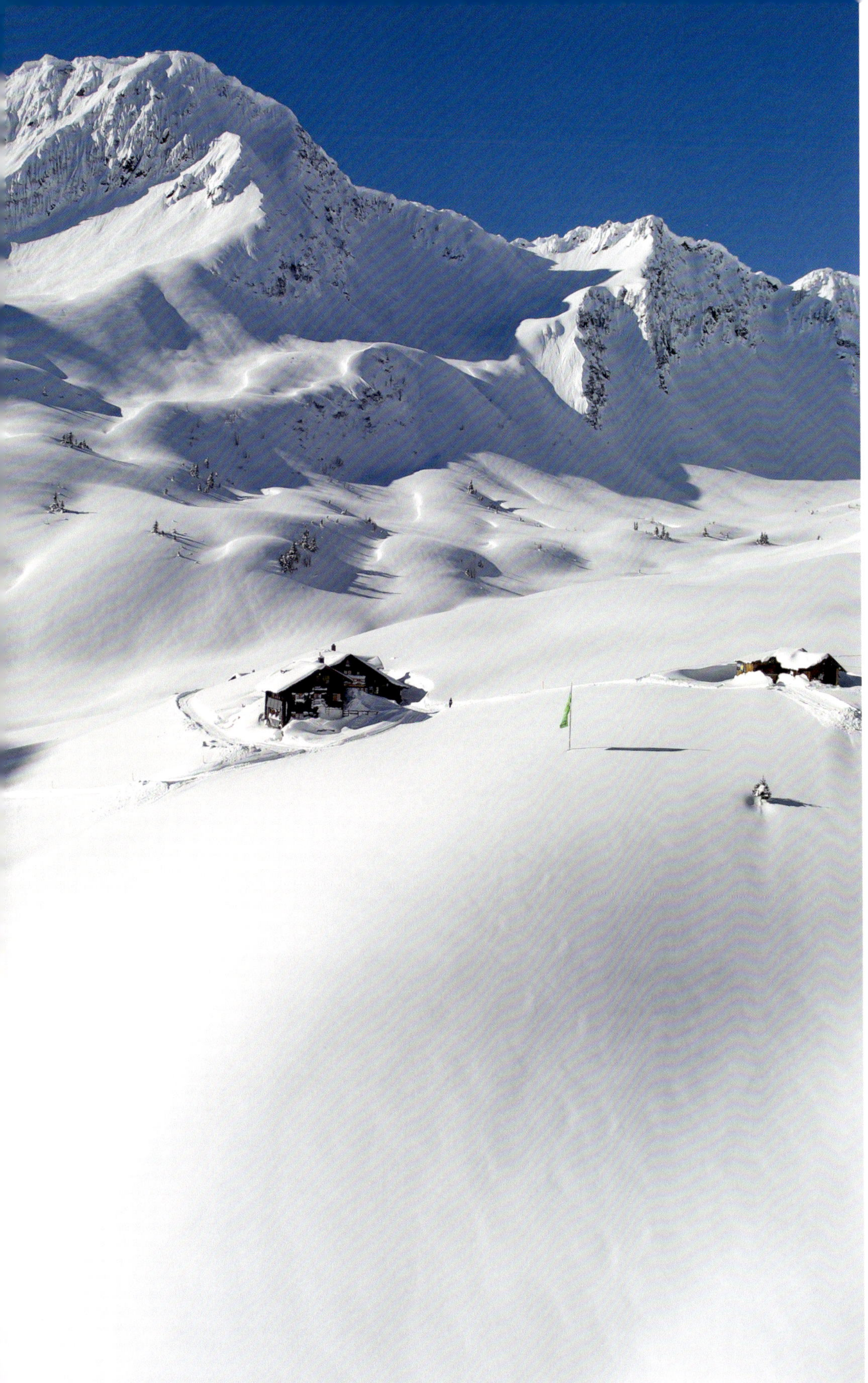

Das ist besonders

Ebenfalls ein Walser Unikat: der Schwarzwasserbach. Er lässt sich wunderbar erwandern, verwandelt sich von einem Hochmoorrinnsal in einen Wasserfall, verschwindet unter die Erde, taucht wieder auf und bietet mit seinen Gumpen an manchen Stellen sogar beste Abkühlung.

Kulinariktipp

Nach traditionellem Familienrezept werden in den Käsknödeln dreierlei Käsesorten mit unterschiedlichen Graden an Würzigkeit verarbeitet.

»Oben bleibt man etwas von den negativen Nachrichten verschont. Die Welt ist nämlich nicht so schlecht, wie sie sich von unten aus anhört.«

Christoph Erd,
Wirt des Prinz-Luitpold-Hauses

Bayern

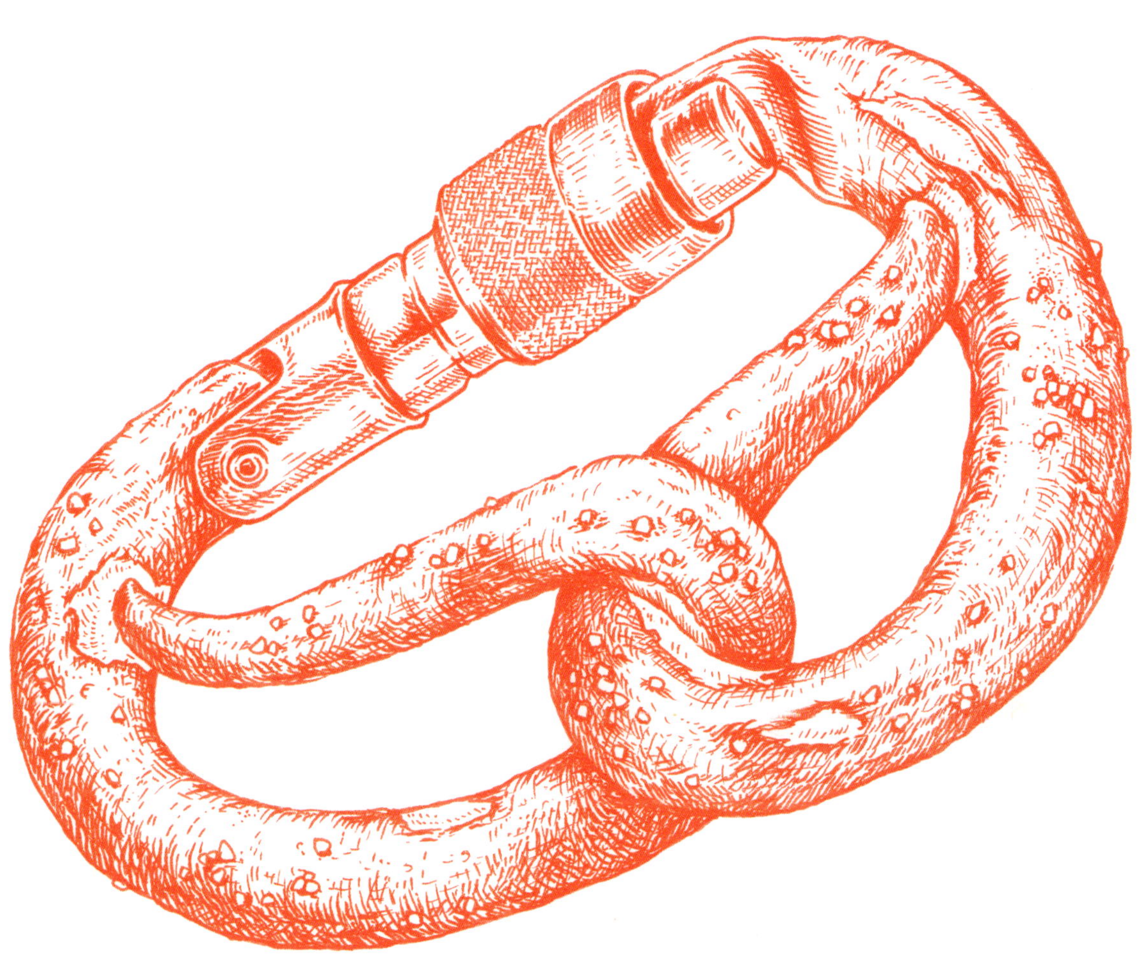

Prinz-Luitpold-Haus ↗ 1.846 m

Lage
Allgäuer Alpen

Hüttenwirte
Christoph und Ulli Erd

Geöffnet
Anfang Juni
bis Anfang Oktober

Touren & Zustiege
→ Seite 245

Die Dolomiten, das Karwendel, das Zugspitzmassiv – dass die Allgäuer Alpen keinerlei Grund haben, sich hinter den großen Gebirgsnamen zu verstecken, wird einem auf dem Prinz-Luitpold-Haus besonders deutlich bewusst. Zum Beispiel beim Blick auf die tief zerfurchten, faltigen Kletterwände der Fuchskarspitze. Oder wenn die Weitwanderer vom Jubiläumsweg zu schwärmen beginnen, jenem Grenzpfad zwischen Bayern und Tirol, der auch am Schrecksee vorbeiführt, einem der strahlendsten Hochgebirgsseen der Alpen. Und dann ist da natürlich noch der Hochvogel. Die freistehende, formschöne Felspyramide bietet nicht nur grandiose Aussichten, sie ist auch selbst weithin sichtbar. Doch der Gipfel steht auch anderweitig unter Beobachtung: Aufgrund wiederholter Felsstürze wurde ein tiefer Riss im Berg von Wissenschaftlern mit Sensorik ausgestattet. So möchte man prognostizieren, wann sich der erwartete große Gesteinsabbruch auf die Tiroler Seite ereignen wird. Das seit 1880 bestehende Prinz-Luitpold-Haus liegt jedoch ungefährdet auf der bayerischen Seite. Bei dem Hüttenwirtspaar Christoph und Ulli Erd ist man nicht nur sicher, sondern definitiv auch bestens aufgehoben.

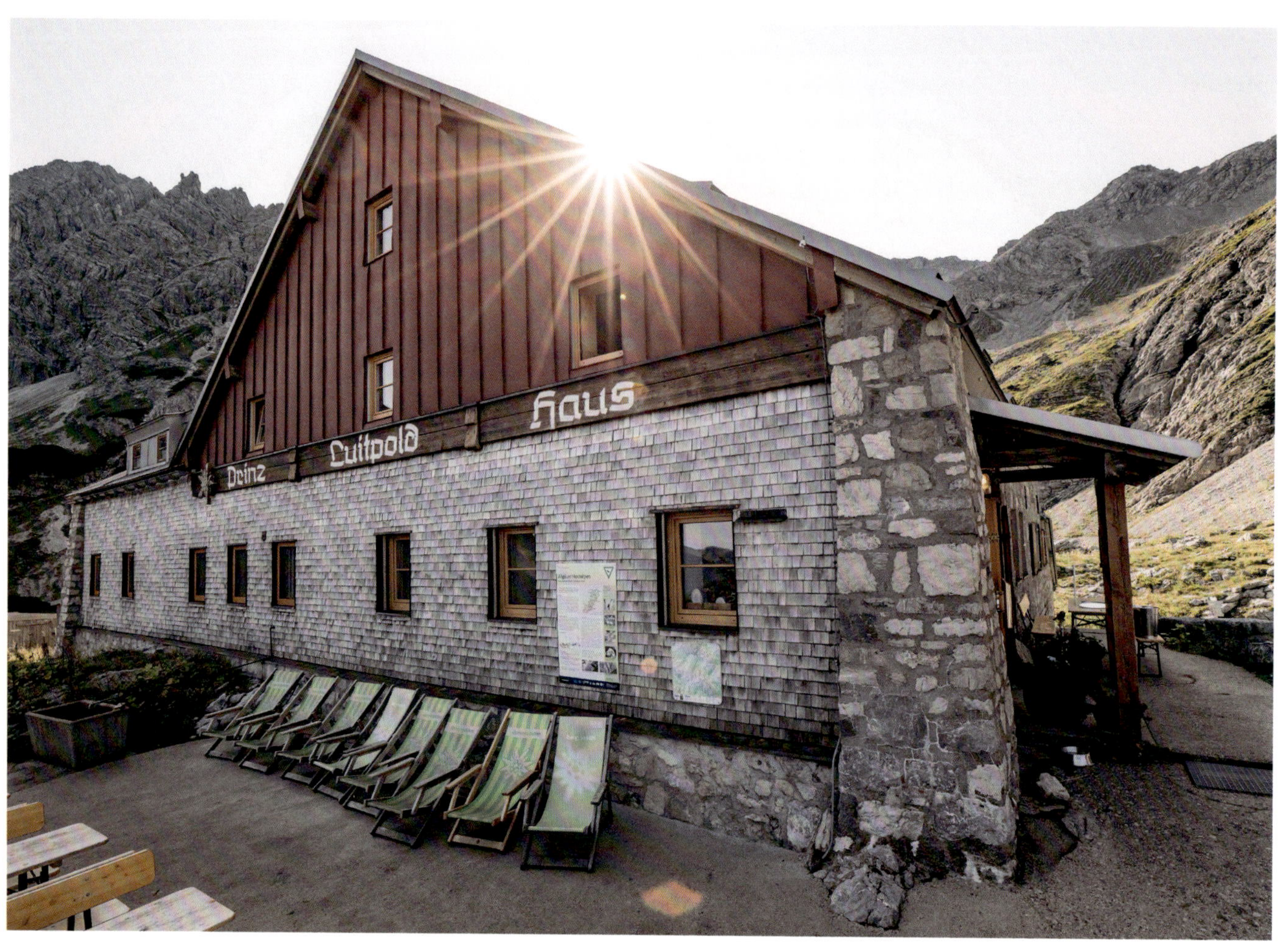

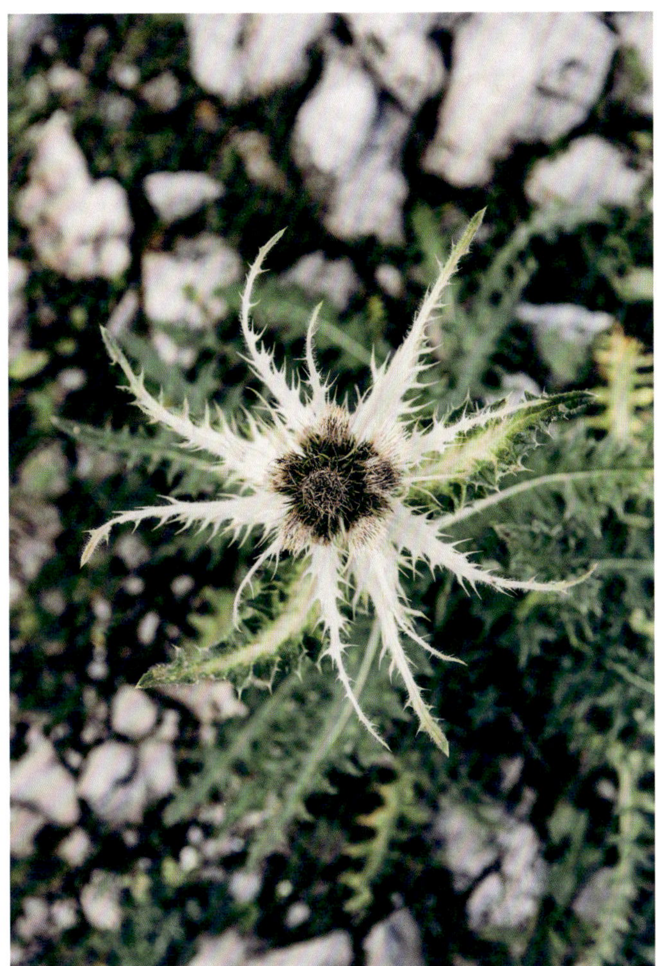

Das ist besonders

Wen es mehr nach Technik denn nach Abenteuer gelüstet, der findet Routen bis zum VIII. Grad im hüttennahen Klettergarten.

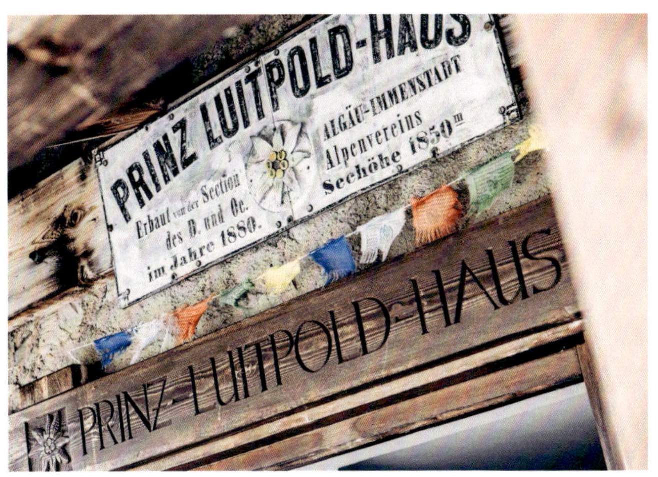

Kulinariktipp

Für die Bolognese wird ausschließlich Rindfleisch von lokalen Bauern verwendet, der Kaiserschmarren wird aus Dinkelmehl gefertigt und mit Apfelmus, Preiselbeeren und Rotweinzwetschgen serviert – und die Käsemischung der Kässpatzen ist einfach »Chefsache«.

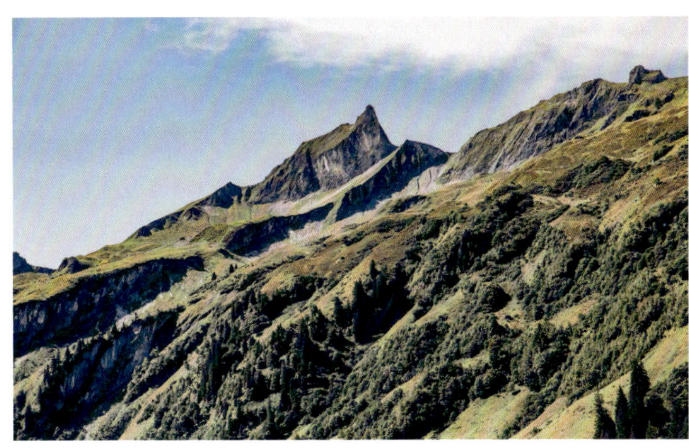

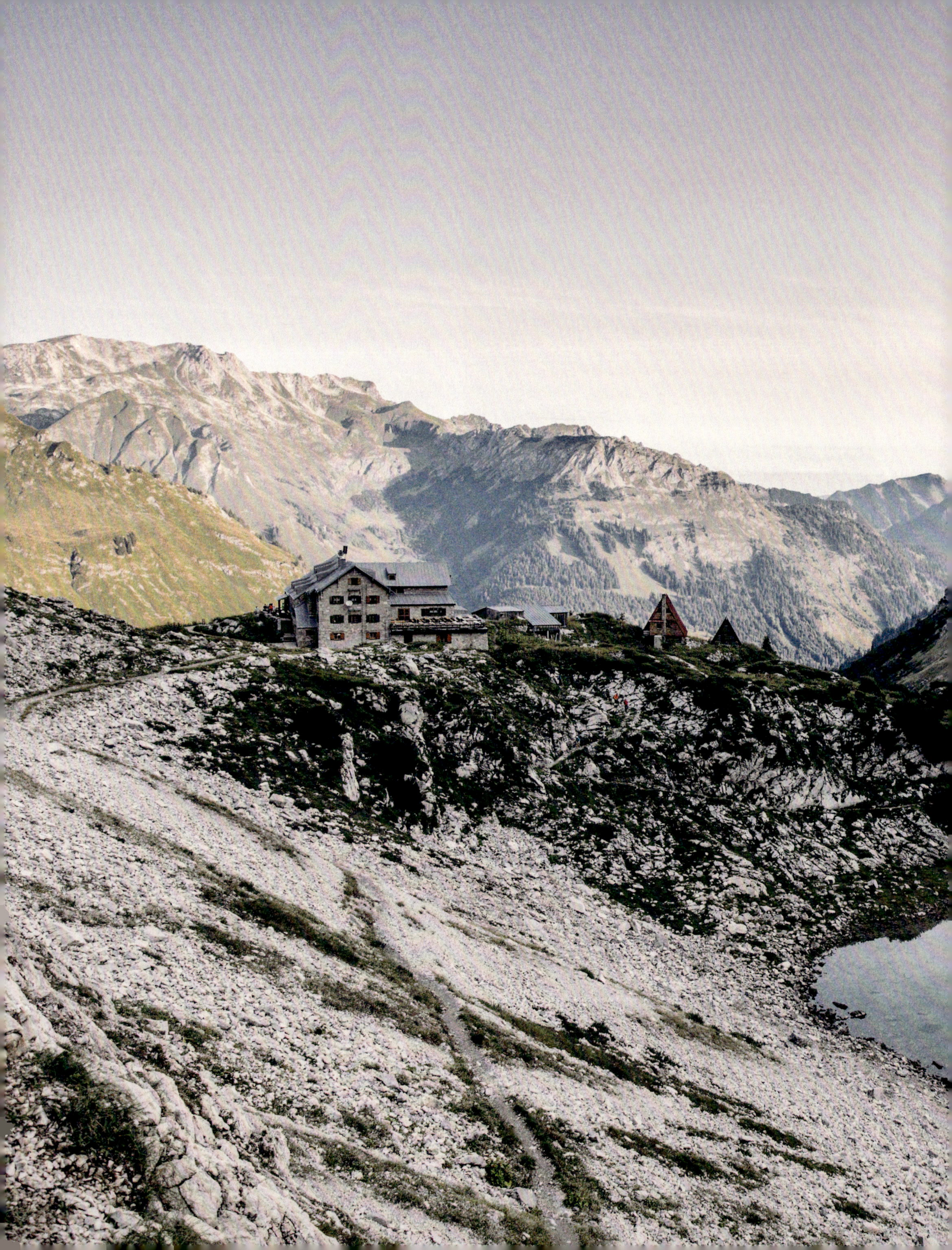

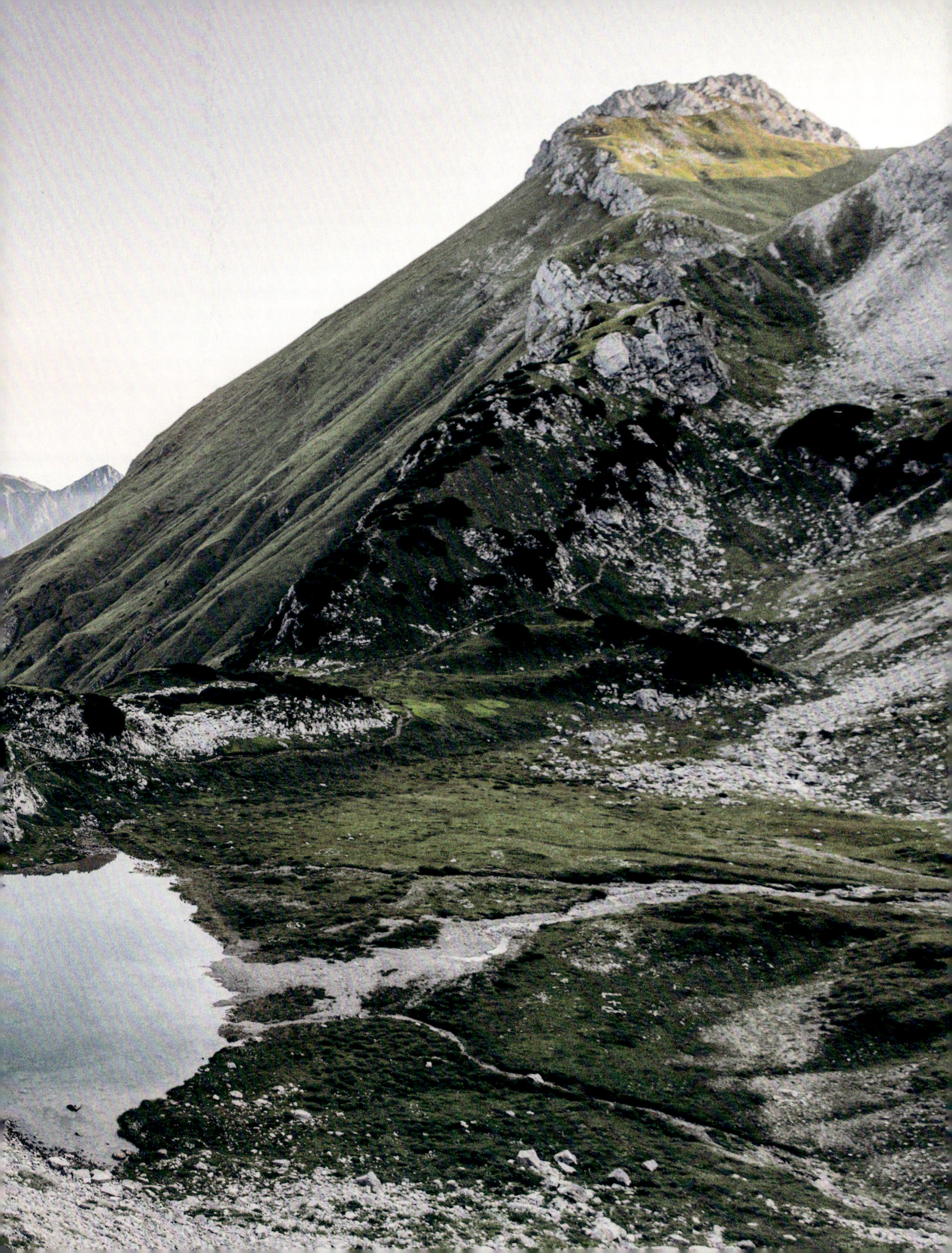

Waltenberger-haus

↗ 2.084 m

Jung & Alt

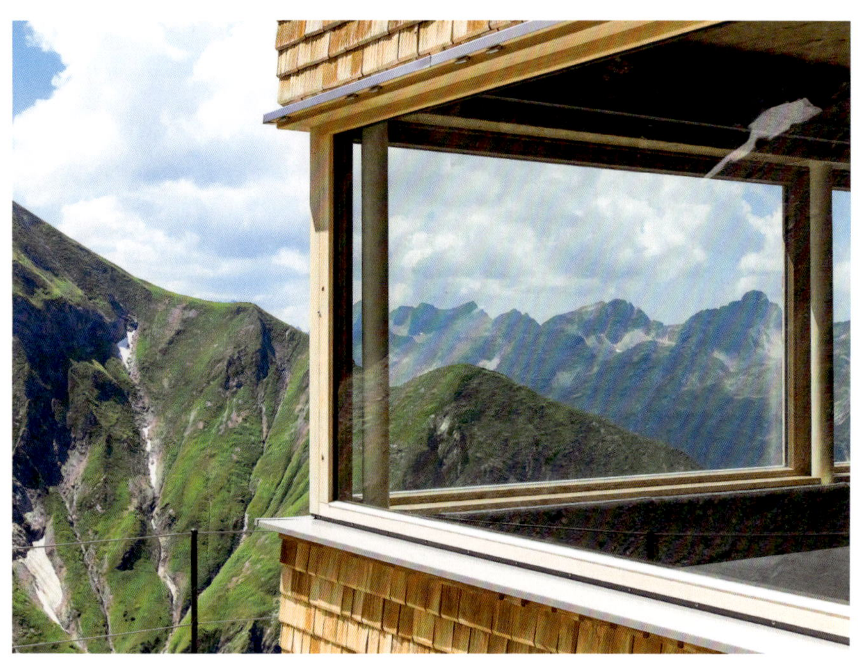

Das muss man erst einmal schaffen: Sie ist eine der ältesten und zugleich jüngsten Hütten in den bayerischen Bergen – und obendrein ein spektakulärer Schauplatz, wo die Steinböcke es so richtig krachen lassen.

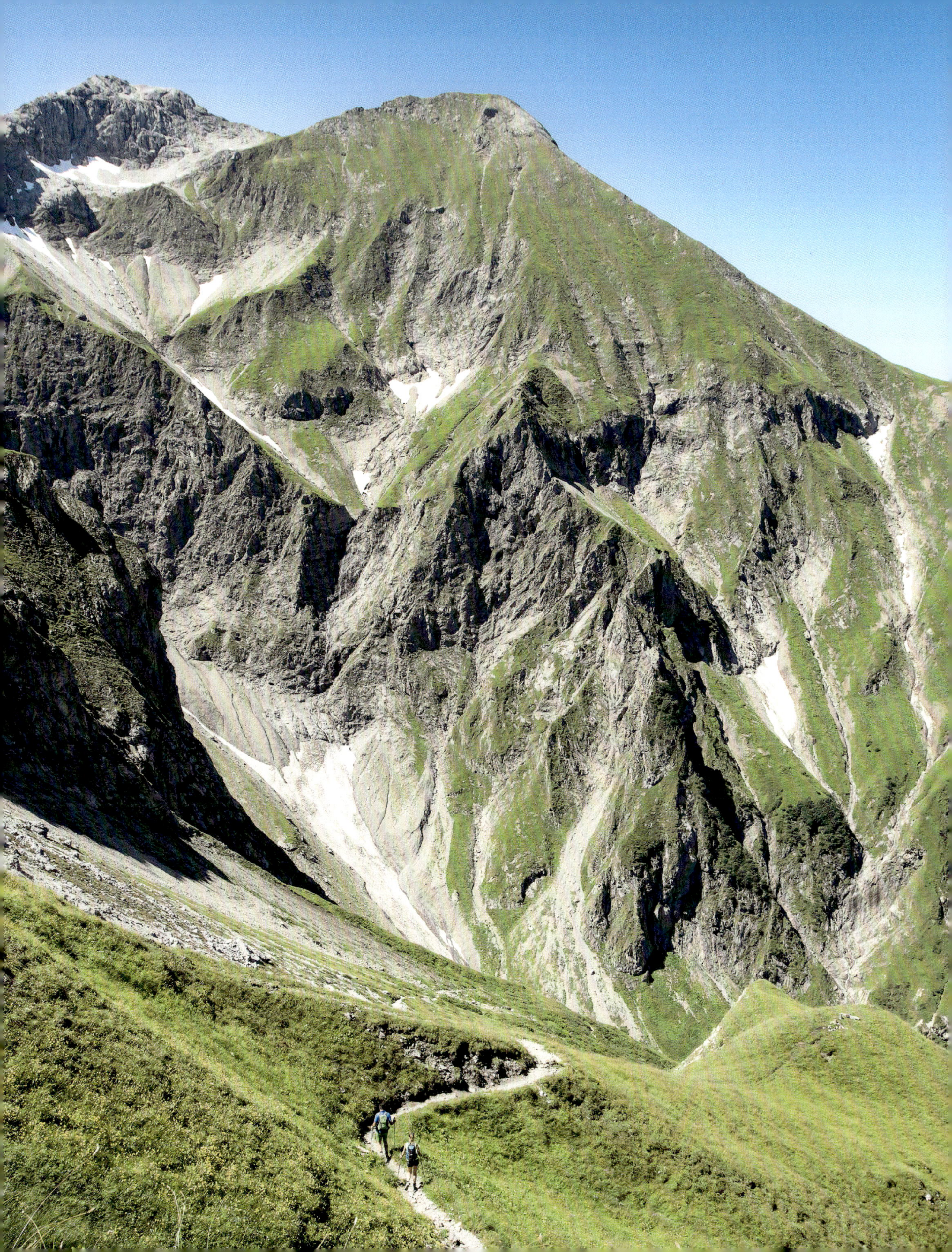

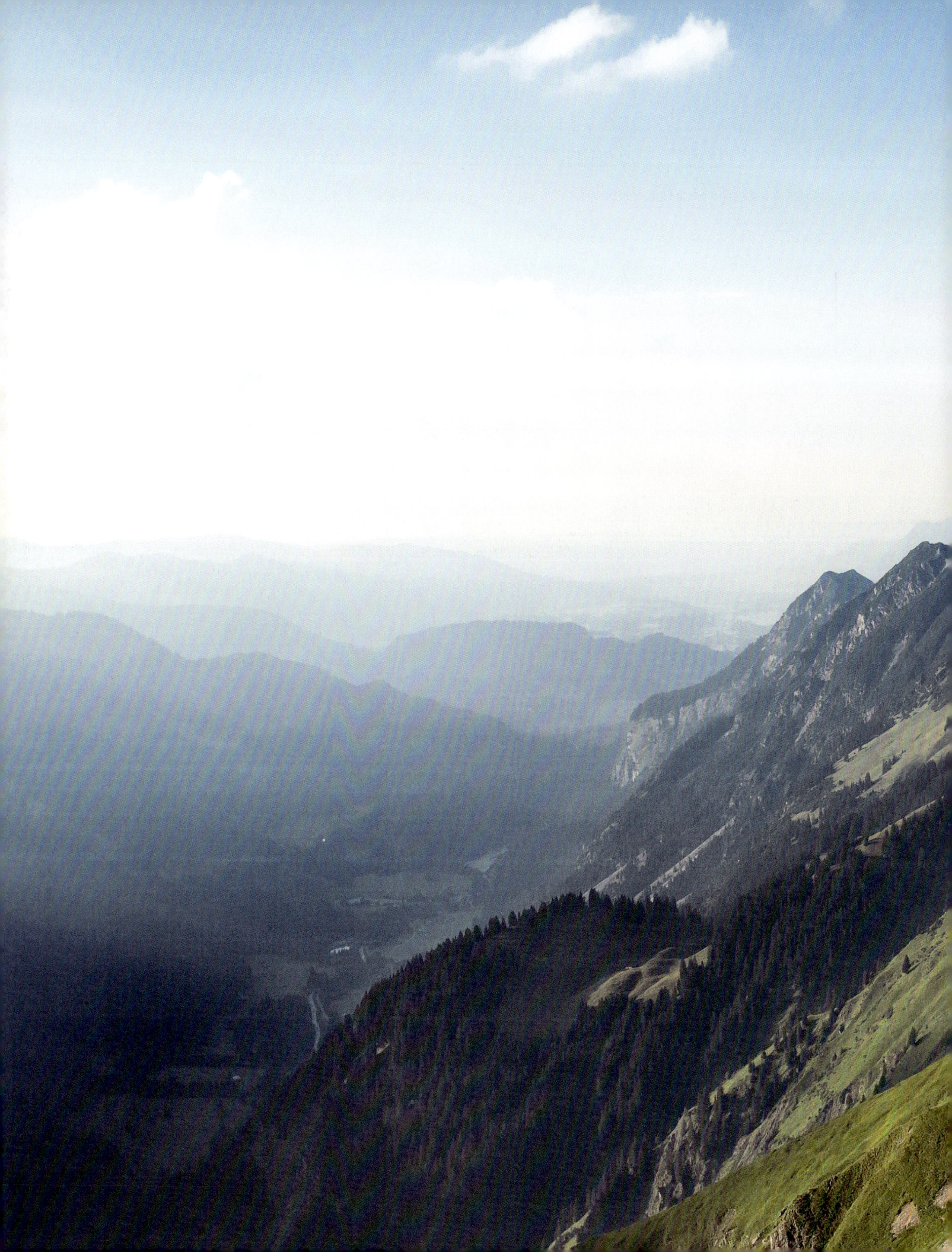

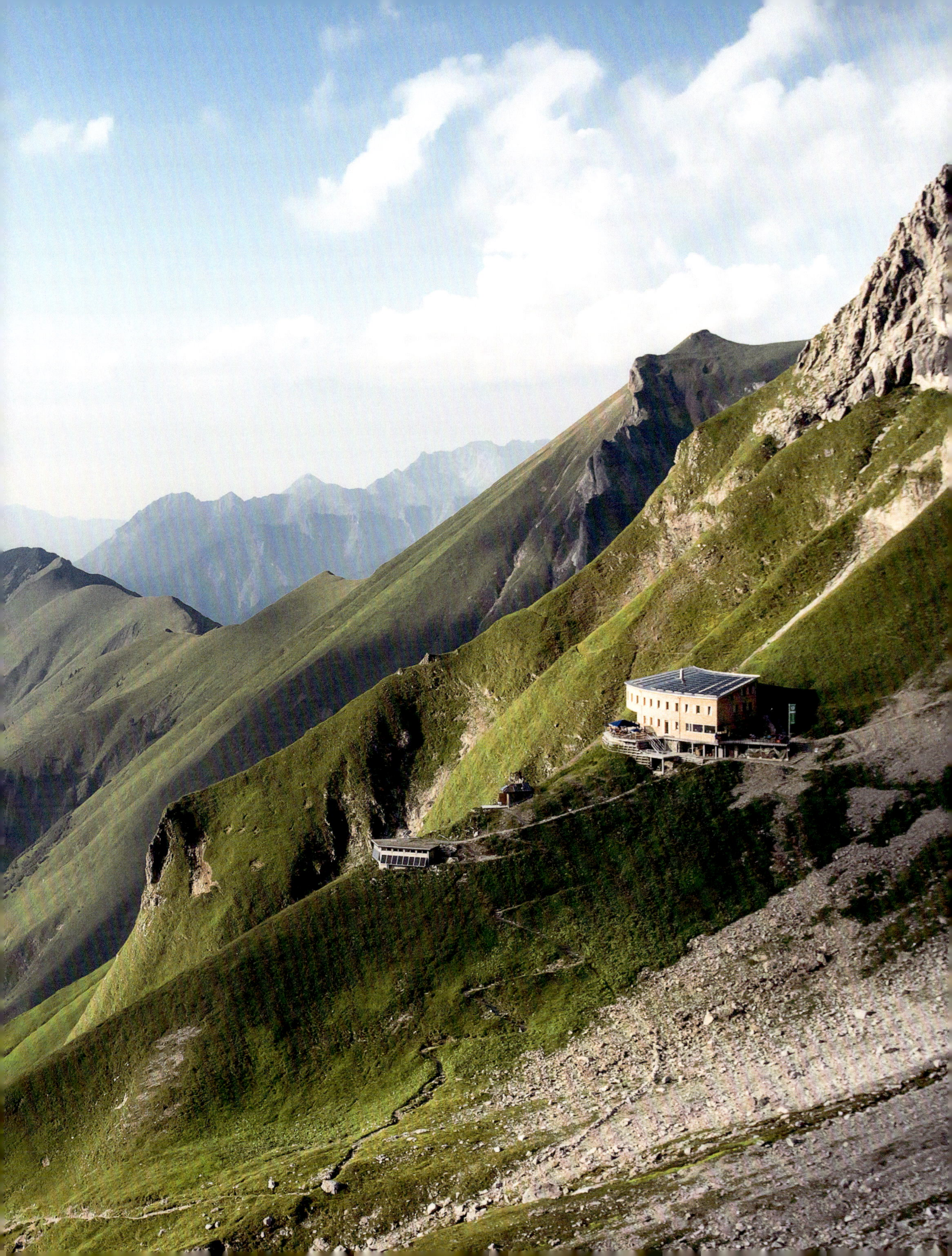

Die Namen geben das Programm bereits vor: Über das Stillachtal gelangt man von Oberstdorf tiefer hinein in die Allgäuer Alpen bis nach Einödsbach. Es ist der südlichste ganzjährig bewohnte Ort der Bundesrepublik Deutschland und der Ausgangspunkt für den Zustieg zum Waltenbergerhaus. Nochmals enger wird es auf den knapp 1.000 Höhenmetern hinauf zur letzten bayerischen Bastion, die abgeschieden auf 2.084 Metern liegt und nur verschwitzte Gäste kennt. Schattig, wild und steil ist der Weg entlang des Bacherlochbachs.

Auf einem Plateau mit dem Wasserfall zu Füßen lohnt sich der Blick zurück: auf den letzten Zipfel des Oberallgäus, auf die in der Sonne blitzende Skisprungschanze und die so trügerisch sanften Grasberge. Noch ein Stück geht es weiter die schmalen Serpentinen hinauf mit einigen der imposantesten Gipfel des Allgäuer Hauptkamms vor der Nase: der Mädelegabel, dem Hohen Licht und der 2.595 Meter hohen Trettachspitze, die den Ruf als Allgäuer Matterhorn genießt. Dann, endlich, taucht es auf, das Waltenbergerhaus. Auf einem kleinen Vorsprung schmiegt es sich mit seiner halbrunden Form an die zerfurchte Felsenwucht, die in ihrem Rücken aufragt.

Das Waltenbergerhaus ist nicht nur – mit der Rappenseehütte und der Kemptner Hütte – eine der letzten deutschen Hütten vor der österreichischen Grenze, sie war auch eine der ersten. 1875 wurde sie als zweite Hütte des Deutschen Alpenvereins in den bayerischen Bergen errichtet. Entsprechend fortgeschrittenen Alters war sie, als Markus Karlinger sie 2011 übernahm. »Zum Teil konnten wir ihren Charme irgendwie bewahren, aber ich sag dir, hinter den Kulissen ging gar nichts mehr«, sagt er und schüttelt den Kopf. Und so fasste er mit dem Alpenverein bald einen Entschluss, der ihm nicht gerade zu einem Popularitätsschub verhalf.

Einen regelrechten Aufschrei tat so manche Alpinseele, als es hieß, dass das Waltenberger Haus komplett abgerissen und neu aufgebaut werden wird. »Ganze Pilgerscharen kamen 2015 hier hoch, um sich zu verabschieden. Richtig bös' haben mich manche angeschaut«, erzählt Markus. Dass es nicht mehr anders ging, weil »sie einfach durch war«, das wollten einige nicht wahrhaben. Für all diejenigen, die noch des alten Hauses gedenken möchten, hat Markus Originalsteine in die Mauer zur wunderschönen neuen Terrasse integriert. »Als Klagemauer sozusagen«, meint er schelmisch. Was er heute hört, sind jedoch fast ausschließlich Lobeshymnen auf den minimalistischen Neubau von dem Oberstdorfer Architekten Peter Fischer, der im Jahr 2017 eingeweiht wurde.

Lage
Allgäuer Alpen

Hüttenwirt
Markus Karlinger

Geöffnet
Anfang Juni bis Mitte Oktober

Touren & Zustiege
→ Seite 245

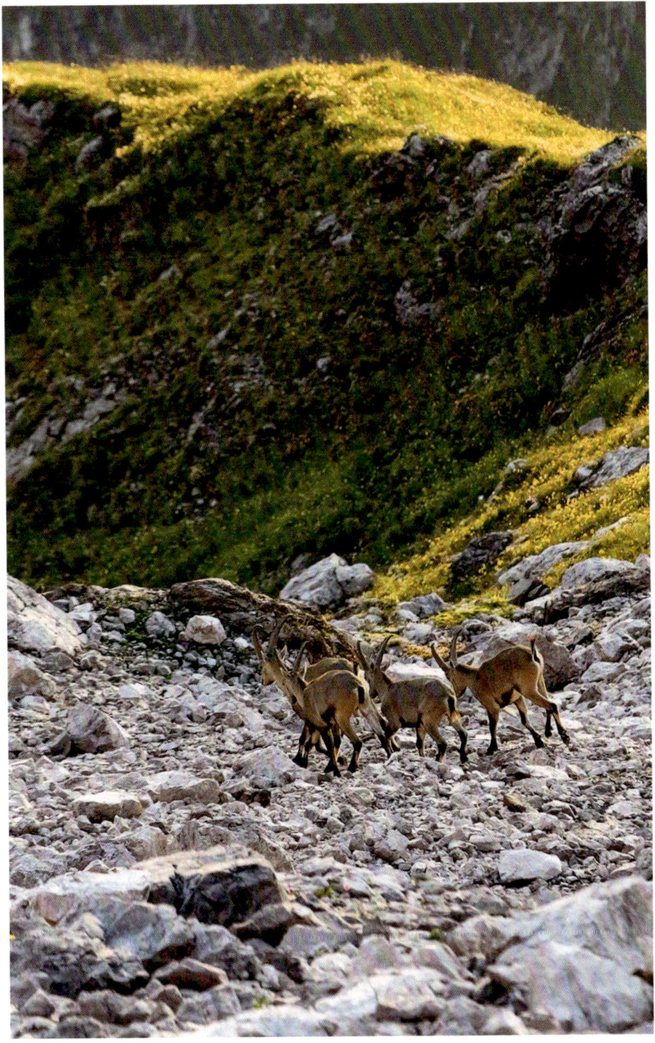

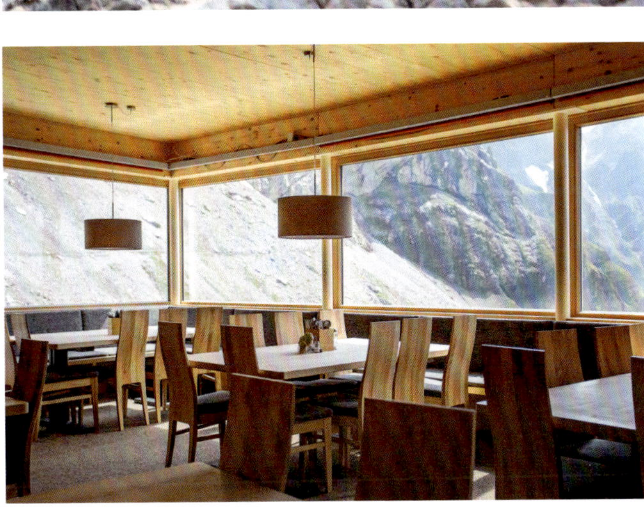

Kulinariktipp

Für das Nepali Dal Bhat mit Reis bringt ein nepalesischer Freund das Curry-Gewürz aus seiner Heimat ins Allgäu.

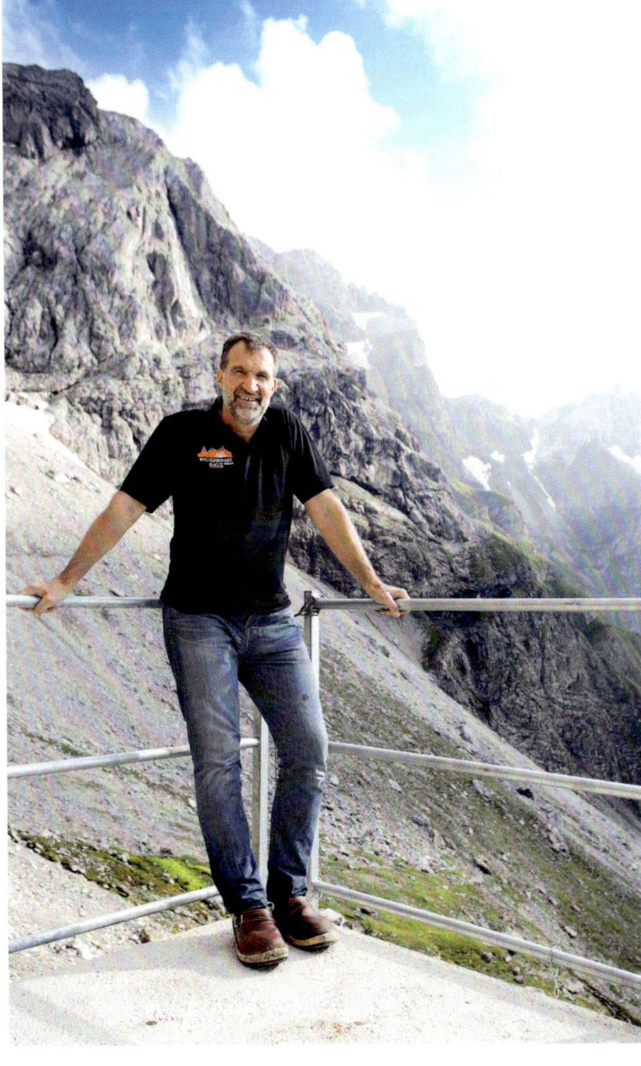

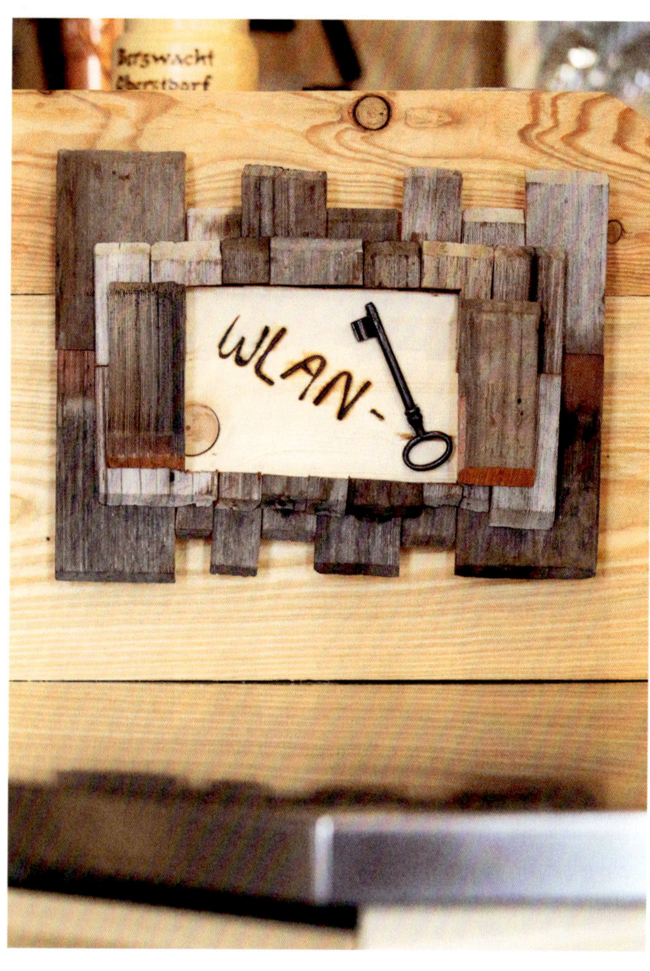
Bergwacht
WLAN-

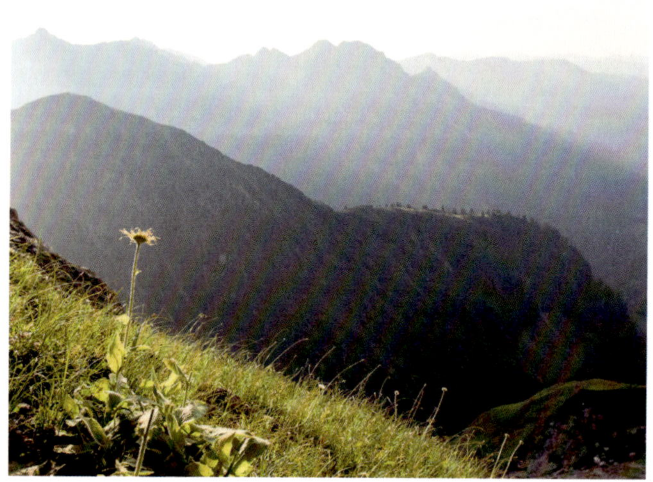

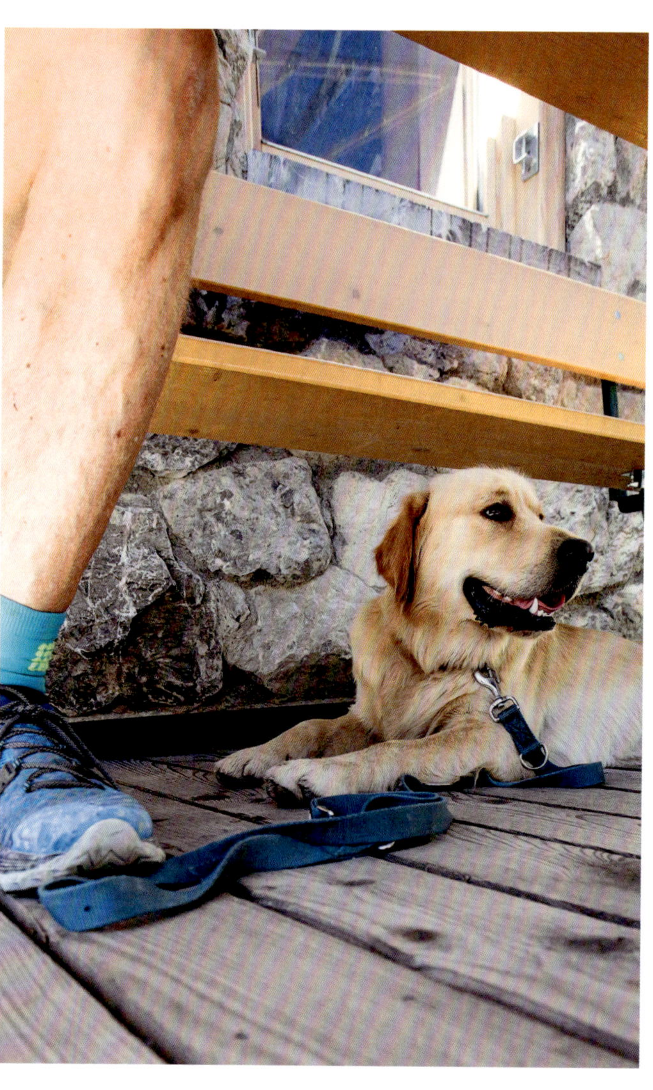

Das ist besonders

Wer den Sonnenuntergang und das Steinbock-Spektakel in Ruhe betrachten will, wandert ein paar hundert Meter von der Hütte Richtung Süden – und sieht dabei auch das Waltenbergerhaus im besten Licht.

Klar, reduziert, schlicht und funktionell ist das neue Waltenbergerhaus. Lärchenschindeln zieren die gebogene Front und Glas – viel, viel Glas. Dank der riesigen Fenster kommt der Berg der großen, hellen Stube ganz nah. So fühlt man sich sogar im Inneren noch als Teil der alpinen Landschaft, und gleichzeitig bietet die Hütte Schutz. »Hier bei einem Unwetter zu sitzen ist einfach der Wahnsinn«, sagt Markus.

Um die Hütte herum geht es entweder steil bergab oder steil bergauf. Allein der Hubschrauberlandeplatz bietet eine plane Ebene. Es ist die einzige DAV-Hütte in den Allgäuer Alpen, die per Hubschrauber versorgt wird. Nicht ausschließlich, denn die Post bringen Bergschulen oder Freunde mit nach oben, und manch ein Wanderer schleppt aus Einödsbach auch einige Holzscheiter zum Haus – und erhält im Gegenzug ein Stamperl Schnaps. Schnaps bekommt auch derjenige, der Markus' Lieblingsgipfel besteigt. Es ist der Berg der Guten Hoffnung, der direkt hinter dem Haus aufragt und nur selten begangen wird. Hier hat Markus einen Schnaps versteckt, »den man aber so leicht finden kann, dass ich ihn öfter nachfüllen muss«.

Ansonsten sind die meisten Gäste jedoch auf dem Heilbronner Höhenweg unterwegs, eine anspruchsvolle Kammüberschreitung, bei der man einiges an Kondition und Trittfestigkeit mitbringen muss. Eigentlich markieren die hellen Zickzackspuren, die sich in dem Geröll abzeichnen, den Notabstieg des Höhenwegs, aber viele legen absichtlich einen Zwischenstopp im Waltenbergerhaus ein, um sich in dieser einzigartigen Lage noch einen Sonnenuntergang und eine weitere Nacht zu gönnen.

Am Morgen liegt das Waltenbergerhaus noch lange im Schatten, doch die untergehende Sonne trifft es dann mit einem tiefen Rosarot. Und dann kommen sie: In aller Seelenruhe, mit stolz erhobenem Haupt steigen die Steinböcke aus den Felsen ins Grün – in Markus' Vorgarten. Nur wenige Meter von der Terrasse entfernt beginnen sie zu grasen. Es ist ein friedliches Schauspiel – bis der Hunger gestillt und der Spieltrieb geweckt ist: Einige Böcke brechen auf, schlagen Haken, positionieren sich filmreif auf Felsen und bockeln ihre Hörner aneinander, dass es nur so kracht. Da erklärt sich auch der Name des Gipfels, der über dem Geschehen thront: Bockkarkopf. Ein Sturkopf sei er ja auch, sagt Markus, das sei sein Schicksal als Allgäuer. Da verwundert seine Antwort nicht, als man ihn fragt, wie lange er denn hier oben zu bleiben gedenkt: »WBH«, sagt er, »steht für Waltenbergerhaus – oder auch für: Wir bleiben hier.«

Brunnenkopfhütte ↗ 1.602 m

Das ist besonders

Die Aussicht vom nahen Brunnenkopfgipfel (speziell zu Sonnenauf- und -untergang) ist sagenhaft und reicht von den Ammergauer Alpen zum Wettersteinmassiv und dem Estergebirge, hinein in das auslaufende Voralpenland und hinüber in die Allgäuer Alpen.

Im Grunde lässt man den royalen Trubel schnell hinter sich, sobald man die ersten Schritte vom Schloss Linderhof im Tal nach oben steigt. Doch auf königlichen Spuren wandelt man dennoch. Die Brunnenkopfhäuser hat nämlich König Maximilian II. 1856 als Jagdhütten erbauen lassen. Sein Sohn, Märchenkönig Ludwig II., war dem Schießen bekanntlich weniger zugetan. Er genoss hier oben vielmehr die Abgeschiedenheit der Ammergauer Alpen. Die einstige Lakaien-Unterkunft ist auch heute als (unter Denkmalschutz stehende) DAV-Hütte noch schlicht und einfach – es gibt nur ein Matratzenlager, und man wäscht sich mit kaltem Wasser. Umso besser schmeckt das Essen auf der großen Terrasse bei wahrlich majestätischem Ausblick. Das wissen die Einheimischen zu schätzen, die genauso gern heraufkommen wie Familien aus dem Umland, aber auch die Wanderer, die auf dem Maximilians-Weitwanderweg unterwegs sind. In der Hochsaison kann es gut voll werden auf der Hütte, aber da es in diesem Teil der Ammergauer Alpen keine Lifte gibt, ist er bis heute ein besonderer Rückzugsort.

Lage
Ammergauer Alpen

Inhaber
DAV-Sektion Bergland

Geöffnet
Mitte Mai bis Mitte Oktober

Touren & Zustiege
→ Seite 245

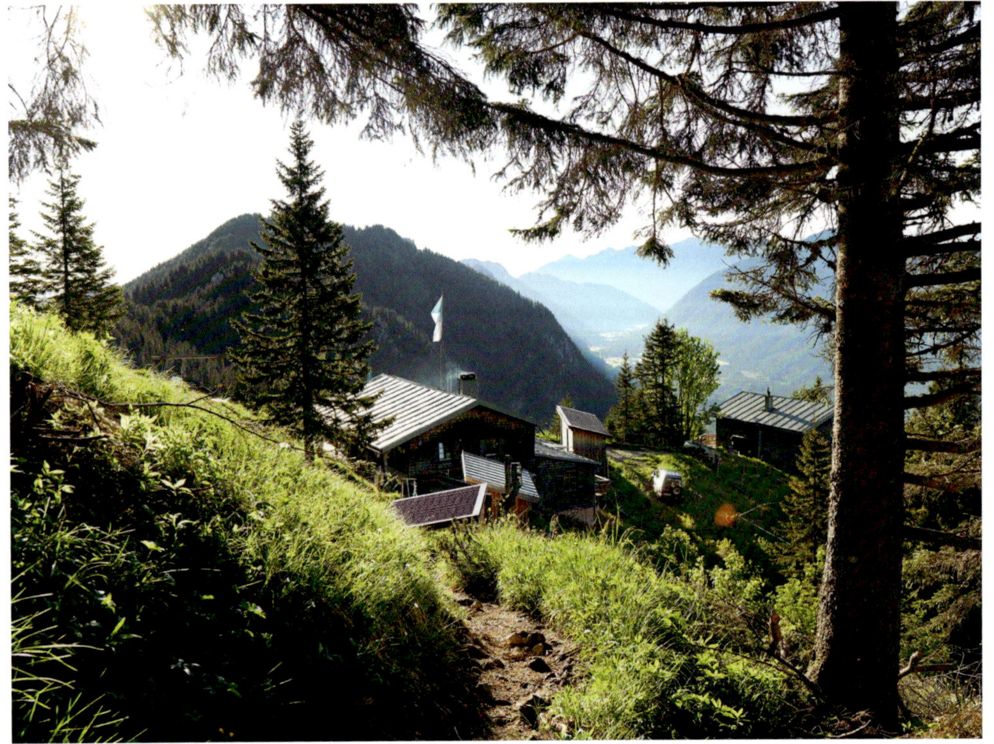

Kulinariktipp

Der Käse für die Kasspatzen stammt von der nahen Schaukäserei Ettal. Geradezu ein Muss ist auch der legendäre Heulikör, den Frater Vitalis im Kloster Ettal aus den Kräutern der Ammergauer Wiesmahd herstellt.

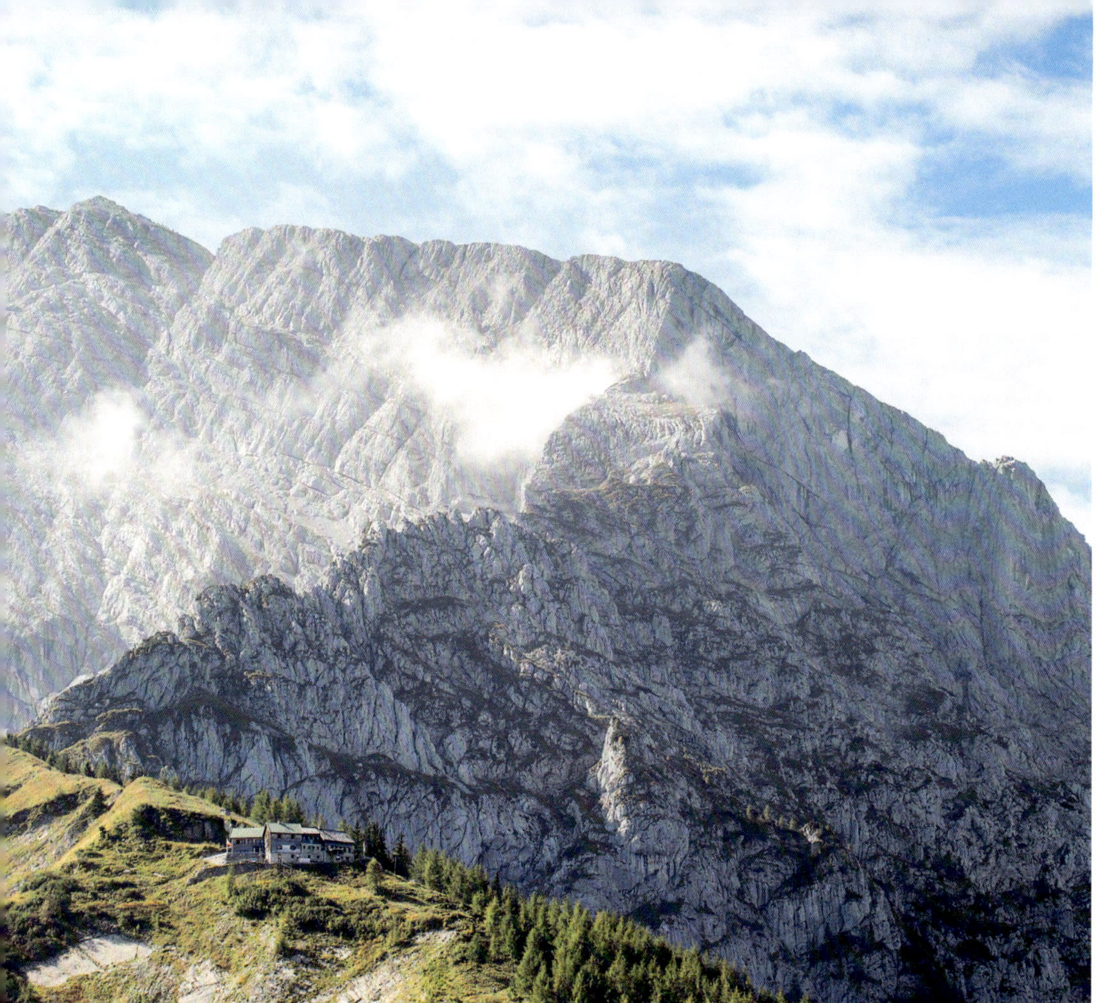

Lage
Berchtesgadener Alpen

Hüttenwirte
Sigi und Gabi Hinterbrandner

Geöffnet
Mitte Mai bis Mitte Oktober

Touren & Zustiege
→ Seite 246

Das ist besonders

Nach dem Zweiten Weltkrieg verboten die Alliierten jeglichen Grenzverkehr, auf dem Purtschellerhaus konnte man sich jedoch legal treffen. Die Zeitungen tauften es damals sogar in das »Haus der Barmherzigkeit« um.

Kulinariktipp

Die Kaspressknödel mit Sauerkraut.

Purtschellerhaus ↗ 1.692 m

In der Küche des Purtschellerhauses kommt es ständig zu Grenzüberschreitungen. Denn genau hier verläuft die bayerisch-österreichische Landesgrenze. Aber so zweigeteilt die Alpenvereinshütte am Eckerfirst des Hohen Göll in den Berchtesgadener Alpen auch sein mag, sie ist doch auch eine Einheit. Dem Wanderer ist beim Anblick der Bergwelt (und der Berge auf dem Teller) sicherlich egal, dass die Steuern an Deutschland entrichtet werden. Benannt wurde das Haus nach dem großen Tiroler Bergpionier Ludwig Purtscheller, der im 19. Jahrhundert über 1.700 Gipfel bestiegen hatte – vom Watzmann bis zum Kilimandscharo. Weniger schwierig ist hingegen das Schutzhaus zwischen Berchtesgadener Talkessel und Salzachtal zu erreichen, das bei Tageswanderern genauso beliebt ist wie bei trittfesten Bergsteigern, die auf den Hohen Göll weiterwollen.

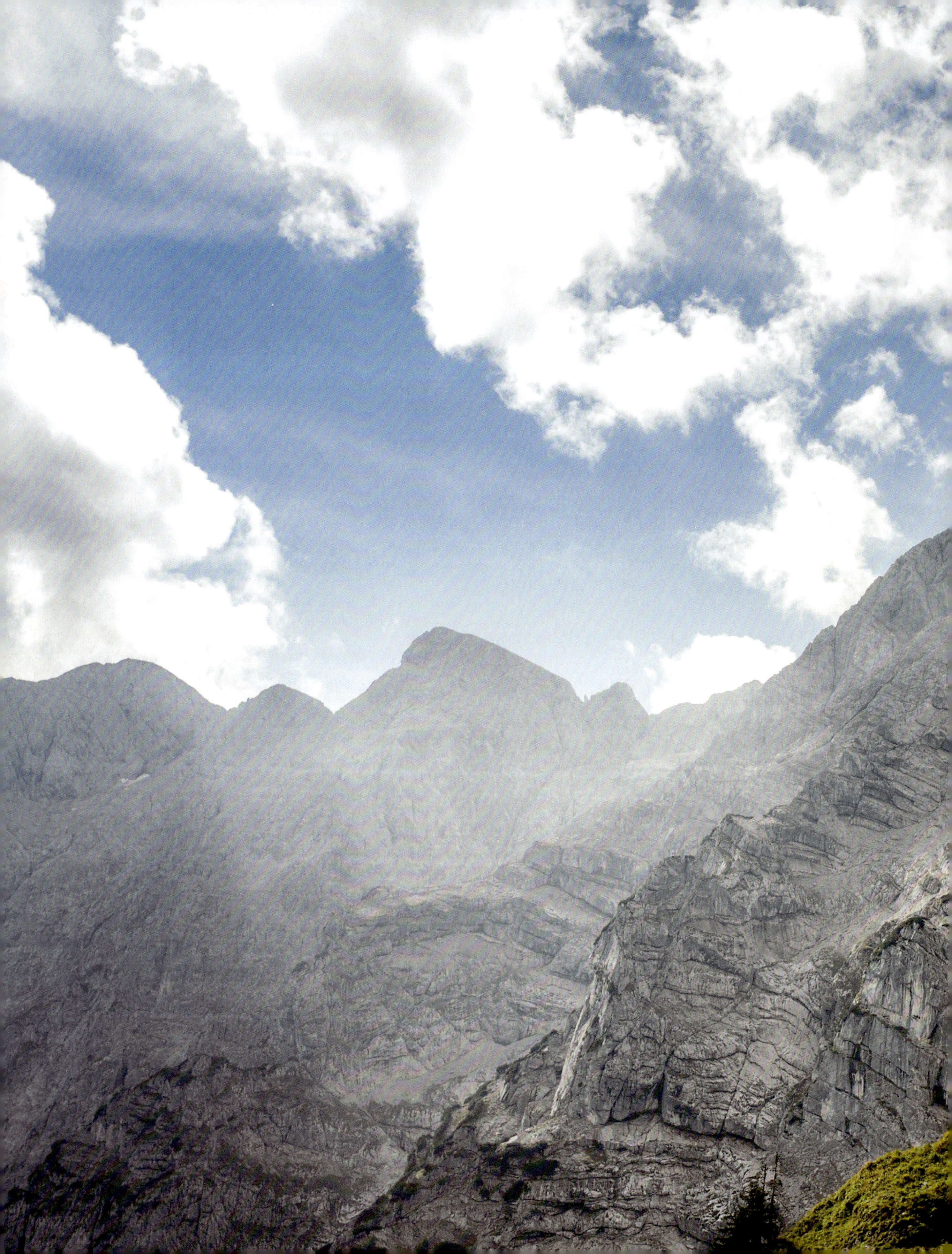

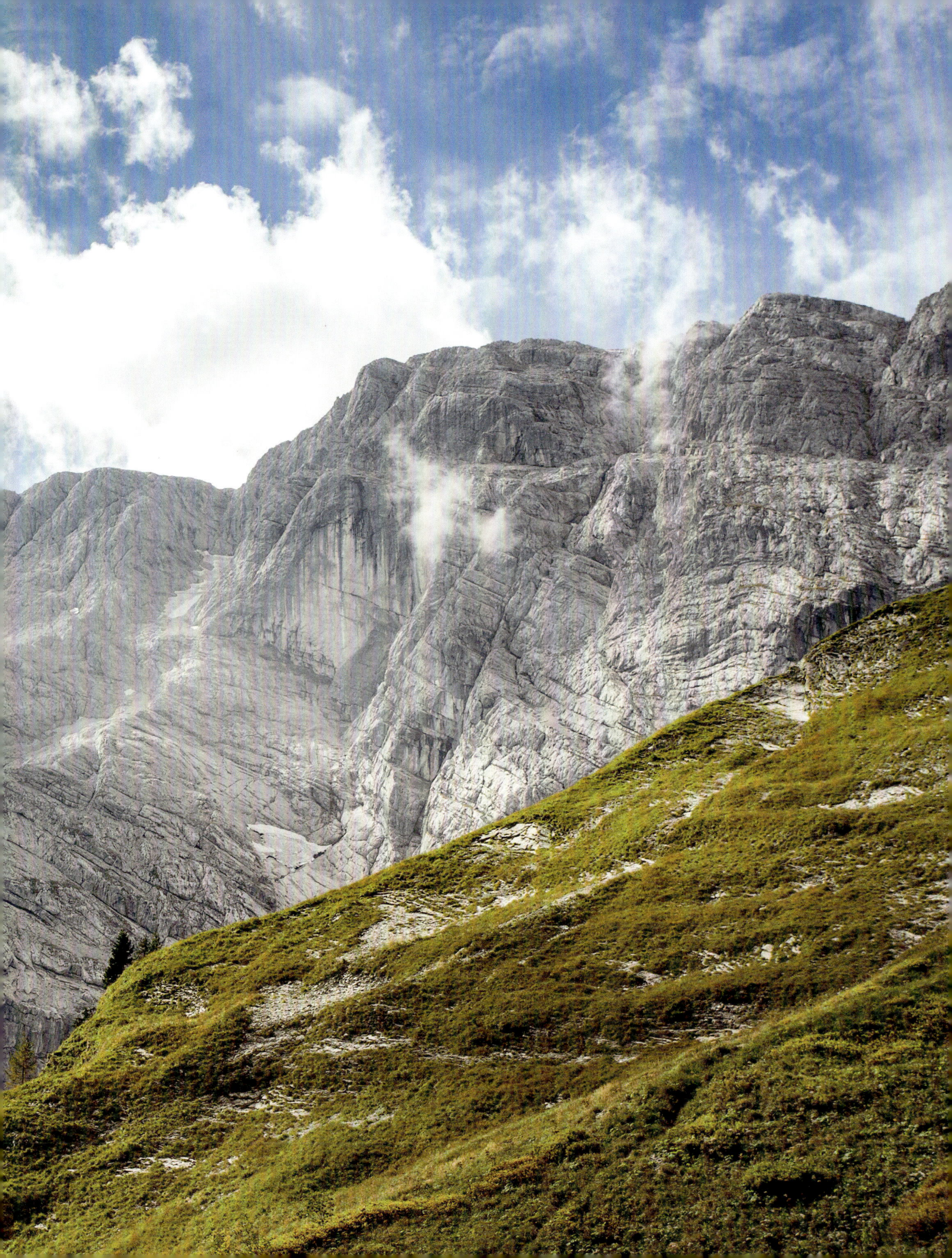

Lage
Chiemgauer Alpen

Hüttenwirt
Manuel Hohenegg

Geöffnet
Mitte März bis Anfang November täglich, November bis März Dienstag/Mittwoch Ruhetag

Touren & Zustiege
→ Seite 246

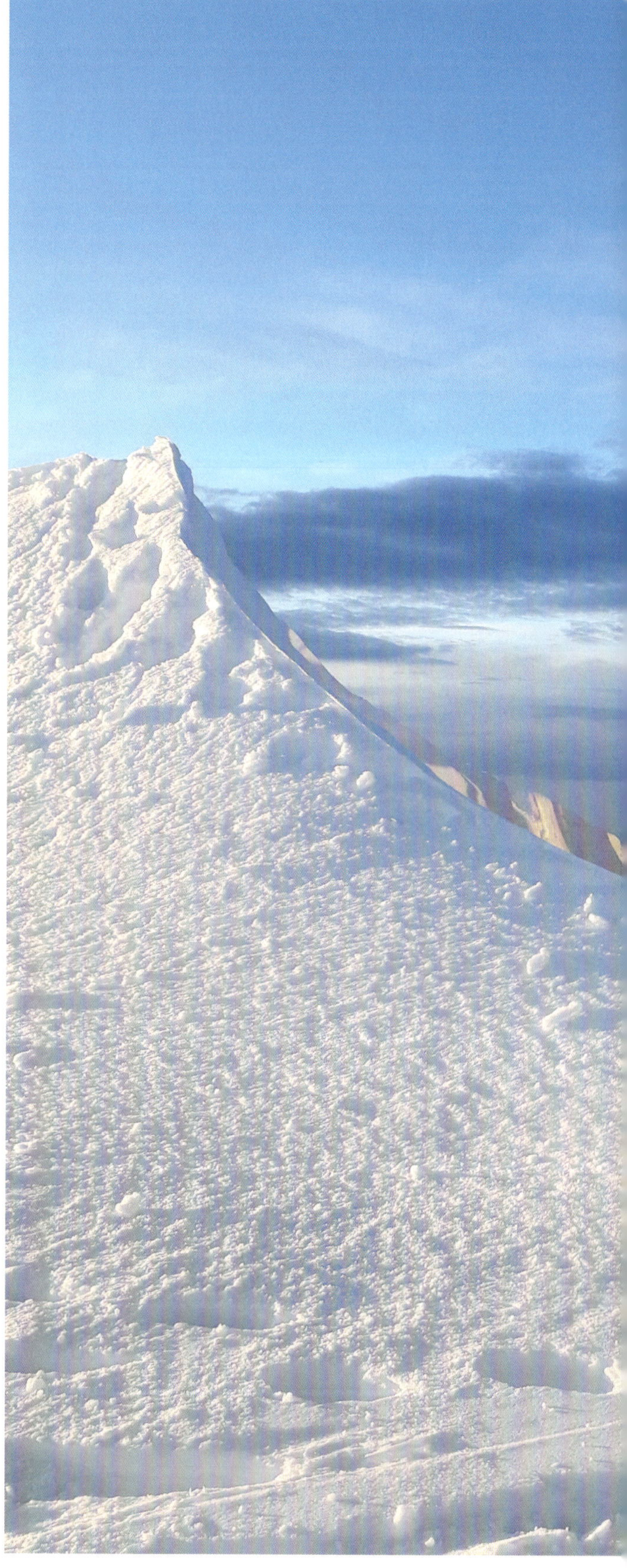

Hochrieshütte ↗ 1.569 m

Tagsüber: eine Schau. Abends: ein besonderes Erlebnis. Sehr zugänglich ist die Hütte dank ihrer Lage an der Hochriesbahn im oberbayerischen Chiemgau. Aber die Bahn ist klein, und die Bayern sind sportlich. So sind Hunger und Durst der vielen Biker, Wanderer, Gleitschirmflieger und Trail-Runner auch groß und für Hüttenwirt Manuel Hohenegg eine Herausforderung. Das nimmt der gebürtige Allgäuer mit einer souveränen Gelassenheit an und serviert üppige Teller. Was bringt einen Oberstdorfer in die Inntaler Berge? »Das Schicksal«, sagt er. Es ist ein »weitsichtiges« Schicksal, das ihn getroffen hat: München am Horizont, die Bayerischen Voralpen vor der Nase, der schlängelnde Inn im Tal. Dann das Kaisergebirge, die Glocknergruppe, die Zillertaler Alpen – »wir sehen sie alle«. Besonders schön anzuschauen ist all das, wenn die Bahn den Feierabend einläutet und sich die Gäste langsam verabschieden. Gerade einmal 37 Schlafplätze hat Manuel hier oben – 37 der schönsten Schlafplätze, die man sich in Bayern erträumen mag.

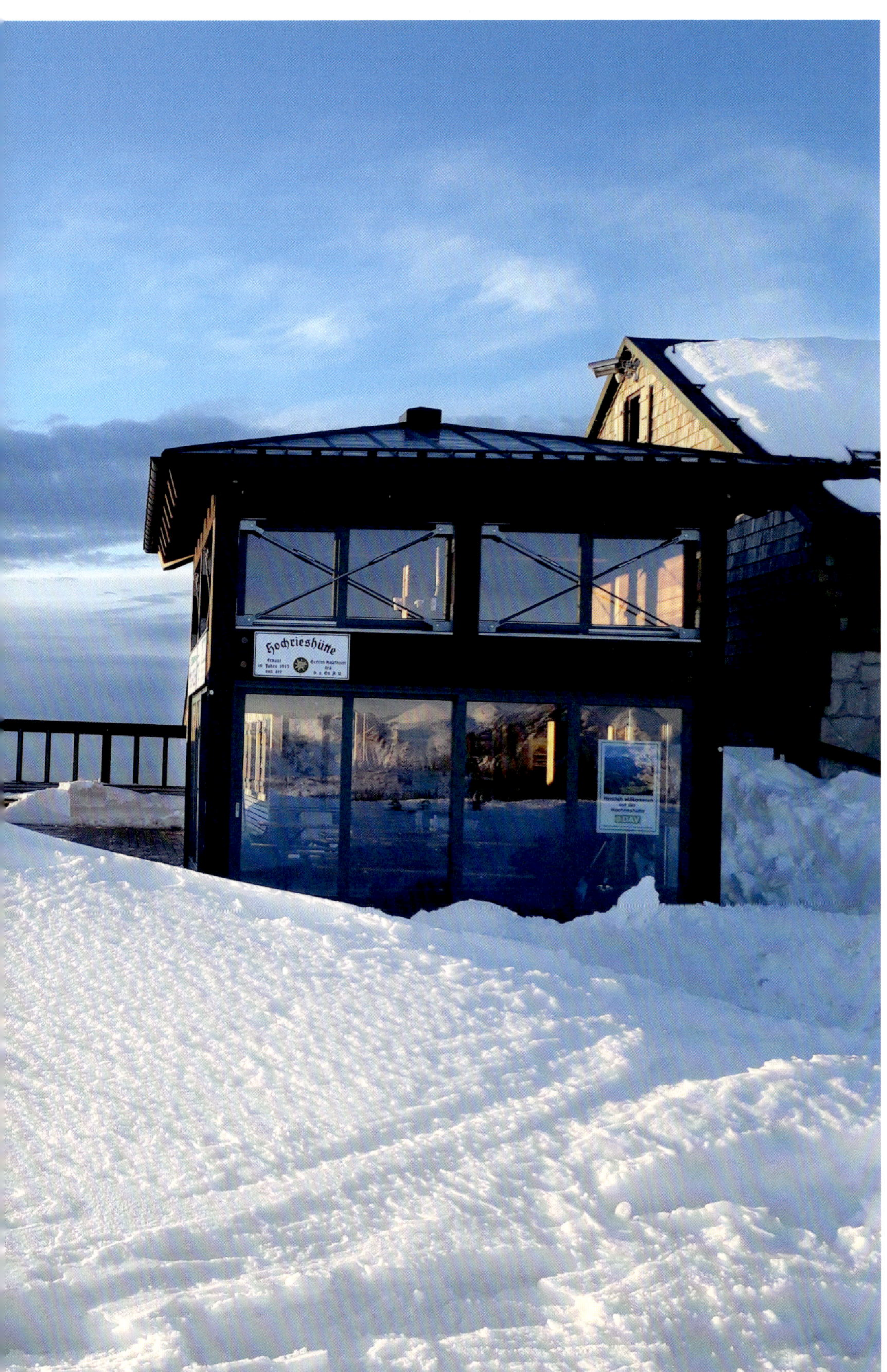

Das ist besonders

Gar nicht so abgehoben – mit der Tandempilotin Gabi Kittelberger kann man mit dem Gleitschirm ins Tal schweben.

Kulinariktipp

Die Allgäuer Kässpatzen mit »diversen Bioheu-milch-Bergkäsesorten« bereitet Manuel nach einem Rezept seiner Oma zu. Dazu gibt es »1543 Hefe-Weisse« vom Flötzinger.

Tegernseer Hütte ↗1.650 m

Bayerisches Bergnest

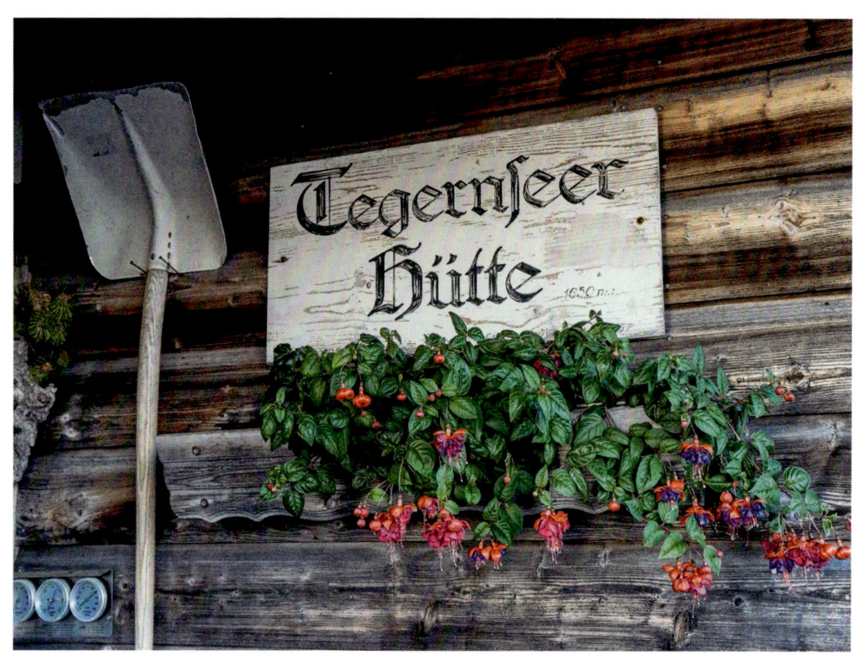

Für einen Bayern, der an akuter Bergsehnsucht leidet, ist sie eines der zugänglichsten und schönsten Gegenmittel. Unweit von München gelegen, lässt die Tegernseer Hütte kein Herz unberührt.

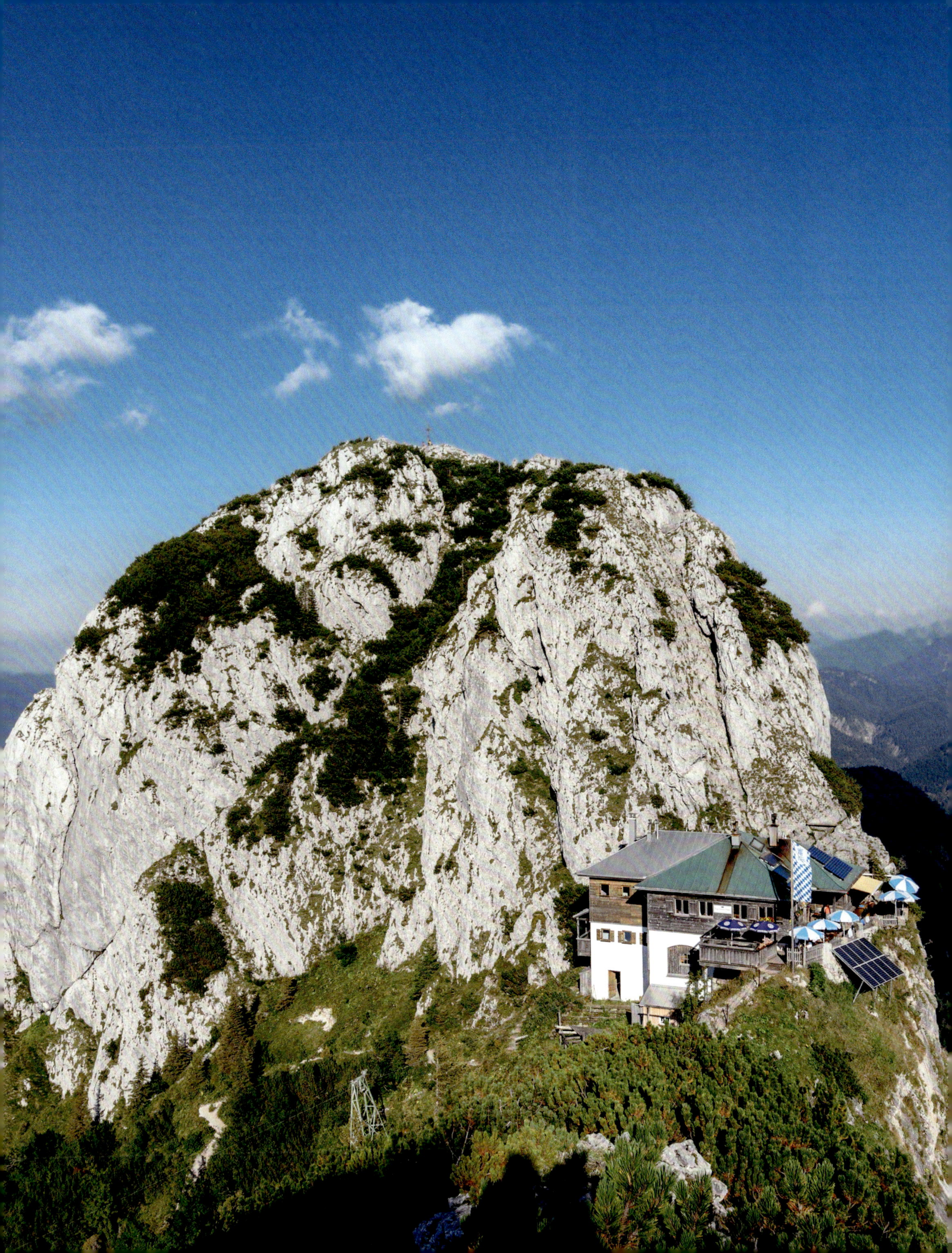

Lage
Bayerische Voralpen

Hüttenwirte
Sylvia und Michl Ludwig

Geöffnet
täglich vom zweiten Samstag im Mai bis zum ersten Sonntag im November

Touren & Zustiege
→ Seite 246

»Die ist so schön, die krieg ich bestimmt nicht.« Zweimal hat sich Michl Ludwig das gedacht, und zweimal hat es sich als falsch erwiesen. Gott sei Dank. Seit 1994 führt er gemeinsam mit seiner Frau Sylvia das wahrscheinlich eindrucksvollste Bergnest Bayerns, die Tegernseer Hütte an der Flanke des Buchsteins. Schon als er als Bub in den Bergen unterwegs war, hatte er den Traum, einmal Hüttenwirt zu werden. Doch zunächst arbeitete er nach der Schule in Tirol, nur um die Wartezeit auf einen Studienplatz zu überbrücken – warten musste aber dann das Studium. Und plötzlich wurde ein neuer Pächter für die Tegernseer Hütte gesucht. Und was dachte sich Michl? »Die ist so schön, die krieg ich bestimmt nicht.« 36 Bewerber lagen damals im Rennen. Er war zäh und hatte Erfahrung mit dem Alltag in Hütten ohne Wasserquelle und Strom. Am Ende setzte er sich durch.

Wie ein Felsenkloster schwebt die Tegernseer Hütte auf 1.650 Metern, flankiert von Roß- und Buchstein. Nur eine Autostunde von München entfernt, lässt sich hier in den Bayerischen Voralpen eindrücklich Bergluft schnuppern. Nah beieinander stehen Roß- und Buchstein, nur die Hütte passt dazwischen. Von ihr sind es zehn Minuten bis zum Gipfel des Roßsteins und eine knackig-kurze Kraxelei hinauf auf den Buchstein. Doch schon auf der Terrasse stellt sich das Gefühl ein, ganz oben zu sein.

Hinter der Tegernseer Hütte blickt man hinab auf die Buchsteinhütte. Und vor ihr haben sich die Alpengipfel zum Familienfoto aufgestellt. »Dort hinten ist der Großglockner«, erklärt Michl und lässt seinen Finger weiterwandern über die Nördlichen Kalkalpen und den Zentralkamm der Hohen Tauern. Zillertaler Alpen, Achensee, das Karwendel – »und das dort, das ist die Zugspitze«. Hierfür nisten sich die Gäste für eine Nacht auf dem Kamm ein – für den Geruch der warmen Latschen, das ferne Bimmeln von Kuhglocken und einen der spektakulärsten Sonnenuntergänge über den Ostalpen.

Das ist besonders

Der gemütlichere Aufstieg über die Buchsteinhütte ist auch der kühlere – der Schwarzenbach fungiert als natürliche Klimaanlage – und deshalb speziell für die heißen Tage zu empfehlen. Für eine Rundtour kann man dann zum Parkplatz Bayerwald absteigen und den kostenlosen Bergsteigerbus 9550 zurück zum Parkplatz Klamm / Winterstube nehmen.

Schon 1903 wurde hier am Sattel die erste Hütte gebaut, auf einer Fläche von gerade einmal zwölf Quadratmetern. Die Materialseilbahn von der Buchsteinhütte, die Michl und Sylvia heute für Transporte nützen, gab es damals noch nicht. Das ganze Baumaterial musste nach oben geschleppt werden. Es hätte leichter zugängliche Orte für ein Schutzhaus der Alpenvereinssektion gegeben, aber wahrscheinlich keinen schöneren. Dafür nahmen die Mitglieder auch große Mühen in Kauf: Hans Kiening, ein 18-jähriger Tischlerlehrling, trug damals allein eine rund 115 Kilo schwere Holztür vom Tal zur Hütte hinauf. Er brauchte dafür drei Stunden.

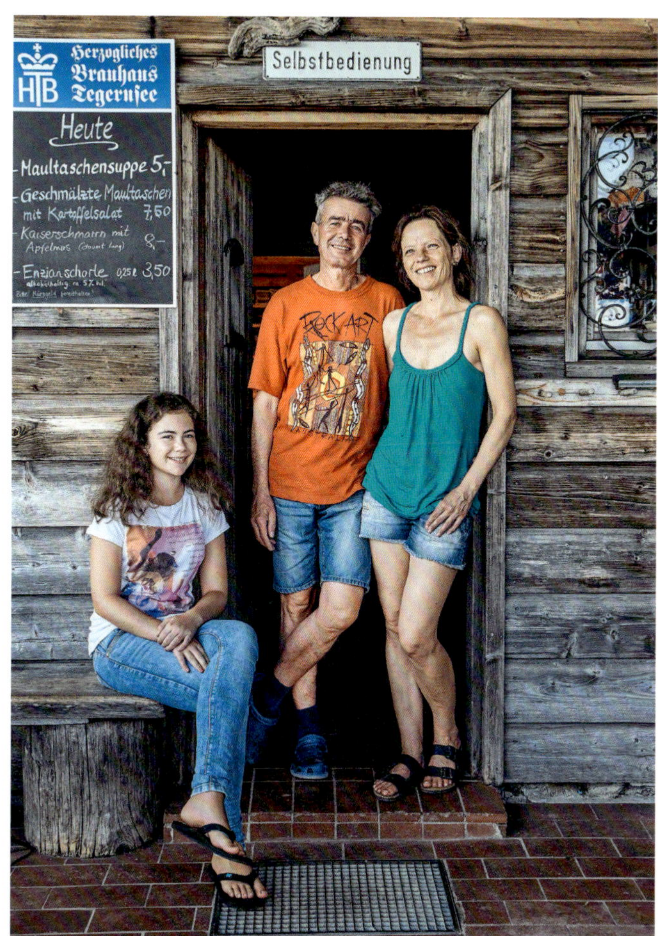
HTB
Herzogliches Brauhaus Tegernsee
Selbstbedienung
Heute
-Maultaschensuppe 5,-
-Geschmälzte Maultaschen mit Kartoffelsalat 7,50
-Kaiserschmarrn mit Apfelmus 8,-
-Enzianschorle 0,25l 3,50

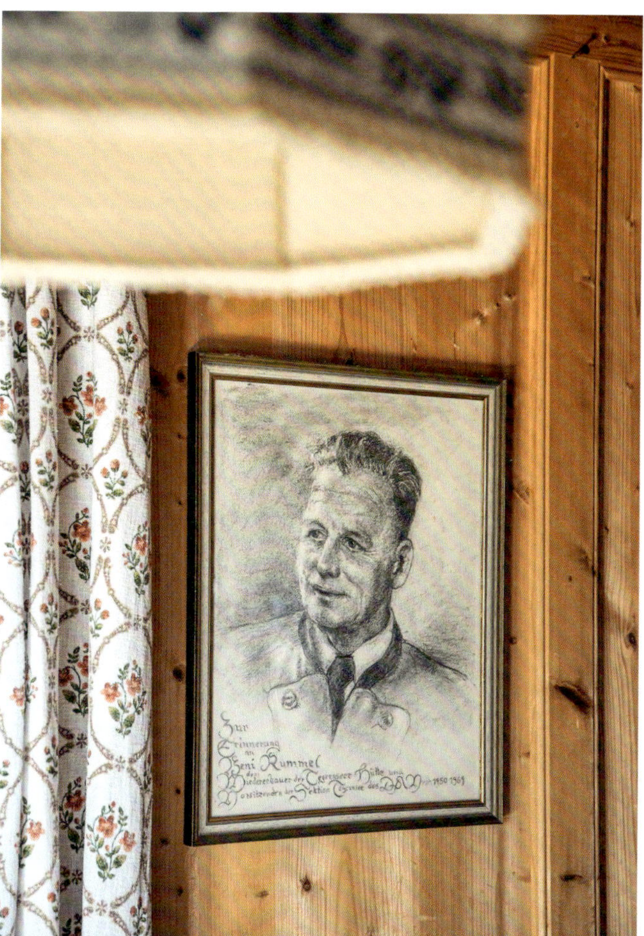

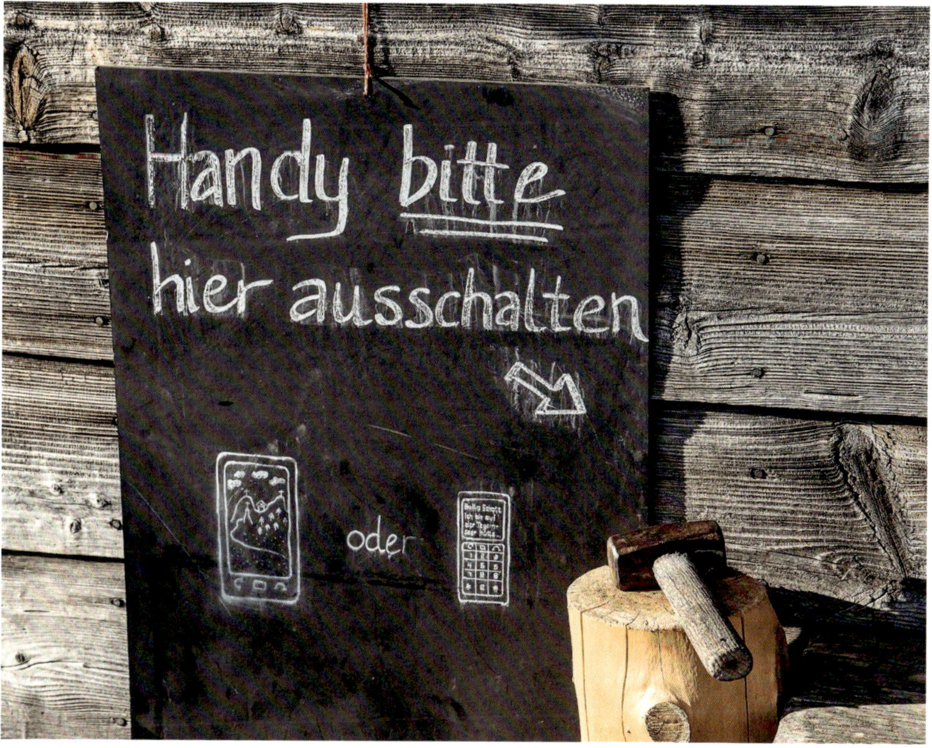
Handy bitte
hier ausschalten
oder

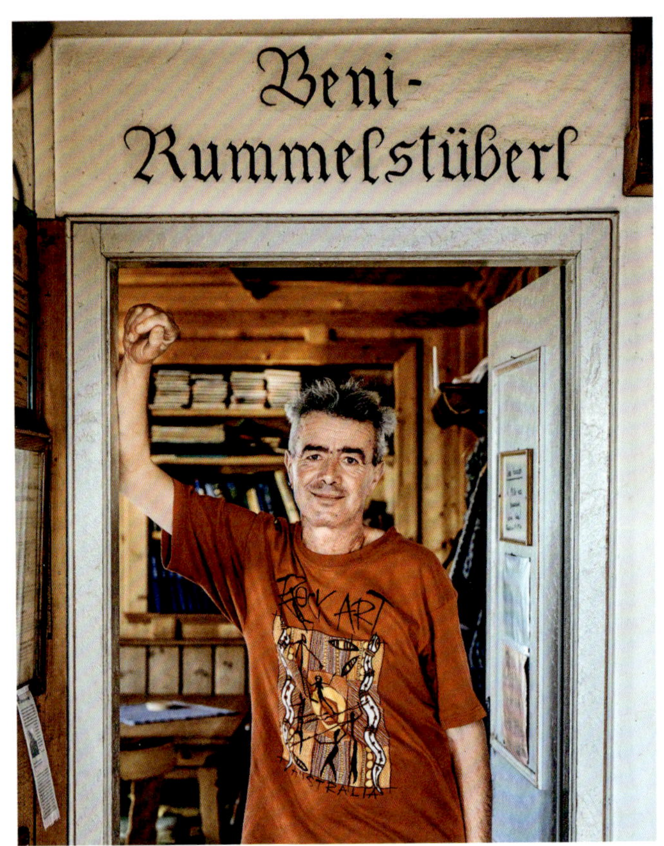

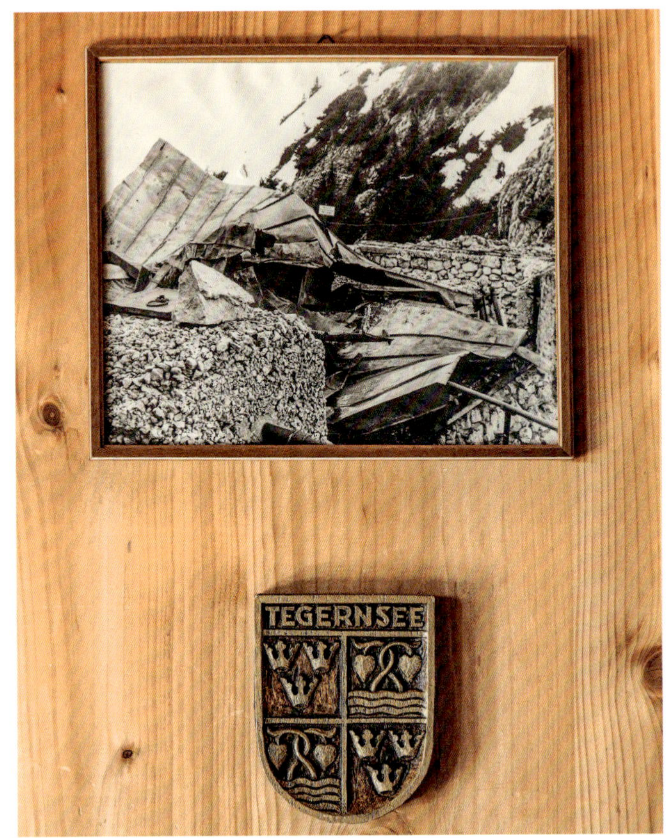

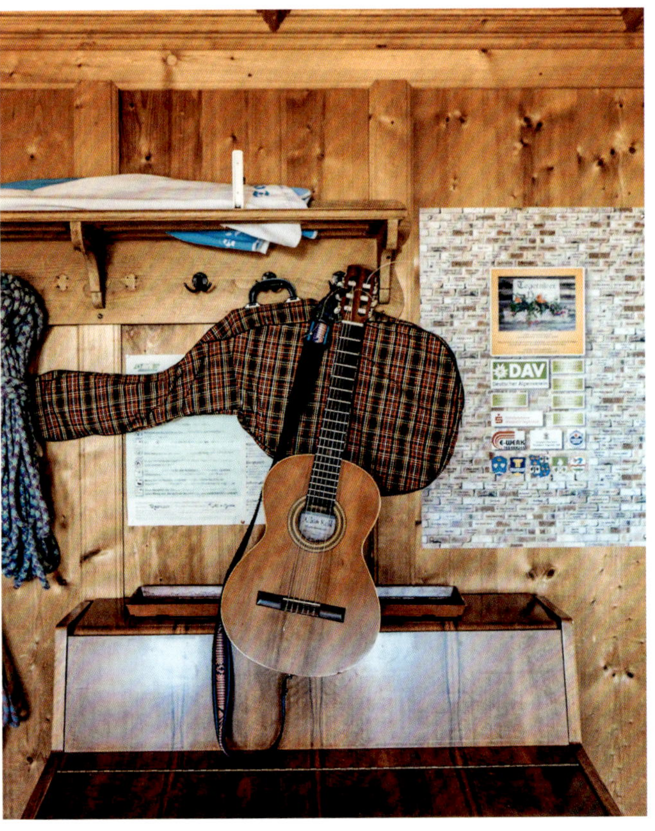

Kulinariktipp

Das schwäbische Nationalgericht in den bayerischen Bergen: Maultaschen mit grünem Salat.

Die Zeiten haben sich geändert, aber auch heute hat jeder, der oben ankommt, das angenehme Gefühl, etwas geschafft zu haben. Und dafür wird man üppig belohnt. Das Bier ist gut gekühlt und deshalb an heißen Tagen doppelt erfrischend. Die Gläser sind großzügig eingeschenkt, die Gugelhupfscheiben dick, die Portion Maultaschen mit Kartoffelsalat größer als der Hunger. Andi Autenrieth, ein Schwabe, der schon lange nicht mehr heroben arbeitet, brachte das für eine Hütte ungewöhnliche Rezept mit, nach dem bis heute gekocht wird. »Wir kochen so, wie es uns selber schmeckt«, sagt Michl – und sie haben einen guten Geschmack, das kann man wohl sagen.

Apropos guter Geschmack: Fünf Jahre nachdem Michl die Tegernseer Hütte übernommen hatte, kam Sylvia, eine Apothekerin aus Baden-Baden, zum ersten Mal als Gast vorbei. »Die ist so schön, die krieg ich bestimmt nicht«, dachte sich Michl auch dieses Mal. Und erneut lag er falsch. Zur Hochzeit schenkten Freunde ihnen eine Kletterroute vor der Hüttentür. Seitdem ist die Tegernseer Hütte ein Familienbetrieb. 2002 kam Tochter Vroni zur Welt, und sie kennt das Fleckchen zwischen Roß- und Buchstein wie kein anderer. Mit nur vier Wochen wurde sie das erste Mal heraufgetragen. Die ersten Jahre lebte die Familie den ganzen Sommer auf 1.650 Metern. Seit Vroni in der Schule ist, wohnen Mutter und Tochter allerdings unter der Woche im Tal. Wochenenden und Sommerferien verbringen sie jedoch weiterhin bei Michl auf der Tegernseer Hütte.

Das ist auch die Zeit, wo helfende Hände am meisten gebraucht werden. Noch bevor die Gäste, die oben übernachtet haben, mit dem Frühstück fertig sind, steigen oft bereits die ersten Tagesgäste den Weg hinauf. Bis heute gibt es in der Tegernseer Hütte nur gefiltertes Regenwasser. Den Strom erzeugt eine Solaranlage. Man wäscht sich mit kaltem Wasser und duscht sich erst wieder im Tal. Übernachten kann man in einem der beiden gemütlichen Lager, Zweibettzimmer gibt es keine. Und wer nach WLAN fragt, wird mit einem mitleidigen Lächeln bedacht. Die bayerische Gemütlichkeit prägt die ganze Saison über den Alltag auf der Tegernseer Hütte. Für eine Berghütte beginnt der Tag spät. Frühstück gibt es erst ab halb acht. Niemand hier hat es eilig. Kein anstrengender Gipfelaufstieg steht bevor, kein firniger Gletscher zwingt zum zeitigen Abmarsch. Für die meisten geht es am Vormittag wieder nach Hause. Es ist nur ein Kurzbesuch in den Bergen. Für manche ist es eine erste Einführung ins Staunen über ein Gipfelmeer und einen Gebirgshimmel. Für andere ist es eine flotte Rückversicherung zwischendurch, dass es jenseits vom Stress der Stadt immer noch die Ruhe der Berge gibt. Fast alle werden wiederkommen.

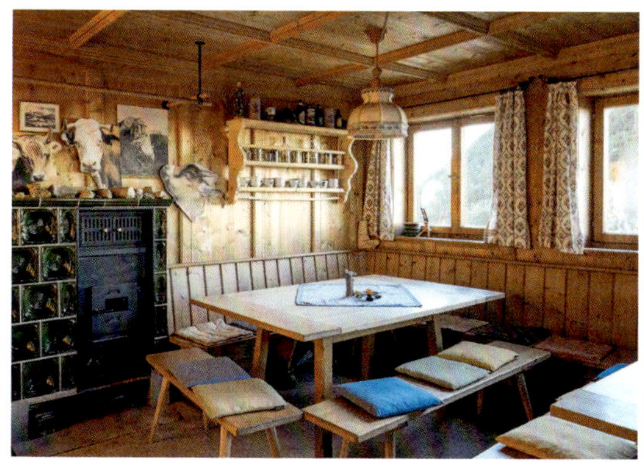

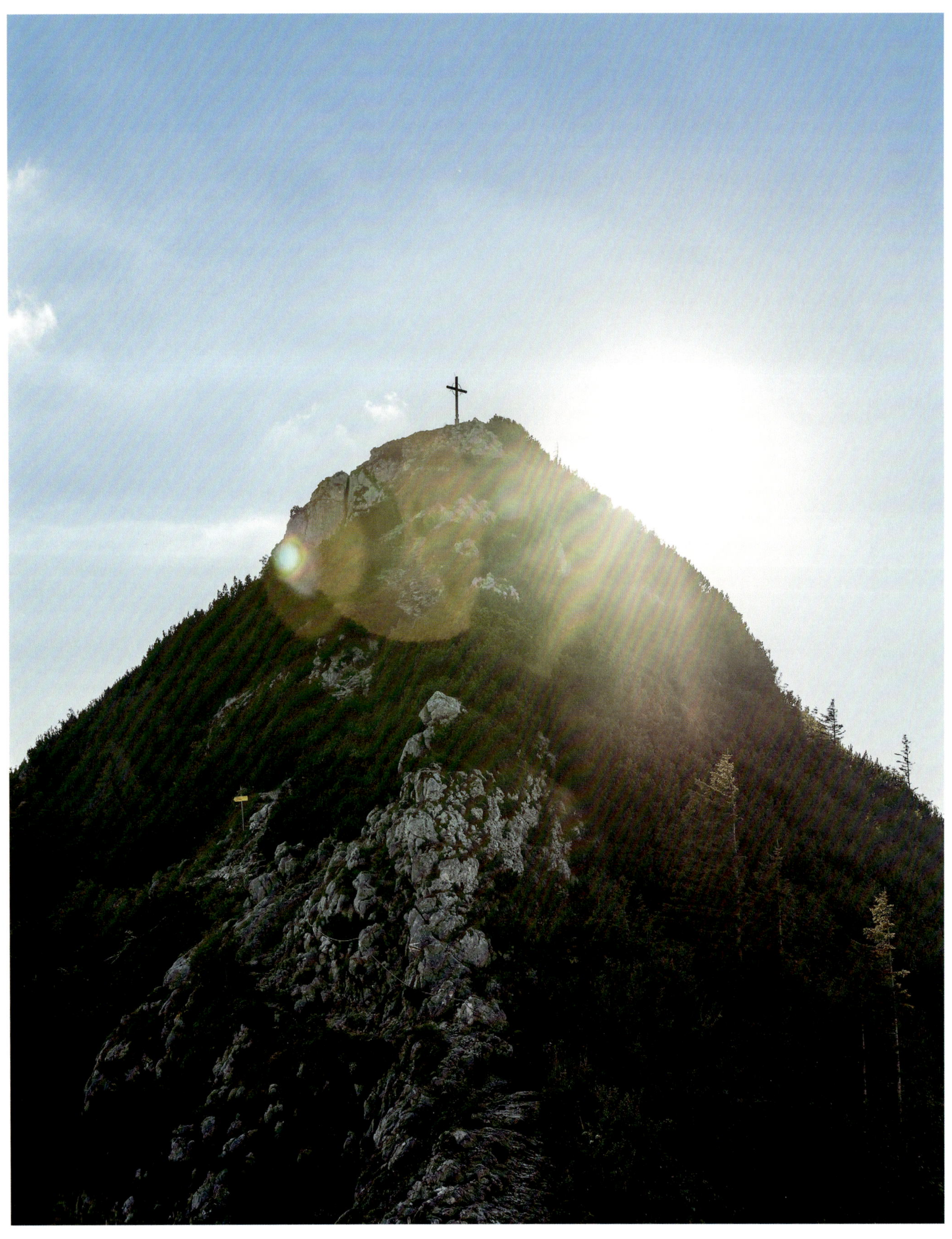

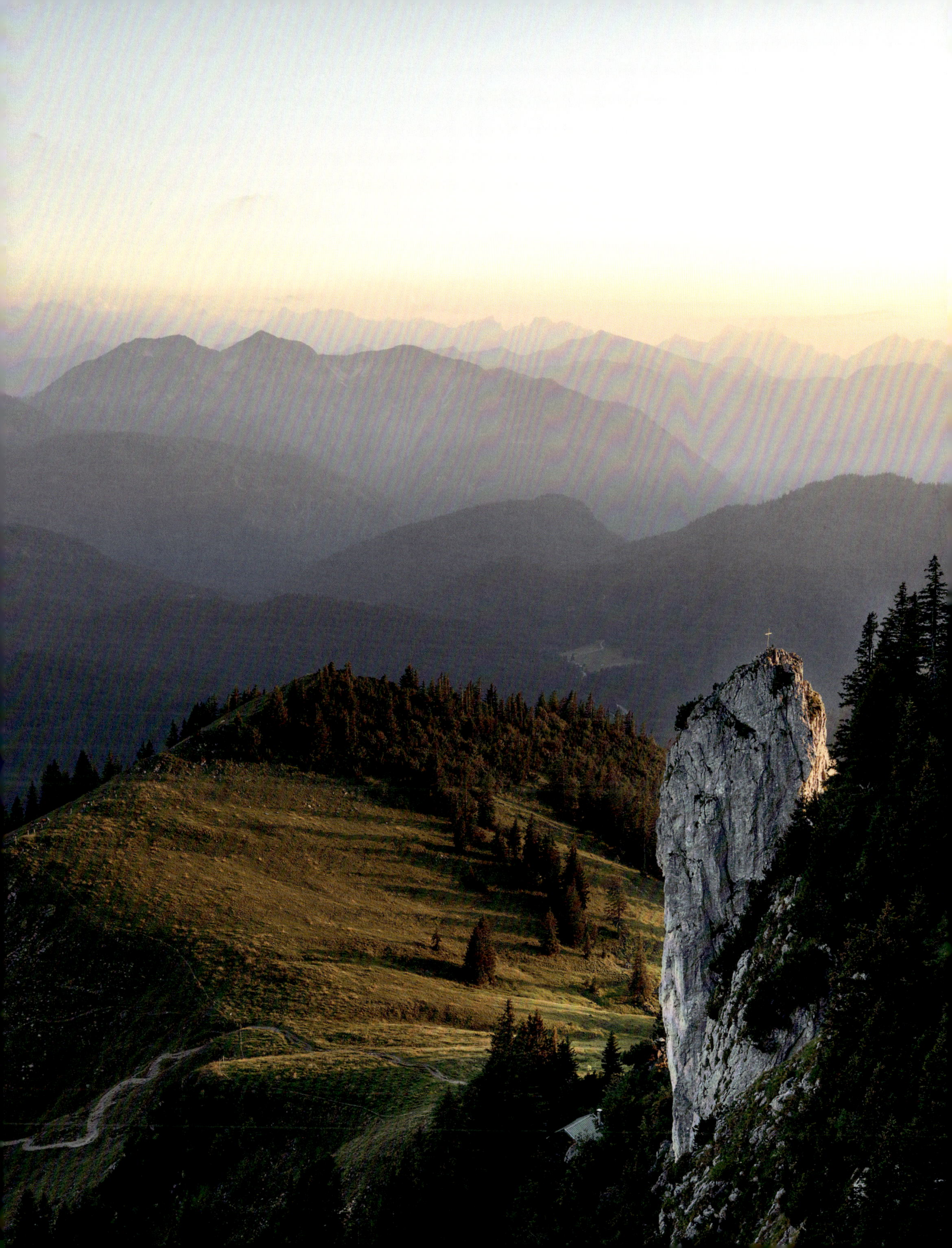

Das ist besonders

Hüttenwirt Thomas empfiehlt den Aufstieg zur Zugspitze im frühen Sommer, wenn zum einen weniger los ist und zum anderen sich die Querung des Höllentalferners und der Randkluft durch die Schneeauflage leichter gestaltet – eine alpine Herausforderung ist der Aufstieg allemal.

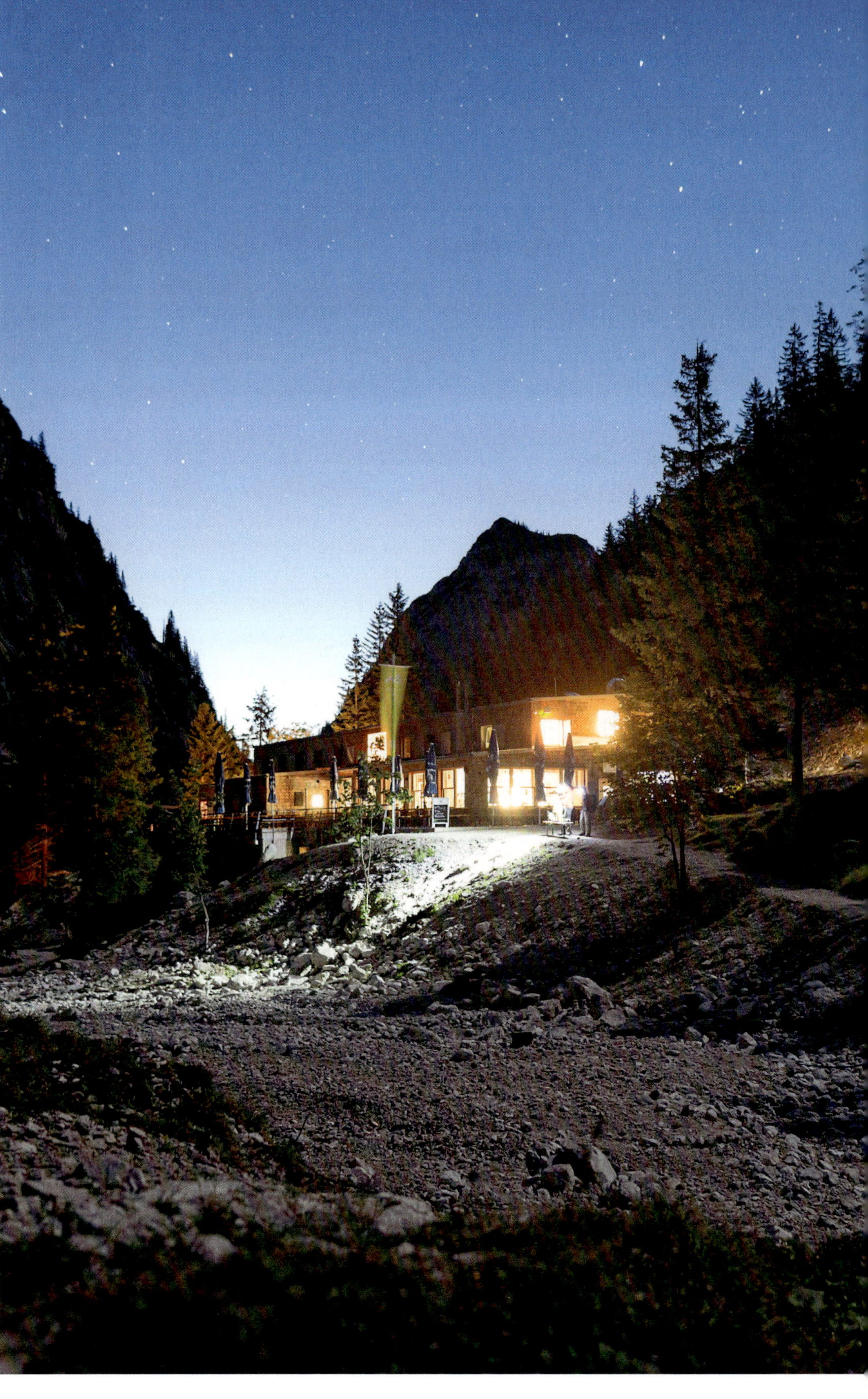

Kulinariktipp

Jegliche Knödelvariationen und der Blaubeerschmarren.

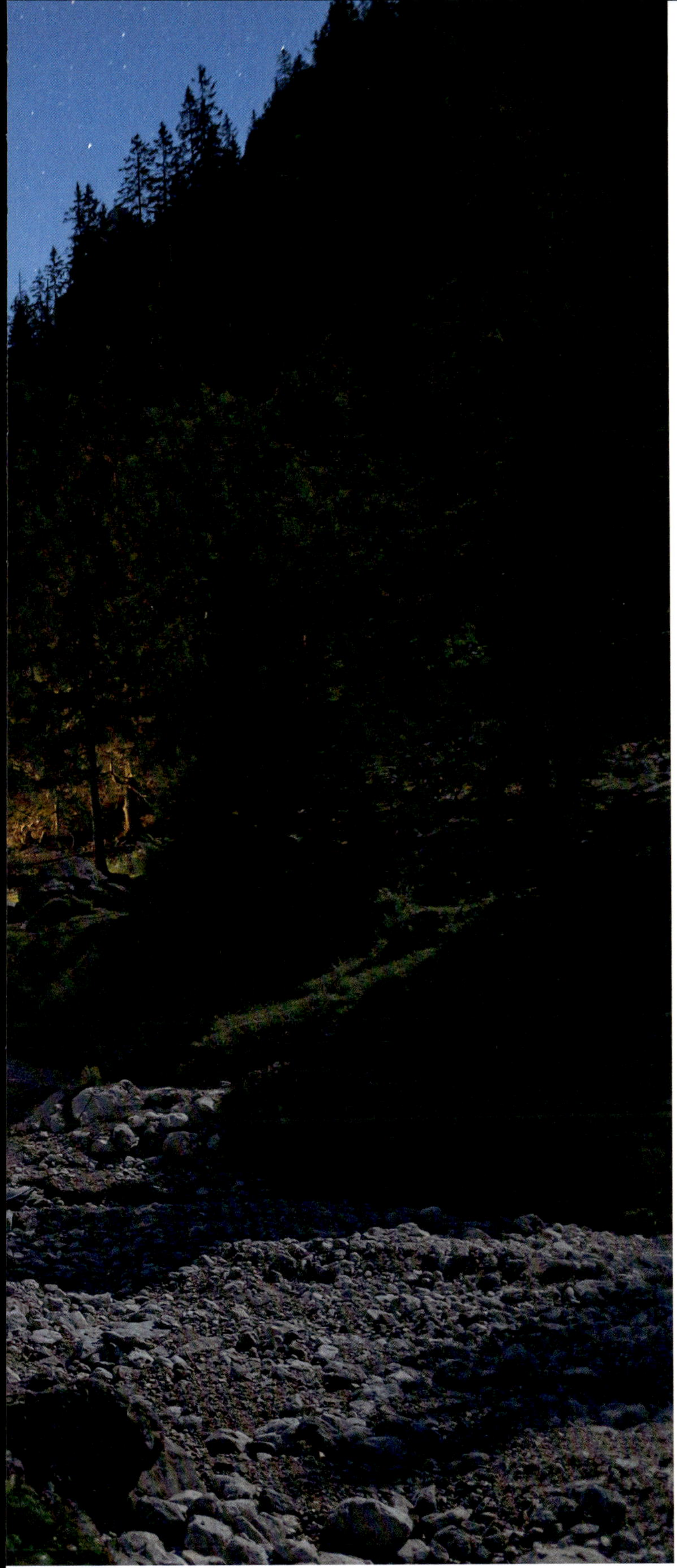

Höllentalangerhütte ↗ 1.387 m

Die »Urhölle« findet man nicht mehr am klassischen Aufstieg zum höchsten Berg Deutschlands, der Zugspitze, sondern mitten in München im Garten des Alpinen Museums auf der Praterinsel. Die ursprüngliche Höllentalangerhütte aus dem Jahr 1893 musste nämlich im Jahr 2013 abgerissen werden – das, was man von ihr bewahren konnte, wurde in der bayerischen Landeshauptstadt wiederaufgebaut. Im Höllental duckt sich dafür seit 2015 ein flacher, geschindelter Bau eng an den Berg. Zunächst kritisch beäugt von den Traditionalisten, freut sich heute laut Wirt Thomas Auer doch jeder über die Neuinterpretation, »weil sie so hineinpasst in diese alpine Örtlichkeit, weil sie so schlicht und so gemütlich ist«. In seinem »Schmuckkasterl« begrüßt er dann auch »zu 99,9 Prozent nette Menschen, die die Unkompliziertheit und Einfachheit genießen«. Die einen – Alpinisten, die die Zugspitze über die anspruchsvolle Höllentalroute angehen – haben noch Großes vor. Die anderen – viele Familien mit Kindern – haben das große Spektakel, die Klammdurchquerung, bereits hinter sich. Die Hölle genießen sie alle.

Lage
Wettersteingebirge

Hüttenwirte
Silvia und Thomas Auer

Geöffnet
Mitte Mai bis Oktober

Touren & Zustiege
→ Seite 247

Weilheimer Hütte ↗ 1.946 m

Die Naheliegende

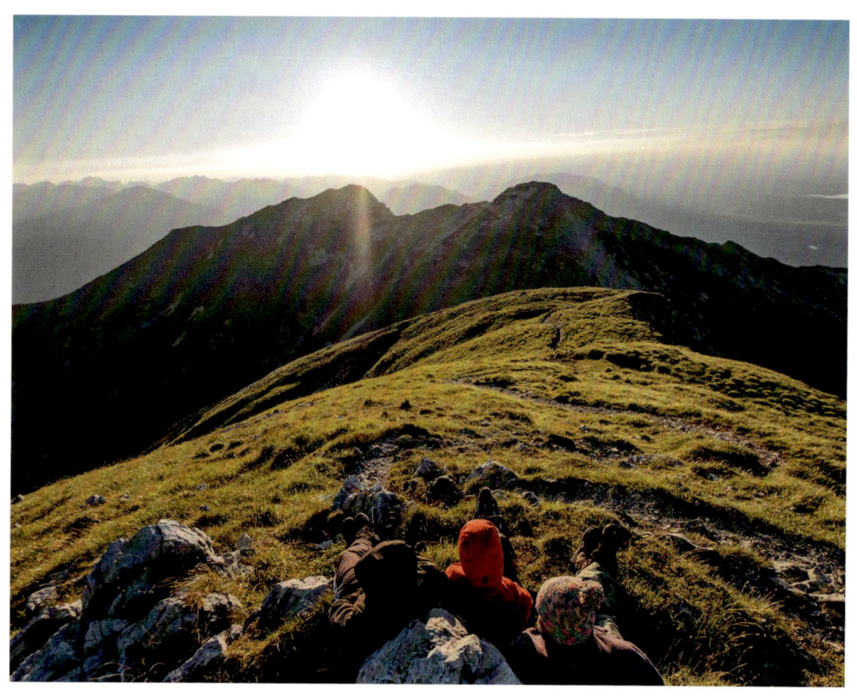

Das Wasser ist eiskalt, die Atmosphäre wohlig warm. Statt WLAN gibt es guten Wein und erholsamen Schlaf dazu. Doch obwohl die kleine Hütte mitten in den bayerischen Bergen liegt, wird sie gerne übersehen.

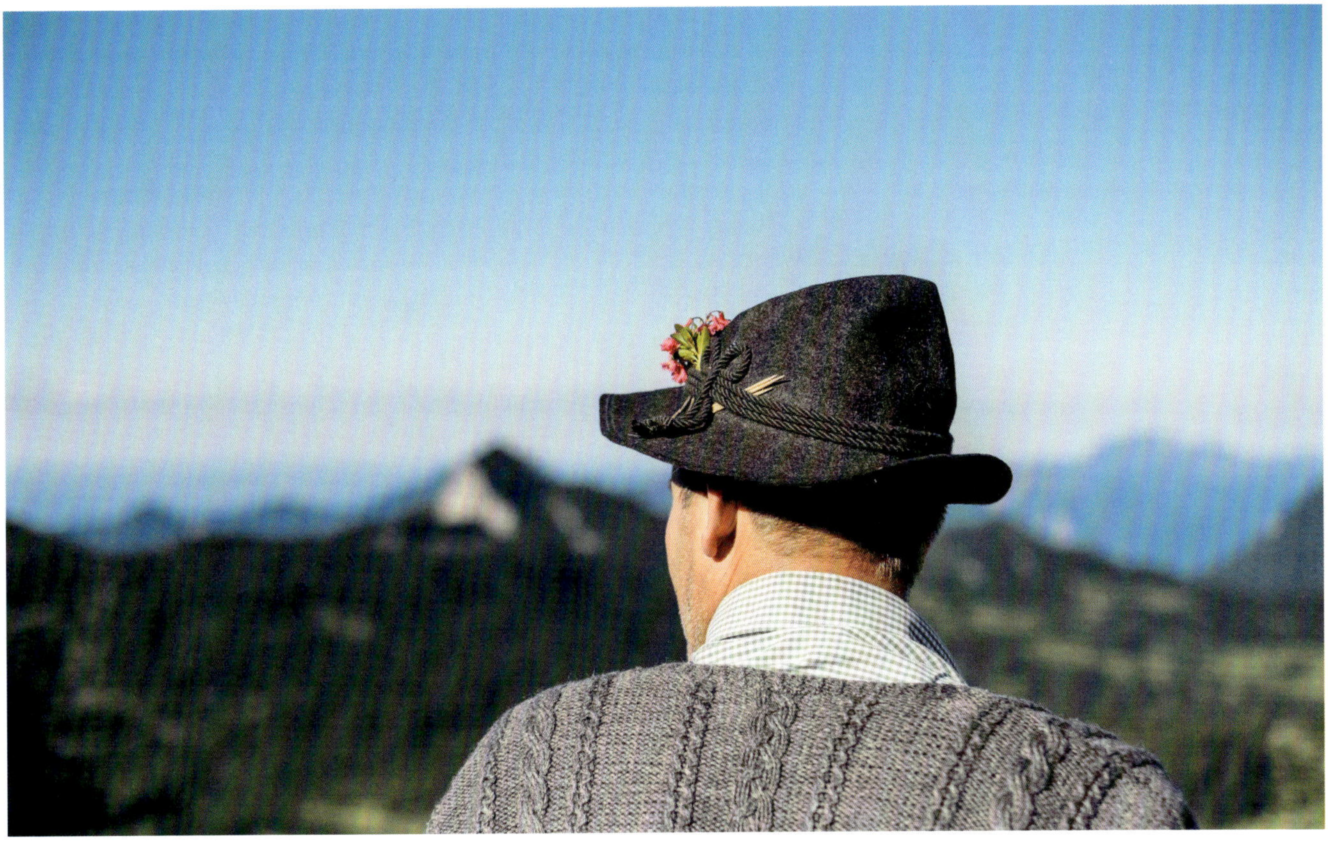

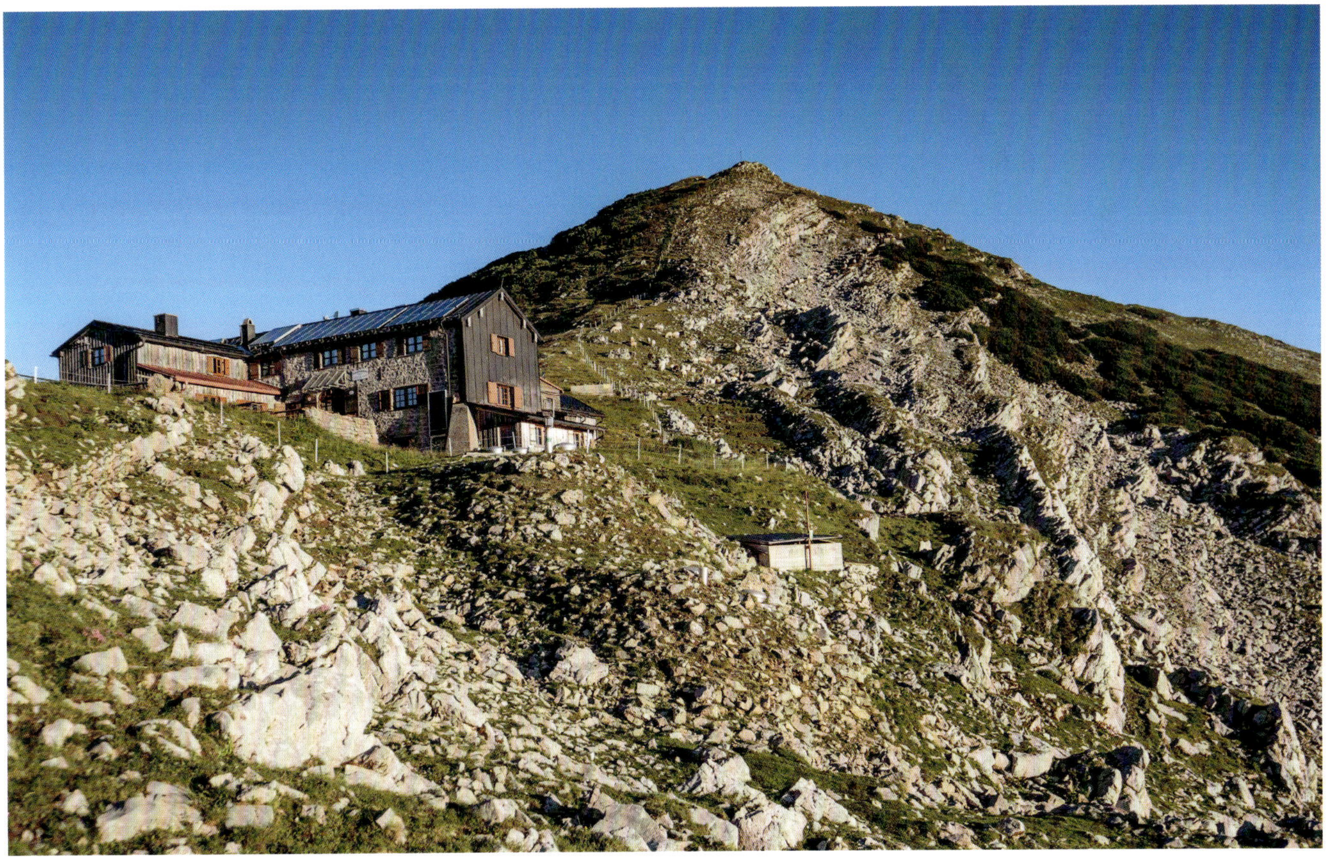

Lage
Estergebirge

Hüttenwirt
Christian Weiermann

Geöffnet
Mitte Mai
bis Mitte Oktober

Touren & Zustiege
→ Seite 247

Ein bunter Reigen nassgeschwitzter Hemden hängt über dem Zaun und bauscht sich zur Begrüßung wie auf Kommando einmal kurz im Wind auf. Um die Ecke sitzen die Wirtsleute zufrieden strahlend auf der kleinen Terrasse ihrer Weilheimer Hütte. Die Aussicht ist grandios: die mächtigen Felsen von Zugspitzmassiv und Karwendel im Rücken, vor Augen lieblich und weich das Estergebirge und das oberbayerische Seenland. Weitere hervorragende Aussichten verspricht zudem die Schiefertafel an der Steinmauer: »Wacholderrahmgeschnetzeltes vom Junghirsch aus dem Finzbachtal mit Semmelknödel und pikantem hausgemachten Blaukraut«.

Klein, ruhig, mit sensationeller Sattellage gesegnet – die Weilheimer Hütte ist definitiv eines der schönsten Ziele in Bayern und für Münchner sehr naheliegend. Das Estergebirge erhebt sich nördlich von Garmisch-Partenkirchen und dem Wetterstein zwischen Loisach- und Isartal. Dennoch wird das Gebiet von Bergfexen oftmals buchstäblich übergangen. Einen möglichen Grund liefert Christian Weiermann, seit 1999 Wirt der Weilheimer Hütte. »Mit den Gipfelnamen kann man auf Social-Media-Kanälen nicht beeindrucken«, lautet seine Erklärung. »Die Zugspitze, das ist ein Name, aber wer kennt schon den Krottenkopf?« – obwohl der mit seinen 2.086 Metern der höchste Berg der Bayerischen Voralpen ist.

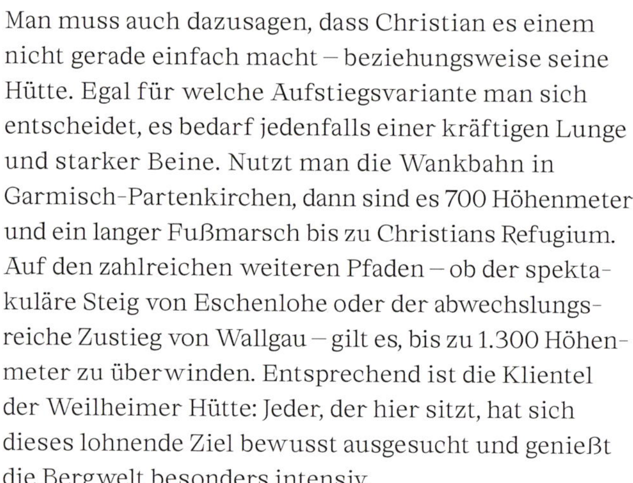

Man muss auch dazusagen, dass Christian es einem nicht gerade einfach macht – beziehungsweise seine Hütte. Egal für welche Aufstiegsvariante man sich entscheidet, es bedarf jedenfalls einer kräftigen Lunge und starker Beine. Nutzt man die Wankbahn in Garmisch-Partenkirchen, dann sind es 700 Höhenmeter und ein langer Fußmarsch bis zu Christians Refugium. Auf den zahlreichen weiteren Pfaden – ob der spektakuläre Steig von Eschenlohe oder der abwechslungsreiche Zustieg von Wallgau – gilt es, bis zu 1.300 Höhenmeter zu überwinden. Entsprechend ist die Klientel der Weilheimer Hütte: Jeder, der hier sitzt, hat sich dieses lohnende Ziel bewusst ausgesucht und genießt die Bergwelt besonders intensiv.

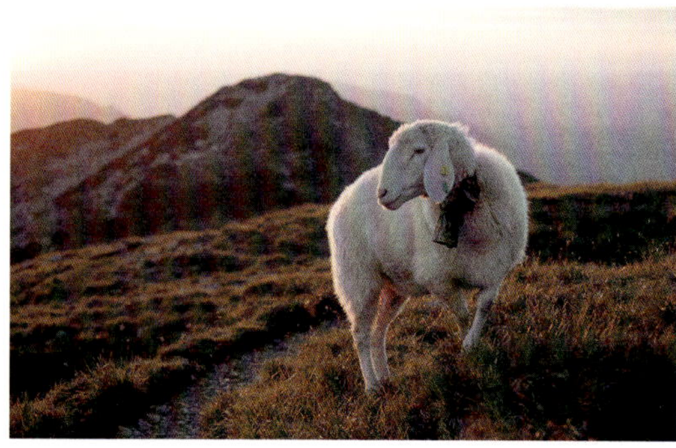

Großen Anteil an der Besonderheit der Hütte hat ihre Lage in der Kammkuhle zwischen Krottenkopf und Oberem Risskopf. Eröffnet wurde sie am 8. Juli 1883 – allerdings an anderer Stelle, direkt unterhalb des Krottenkopf-Gipfels. Doch schon im ersten Winter (an Weihnachten!) wurde der ursprüngliche Bau von einer Lawine zerstört. Die Alpenvereinssektion Weilheim-Murnau ließ sich nicht unterkriegen und errichtete in geschützter Position auf dem Sattel eine neue Hütte. Und dort steht sie heute noch, hat die eine oder andere Entwicklung mitgemacht, ist aber stets beschaulich geblieben.

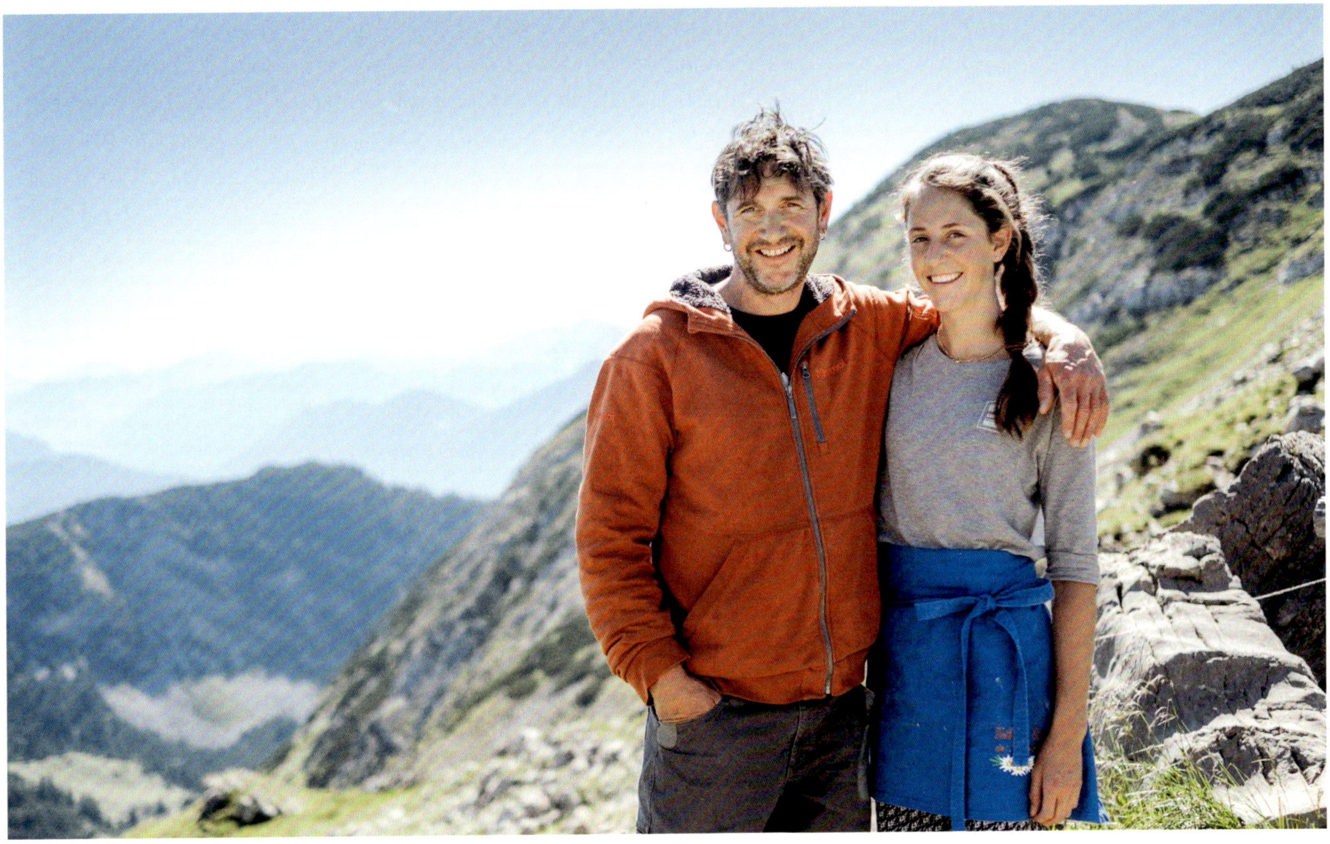

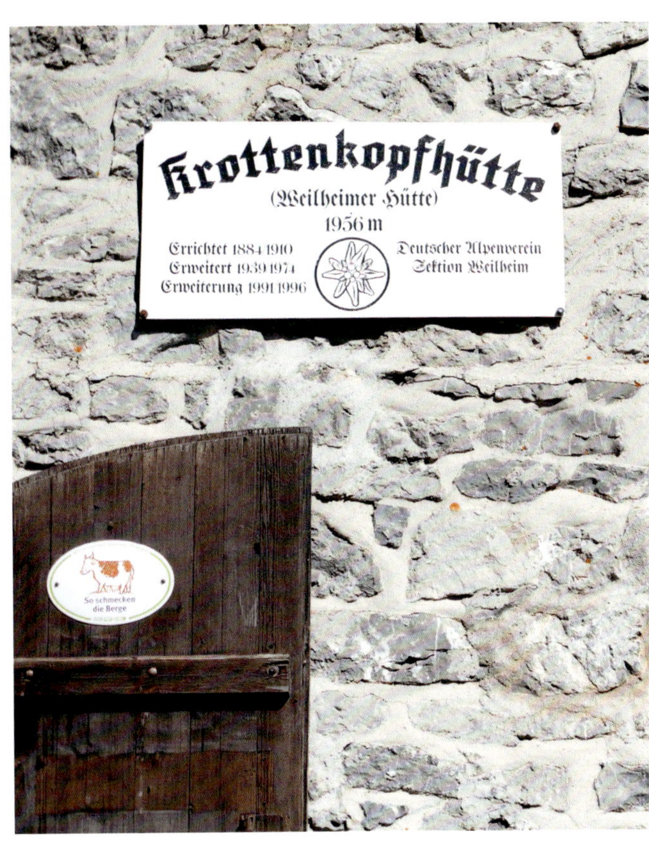

Das ist besonders

Wer fotografische Ambitionen hat, kann sich manchen Tipp bei Hüttenwirt Christian Weiermann holen – er ist ein gefragter Berg- und Sportfotograf.

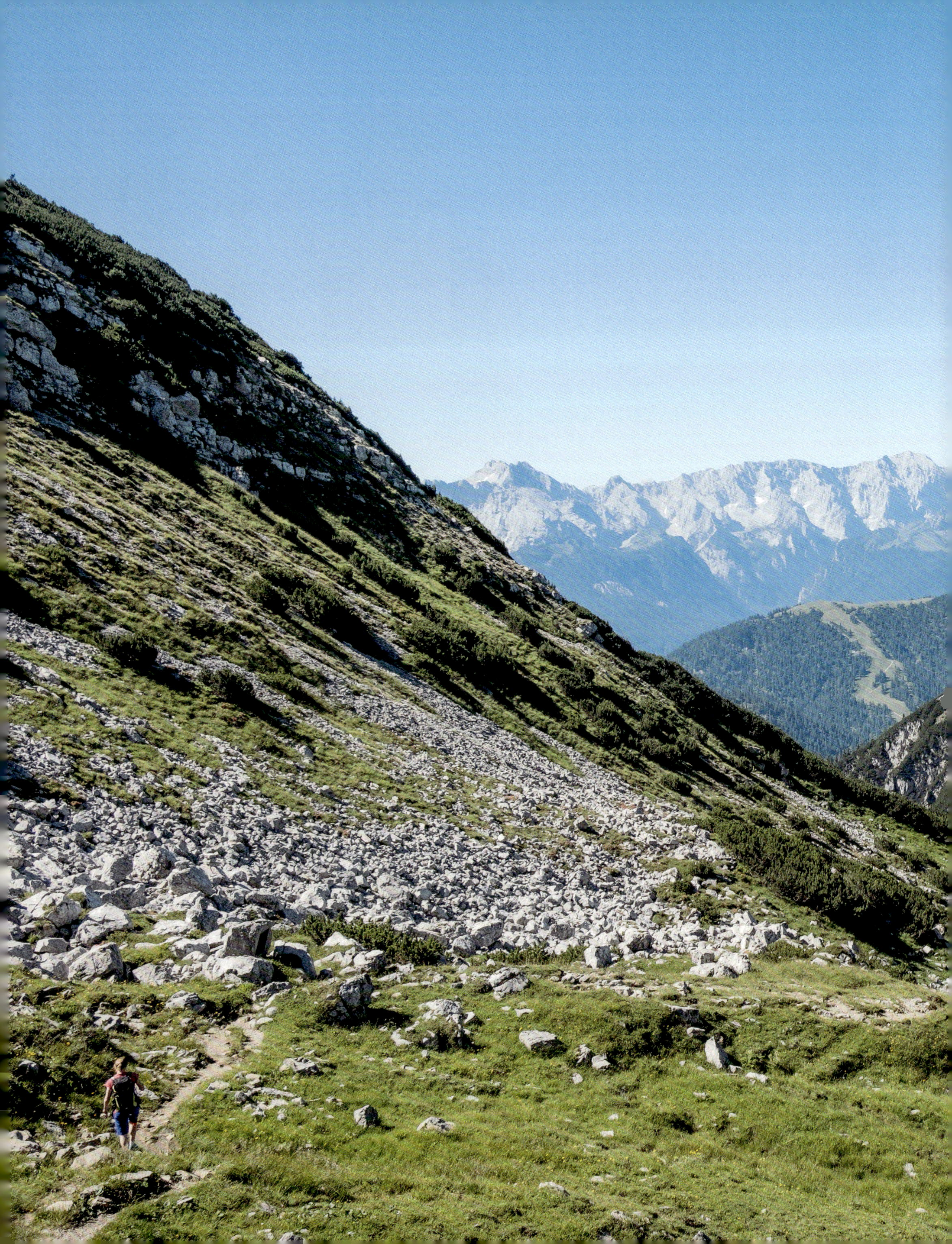

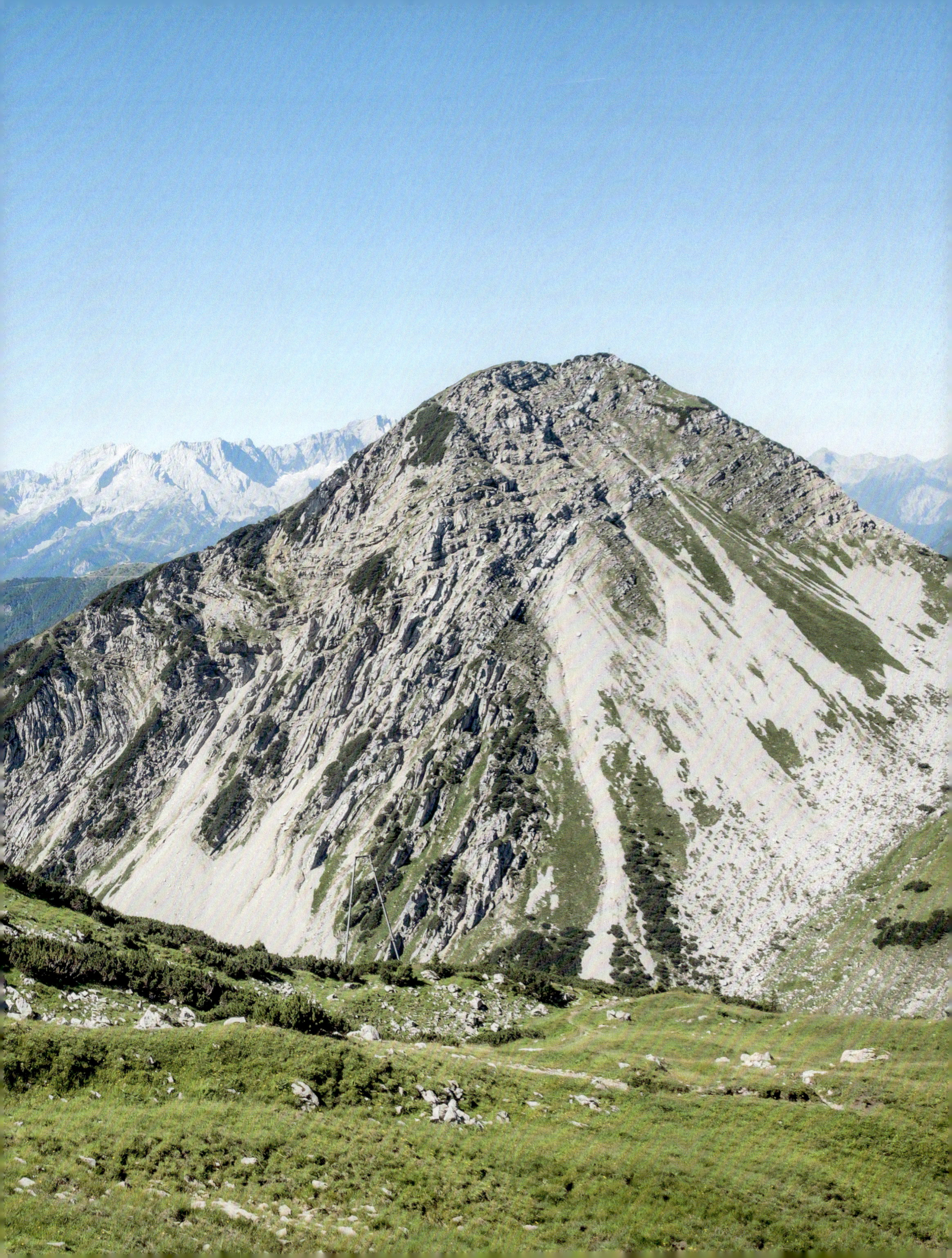

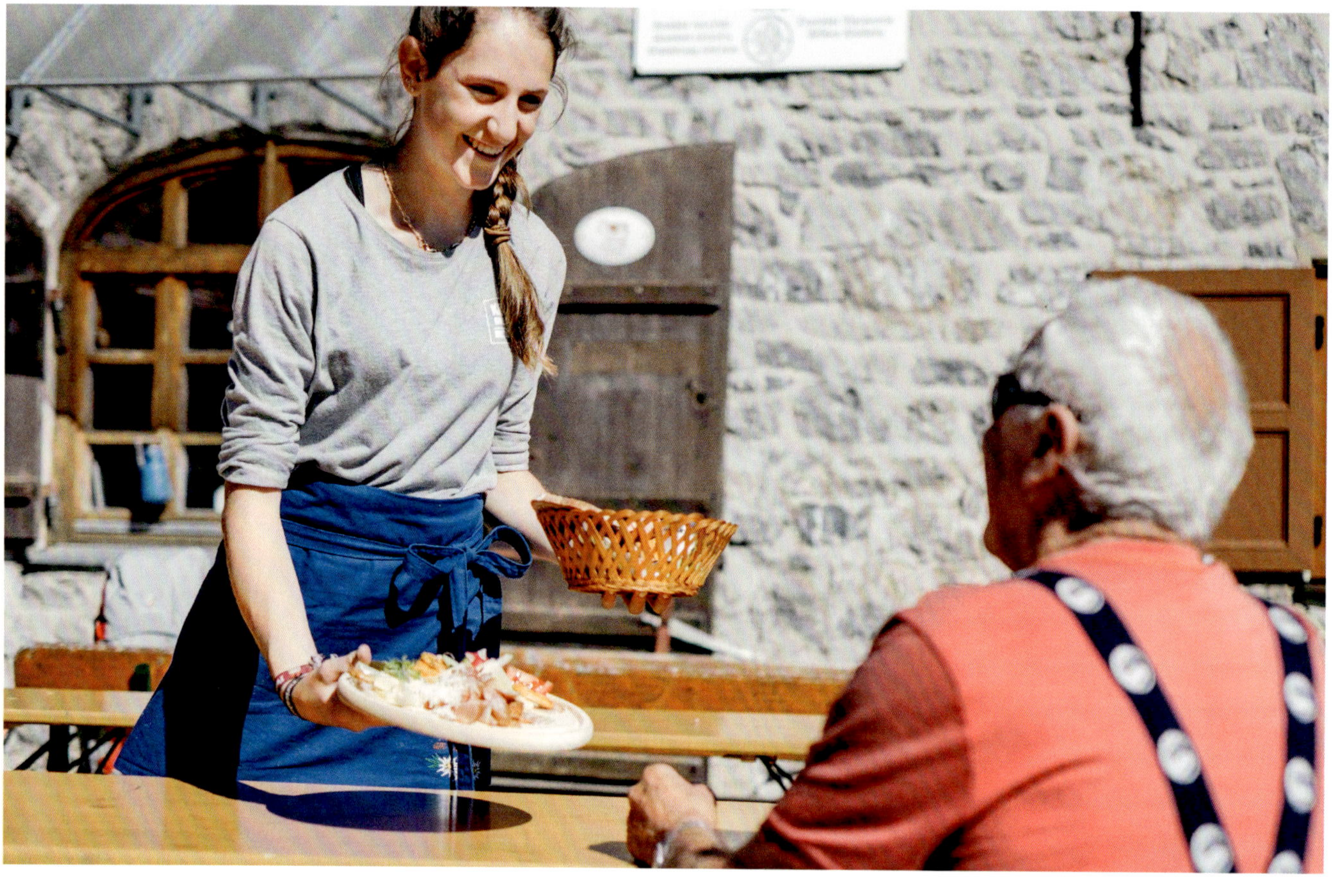

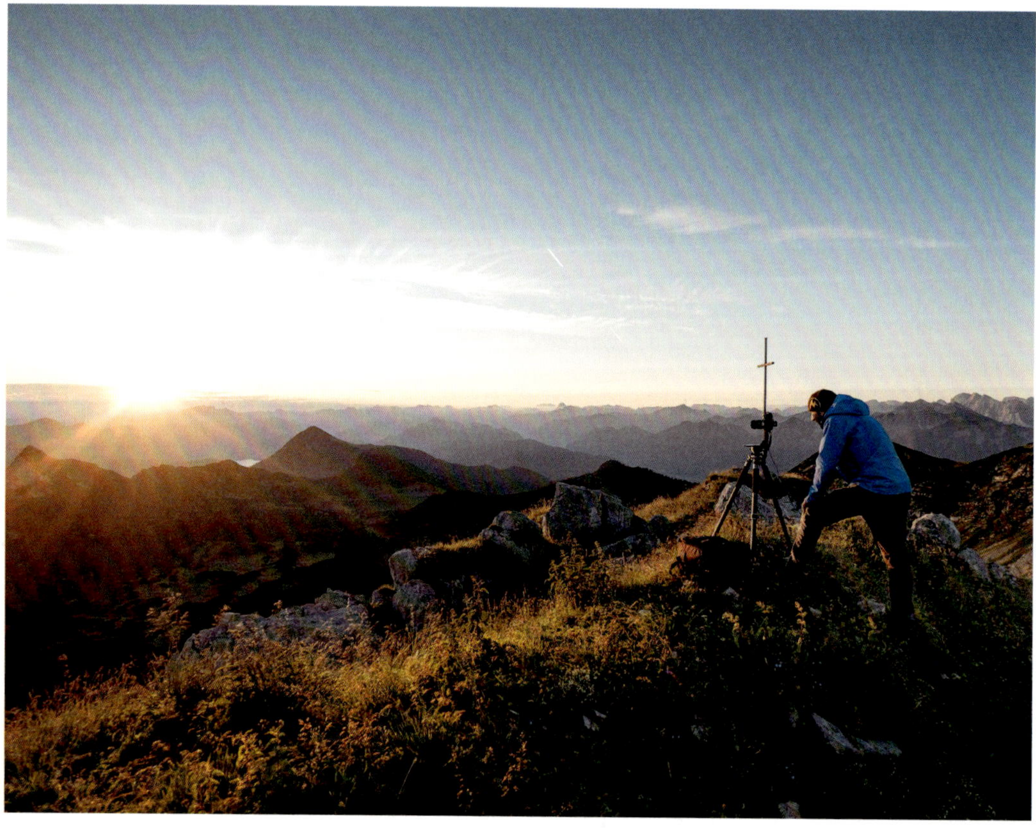

Heute nächtigt man nicht mehr auf Seegras auf dem Dachboden wie noch anno 1883. Christian hat in seiner Zeit nicht auf Vergrößerung gesetzt. Ganz im Gegenteil: »Ich habe die Betten von 65 auf 50 reduziert. So ist es angenehmer für die Gäste und für mich.« Sogar winzige Einzelzimmer gibt es, in die sich, erzählt der Wirt, immer wieder Stammgäste für ein paar kontemplative Tage einmieten. Auf großen Komfort, WLAN und Duschen muss man verzichten. »Eine Wellness-Hütte ist es nicht«, lacht er, »aber wir haben einen guten Wein, und guten Schlaf gibt's auch.«

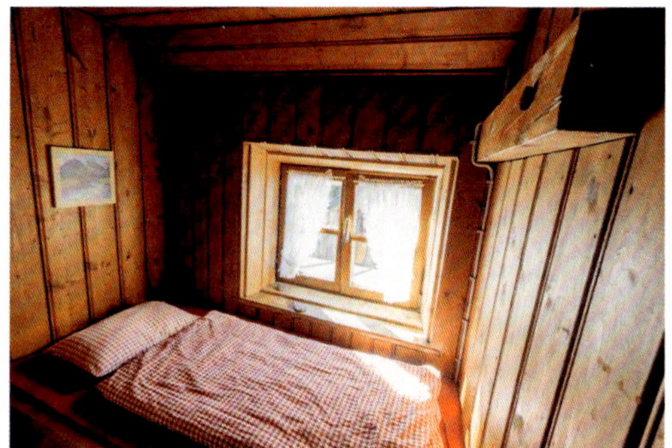

Christian stammt aus Krün auf der Karwendelseite. Die ersten Jahre war die gesamte Familie über die Sommermonate hier oben. Dann kamen die Töchter nur noch in den Schulferien, und heute helfen sie aus – »sooft es geht«, sagt Johanna, die Zweitälteste. Ihr Vater ist nicht nur ein leidenschaftlicher Alpinist, der schon in Jugendjahren zum Klettern um die Welt reiste. Er ist auch ein ausgezeichneter Koch, der großzügig portioniert und auf lokale Produkte setzt. Das Bier kommt von der Brauerei Mittenwald, das Brot von der Bäckerei Sand aus Garmisch-Partenkirchen, die Kuchen und die Nussecken von der Oma – und das Holz für den Kachelofen aus dem Wald unterhalb der Hütte.

Bleibt die Entscheidung, welchen der flankierenden Berge man zum Sonnenuntergang und welchen man zum Sonnenaufgang besteigt. Der Obere Risskopf gipfelt im Westen 100 Meter über der Hütte. Von hier kann man die schleichenden Fortschritte im Tal beobachten, wenn sich vor Oberau am Ende der A 95 die Autos regelmäßig stauen. Die Menschen drängt es in die Berge, aber der Blick ist stur auf die Zugspitze und das nahe Tirol gerichtet. Fast möchte man ihnen zurufen, dass sie das Naheliegende übersehen. Andererseits genießt man es doch sehr, die Weilheimer Hütte nicht mit den Massen teilen zu müssen. Der Blick geht weiter in das flach auslaufende Oberbayern mit Staffelsee, Murnauer Moos, Starnberger See und hinüber zum Herzogstand.

Gegenüber, auf dem nur wenig höheren Krottenkopf, ist das Gedränge dicht: Die Schafe haben sich den höchsten Berg der Bayerischen Voralpen für ihren Sonnenuntergang ausgesucht. Die Felsen des Karwendels leuchten in einem dunklen Orange. Die Sonne wandert über das mächtige Zugspitzmassiv und verabschiedet sich langsam hinter den Allgäuer Alpen. Kommt man in die Stube zurück, lächelt Christian. Er kennt den Blick seiner Gäste nach einem solchen Erlebnis. Und er kennt ihren Appetit. Kurze Zeit später serviert er einen beeindruckenden Nudelberg. Auf der kleinen Weilheimer Hütte ist man eben umzingelt von Bergen – in allen Varianten.

Kulinariktipp

Die Brotzeitplatte mit Käse, Wurst und Radieserln von regionalen Produzenten und die berühmten Nussecken von der Oma (ebenfalls regionale Produzentin).

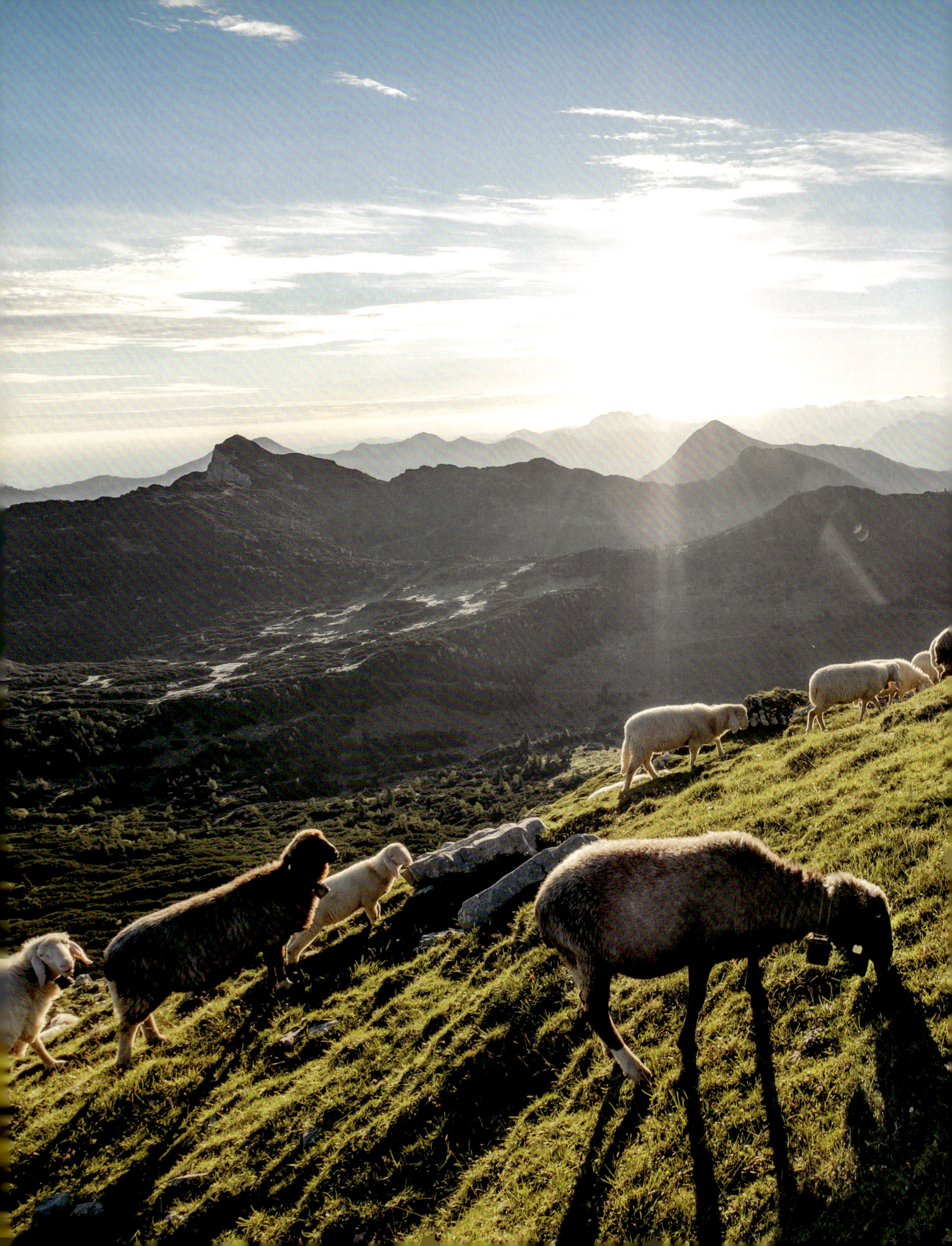

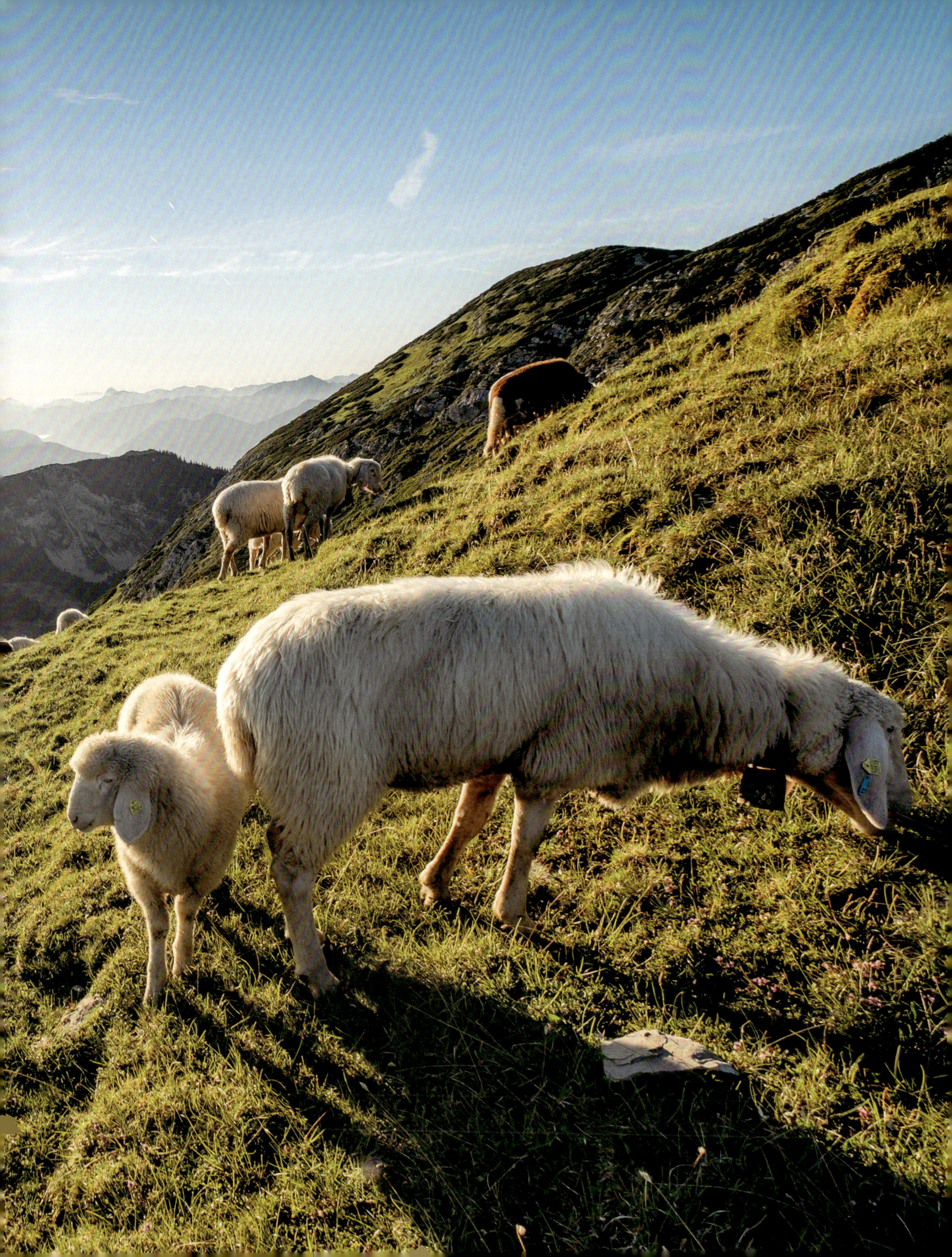

»Auf der Hütte ist man sich nicht fremd. Der Berg macht uns alle gleich.«

Caroline Zimmermann
Wirtin der Tschiervahütte

Schweiz

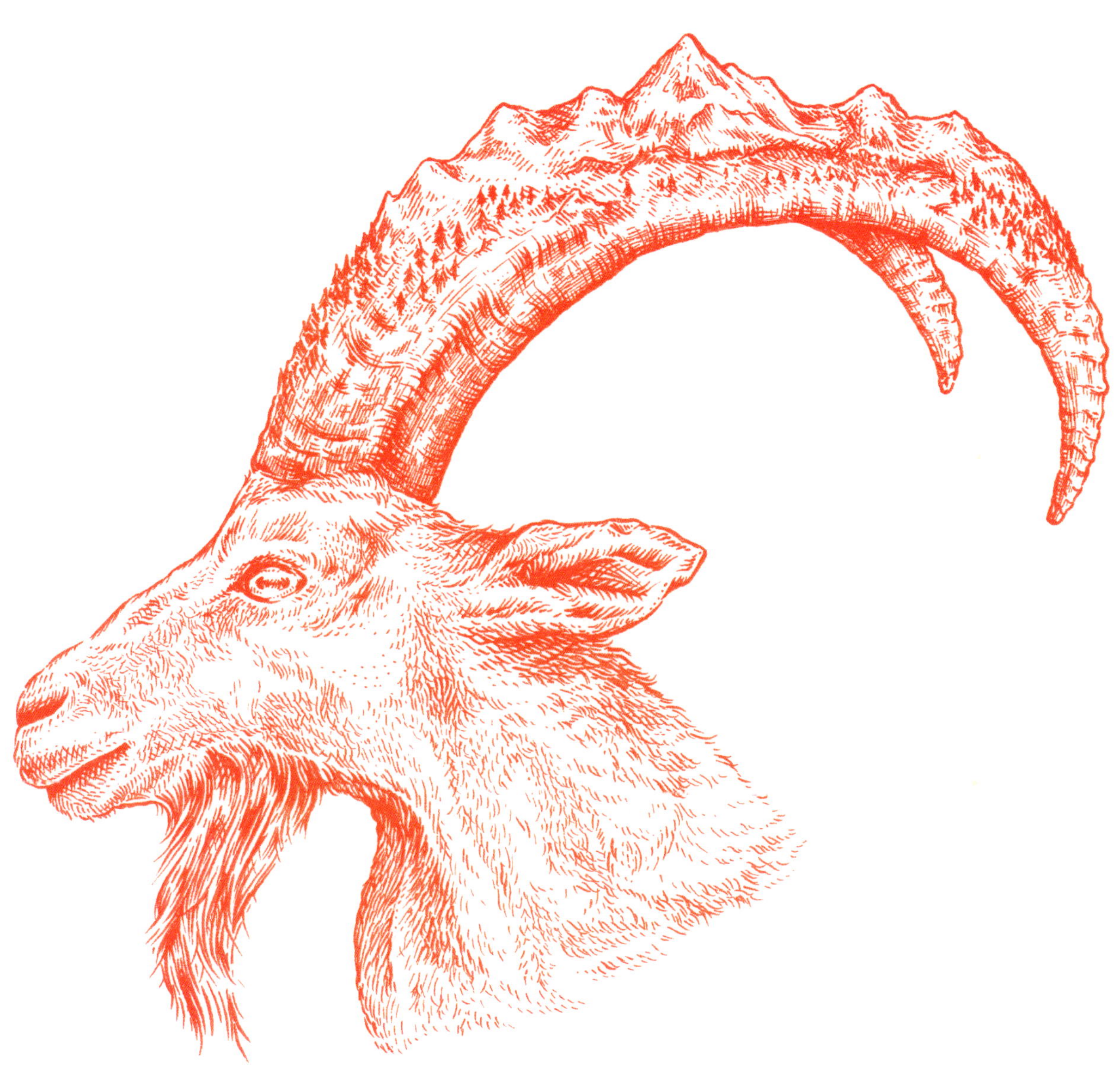

Berggasthaus Tierwies

↗ 2.085 m

Zum Verlieben

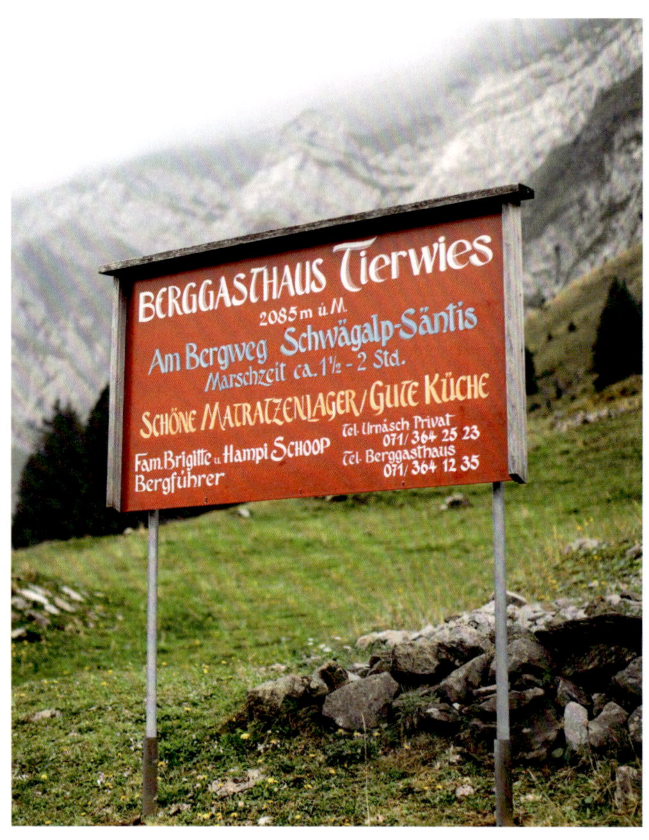

Zwischen Appenzellerland und Toggenburg hat das Berggasthaus Tierwies am Kamm des Säntis in spektakulärer Lage sein Nest gefunden. Es ist klein, einfach – und zum Kopfschütteln schön.

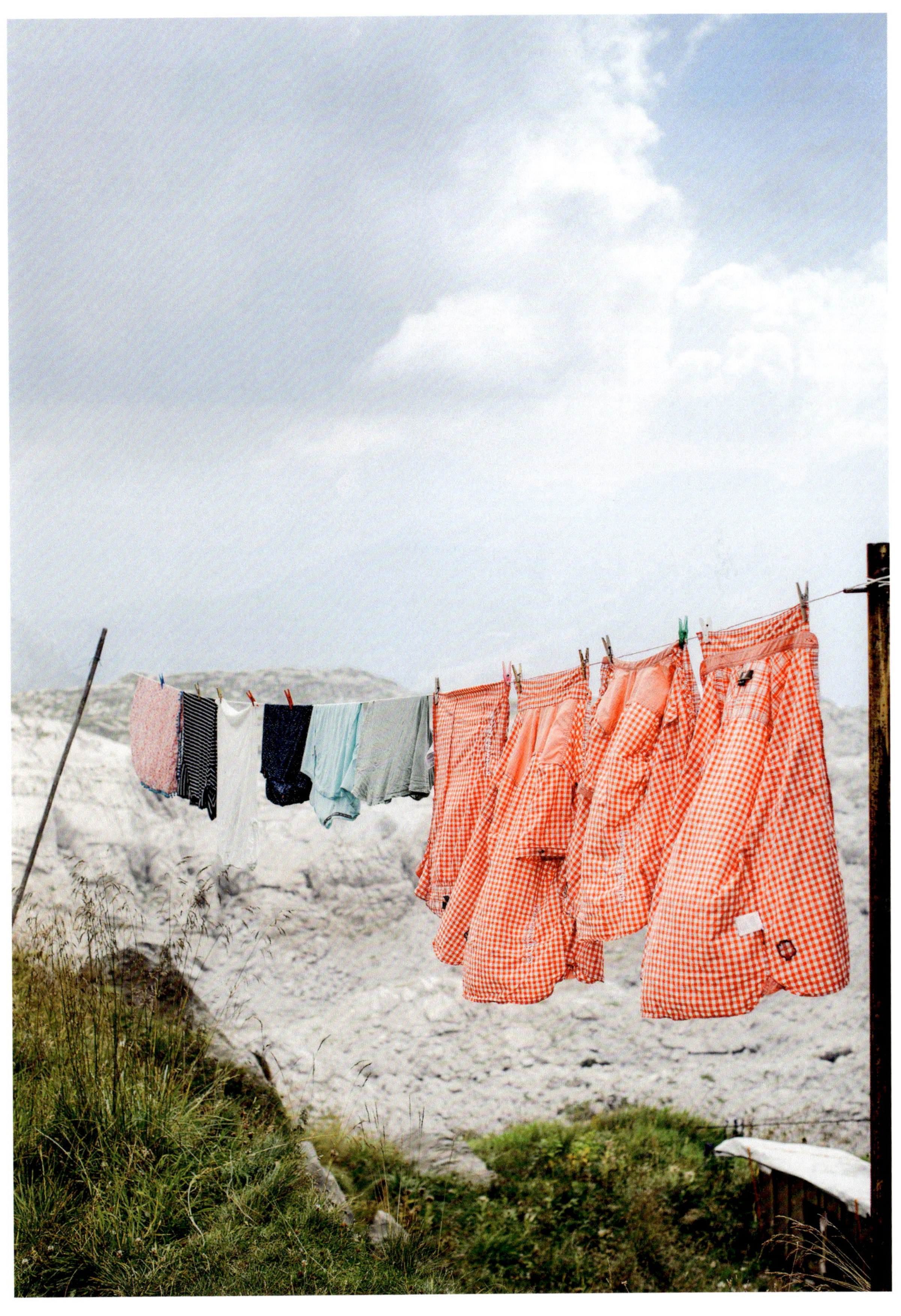

Schweiz
Tierwies

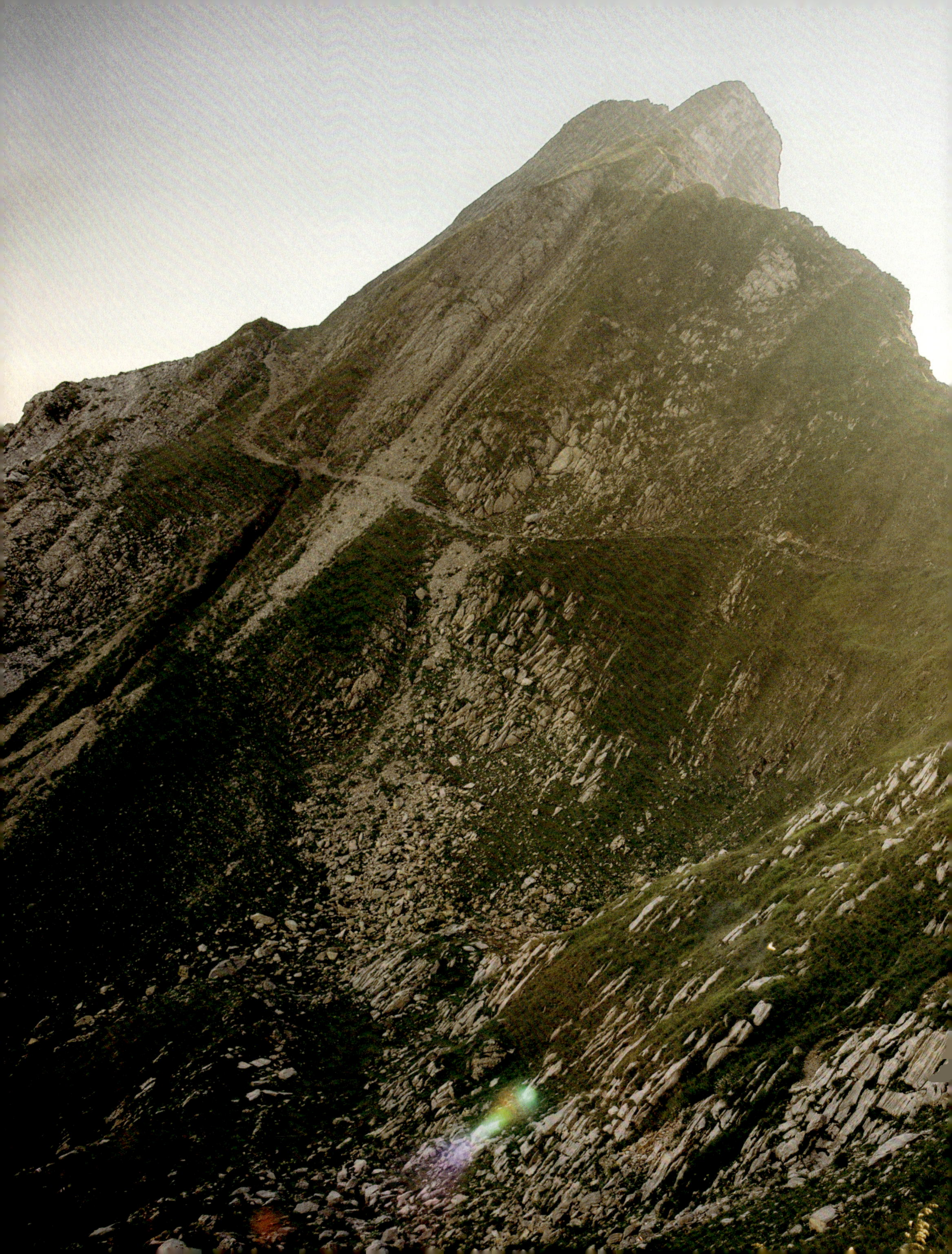

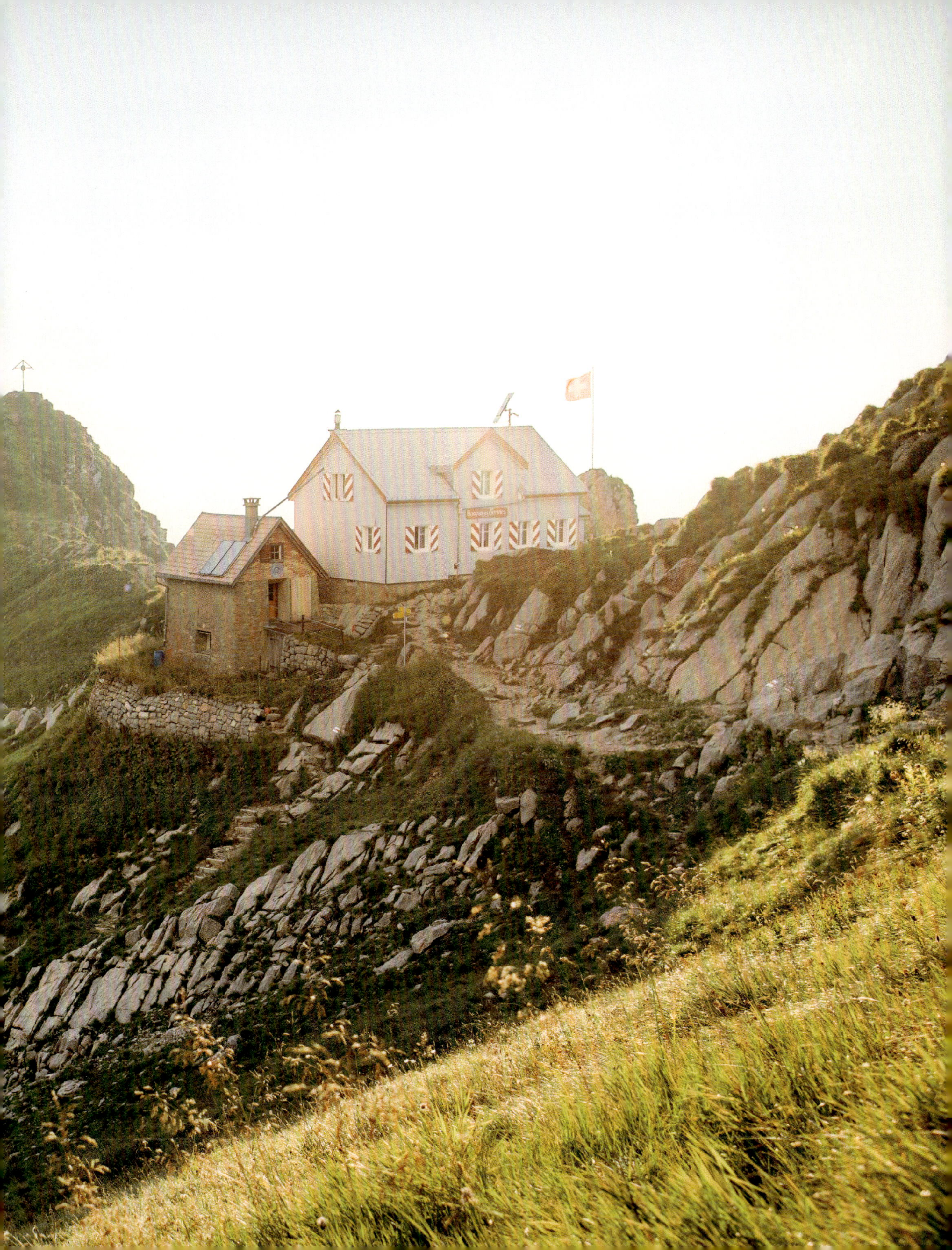

Lage
Appenzeller Alpen

Besitzer
Familie Schoop

Geöffnet
ab Ende Mai an den schönen Wochenenden, ab Juli bis Mitte Oktober durchgehend

Touren & Zustiege
→ Seite 248

Das Berggasthaus Tierwies ist eine Hütte zum Verlieben. Das mag kitschig klingen, ist aber eine absolut berechtigte Feststellung. Das süße, kleine Haus besticht mit seinem charmanten, liebevoll gepflegten Äußeren und wohligen Inneren. Dazu diese verrückt schöne Lage auf dem schmalen Grat zwischen Appenzellerland auf der einen und dem Toggenburg auf der anderen Seite. Kein Wunder, dass von hier wie von dort die Einheimischen gerne regelmäßig den beschwerlichen Gang zur Hütte auf sich nehmen. Während sie zielstrebig bei Brigitte Platz nehmen, einen Zimtfladen bestellen und die Katze Salewa streicheln, braucht der erstmalige Gast seine Zeit. Er schaut, schüttelt den Kopf, geht ein Stück weiter, schaut wieder – und schüttelt den Kopf. So etwas Schönes muss man erst einmal verarbeiten.

Und weil es gar nicht verwundert, dass man sich in diesen versteckten Ort ganz nah am Säntis verliebt, ist es auch nicht verwunderlich, dass man sich an diesem Ort verliebt. Diesem Fakt hat Hans Peter »Hampi« Schoop nämlich sein Leben zu verdanken, der Mann, der seit 2009 nicht nur Wirt, sondern auch Besitzer der Tierwies ist. Seine Eltern haben sich nämlich einst hier oben auf 2.085 Metern kennengelernt. Der Vater hat ausgeholfen, die Mutter war Gast – und musste wetterbedingt über Nacht bleiben. Der Rest ist Familiengeschichte.

Hampi stammt aus Urnäsch am Appenzeller Fuß des Säntis, Brigitte aus Alt St. Johann, der Toggenburger Talseite. Sie haben sich zwar nicht auf der Hütte getroffen, aber »schon als wir kurz beisammen waren«, erzählt Brigitte, »hat er gesagt, dass die Tierwies irgendwann sein Platz werden würde«. Und tatsächlich verabschiedete sich 2009 der damalige Wirt, das Ehepaar bewarb sich und bekam den Zuschlag – allerdings unter der Auflage, die Hütte nicht nur zu pachten, sondern zu kaufen. Brigitte war gerade 40 Jahre geworden, hatte vier Söhne und »absolut keine Gastro-Erfahrung«, sagt sie und lacht dabei. »Das Wasser war nicht kalt, es war eiskalt – aber wir sind dennoch hineingesprungen.« Hampi, weil dieser spezielle Platz schon immer seine große Liebe gewesen war, und Brigitte, »weil ich eben gerne springe. Ich mag Herausforderungen, und jede Art von Planung ist mir ein Graus. So bin ich alles spontan angegangen und bin hineingewachsen.« Der jüngste Sohn, Elias, war damals erst vier Jahre alt.

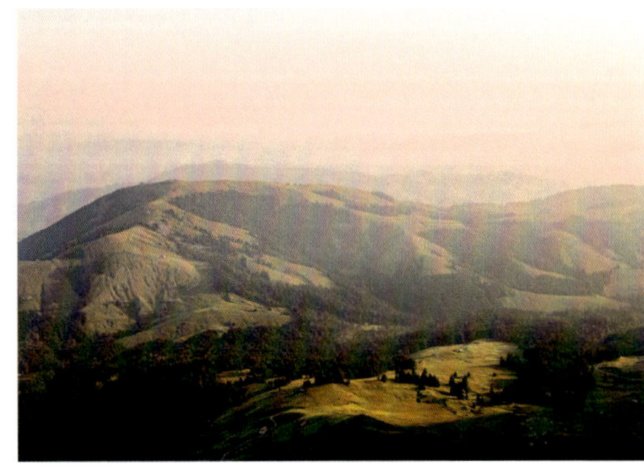

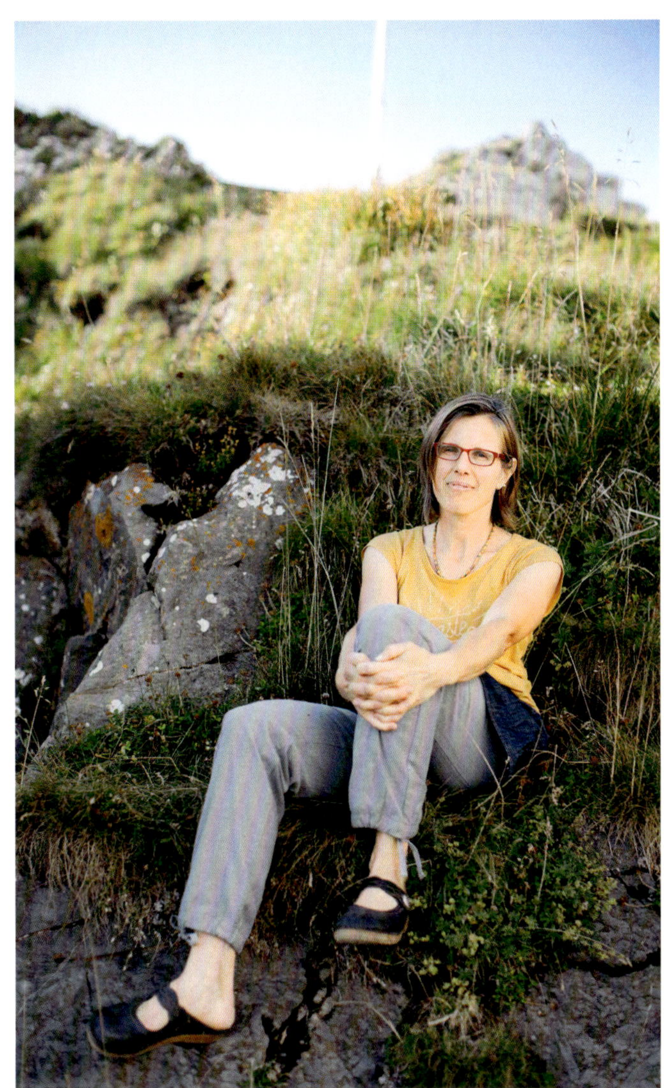

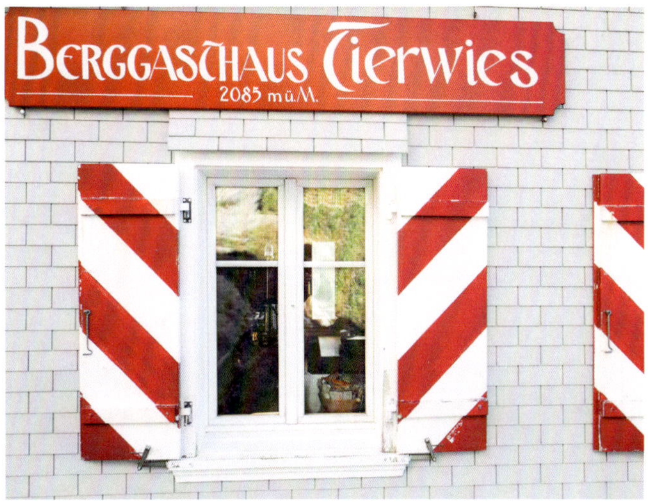
BERGGASTHAUS TIERWIES
2085 müM.

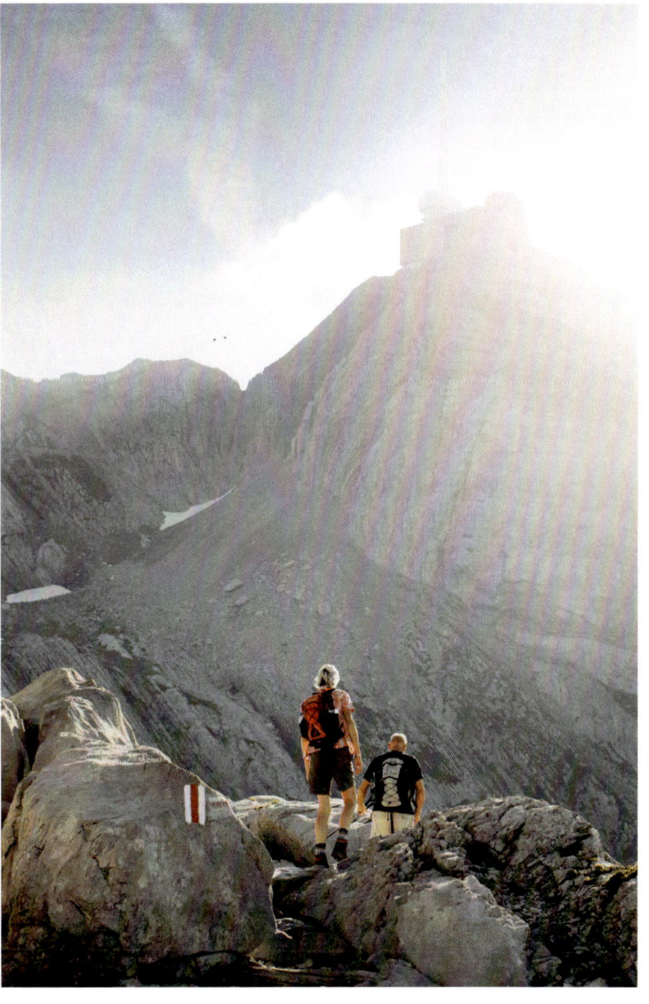

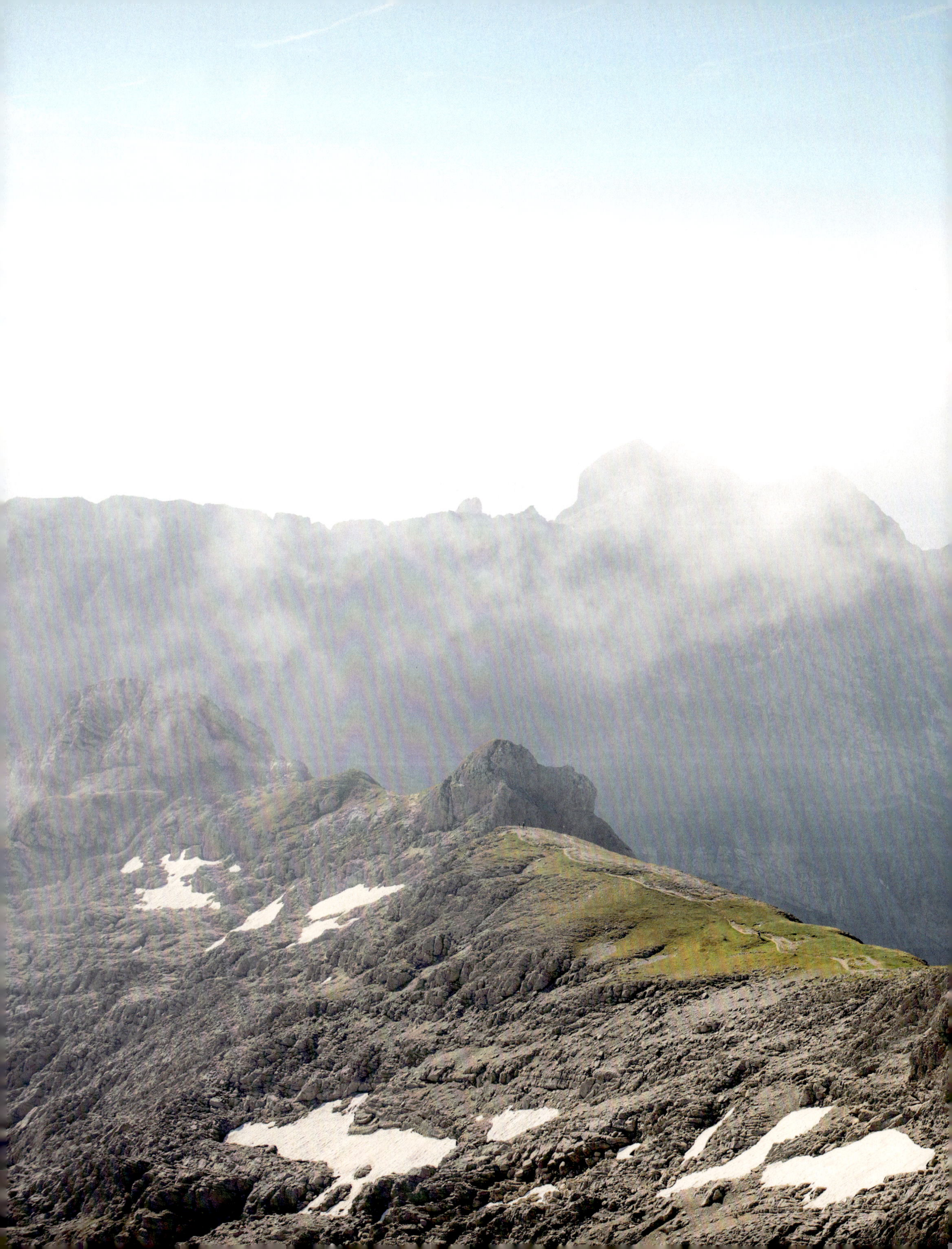

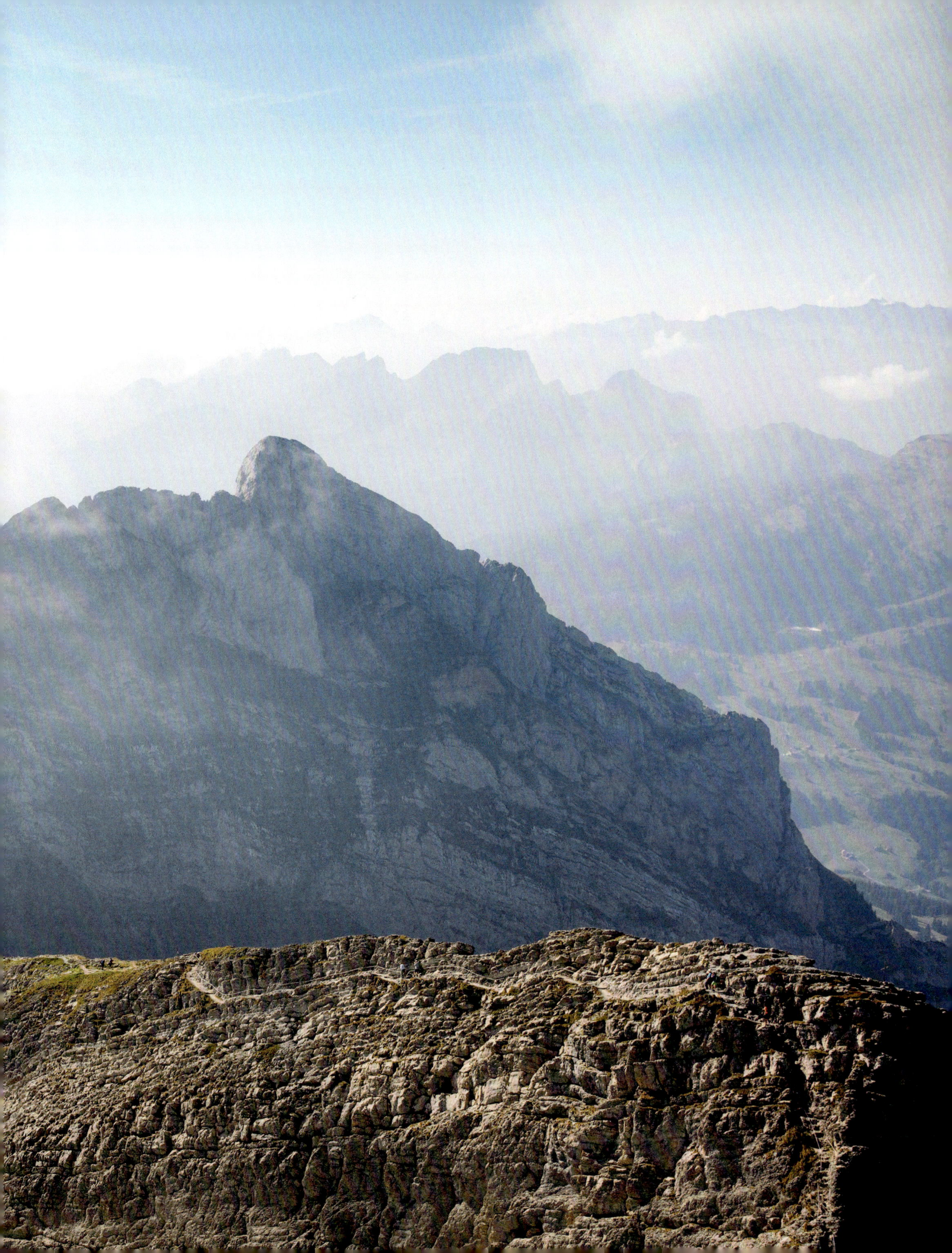

Kulinariktipp

Die sämige Polenta, die mit Fleisch und Gemüse serviert wird, macht Brigitte aus heimischem Ribelmais. Die alte Maissorte gedeiht dank Föhnwind im St. Galler Rheintal besonders gut.

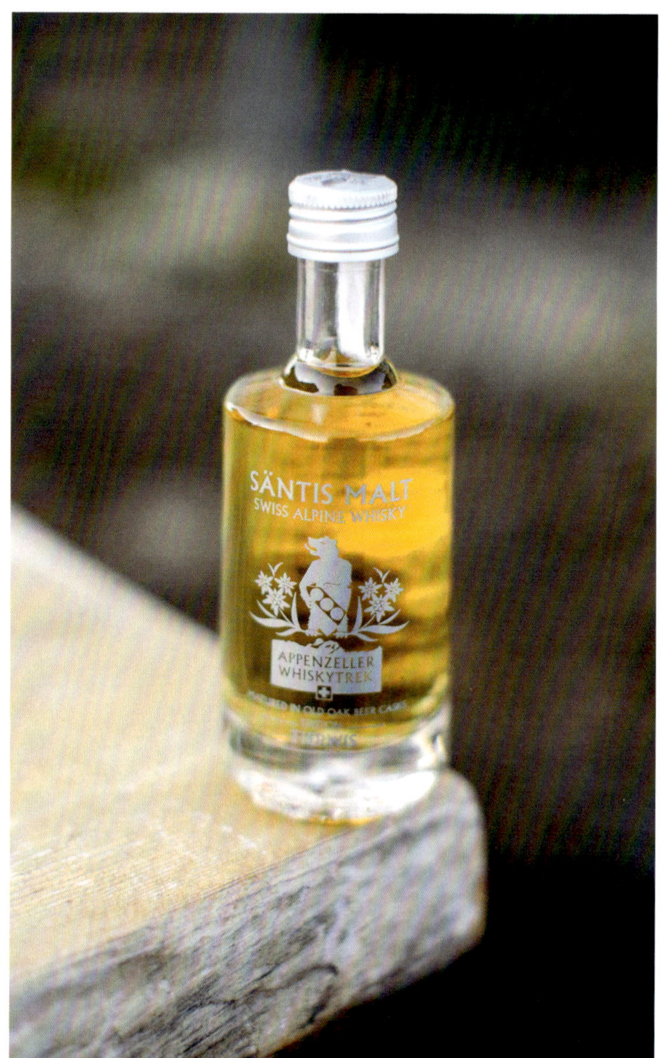

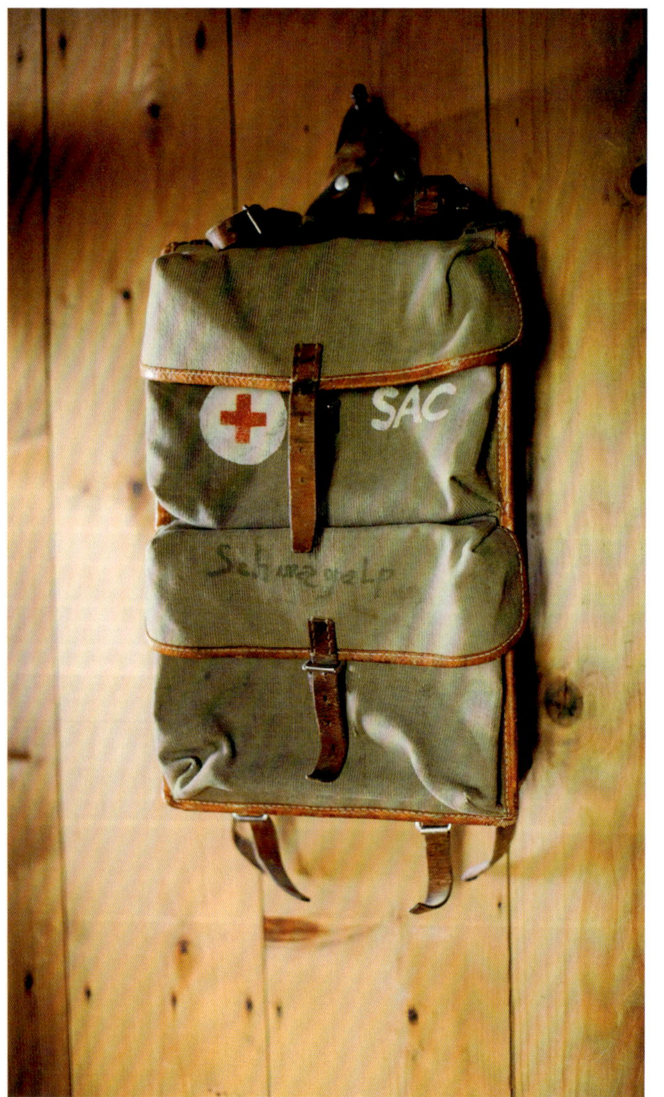

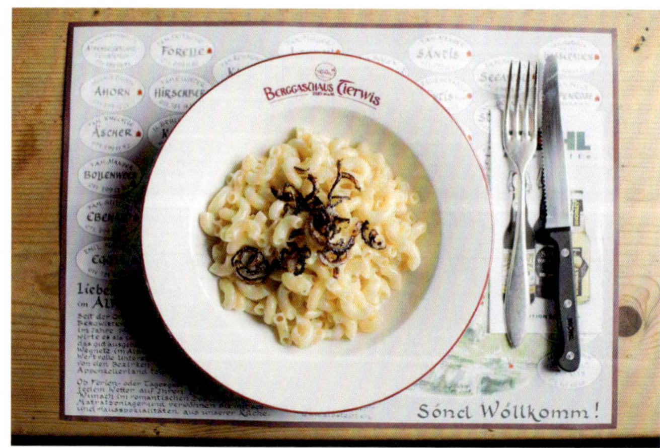

Während der Schulzeit sind die vier Söhne die gut 700 Höhenmeter ins Tal in der Früh um 5.30 Uhr abgestiegen und kamen nachmittags wieder hoch. »Morgens mit der Bahn zu fahren war keine Option, weil sie sonst zu spät gekommen wären. Und wenn ganz grausiges Wetter war, dann sind sie bei der Schwiegermutter unten geblieben.« In den Ferien sind die Brüder hingegen gern die 400 Höhenmeter zum Säntis-Gipfel aufgestiegen, »um Pommes mit Ketchup zu essen, mal ein richtiges Klo zu haben – und später dann, um Strom für den Laptop anzuzapfen«, erzählt Brigitte schmunzelnd. Strom gibt es auf der Tierwies nämlich ebenso wenig wie fließendes Wasser. Die Materialseilbahn – eine der ältesten Europas – wurde in den 1940er-Jahren mit dem Motor eines Volkswagens aufgerüstet. Davor war alles Handarbeit. Alles ist einfach und minimalistisch hier oben – und lässt genau deshalb so viel Raum für das Wichtigste: die herzliche Geborgenheit der Hütte in einer gewaltigen Natur.

Inzwischen ist Brigitte jedoch meist die einzige Schoop auf der Tierwis. »Fünf Männer habe ich«, sagt sie mit einem Augenzwinkern, »und keiner ist da.« Elias ist im Tal in der Schule, Costa, der Älteste hat in St. Gallen das Studium der Elektrotechnik begonnen. Und Hampi ist als Bergführer gerade in den Sommermonaten viel unterwegs – aktuell im Wallis. Dafür hat sie ihr »Mädchen für alles«, wie sie ihren Neffen Lars nennt, und dazu Freunde aus dem Tal, die immer wieder ungefragt kommen und mit anpacken.

Und Arbeit gibt es natürlich immer bei einem Betrieb auf dieser Höhe in einem solch alten Gebäude. 1871 beschlossen die Mitglieder der SAC-Sektionen Toggenburg und Säntis, einen Weg von der Schwägalp über die Mausefalle zum Säntis-Gipfel zu errichten. Und weil die Zelte der Arbeiter aufgeschlitzt und ausgeräumt wurden, errichtete man 1872 eine Schutzhütte für die Wegarbeiter und Säntis-Begeher: eine einfache SAC-Hütte mit soliden Seitenmauern und einem Schindeldach. Im Innern befanden sich eine Feuerstelle, Tische, Bänke und ein Heulager für acht Personen. Die Historie der Tierwies ist ganz wunderbar in den weit zurückreichenden Fremdenbüchern dokumentiert. Gut zu verfolgen ist unter anderem die Internationalisierung der Gästeschar. Die Sprüche der lokalen Vereine bestimmen die alten Bücher, während man unter den heutigen Einträgen auch Menschen von Tasmanien bis Tschechien findet. Die außergewöhnliche Lage ist natürlich ein großes Thema, aber es gibt kaum jemanden, der nicht auch die liebevolle Leitung des Tierwies-Hauses betont und von dem hohen Wohlfühlfaktor berichtet, wenn man auf der kleinen, aussichtsreichen Terrasse das Panorama bei einer sämigen Polenta aus Ribelmais genießt – und ständig ungläubig den Kopf schütteln muss.

Das ist besonders

In flüssiger Form findet man den Ribelmais in Whisky wieder – auch auf der Tierwies. Sie ist eine von 26 Berggaststätten im Alpstein, die über den sogenannten Whisky-Trek miteinander verbunden sind und jeweils eigens für sie destillierte Säntis-Malt-Whiskys ausschenken. Das 200-Liter-Eichenfass lagert unter der Hütte.

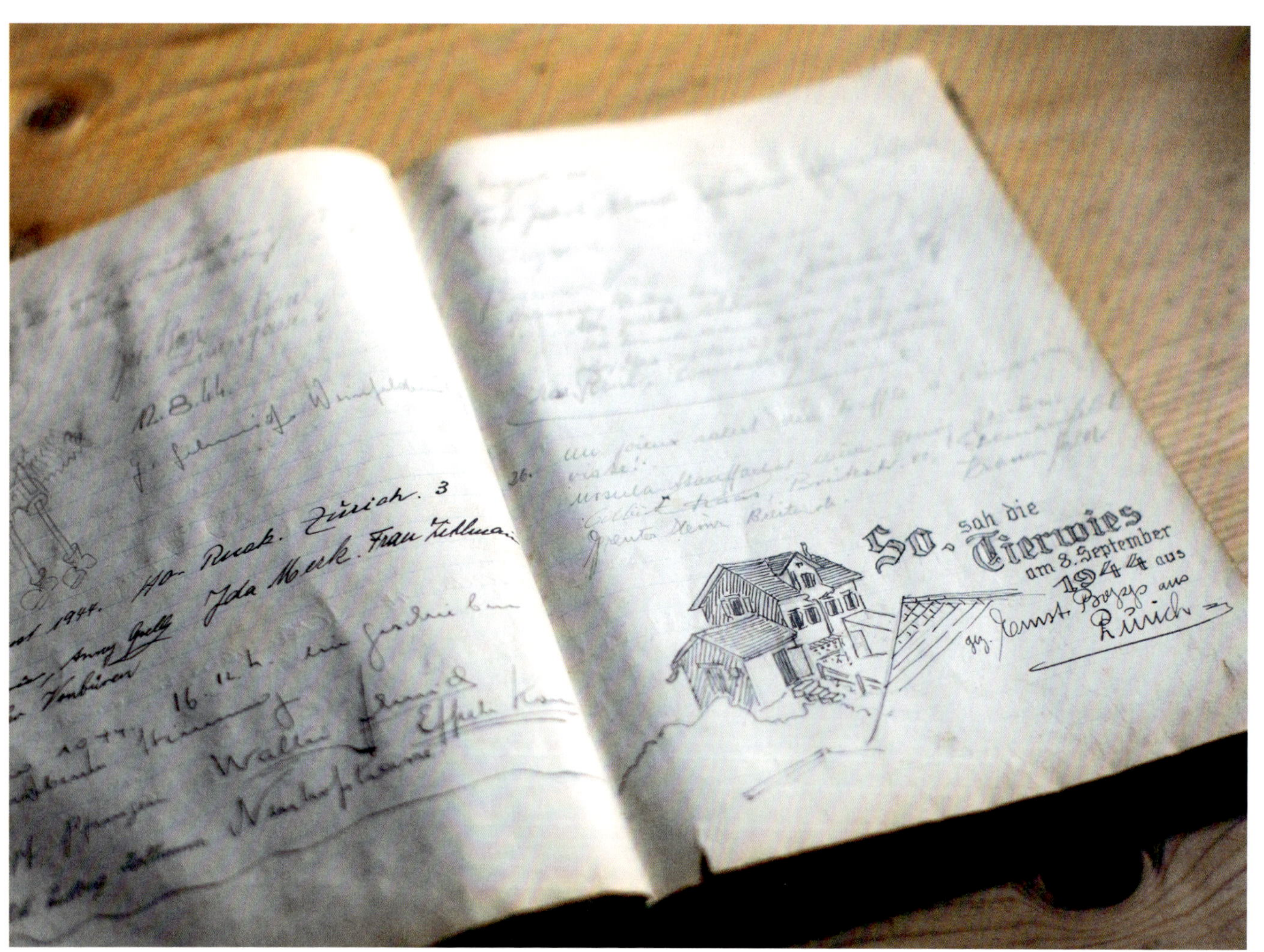
So sah die Tierwies
am 8. September
1944 aus

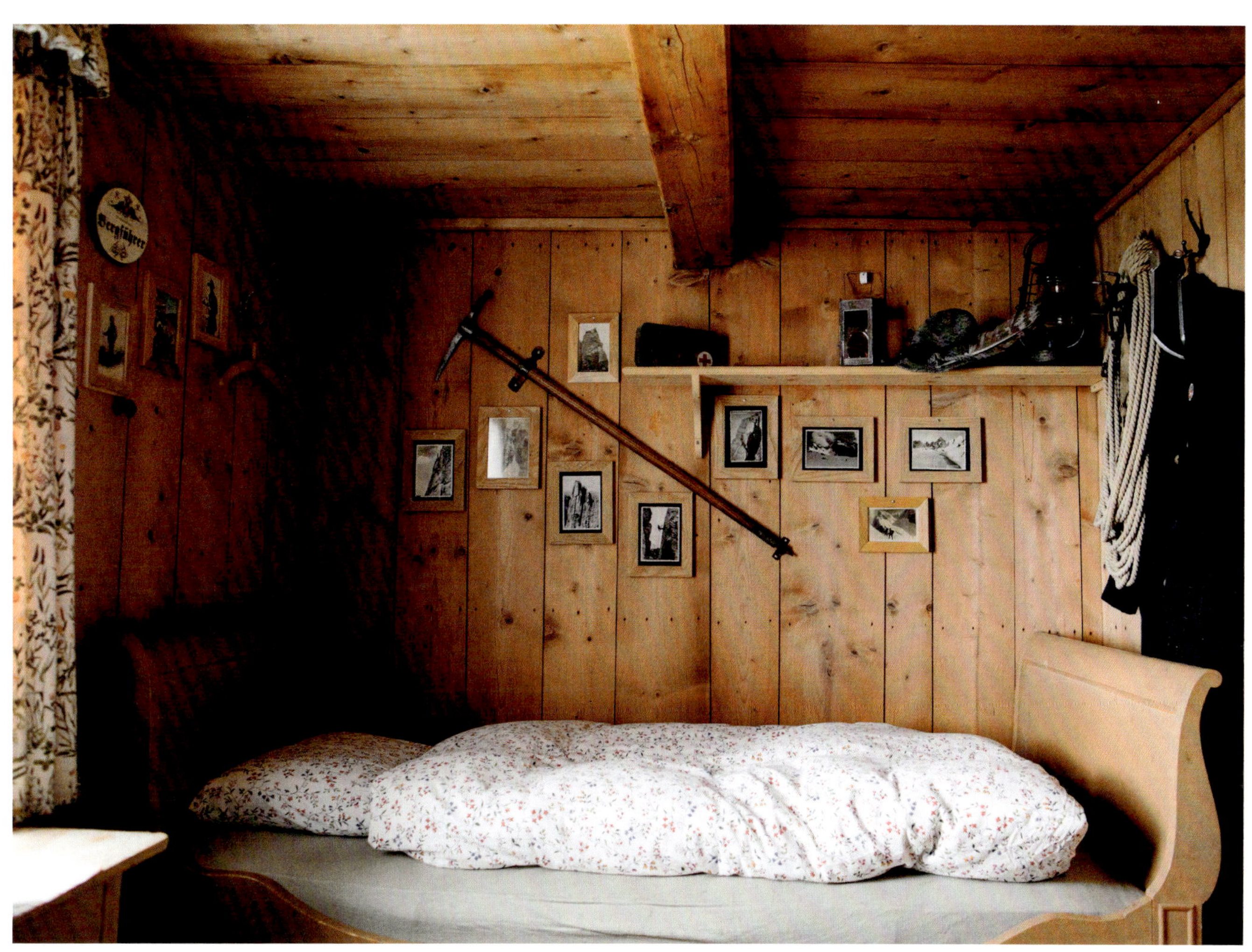
Bergführer

Kulinariktipp

Zu Peters Mascarpone-Polenta mit Schweinsfilet im Fleischkäse-Speck-Mantel und Champignon-Rahmsauce passt hervorragend ein Glas Appenzeller Bier, das Quöllfrisch.

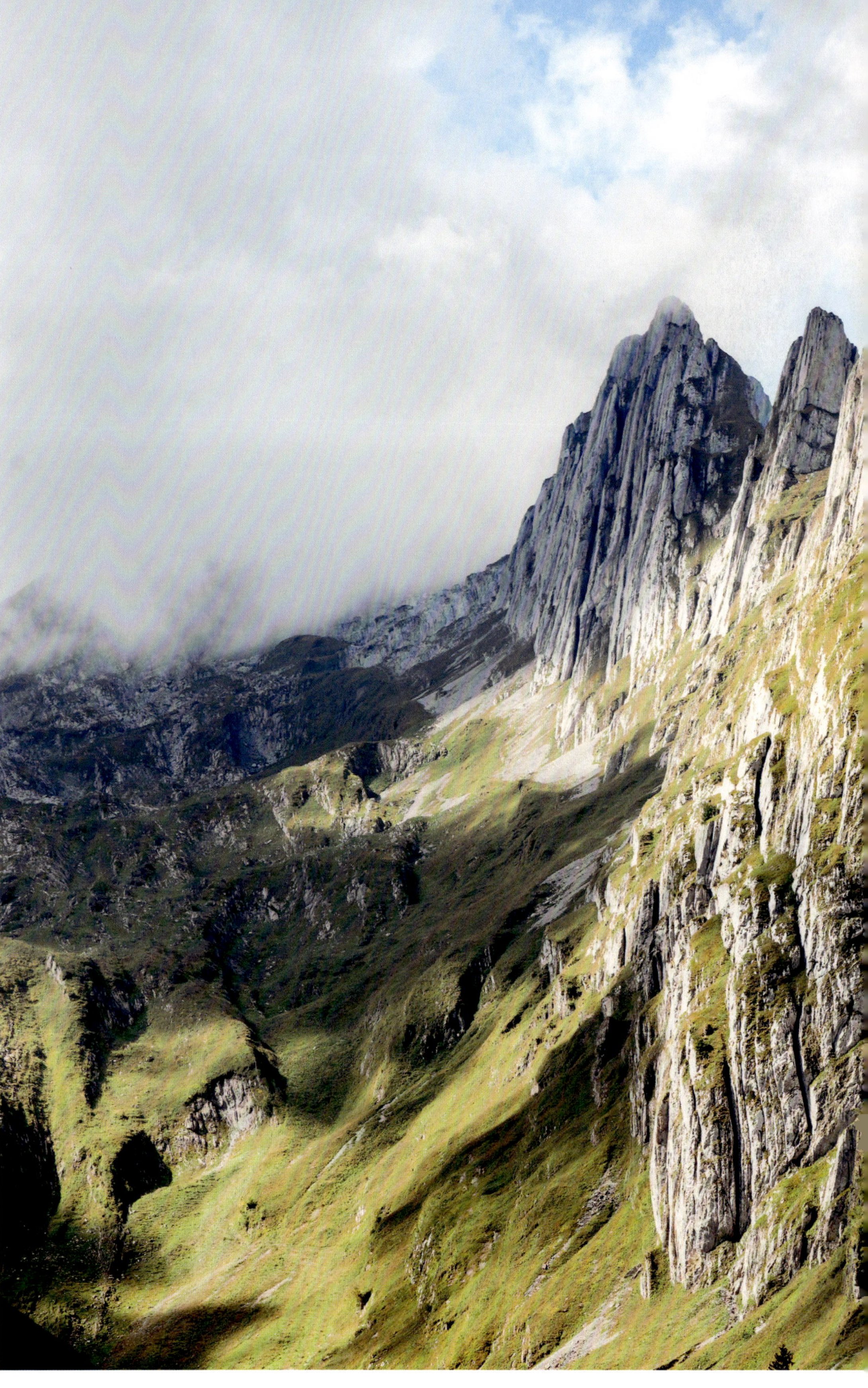

Lage
Alpsteinmassiv

Hüttenwirt
Peter Ehrbar

Geöffnet
Anfang Mai
bis Mitte Oktober

Touren & Zustiege
→ Seite 248

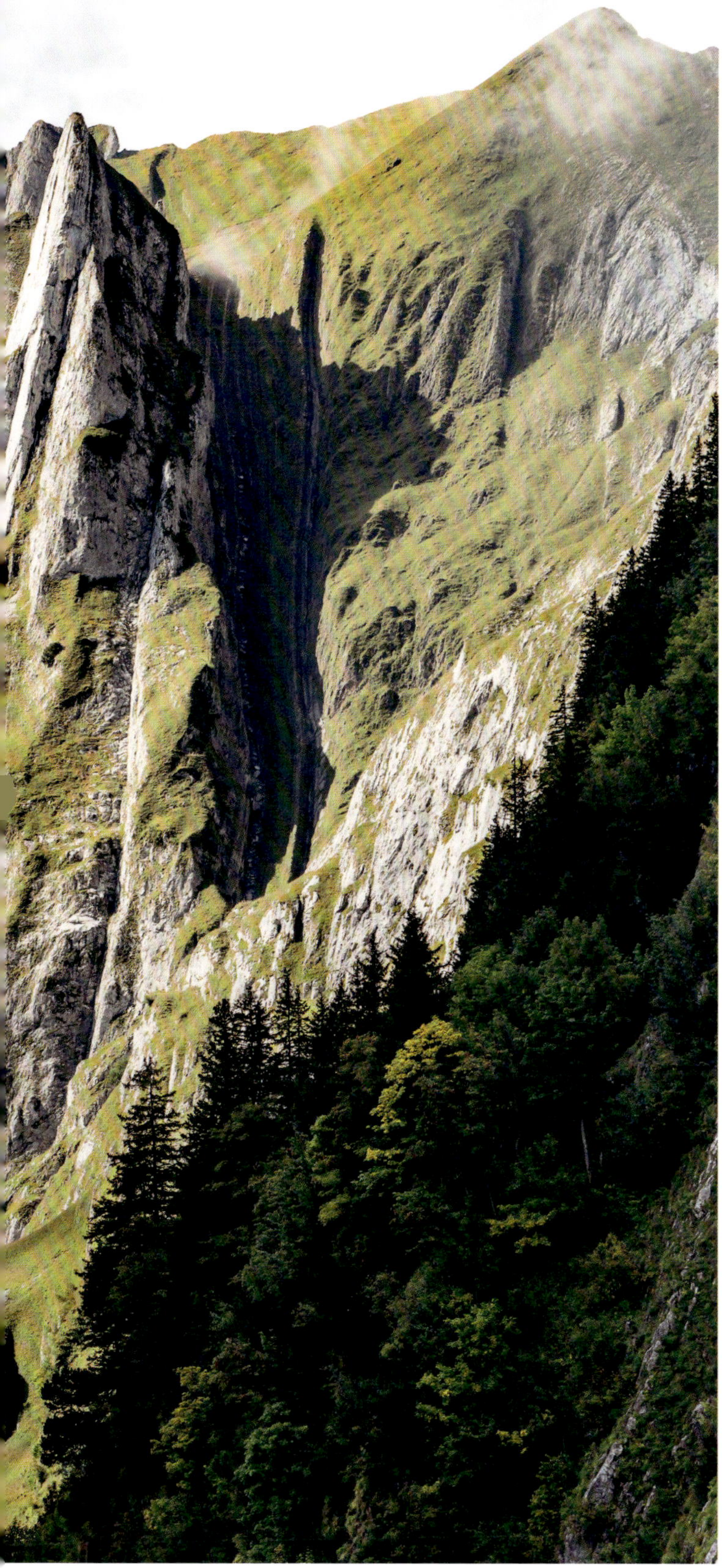

Das ist besonders

Die besten Tipps gibt Wirt Peter Ehrbar nur im persönlichen Gespräch preis. Dann verrät er ihnen »besondere Plätze, wo sie mit der Natur allein sein können«.

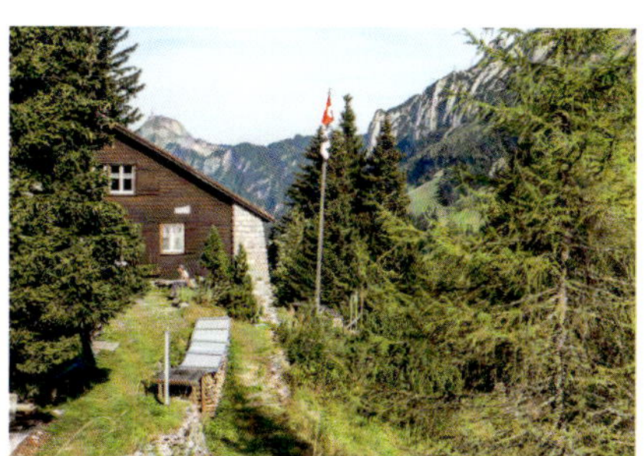

Hundsteinhütte ↗ 1.554 m

Viele Wände gibt es nicht im Alpstein, die Peter Ehrbar noch nicht durchstiegen ist. Der neue Hüttenwirt ist ein spät berufener. Als junger Alpinist war er ständig in den Bergen unterwegs. »Was mich damals schon sehr beeindruckt hat, waren die alten, kauzigen Hüttenwarte mit ihren langen Bärten, wie sie andächtig im Polentatopf gerührt haben.« Er selbst machte aber Karriere im Tal und arbeitete, bis es ihm zu viel wurde. »Da erinnerte ich mich an diese Gestalten, die mich einst so fasziniert hatten. Und da hab ich mir gesagt, so werde ich jetzt auch.« Mit Anfang sechzig hat er dann seine Seelenverwandte gefunden: die heimelige Hundsteinhütte, schlicht gebaut aus Stein und dunklem Holz, traumhaft gelegen nahe dem Fälensee. Sie steht auf einer Lichtung, schmiegt sich an die Widderalpstöck und gibt den Blick frei auf das Alpsteinmassiv mit seiner Krönung, dem Säntis. Ein Klettersteig liegt vor der Hütte, spannende Felsen sind nicht weit, aber auch viele Familien wandern zur Hundsteinhütte. Einen knorrigen, kauzigen Hüttenwart dürfen sie nicht erwarten – dafür aber einen mit guten Geschichten, Gerichten und Geheimtipps.

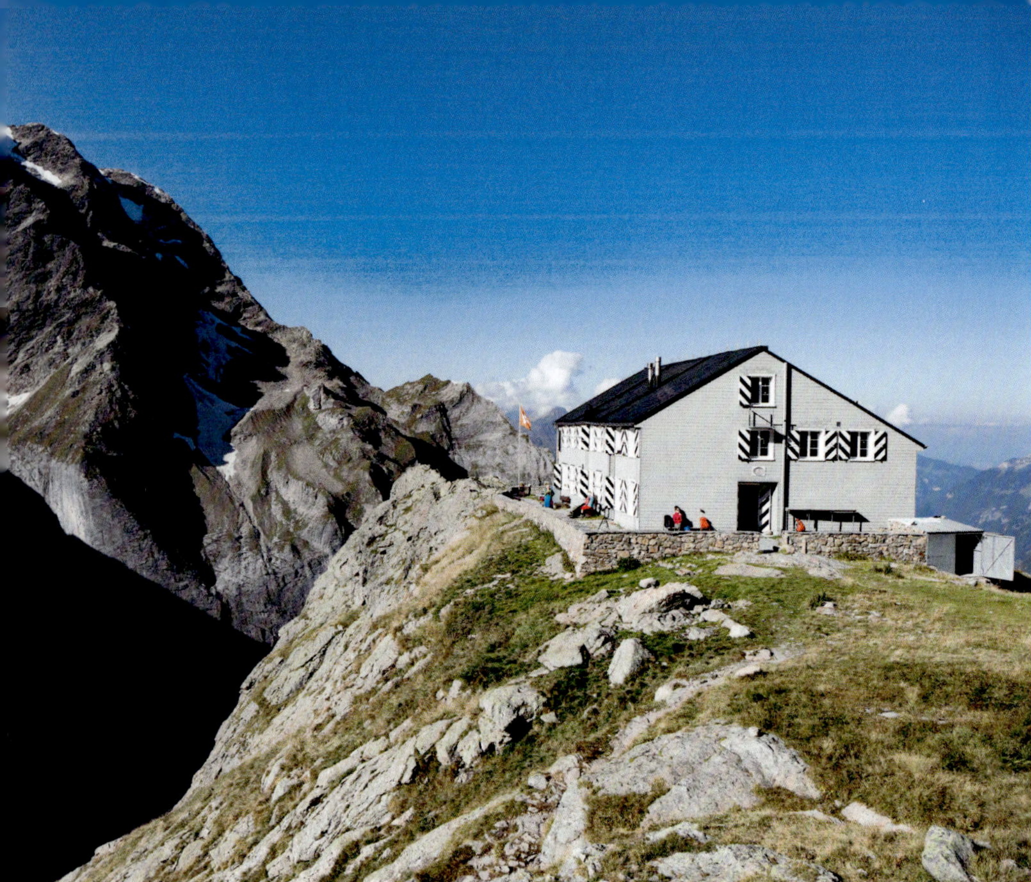

Das ist besonders

Der Fels, auf dem die Hütte steht, besteht aus dem kristallinen Urgestein Gneis, während Talgebiet und Wetterhorn-Gipfel sich vorwiegend aus dem jüngeren Sedimentgestein Kalk zusammensetzen. Der Grund dafür liegt in der Kollision der eurasischen mit der afrikanischen Kontinentalplatte vor etwa 50 Millionen Jahren, aus dem die Alpen als »Faltenwurf« hervorgingen.

Glecksteinhütte ↗1.554 m

Lage
Berner Alpen

Hüttenwirte
Rosmarie und Christian Bleuer

Geöffnet
Mitte Juni bis Anfang Oktober

Touren & Zustiege
→ Seite 248

Es ist ein ausgesetzter und zugleich lauschiger Platz, den die Glecksteinhütte auf einer Felsnase oberhalb von Grindelwald bezogen hat. Vom Tal sieht die Hüttenlage vor dem 3.692 Meter hohen Wetterhorn imposant aus – ganz zu schweigen von der monumentalen Umgebung mit Eiger, Mönch und Jungfrau. Oben auf der Hütte vor dem Mättenberg angekommen, steht man jedoch auf einem kleinen, lieblichen Wiesenplateau. Der Blick von der Terrasse geht tief hinab nach Grindelwald und weit hinaus über die Voralpen bis zum Jura. Von der Hütte aus bieten sich die unterschiedlichsten Alternativen: Bergsteiger zieht es via Willsgrätli aufs Wetterhorn, Wanderer und Familien auf die einfachere Chrinnenhorn-Route oder durchs Beesi Bärgli zum Oberen Grindelwaldgletscher. In unmittelbarer Nähe gibt es Klettergärten (zum Teil auch für Kinder und Einsteiger geeignet), und direkt neben der Hütte starten die Gleitschirmflieger – oder es grasen hier ab und zu in aller Seelenruhe Steinböcke.

Kulinariktipp

Das Gletscherrösti mit Speck, Zwiebeln und Spiegelei (frisch gelegt von den Hüttenhühnern).

Wildstrubelhütte ↗ 2.793 m

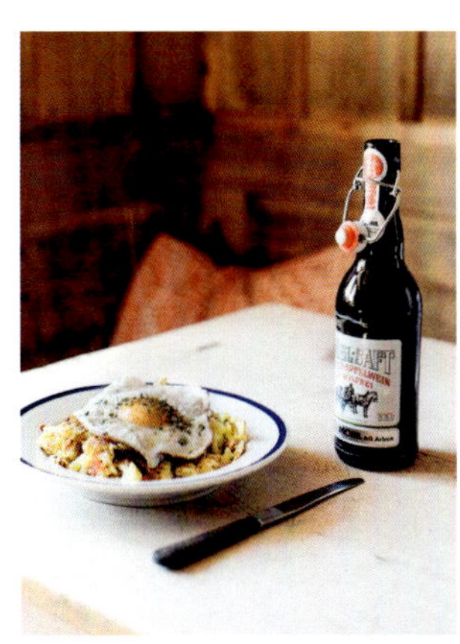

Dass auf der Wildstrubelhütte eine gute Mischung herrscht, wie Wirtin Maxi Weiner betont, ist deutlich zu hören: Es geht bilingual zu, hier an der Kantonsgrenze. Die urige Hütte am Fuße des Weisshorns hat eigentlich zwei Talorte: Lenk und Crans-Montana. Sie liegt auf der Berner Seite, doch keine 100 Meter weiter befindet man sich schon im Kanton Wallis. Den gelungenen Mix bezieht Maxi aber nicht nur auf Herkunft und Sprache, sondern auch auf die Sportarten ihrer Gäste: Familien nehmen den einfachen Weg mit Bahnunterstützung, viele Langstreckenwanderer nächtigen hier, und immer mehr Biker kehren ein. Im Sommer kommen Kletter-Kenner (das Gebiet gilt als Geheimtipp) und im Winter die Skitourengeher. Zu wenige noch, findet Maxis Freund Konrad Rösti. Er ist Bergführer und geleitet die Gäste gerne durch dieses unterschätzte Gebiet, vor allem im Winter auf Skiern. Maxi und Konrad sind herzliche Gastgeber und selbst eine gute Mischung: sie Bayerin, er Berner aus Lenk.

Das ist besonders

Im Rohrbachhaus nebenan gibt es einen Boulderraum, Kletterschuhe sind ebenfalls vorhanden.

Kulinariktipp

Das Wildstrubelrösti mit Simmentaler Bier und Maxis selbst gebackene Heidelbeerwähe.

Lage

Berner Alpen

Hüttenwirte

Konrad Rösti und Maxi Weiner

Geöffnet

Ende Juni bis Mitte Oktober
Frühjahr: Ende Februar bis Anfang Mai

Touren & Zustiege

→ Seite 249

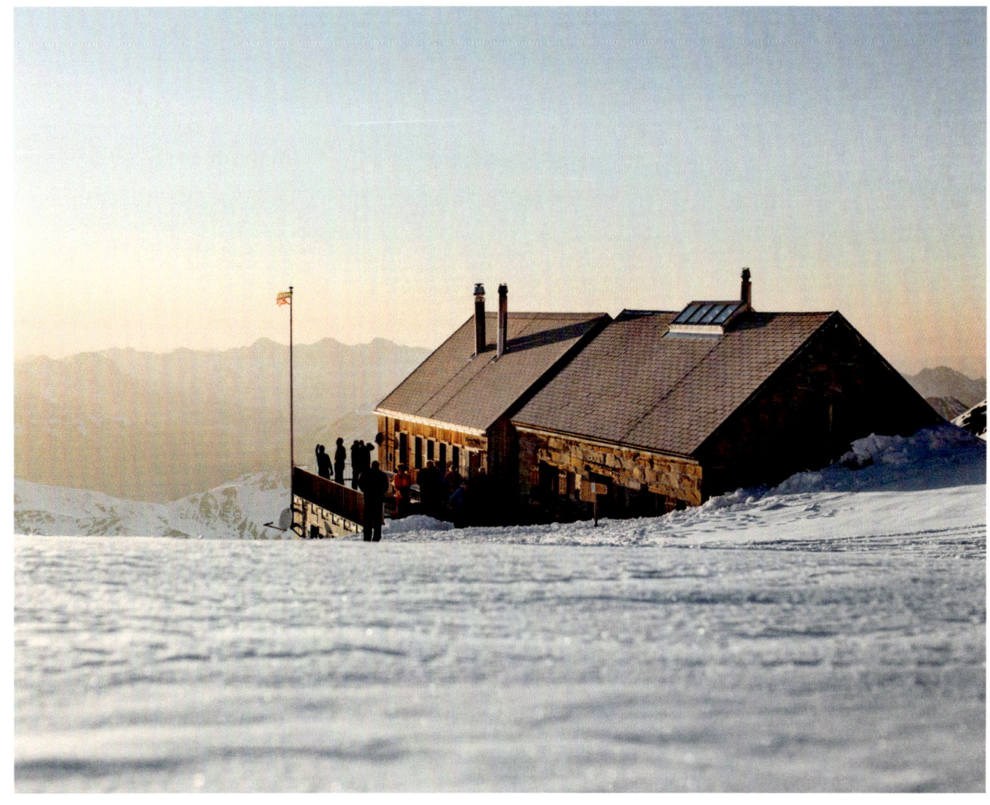

Leglerhütte ↗ 2.273 m

Lage
Glarner Alpen

Hüttenwirtin
Simone Landolt

Geöffnet
Sommer: Juli bis Oktober durchgehend
Winter: Ende Dezember bis März am Wochenende

Touren & Zustiege
→ Seite 249

Kaum zu glauben, aber bereits im Jahr 1548 wurde für das Gebiet um den 2.794 Meter hohen Kärpf in den Glarner Alpen ein Jagdbann ausgesprochen. Sogenannte Freibergschützen durften in wenigen Ausnahmefällen noch Wild erlegen, doch allen anderen war die Jagd auf Gams und Murmeltier untersagt. So findet man heute im Freiberg Kärpf – dem ältesten Wildschutzgebiet Europas – eine gesunde Tierpopulation mit Steinböcken und Gämsen, Steinadlern und Bartgeiern. In dieser Idylle ist die Leglerhütte zu Hause – und das auch schon seit 1863. Natürlich ist das Haus heute auf einem modernen Stand, vor allem der neu angebaute Kubus, den man vom Haupthaus über einen Glasgang erreicht. Bei Hüttenwirtin Simone kommen Familien, Wanderer und Kletterer zusammen und genießen die Frohnatur und Konditorenkunst der Gastgeberin – und den besonderen Platz auf dem Bänkli unter dem Fahnenmast. Von hier eröffnet sich eine wunderbare Rundumsicht: vom Tödi über den Säntis bis hin zum sagenumwobenen Vrenelisgärtli.

Kulinariktipp

Hüttenwirtin Simone ist gelernte Konditorin und bäckt ihren legendären »Zwätschgächuächä« jeden Morgen frisch.

Das ist besonders

Die Hütte ist im Winter an den Wochenenden geöffnet und bei Skitourengehern und Schneeschuhwanderern sehr beliebt – Wasser gibt es dann zwar nur aus der Schneeschmelze, aber die Sonnenuntergänge, versichert Simone, »sind schöner als in der Südsee«.

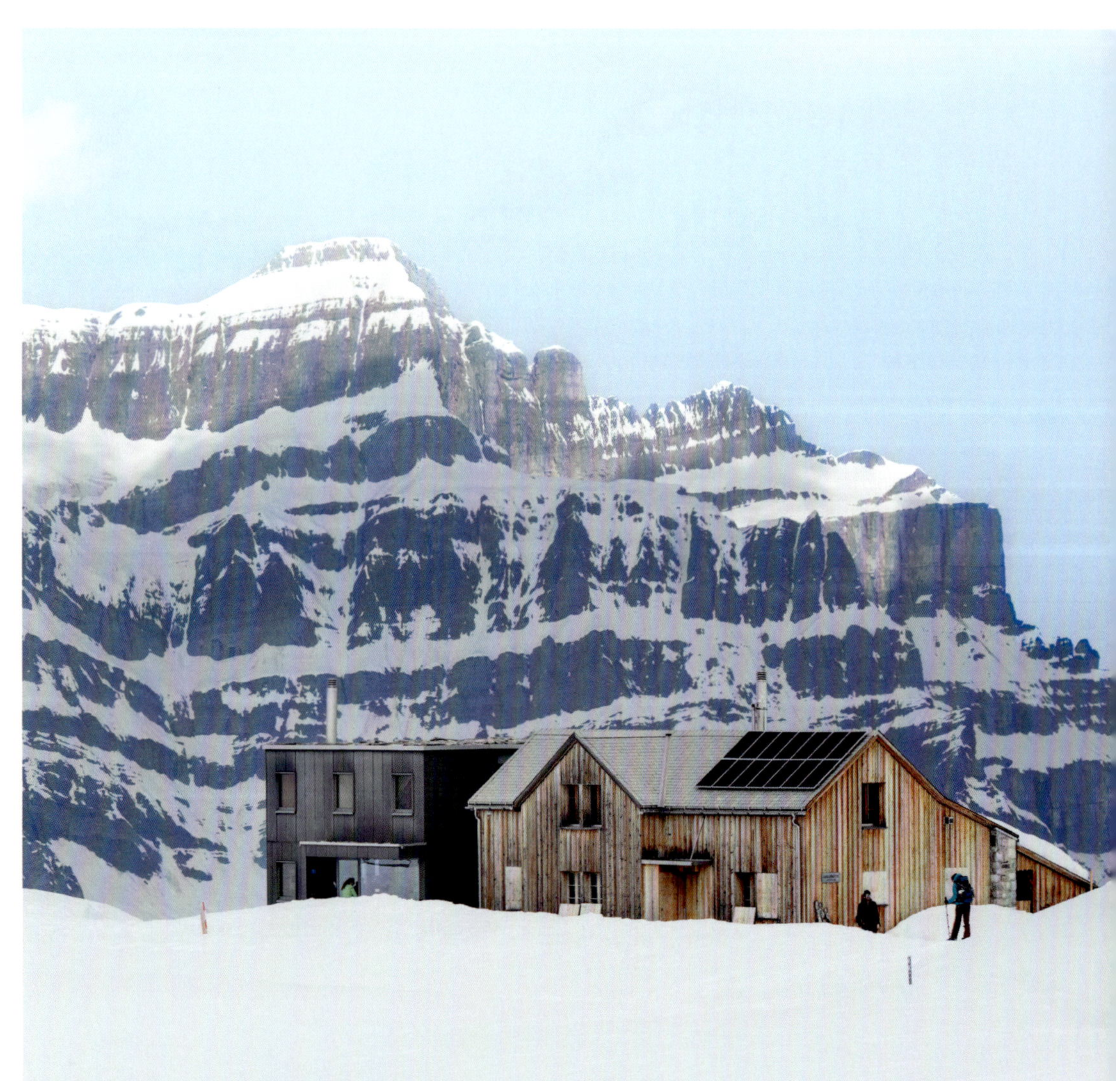

Kulinariktipp

Das Bündner Dreierlei mit Capuns Sursilvans, Pizzoccheri Poschiavini und Bündner Krautpizokel sowie die Brote, die Pralinen und das Eis – allesamt selbst gemacht.

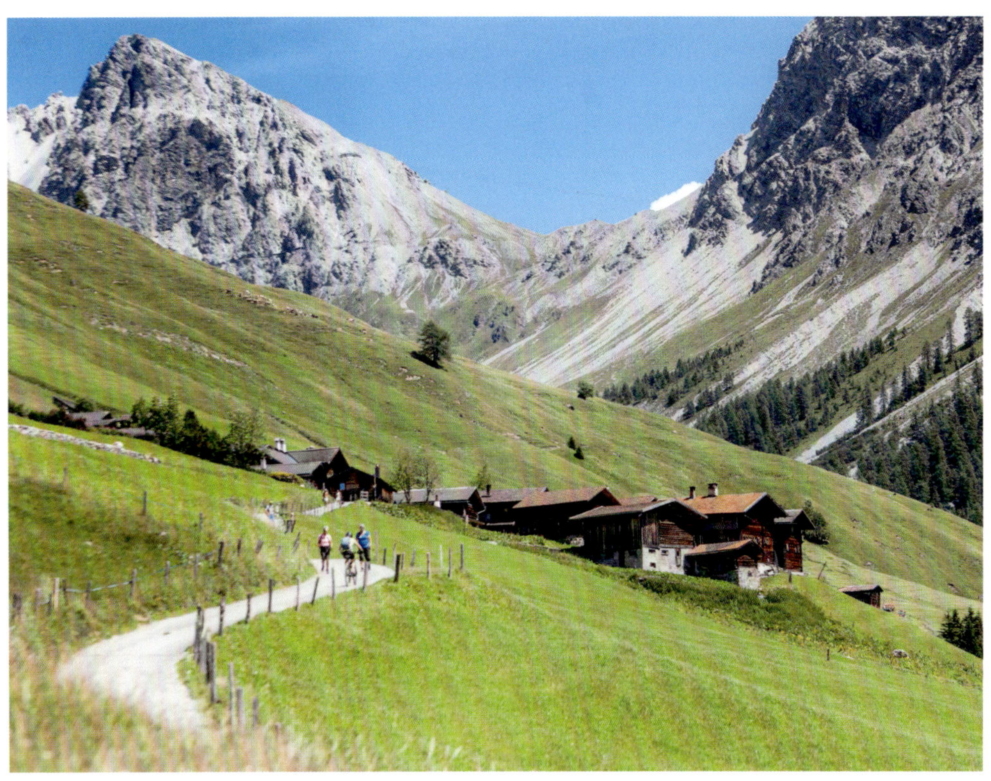

Heimeli ↗ 1.831 m

Lage
Plessuralpen

Hüttenwirt
Markus Koch

Geöffnet
Juni bis Oktober
und Dezember bis April

Touren & Zustiege
→ Seite 249

Das Aussehen: rustikal, niedrig, urtümlich. Die Gestaltung: klein, persönlich, detailverliebt. Der Klangteppich: ächzende Holzfußböden, pfeifende Murmeltiere, rauschende Gebirgsbäche. Die Kulisse: weiche Wiesenhügel, steile Felswände, tiefer Passeinschnitt. Die Gäste: Gourmetbiker, Genusswanderer, Skitourenfreunde. Seit über 310 Jahren steht das Walserhaus Heimeli auf dem Sapüner Hochtal in Graubünden. Mit einer herzlichen Frische wird man hier oben zwischen Arosa und Davos auf 1.831 Metern begrüßt. Das ist sicherlich ein Grund, warum die Menschen zu jeder Jahreszeit und bei jedem Wetter so gern und so zielstrebig zur Hütte aufsteigen. Der andere Grund heißt Markus Koch. Der Heimeli-Gastgeber kocht und backt so außergewöhnlich gut, dass man darüber fast die Bündner Bergwelt vergessen könnte – wohlgemerkt: fast. Auf der sonnigen Terrasse mit Blick auf die 2.656 Meter hohe Chüpfenflue munden das mit Steinpilzen gefüllte Sapüner Cordon bleu, die vegane Röstipfanne mit Waldbeersauce oder die karamellisierten Kastanien mit hausgemachtem Arvenglacé immer besonders gut.

Das ist besonders

Der wohl berühmteste Heimeli-Gast war Prinz Charles, der während eines Skiurlaubs in Klosters in dem kleinen Berggasthaus speiste.

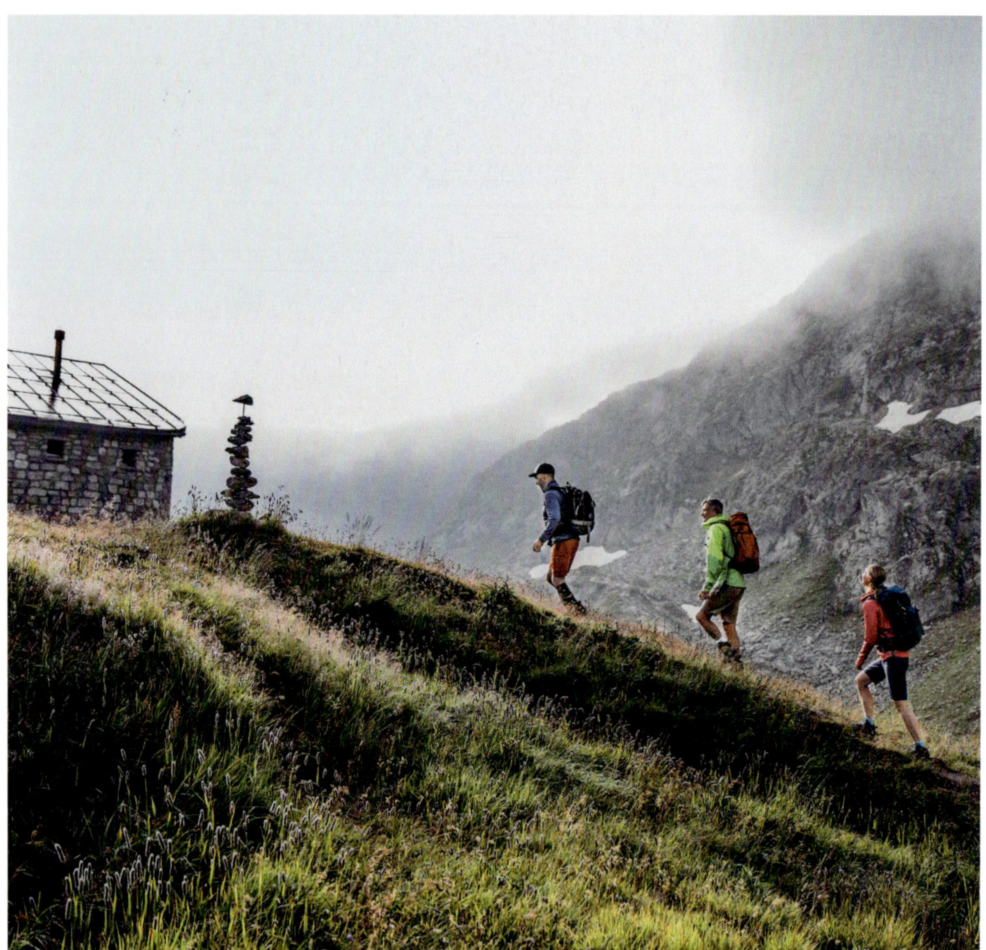

Das ist besonders

»Im Sommer«, sagt Hüttenwirt Toni, »liegst du im warmen Gras, im Herbst ziehen die Nebelschwaden hinein, und es wird mystisch – und in der Nacht, wenn der Himmel klar ist, eröffnet sich ein endloser Sternenhimmel.«

Terrihütte ↗ 2.170 m

Sechs Kilometer lang, einen Kilometer breit, mit mystischen Mooren bedeckt, von mäandernden Bachläufen durchzogen: Die Greina-Hochebene legt sich auf über 2.200 Metern zwischen Graubünden und das Tessin. Dank ihrer archaischen Anmutung bezeichnet man sie gern als »alpine Tundra«. Für Toni Trummer ist sie vor allem »ein Kraftort, an dem du eine unbeschreibliche Einsamkeit erleben kannst und den du schier grenzenlos erkunden kannst«. Diesem speziellen Platz ist er als Wart der Terrihütte seit 1995 besonders nah. Die Hütte aus dem Jahr 1925 steht auf 2.170 Metern, ist inzwischen über eine Hängebrücke mit der Greina verbunden und richtet ihren Blick gen Norden durch das Val Sumvitg auf den Tödi.

Lage
Adula-Gruppe

Hüttenwirte
Doris und Toni Trummer-Tomaschett

Geöffnet
Mitte Juni bis Mitte Oktober

Touren & Zustiege
→ Seite 250

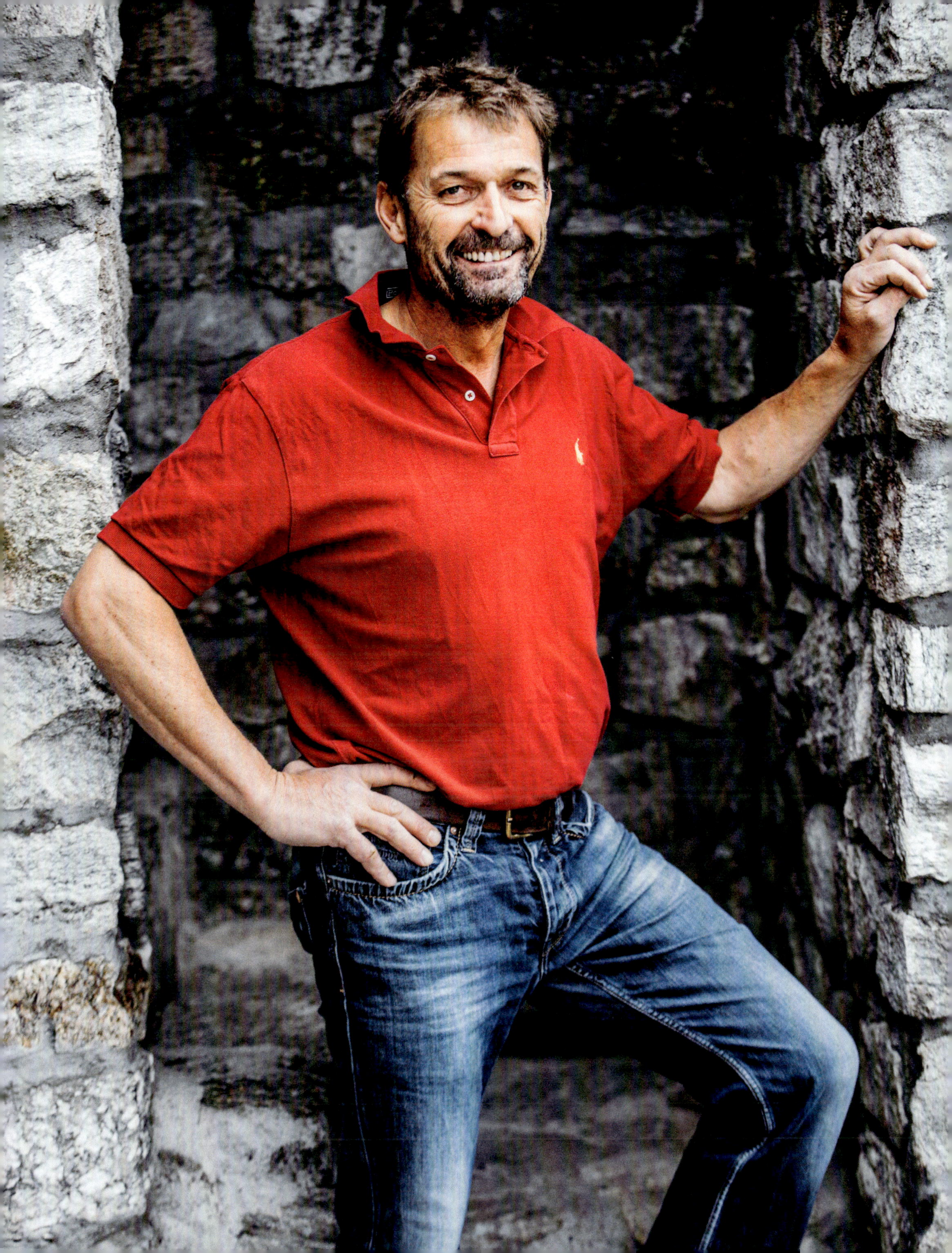

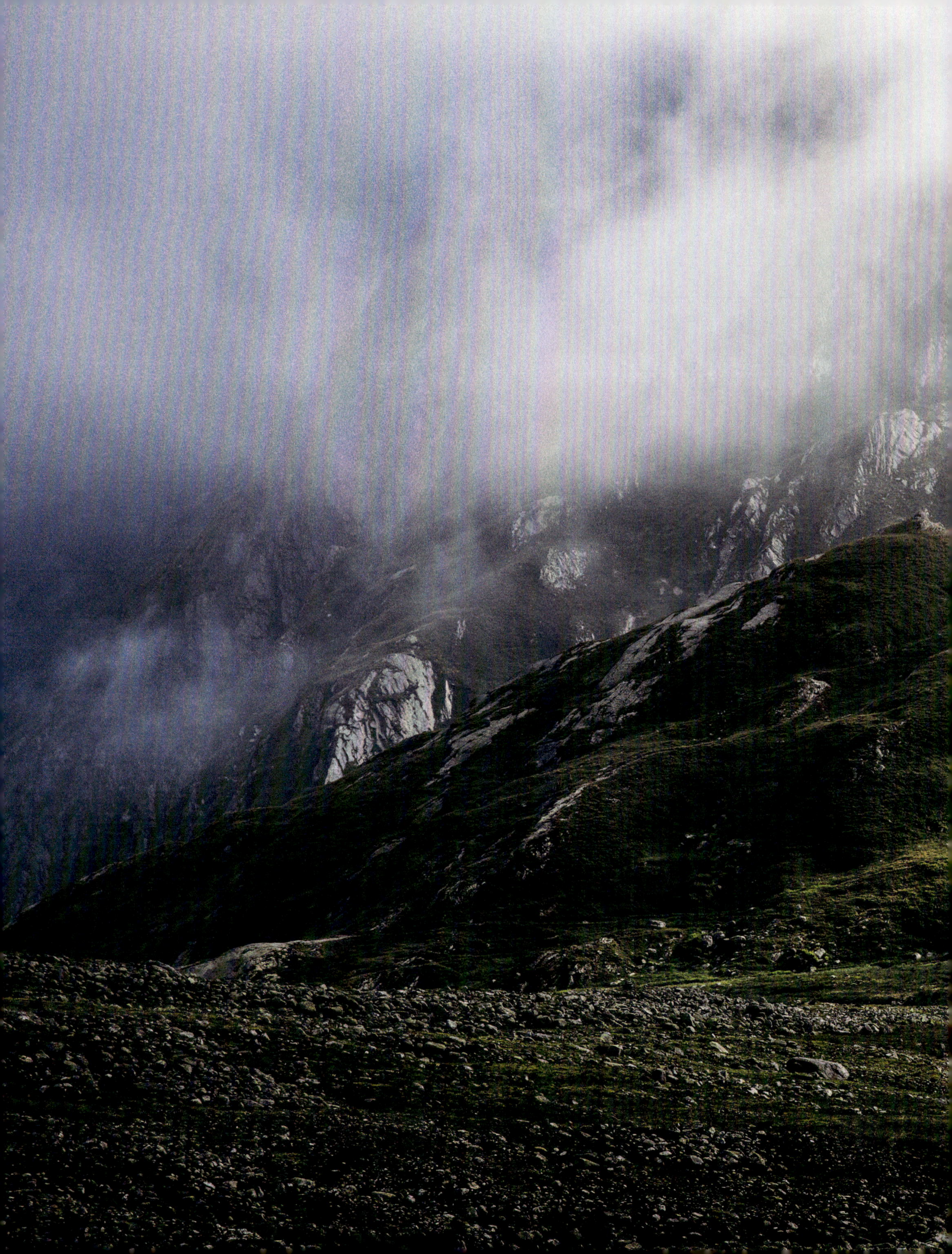

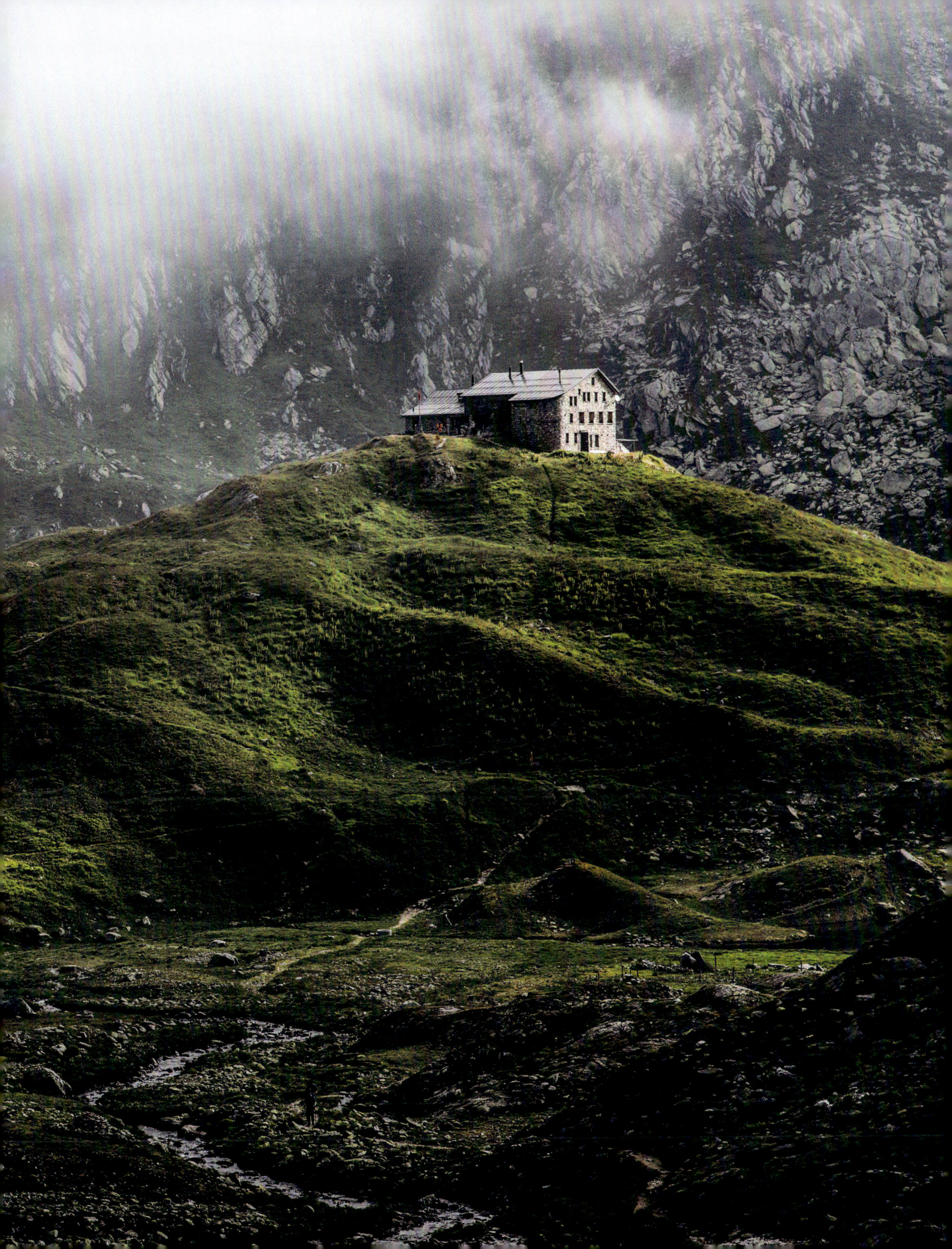

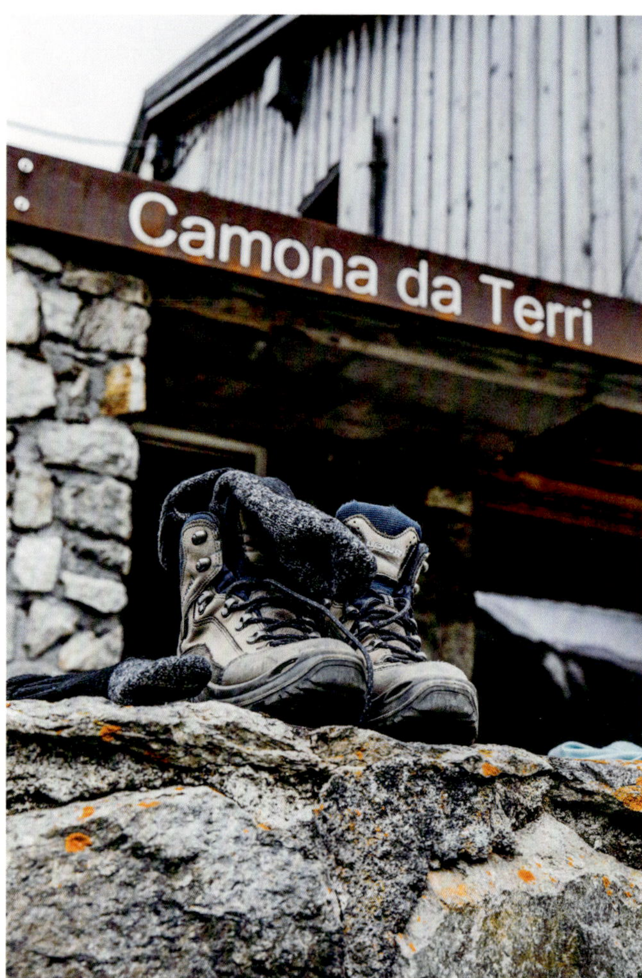

Kulinariktipp

Toni Trummer ist als gelernter Metzger für feine deftige Speisen zuständig wie die einheimischen Capuns, seine Frau Doris für den berühmten Greinakuchen aus Mürbteig mit Stachelbeeren oder Marillen und einem Kokoseiweißguss.

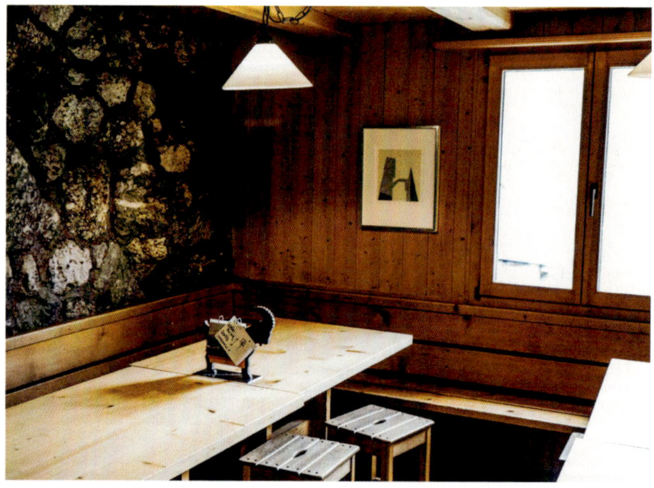

Doch auch die Camona de Terri selbst ist eine Sehenswürdigkeit: Mit harter Schale und gemütlichem Kern ist sie außen aus massivem Stein und innen Holz. 2007 wurde sie von Gion A. Caminada umgestaltet, dem Architekten, der unter anderem die Bausubstanz seines Heimat-Bergbauerndorfs Vrin mit viel Bedacht in die Zukunft geführt hat. Auf der Tessinhütte betont er im Inneren die schützende Geborgenheit und bettet sie außen wie ein Steinmandli in die Landschaft ein.

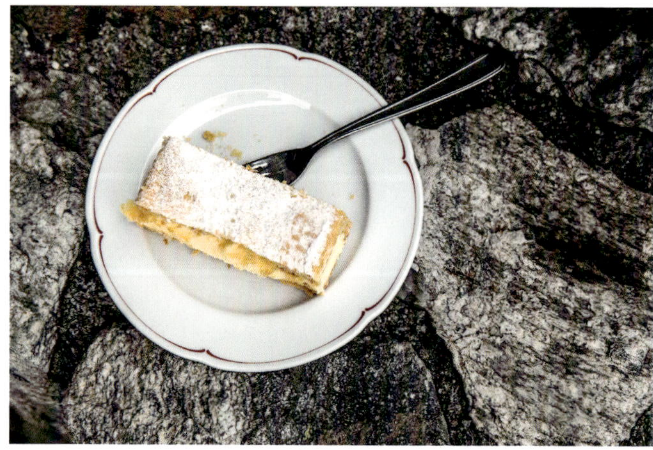

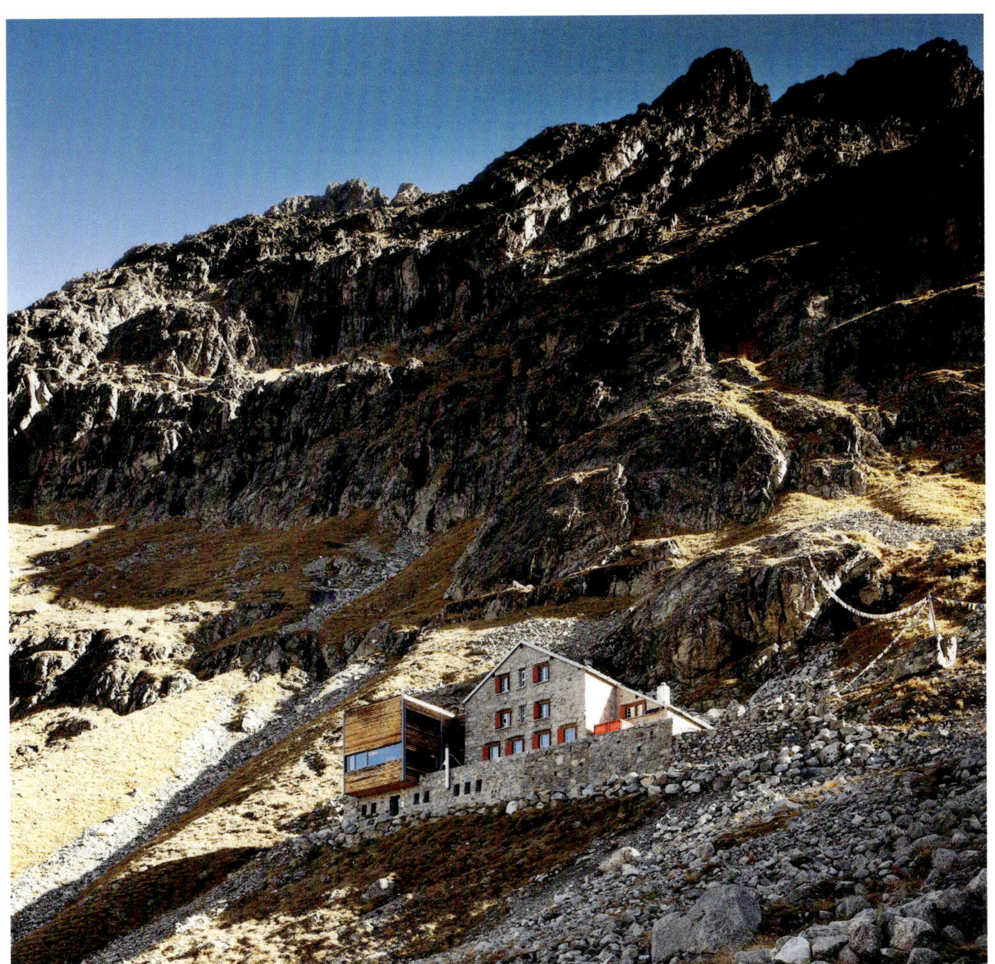

Kulinariktipp

Das Gipfelessen – die hausgemachten Nussgipfel (mit Haselnuss-Apfel-Füllung) und dazu das Gipfelbier der Brauerei Käslin aus Pontresina.

Das ist besonders

Hüttenwirtin Caroline empfiehlt den Piz Morteratsch als Aussichtsgipfel: »Hier am Morgen herauf und den Bernina mit Bianco-Grat im Sonnenaufgang sehen, das ist einfach fantastisch.«

Tschiervahütte ↗ 2.573 m

Viele kommen, um die Himmelsleiter zu erklimmen, den berühmten schmalen Bianco-Grat hinauf zum Piz Bernina, dem höchsten Berg Graubündens und den einzigen Viertausender der Ostalpen. Viele tragen jedoch über diese eindrückliche Kulisse hinaus noch weit mehr mit ins Tal: die Zeit auf der Tschiervahütte mit interessanten Gesprächen, wunderbarem Essen und einer warmherzigen Gastgeberin. Seit 2000 blickt Caroline Zimmermann von ihrer Terrasse auf die einmalige Gipfel- und Gletscherlandschaft des Berninamassivs. Die ist das eine, was sie heroben hält, das andere »sind die Freundschaften, die sich ergeben haben: mit Gästen, mit Bergführern, mit Angestellten«. Auf 2.573 Metern öffnet man sich viel schneller als im Tal, »und vor allem: Alle sind wir gleich in den Bergen.« Zwei Umbauphasen hat Caroline miterlebt, die Hütte ist ihr ans Herz gewachsen, »sie ist fast mein Kind geworden«. Und obwohl es einen schicken modernen Bau gibt, zieht es die meisten doch in den älteren Teil, zur offen gehaltenen Küche. Hier bespricht man die vielen Tourenoptionen – und das Leben.

Lage
Berninagruppe

Hüttenwirtin
Caroline Zimmermann

Geöffnet
Mitte Juni bis
Anfang Oktober

Touren & Zustiege
→ Seite 250

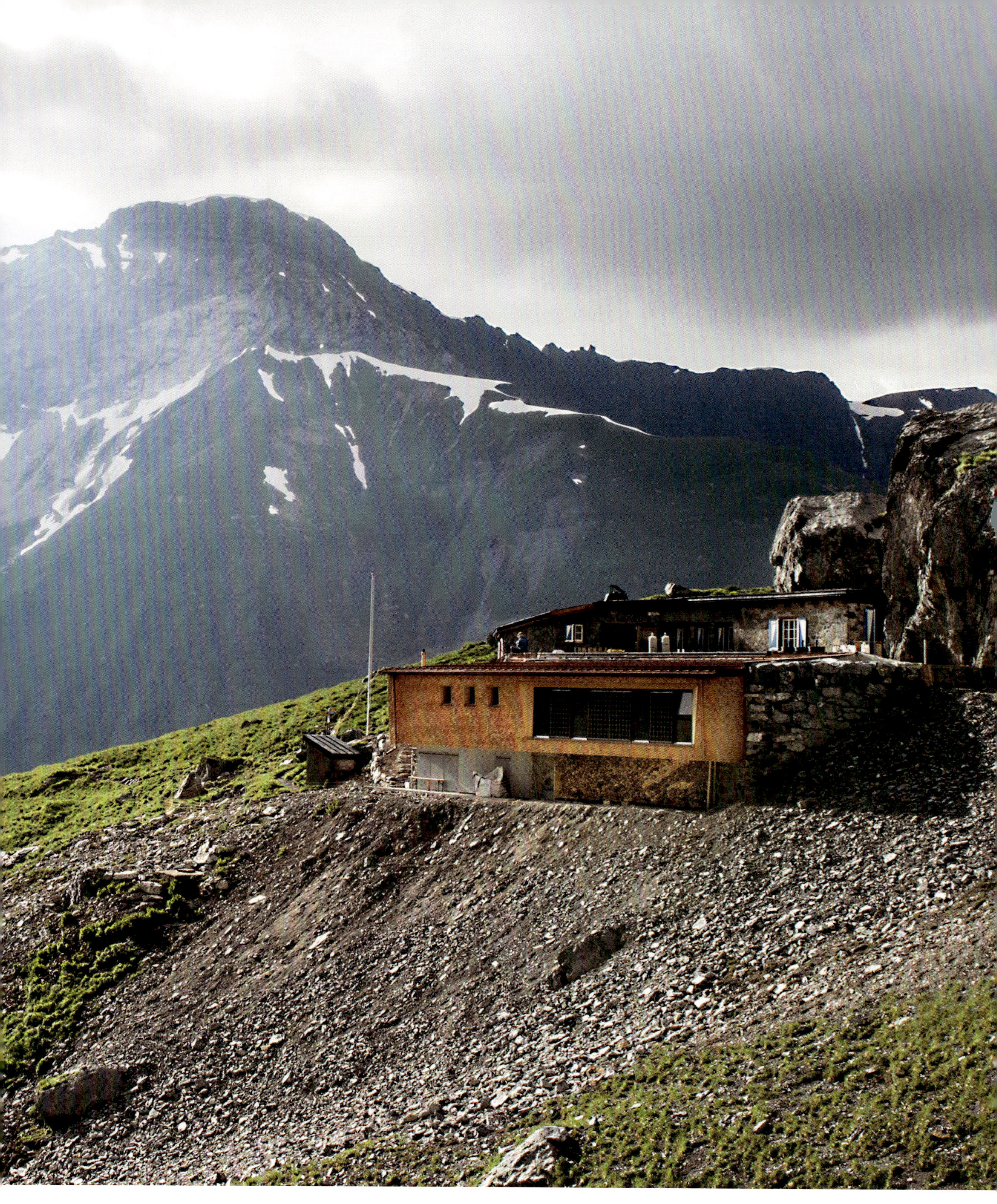

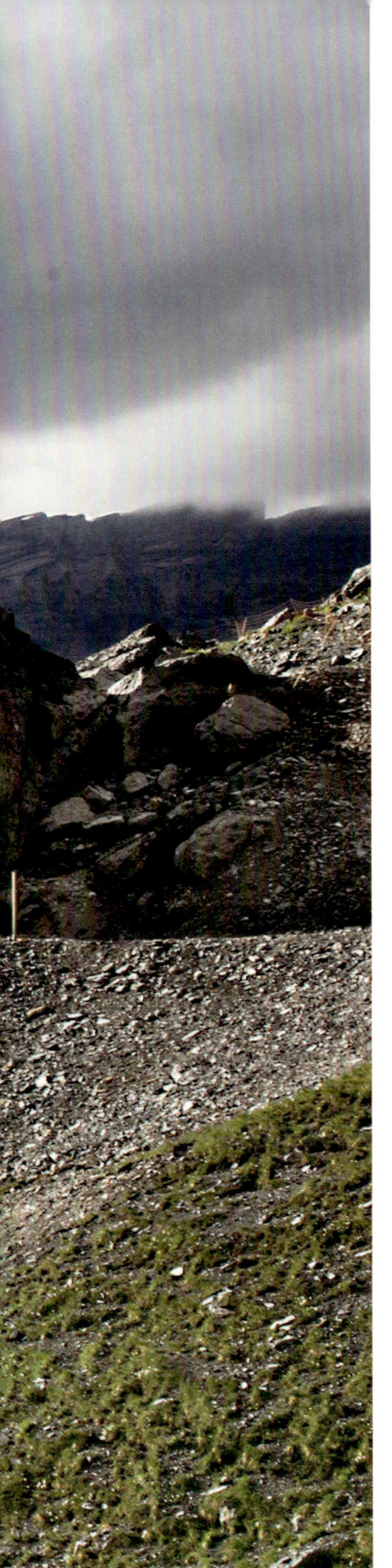

Kulinariktipp

Die selbst gemachten Spannort-Spätzli mit Bärlauchpesto.

Das ist besonders

Auf die sehr schwierigen und auch psychisch anspruchsvollen Sportkletterrouten am Schlossberg kann man sich an den Felsblöcken direkt an der Hütte einstimmen – zum Beispiel mit Glüewörmli (6a+) oder Melchbuebli (7b). Im Klettergarten Arena wartet griffiger Gneis, und im Klettergarten Piccolino finden sich 3a-Routen.

Spannorthütte ↗ 1.956 m

Als »Brocken von einem Berg« wird der 3.133 Meter hohe Schlossberg in den Urner Alpen gerne bezeichnet, und das trifft es ganz gut. Ein Schloss, das nicht mit hübschen Türmchen aufwartet, sondern mit einigen der schwierigsten Kletterrouten der Schweiz. Auch auf den stoppelig grünen Flanken unterhalb seiner mächtigen Wände verteilen sich mächtige Felsklötze – und an einen davon schmiegt sich die alte Spannorthütte ganz harmonisch an. So eng duckt sie sich an den Hang, als wollte sie sich in den Berg zurückziehen. Doch seit 2017 reiht sich ein neues, holzverschindeltes Gebäude an das Hütten-Urgestein – genauso flach, aber doch deutlich offener dem Surenental zugewandt. Aufgeschlossen sind auch die beiden Hüttenwirte Andy Ott und Fredy Städler, die hauptsächlich ambitionierte Kletterer, Alpingänger und Tagesgäste begrüßen. Letztgenannte verpassen allerdings die wunderschönen, langen Sonnenuntergänge, die man auf der Spannorthütte mit der Schlossbergwand im Rücken erlebt.

Lage
Urner Alpen

Hüttenwirte
Andy Ott
und Fredy Städler

Geöffnet
Mitte Juli bis
Mitte Oktober

Touren & Zustiege
→ Seite 250

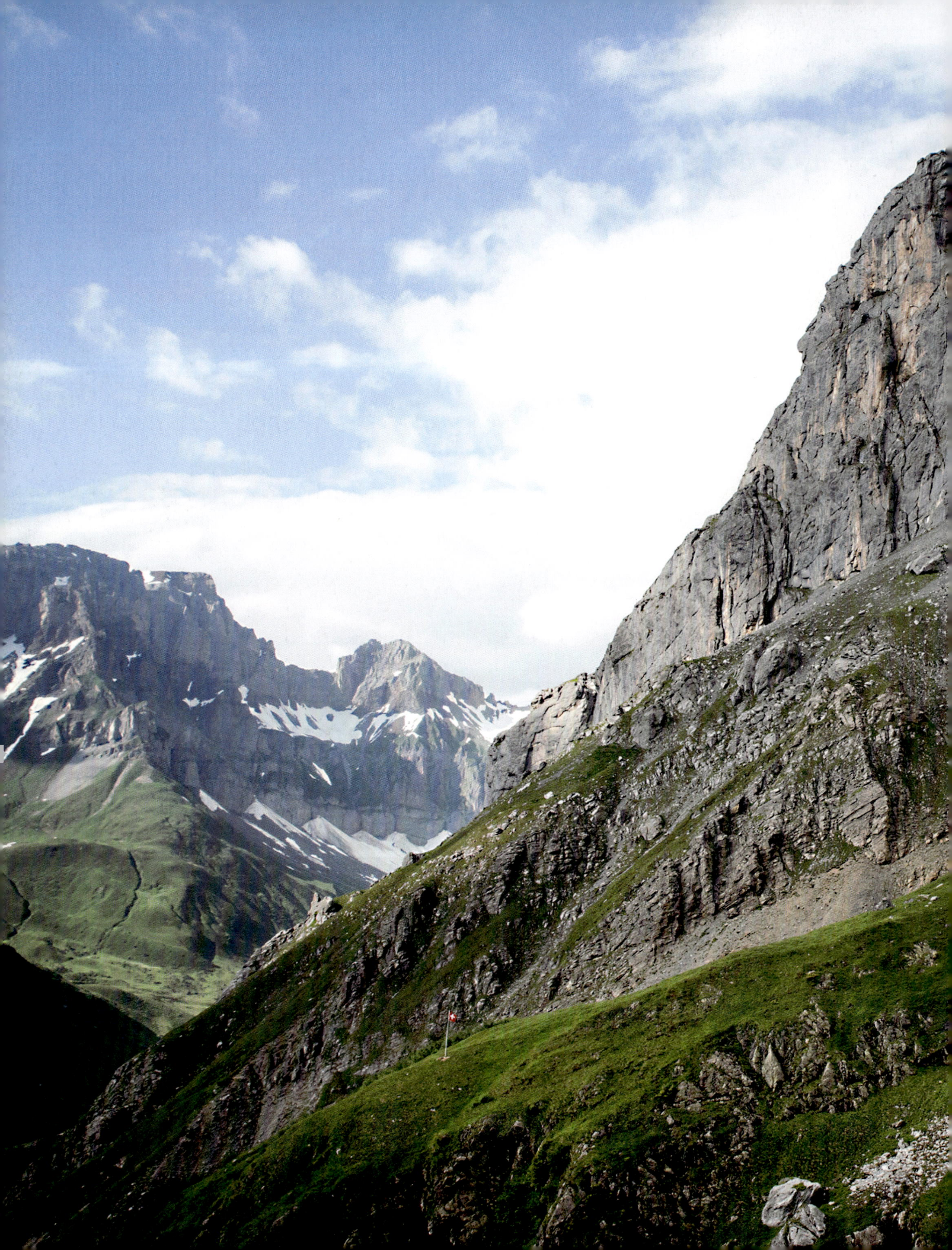

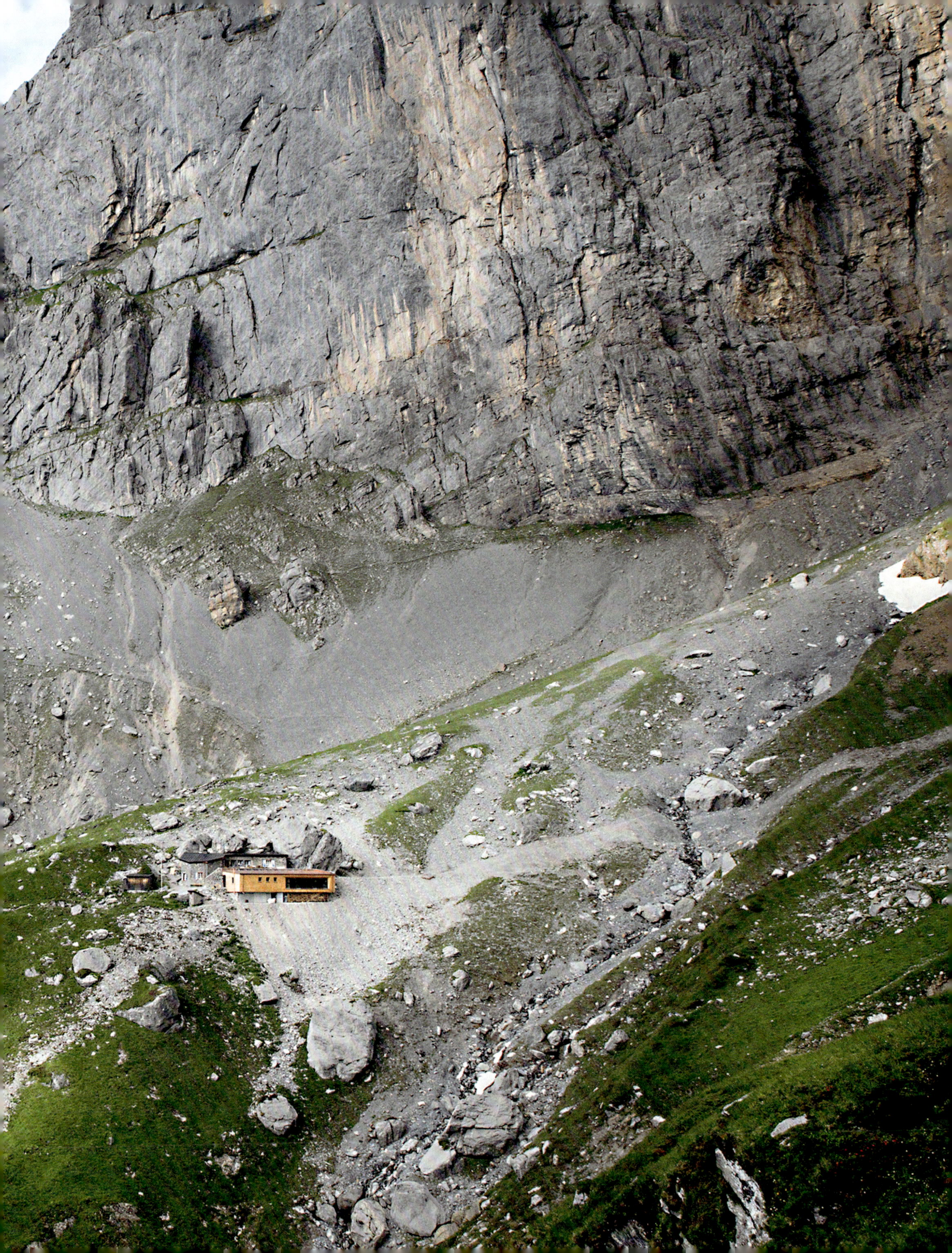

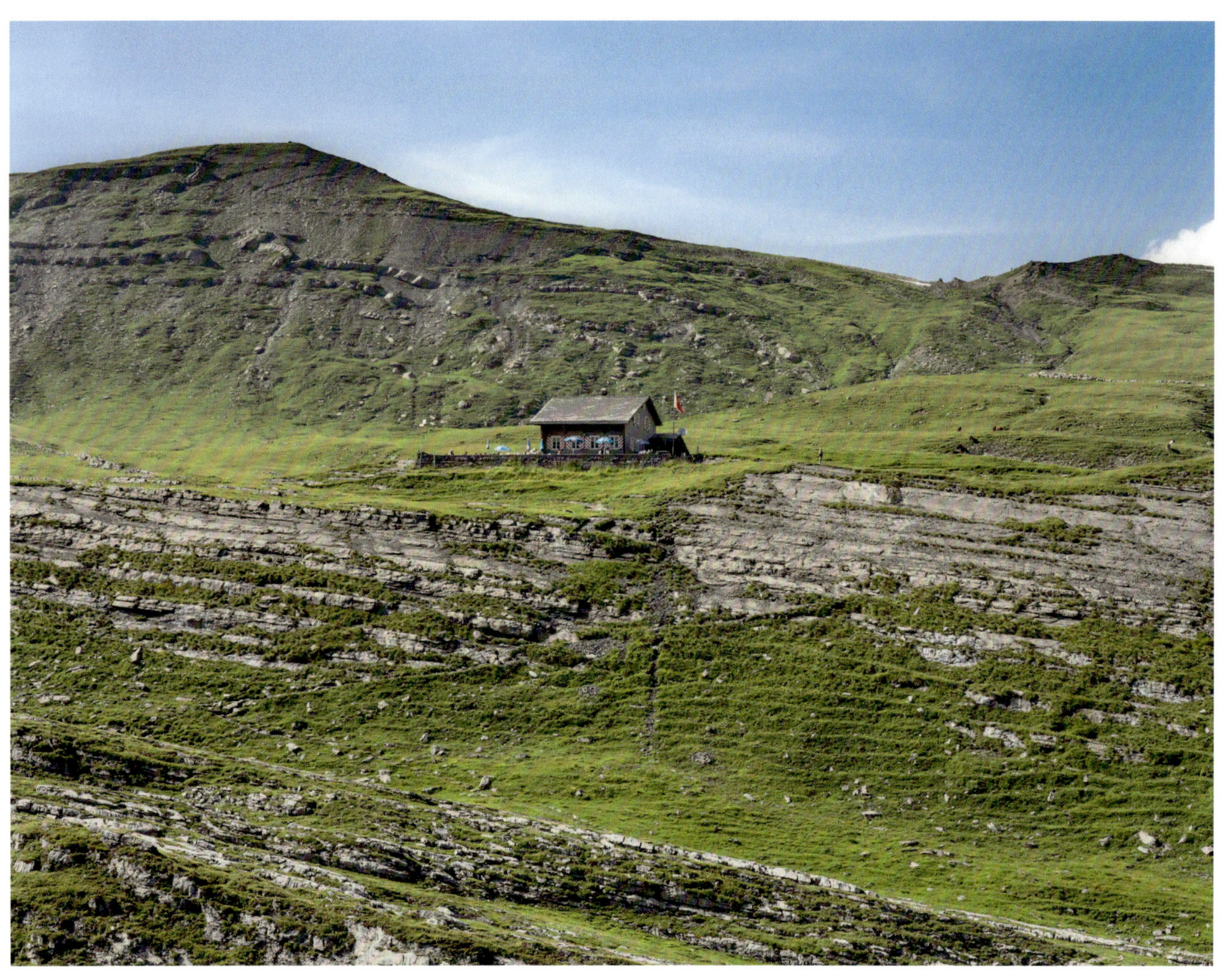

Glattalphütte ↗1.896 m

Ganz am Ende des Muotatals kann man in Sahli in eine schmale, urige Luftseilbahn einsteigen, in acht Minuten auf die Glattalp schweben und hinüber zur Hütte von Franziska Gwerder wandern. Nicht nur wegen dieser einfachen Aufstiegsvariante (es gibt durchaus auch anstrengendere Wege aus dem Tal herauf) ist das Hüttli perfekt für Familien: Hüttenwartin Franziska Gwerder, die hier oben aufgewachsen ist, ist halbberuflich Kindergärtnerin, es gibt einen Sandkasten, ein Trampolin und eine Lego-Kiste – aber vor allem gibt es ganz viel Natur. Kinder können in den Glattalpsee springen oder am Bach spielen und die vielen Tiere beobachten, die hier unter anderem von Franziskas Vater und ihrem Zwillingsbruder den Sommer über gehalten werden. Das Hochtal mag urtümlich sein, aber ruhig ist es nicht: Auf den satten Almwiesen bimmeln fleißig die Glocken der Rinder, Ziegen und Schafe – eine wunderbar beruhigende Klangkulisse zwischen den Gipfeln der Glarner und Schwyzer Alpen.

Kulinariktipp

Die saftigen Käseschnitten samt Hüttenkafi (verfeinert mit Baileys) und die Älplermagronen mit Butter, Milch und Käse aus eigener Produktion.

Das ist besonders

Zum Auftakt des Alpsommers ziehen um die 2.000 Schafe in die Berge. Im Winter hingegen kennt man die Glattalp als einen der kältesten Orte der Schweiz: Im Februar 1991 sollen −52,5 °C gemessen worden sein.

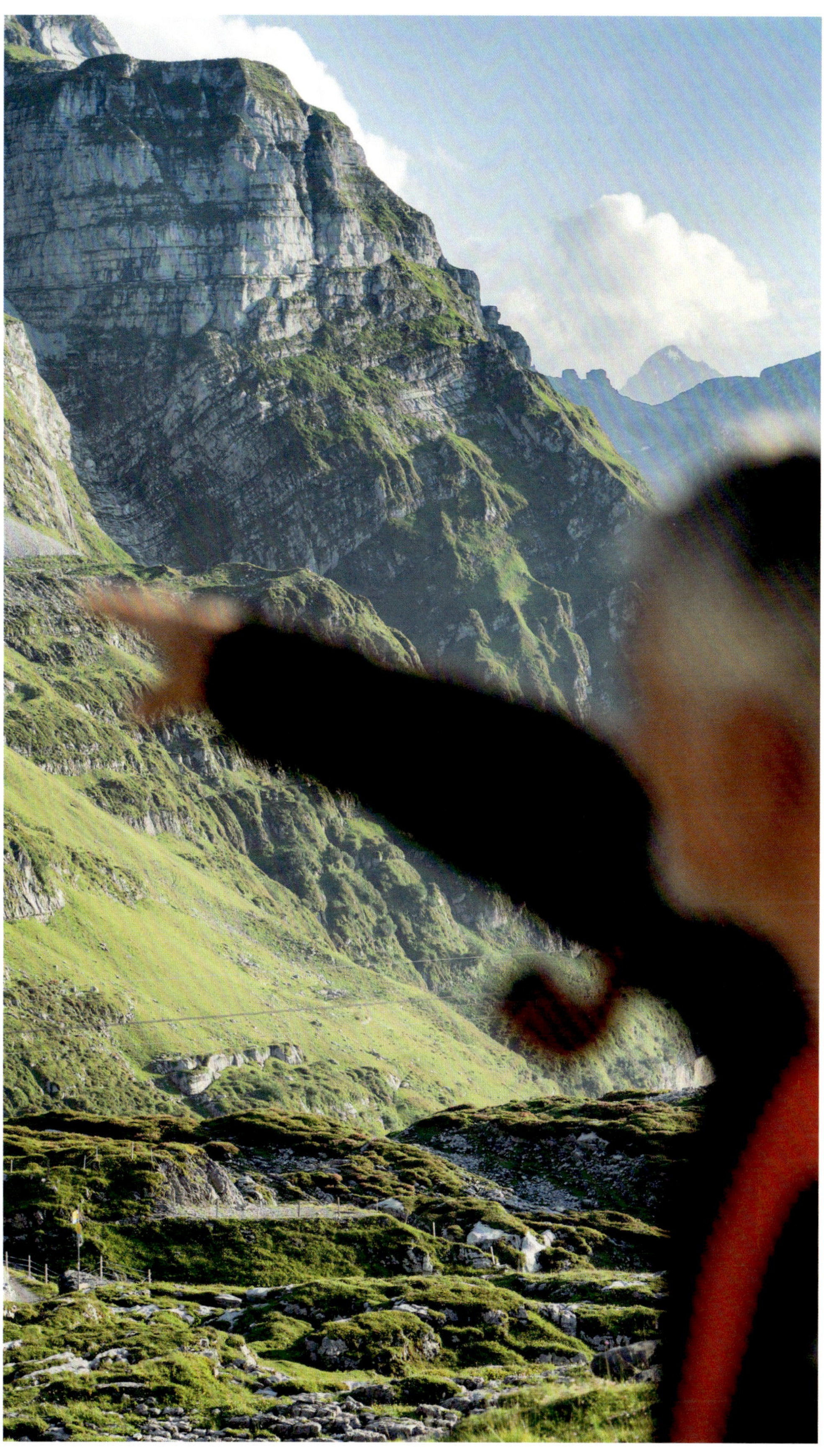

Lage
Schwyzer Alpen

Hüttenwirtin
Franziska Gwerder

Geöffnet
Anfang Juni
bis Ende Oktober

Touren & Zustiege
→ Seite 251

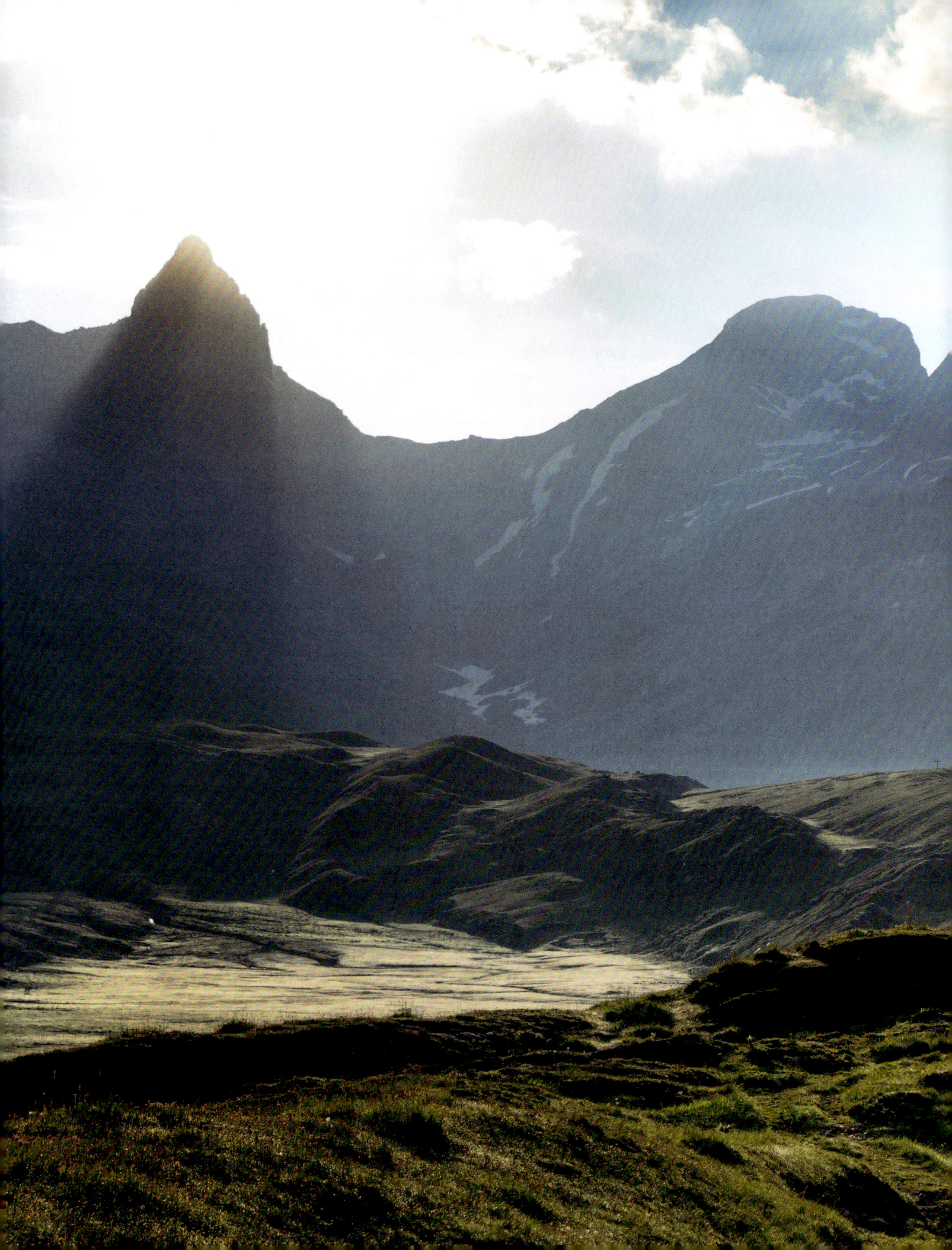

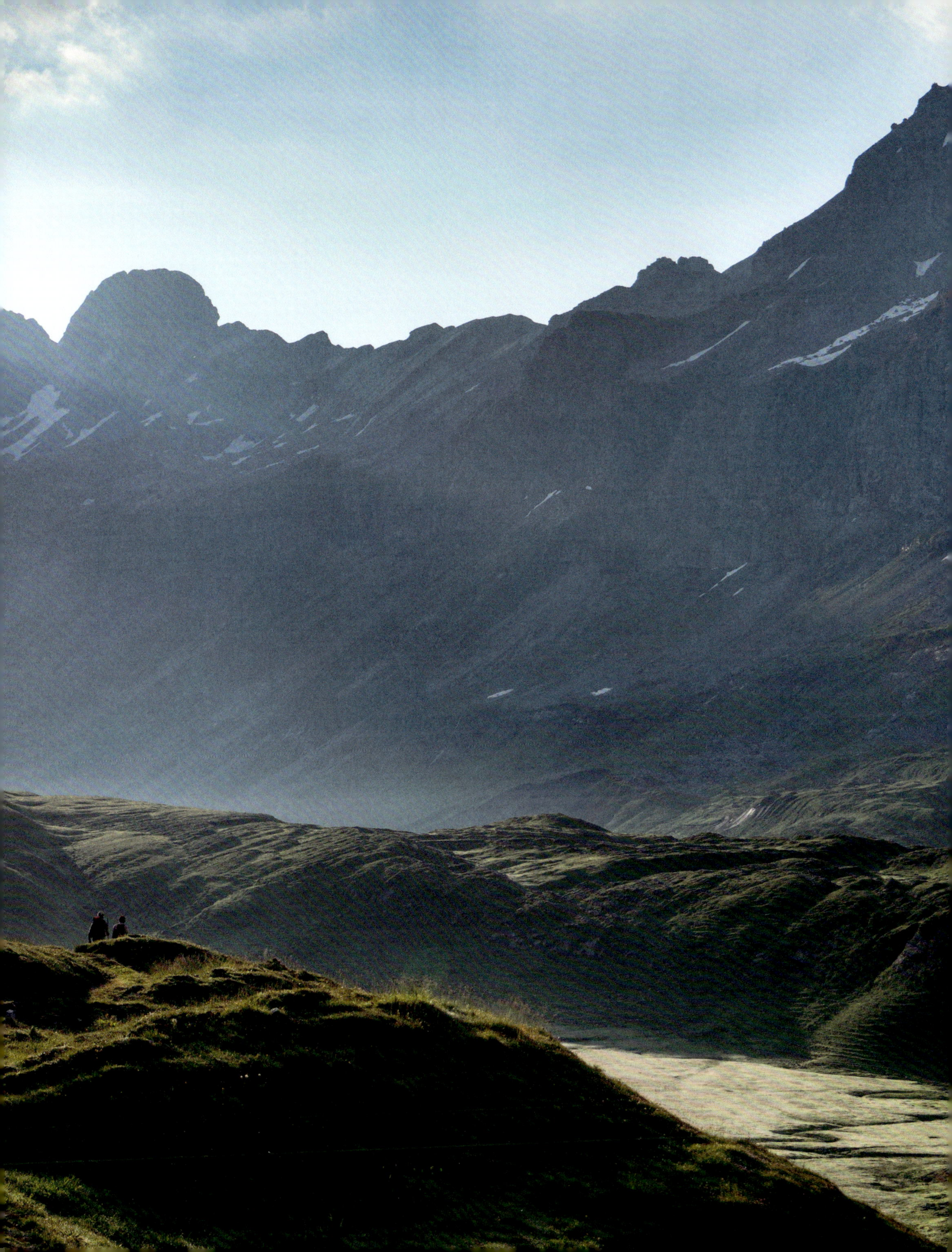

Voralphütte ↗ 2.126 m

Die Strahlende

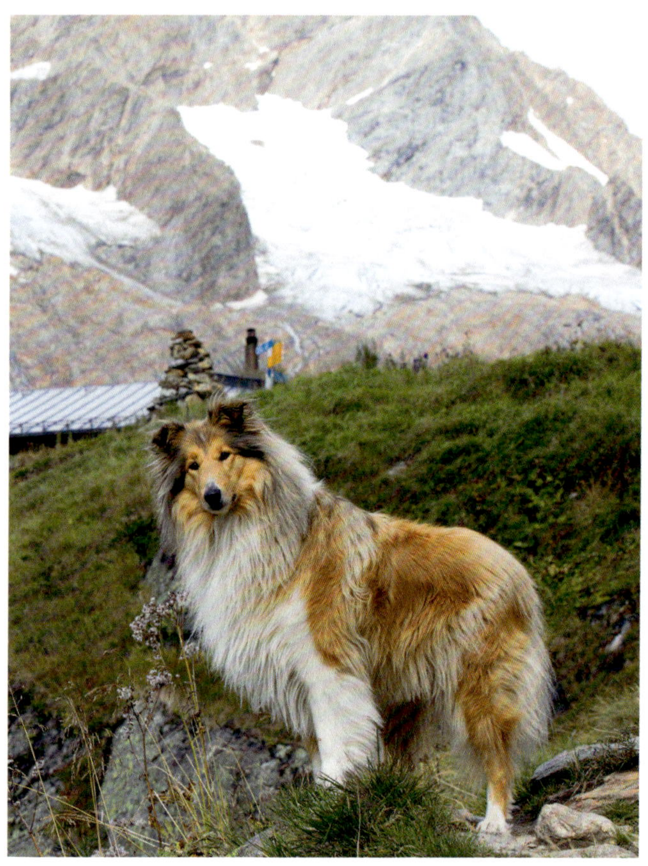

In den Urner Bergen trifft man auf Wirte, die ihre bunte Gästeschar mit Leib und Seele, mit Charme und »Schoggikuchen« verwöhnen – die Kletterer wie die Wanderer, die Skitourengeher wie die Strahler.

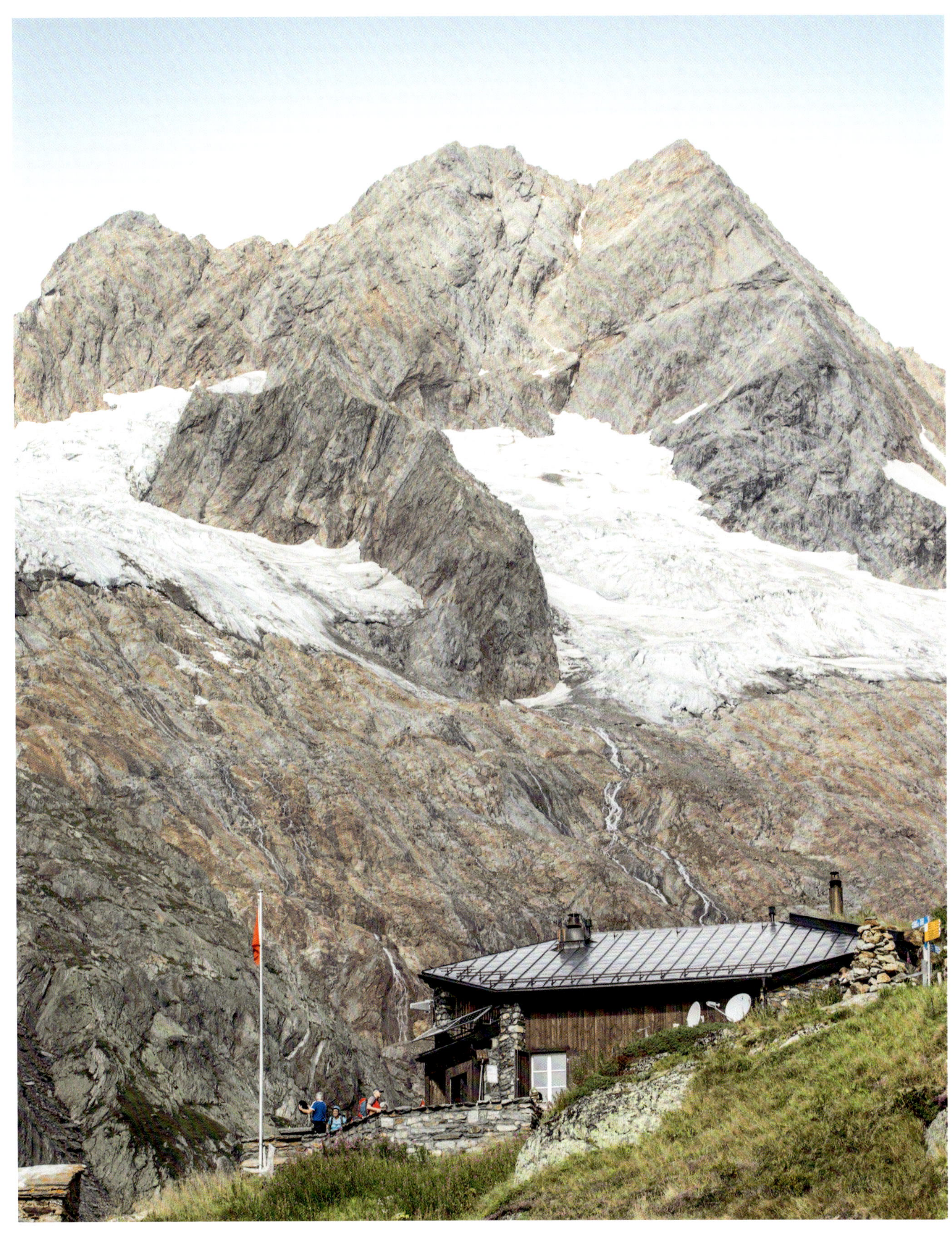

Lage
Urner Alpen

Hüttenwirte
Silvia und
Peter Bernhard

Geöffnet
Sommer: Mitte Juni
bis Anfang Oktober
Frühjahr: Mitte März
bis Mitte April

Touren & Zustiege
→ Seite 251

Im Herzen der Schweizer Alpen, da, wo sich die höchsten Gipfel der Urner Berge versammeln, liegt die beschauliche Voralphütte an ihrem sonnigen Platz am Fuße des 3.416 Meter hohen Fleckistocks. Es ist ein wunderbarer Ort, um der Seele Auslauf zu gönnen. Dazu nimmt man am besten auf den Granitbänken der kleinen Terrasse Platz, lauscht dem Pfeifen der Murmeltiere und richtet seinen Blick auf den Gletscher des Sustenhorns. Zahlreiche kleine Flussläufe sprudeln an den schroffen Bergwänden herab und münden am Gletscherboden in die Voralpreuss.

Es ist diese besondere Mischung aus wohliger Behaglichkeit und einem Bewusstsein für die Kraft der Natur, die man in solchen Momenten ganz deutlich spürt. Die Hütte wurde bereits 1891 erbaut, hier in diesem stillen Seitental des Göschenertals. Lange Zeit hielt sie den Elementen stand, doch im schneereichen Winter 1988 wurde sie von einer Lawine fast komplett zerstört. Heute ist das wiedererrichtete Gebäude mit einem Wall gegen Schneemassen gewappnet.

Dennoch gibt es meist einiges zu schaufeln für Silvia und Peter Bernhard, wenn sie Mitte März auf ihre Hütte aufsteigen, um sie für einen Monat – zur traumhaftesten Skitourenzeit – zu öffnen. »Vier, fünf Meter Schnee«, sagt Peter, würden sich da gern um die Hütte legen. Sie müssen sich den Weg zur Hüttentür bahnen, die Fenster ausschaufeln und die Solarzellen freilegen. »Zwei, drei Tage Muskelkater«, sagt Peter, hätten sie dann schon. Auch innerlich braucht die Hütte ihre Zeit, um aufzutauen. Bis es warm wird, heißt es für Silvia und Peter, »viel kuscheln, viele Lagen tragen und mit der Mütze ins Bett«.

Dieser Spätwintermonat auf der Voralp, er ist ein erstes Warmlaufen, ein vorfreudiger Auftakt für die Sommersaison, die Mitte Juni beginnt. Dann sind Silvia und Peter täglich 16 Stunden im Einsatz. Sie versorgen die bunte Gästeschar mit dampfenden Polentaschnitten in Salbeibutter, schneiden den wilden Schnittlauch für die Rösti mit Spiegeleiern und geben Tipps zu den Touren und Klettereien rund um die Hütte – und die sind so zahl- wie variantenreich.

Die Alpinwanderer nutzen die Hütte als Basisstation für Sustenjoch (2.656 m) und Bergseeschijen (2.816 m). Zwei Klettergärten gibt es in direkter Nähe, und seit Sommer 2010 verknüpft eine 90 Meter lange Hängebrücke über das spektakuläre Tobel am Fast-Dreitausender Salbitschijen die Voralp- mit der benachbarten Salbithütte. Man kann wählen zwischen Fern- und Nahwandern, auch bei den Einheimischen ist die Voralphütte beliebt.

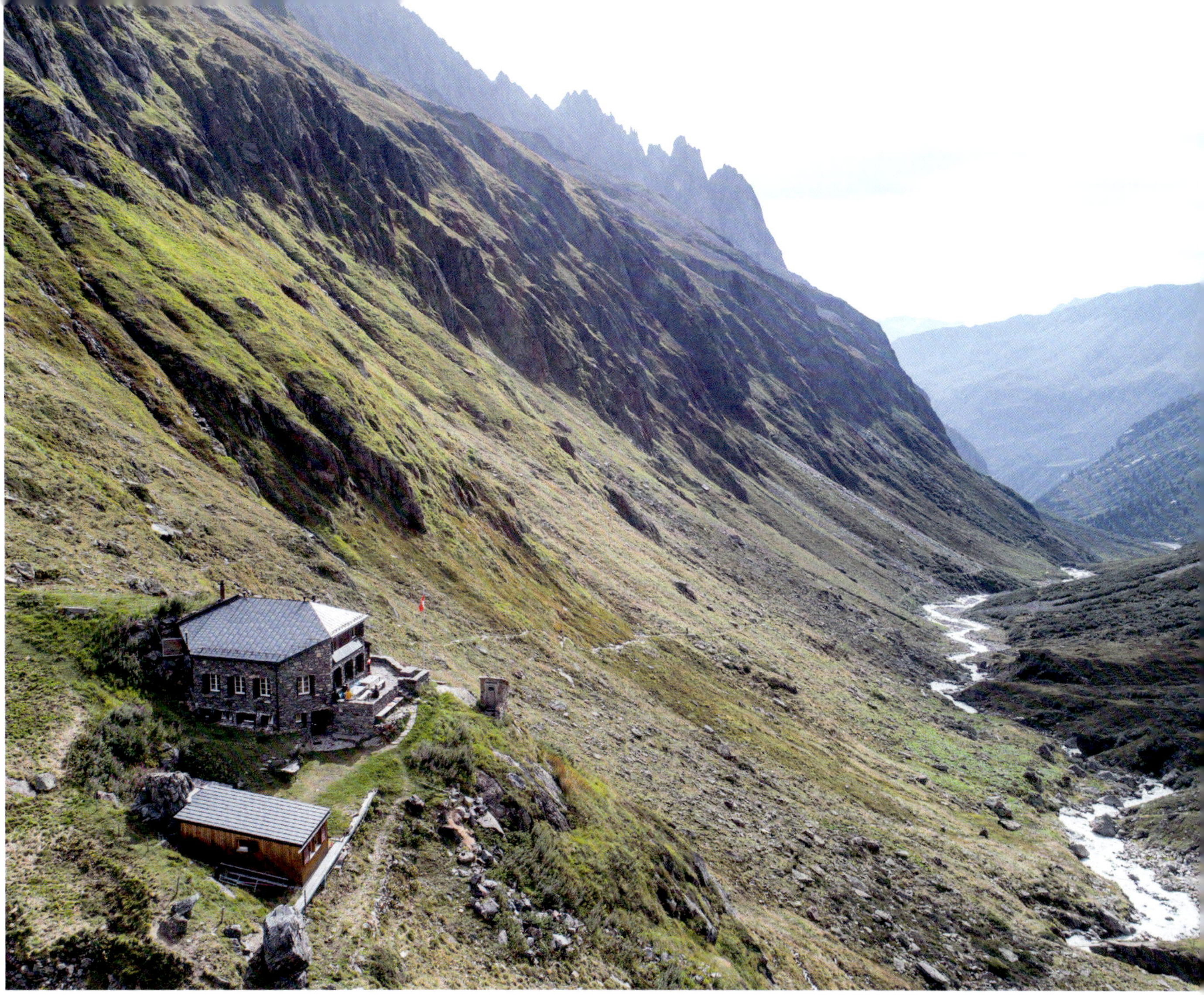

Kulinariktipp

Ein viergängiges Abendessen auf der Voralphütte kann folgendermaßen aussehen: Auf die Linsen-Ingwer-Suppe folgt ein Brasato di Merlot mit Steinpilz-Risotto, begleitet von einem gemischten Salat und einem Oro Rosso del Ticino. Die Früchte für den abschließenden Heidelbeerquark wurden natürlich selbst gepflückt.

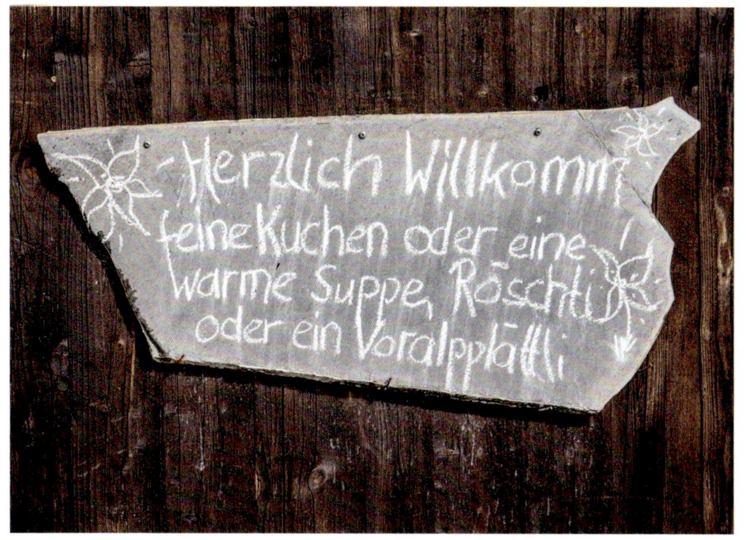

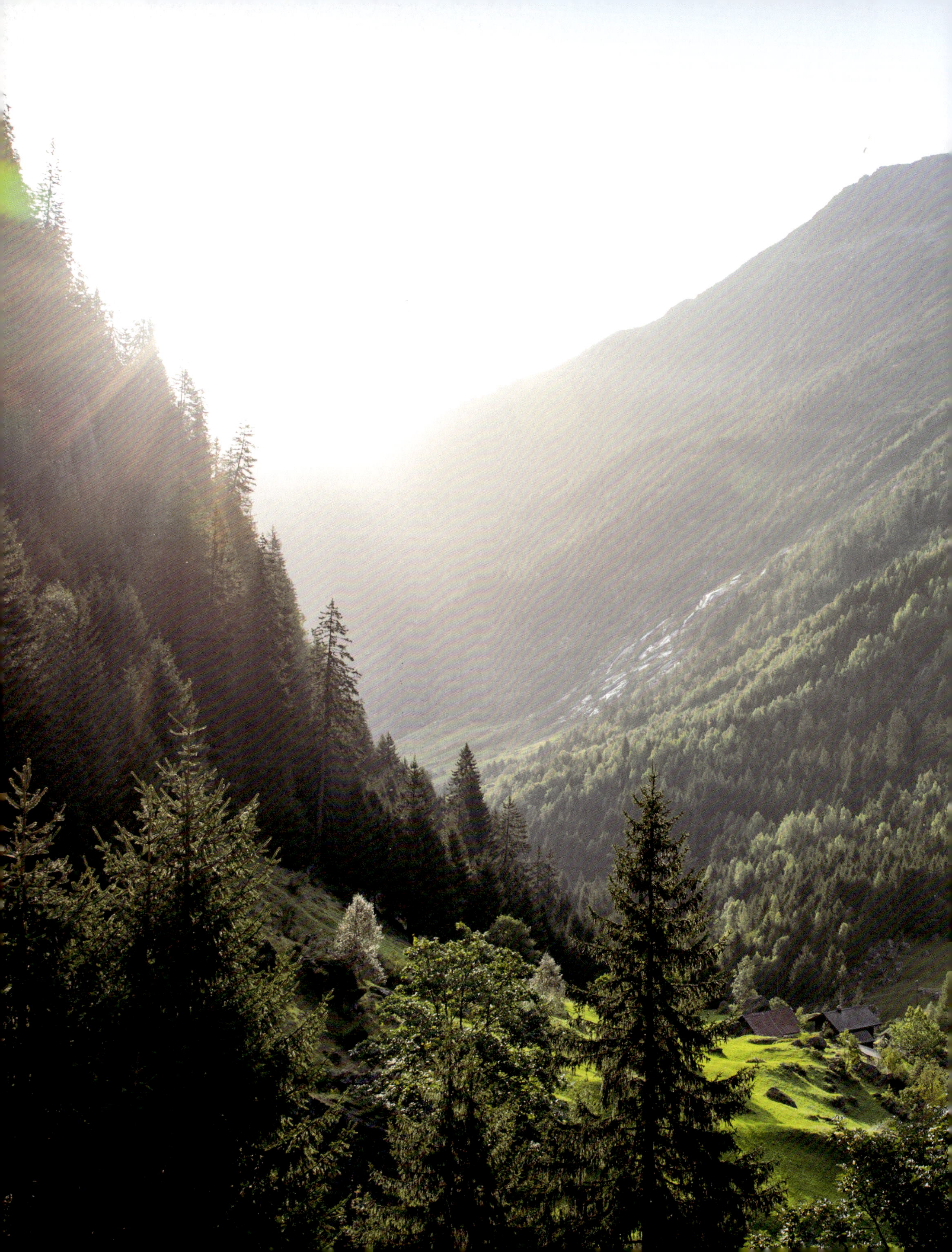

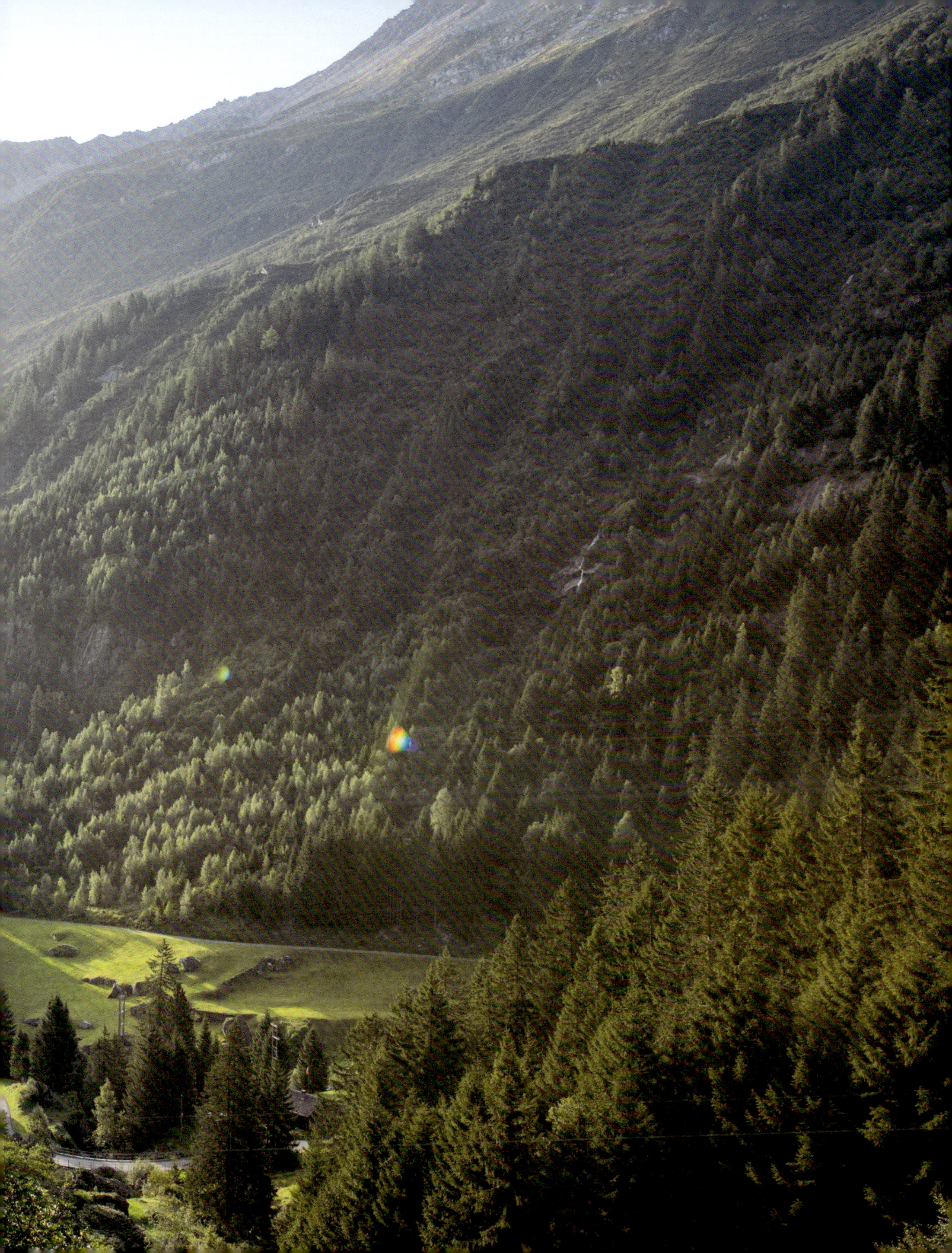

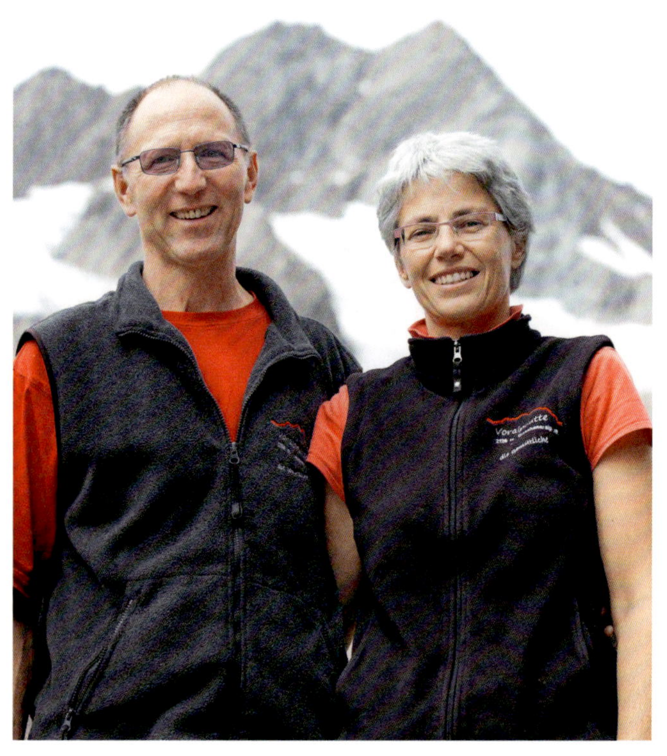

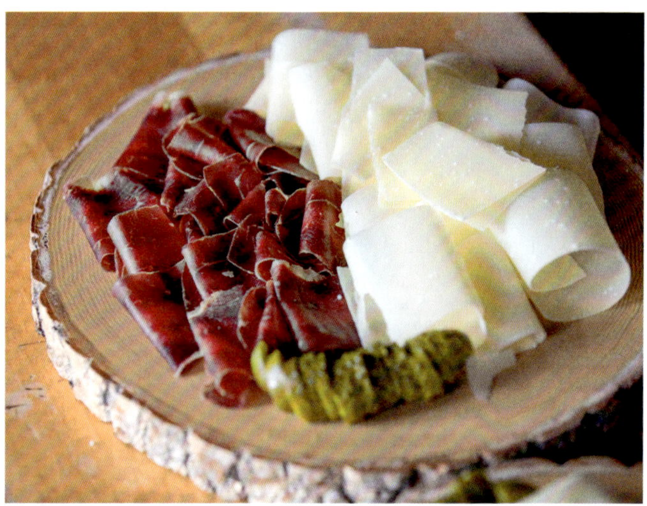

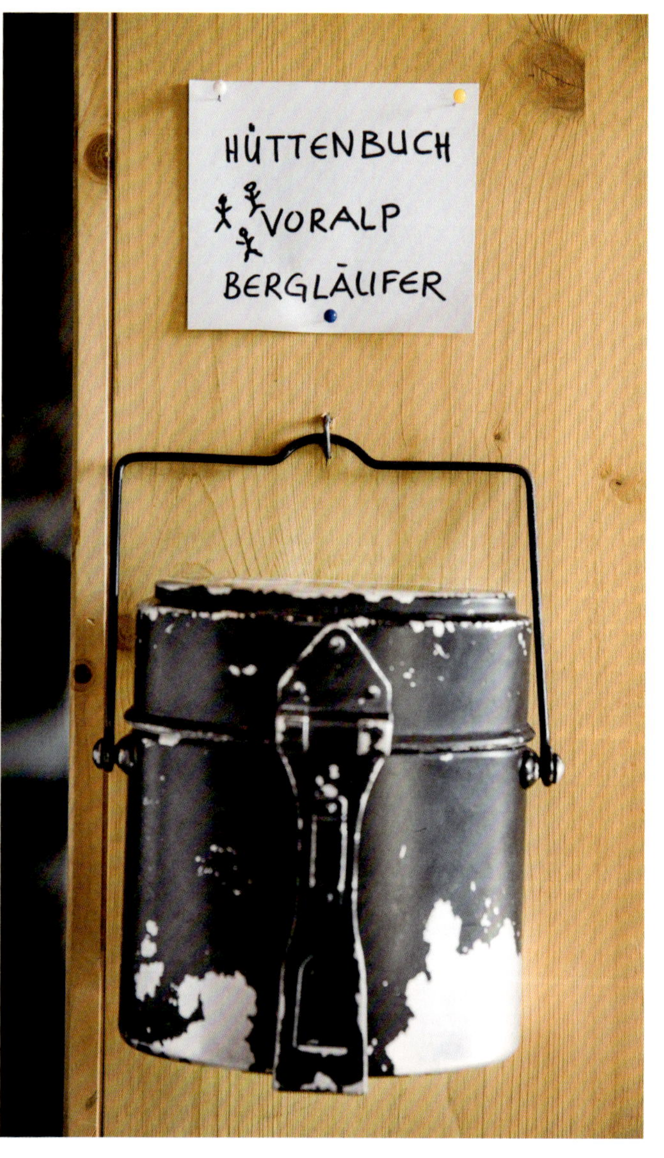
HÜTTENBUCH
VORALP
BERGLÄUFER

Das liegt zum einen in der Natur der Sache: Tagesgäste haben von der Göscheneralpstrasse nur zwei, drei Stunden Aufstieg. Eine Zeitlang führt der Weg in Serpentinen durch den Nadelwald, bis sich ein imposantes Hochgebirgstal offenbart. Raue, übermannshohe Felsbrocken liegen umher, Alpenrosen besprenkeln die Hänge, und die Hütte ist schon von weitem zu sehen. Die wilde Geräuschkulisse des Bachs begleitet einen den gesamten Aufstieg über und gehört ebenso untrennbar zur Voralp wie die spitzen Zacken der Berge.

Das ist besonders

Die geöffneten Spätwinterwochen sind generell ein Geheimtipp. Besonders faszinierend sind dann auch die Gletschertore: die Höhlen im Eis, durch die man im Winter spazieren kann. Silvia und Peter spuren regelmäßig mit Gästen eine Stunde Richtung Sustenjoch, um mit ihnen dieses Erlebnis zu teilen.

Zum anderen wissen die lokalen Bergfreunde natürlich auch um die Verlockungen, die Silvia in der kleinen Küche zaubert. Die Brote und Kuchen – Johannisbeerwähe, Schoggikuchen und Bündner Nusstorte – werden selbst gebacken, zum Rösti oder Risotto wird der passende Wein serviert.

Beim Hüttenkaffee – mit Sahnehäubchen und einem gehörigen Schuss Alkohol – tischt Peter dann funkelnde Geschichten auf, denn auch Strahler sind zu Gast auf der Voralphütte. Die Kristall- und Mineraliensammler werden in der Gegend wegen des Rückzugs des Gletschers gerne fündig. »Andere Gebiete sind schon sehr gut abgesucht«, erklärt Peter, »aber hier bei uns, unter dem Gletscher, da tut sich für sie Neuland auf. Da war noch kein Mensch, kein Strahler vor ihnen.«

Die Wirtsleute selbst strahlen hingegen am meisten, wenn sie von ihrer Voralphütte erzählen. Als Silvia, die ehemalige Bauleiterin, das erste Mal in dieser hellen, freundlichen Stube stand, wusste sie: »Hier will ich hin. Ich werde alles geben, um diese Hütte zu bekommen.« Peter behielt noch einige Jahre seine Anstellung als Pöstler in Engelberg. Dann entschied auch er: Neben der Hütte soll es keinen anderen Job mehr geben. »Früher habe ich die Post mit Rucksack und Skiern ausgetragen. Heute kannst du kein Wort mehr mit den Menschen wechseln, weil du immer schon zwei Häuser weiter sein solltest.« Er macht eine Pause, bevor er abschließt: »Hier oben wird viel geredet – jeder mit jedem.« Das stimmt. An den wenigen Tischen in der Stube wird zusammengerückt und zusammen gewürfelt – erst die Menschen, dann beim Spielen. Sie hätte niemals gedacht, sagt Silvia, dass die scheinbar so unterschiedlichen Gäste so selbstverständlich und gerne beisammensitzen und die Gemeinschaft genießen. »Keiner ist sich fremd am Berg«, ergänzt Peter und meint dann noch, dass in einem Jahr »vielleicht ein Mensch dabei ist, von dem du denkst, dass es nicht so viel ausmachen würde, wenn der nicht mehr kommt«. Der herzlichen, warmen Atmosphäre auf der Voralphütte kann man sich schwer entziehen. Sie ist ansteckend, wohl von dem Märztag an, an dem Silvia und Peter ihr Feuer auf 2.126 Metern von neuem entfachen.

Cabane du Trient

↗ 3.170 m

Unter den Mächtigen

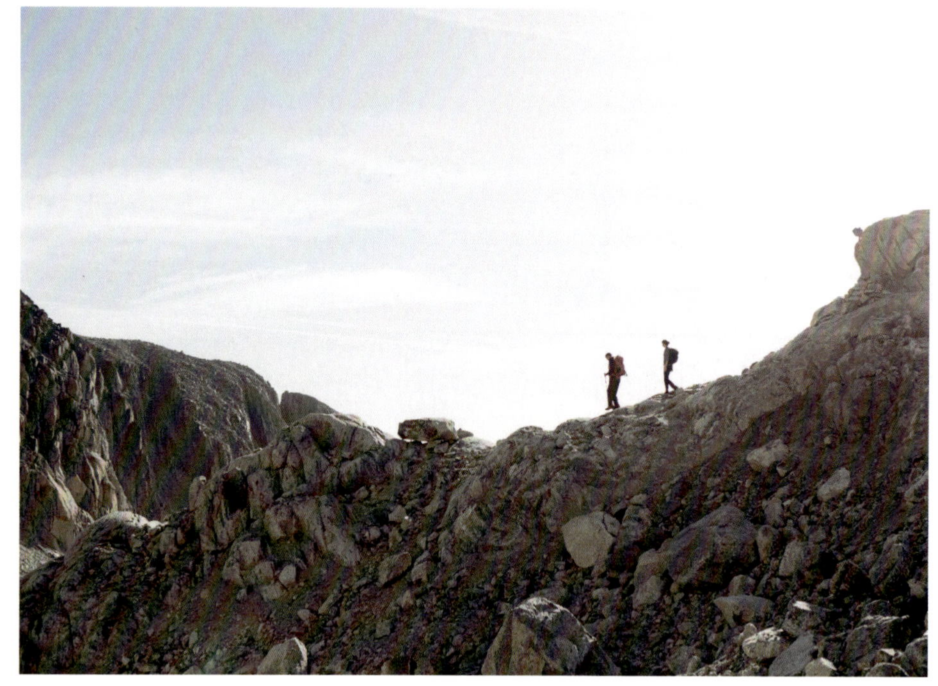

Die Luft ist dünn, der Mont Blanc nah. Im südlichen Wallis, auf über 3.000 Metern, ist das Bergsteigerleben voller Höhepunkte. Als Ruhepol dient die Cabane du Trient.

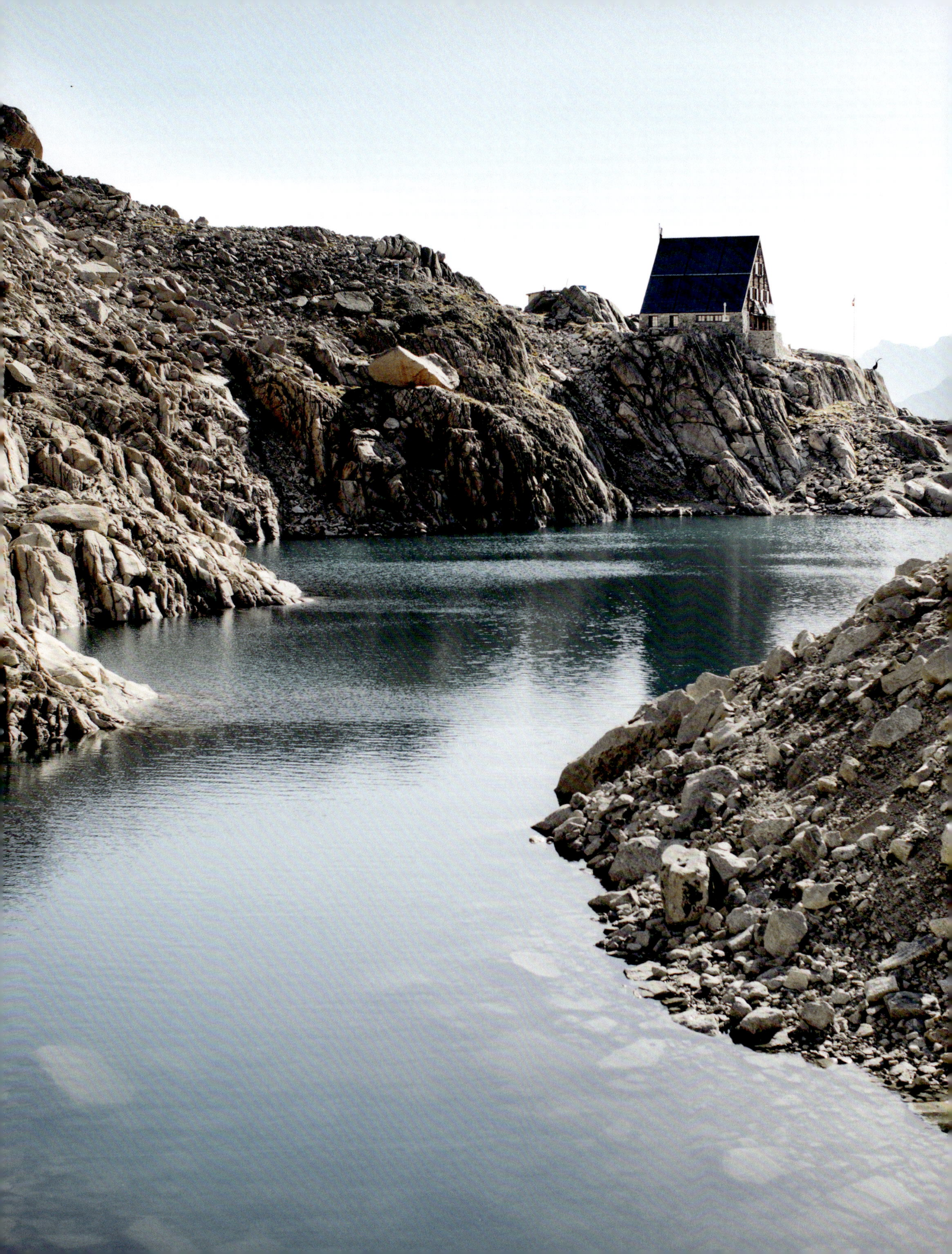

Je höher man steigt, desto weiter der Himmel und umso tiefer die Ehrfurcht. Das Gelände ist kahl, rau, gefurcht und überwältigend mächtig. Mit viel landschaftlicher Ablenkung arbeitet man sich bergan. Die Augen müssen das fünf Quadratkilometer weite Trient-Gletscherplateau eine gute Weile abtasten, bis sie das Refugium auf über 3.000 Metern ausmachen. Die weiß-roten Fensterläden helfen, und ab und zu blitzt die schiefersilberne Fassade des kubischen Anbaus dem Wanderer entgegen. Dass die Cabane du Trient nicht alle Aufmerksamkeit auf sich zieht, ist klar angesichts des Spektakels, das sie umgibt: eine ganze Legion an spitzen Granitzacken mit Le Portalet, Aiguilles Dorées, Aiguille du Tour und Aiguille du Pissoir. Dazu fügt sich die Hütte unauffällig in die gewaltige Landschaft ein, Stein auf Stein im Stein. Dennoch: Die Cabane bildet nicht nur das Fundament für alpine Höhepunkte im Schweizer Teil des Mont-Blanc-Massivs, sie ist durchaus auch selbst ein Highlight für Alpinisten wie für Wanderer.

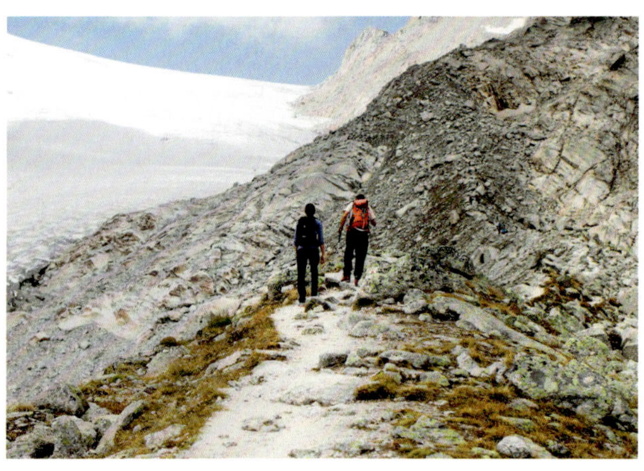

Lage
Walliser Alpen

Hüttenwirte
Mélanie und Olivier Genet

Geöffnet
Sommer: Anfang Juni bis Mitte September
Frühjahr: Anfang März bis Anfang Mai

Touren & Zustiege
→ Seite 251

Sie liegt auf 3.170 Meter Höhe und bietet somit die ideale Ausgangslage für zahlreiche Touren, die über das hinausführen, was man sonst so kennt. Entsprechend präsentiert sich das Bild, wenn man die Hütte erreicht. Vor der Tür wartet ein Haufen aus Eispickeln, Karabinern und Seilen darauf, geordnet zu werden. Manche Gäste klettern im Aufstieg an der Aiguille d'Orny »La Moquette«, eine Mehrseillängenroute im 4. bis 5. Schwierigkeitsgrad, um sich ein wenig mit dem Mont-Blanc-Granit anzufreunden. Am nächsten Tag wollen viele bei Sonnenaufgang mitten auf dem Plateau stehen. Das Gelände ist für Bergsteiger ein Traum, und so verwundert es nicht, dass auch die Alpenvereine hier regelmäßig Kurse, Fortbildungen und Trainings abhalten.

Doch es finden sich auch weniger ambitionierte Gäste auf der Trienthütte. Der Zustieg über das Plateau kann mit dem Sessellift vom Lac de Champex zum Grat von La Breya um etwa zwei Stunden verkürzt werden – ohne Verlust an Panorama: Grand Combin, Mont Vélan und weit unten die Autostraße zum Großen St. Bernhard. Dann geht es entlang der Flanke über die Combe d'Orny ins alpine Gelände – allerdings nicht mehr wie früher zum Gletschereis, zu unberechenbar sind die Spalten geworden. Und so verläuft der Weg über rund geschliffene Felsen, die mit Leitern, Fixseilen und Metallbügeln versehen sind.

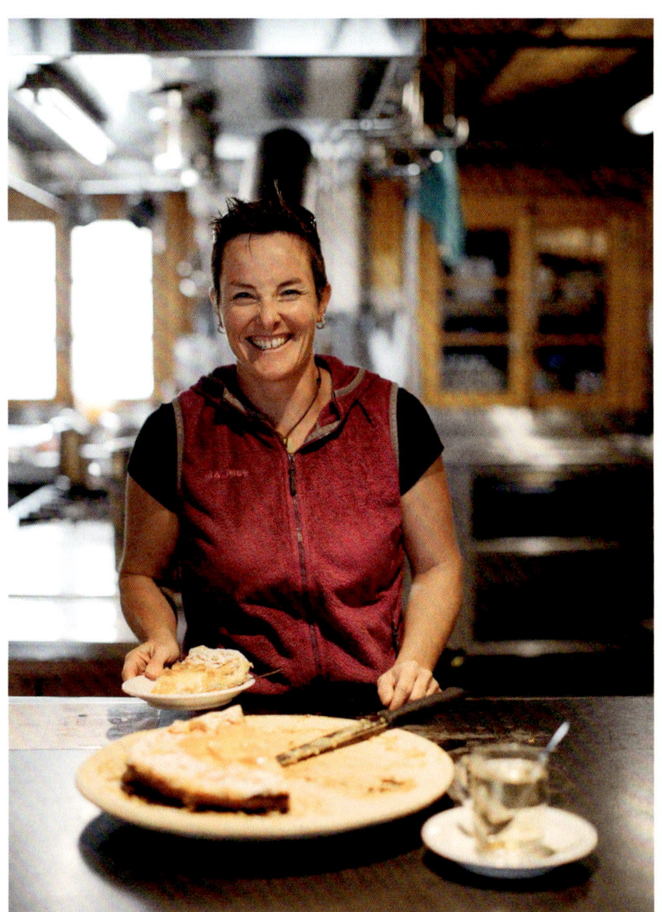

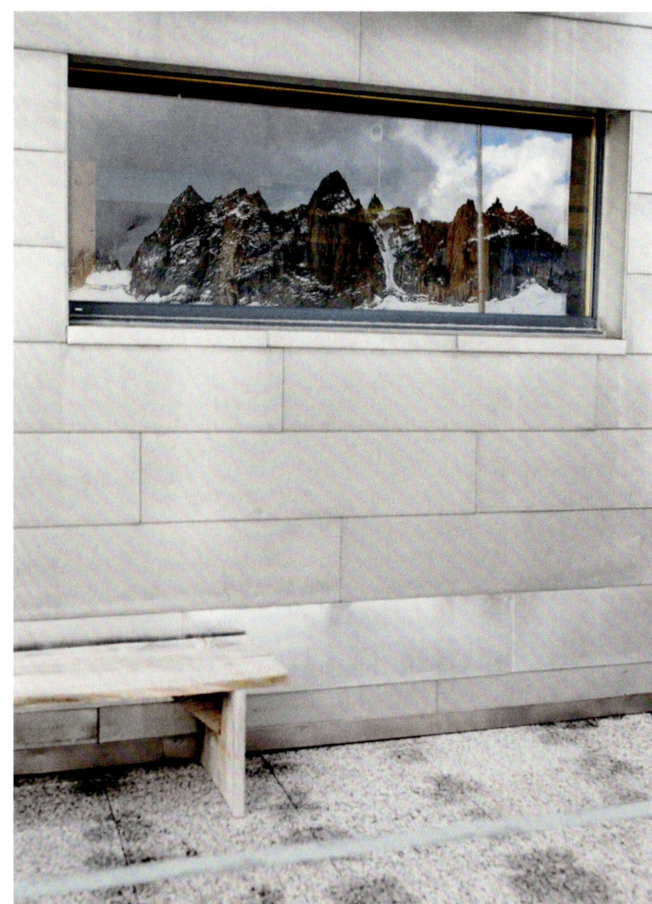

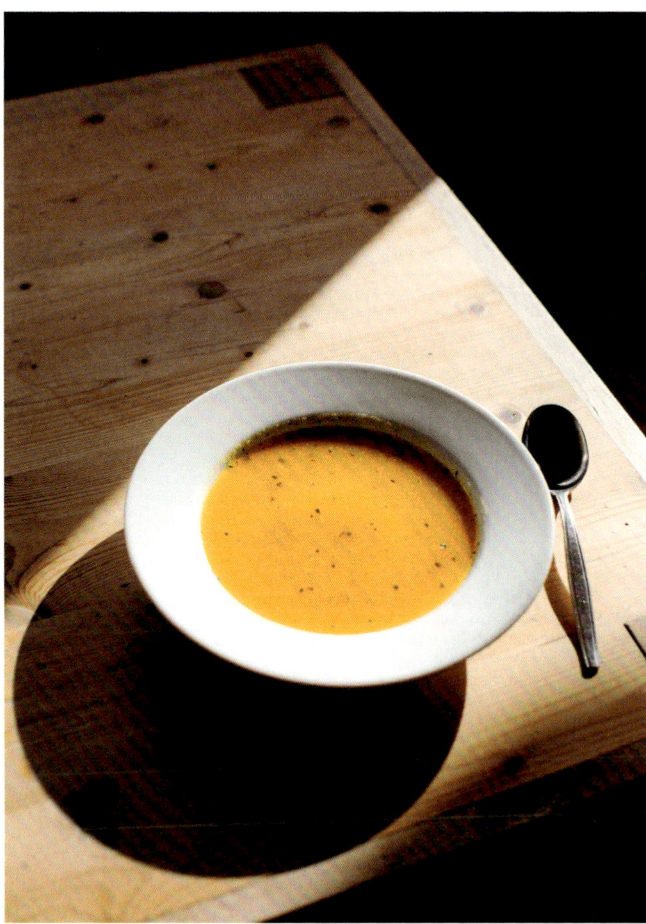

Kulinariktipp

Das Viergangmenü aus regionalen Zutaten schließt meist mit einer feinen Karamellcreme – als Begleitung empfiehlt sich ein Pinot aus dem Unterwallis.

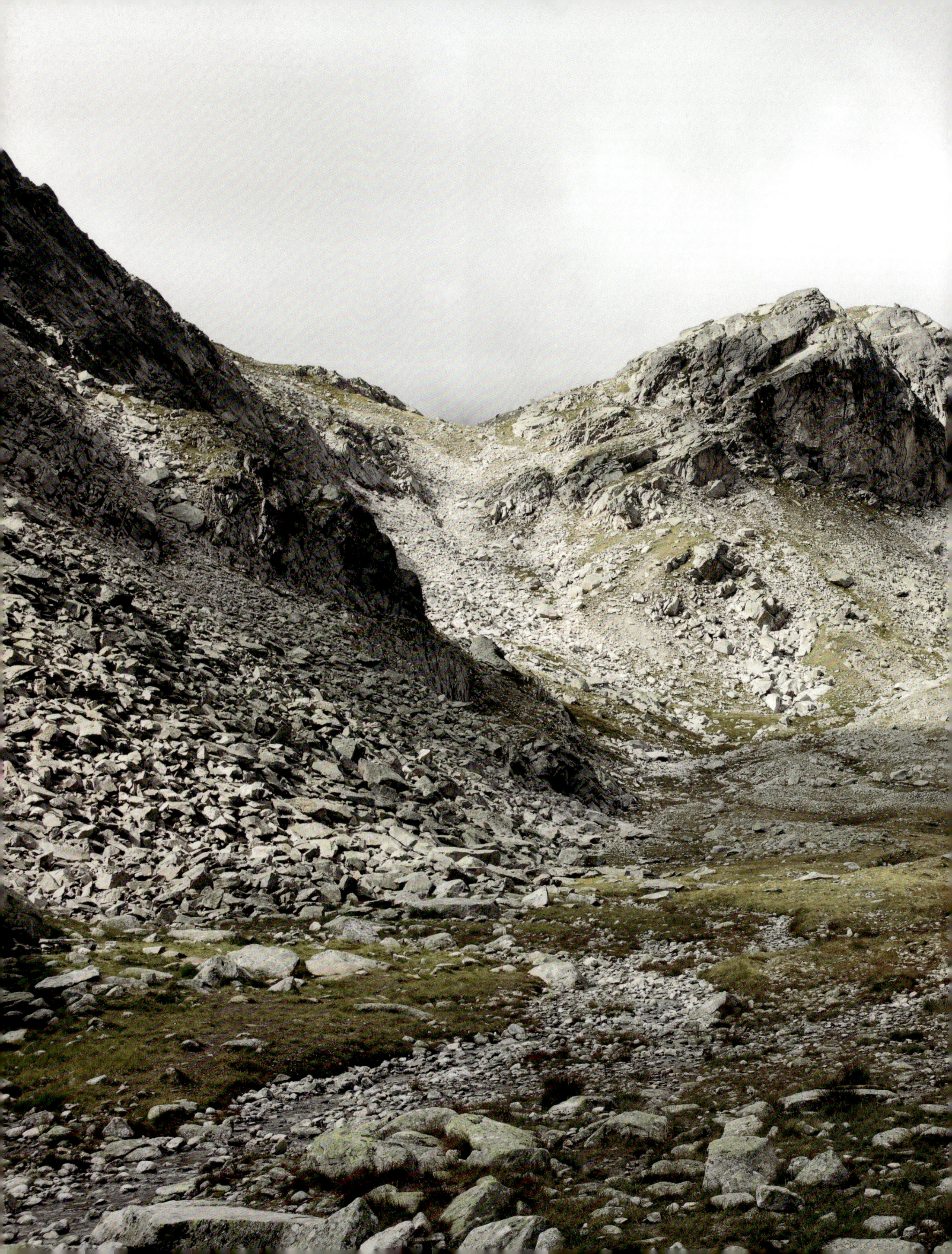

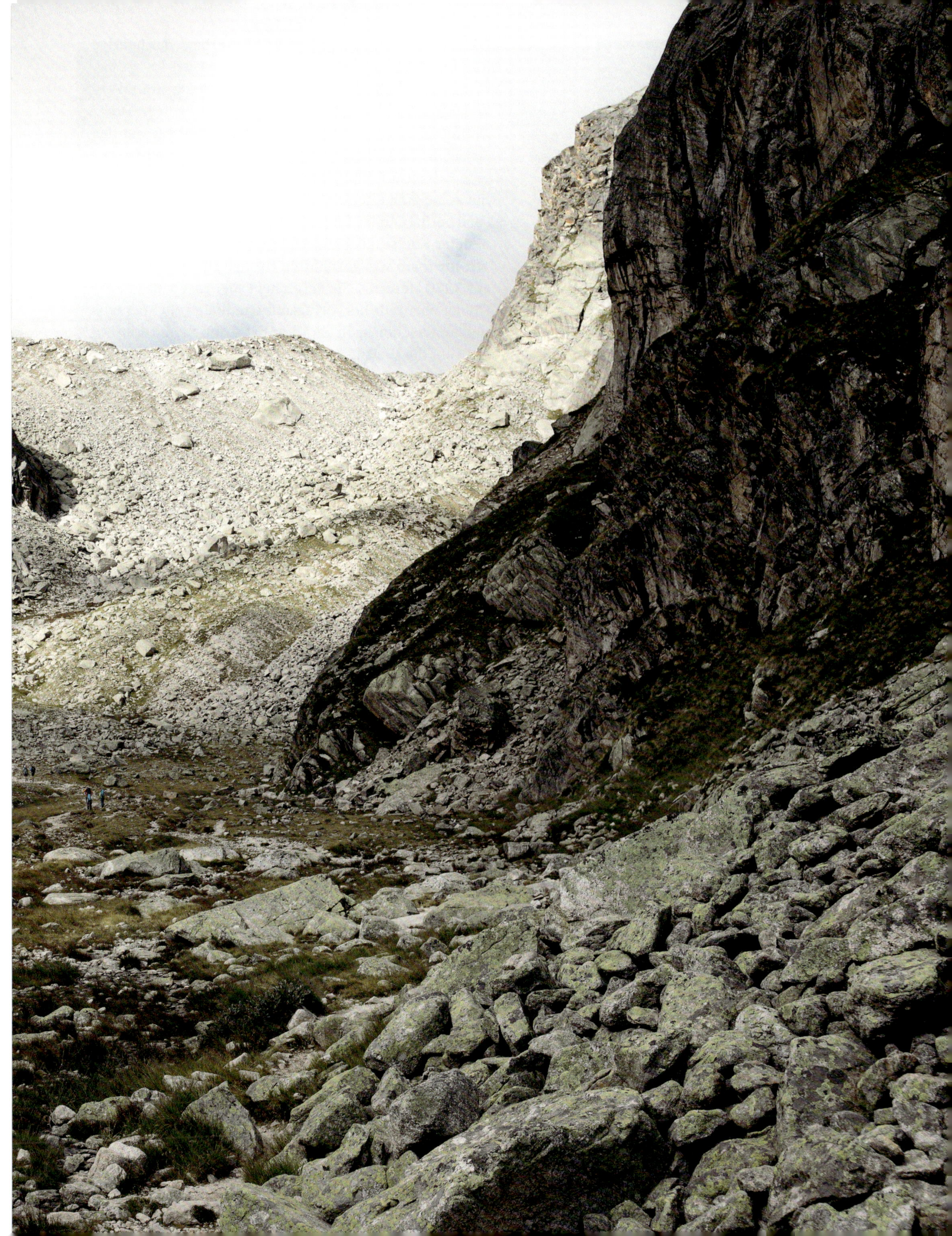

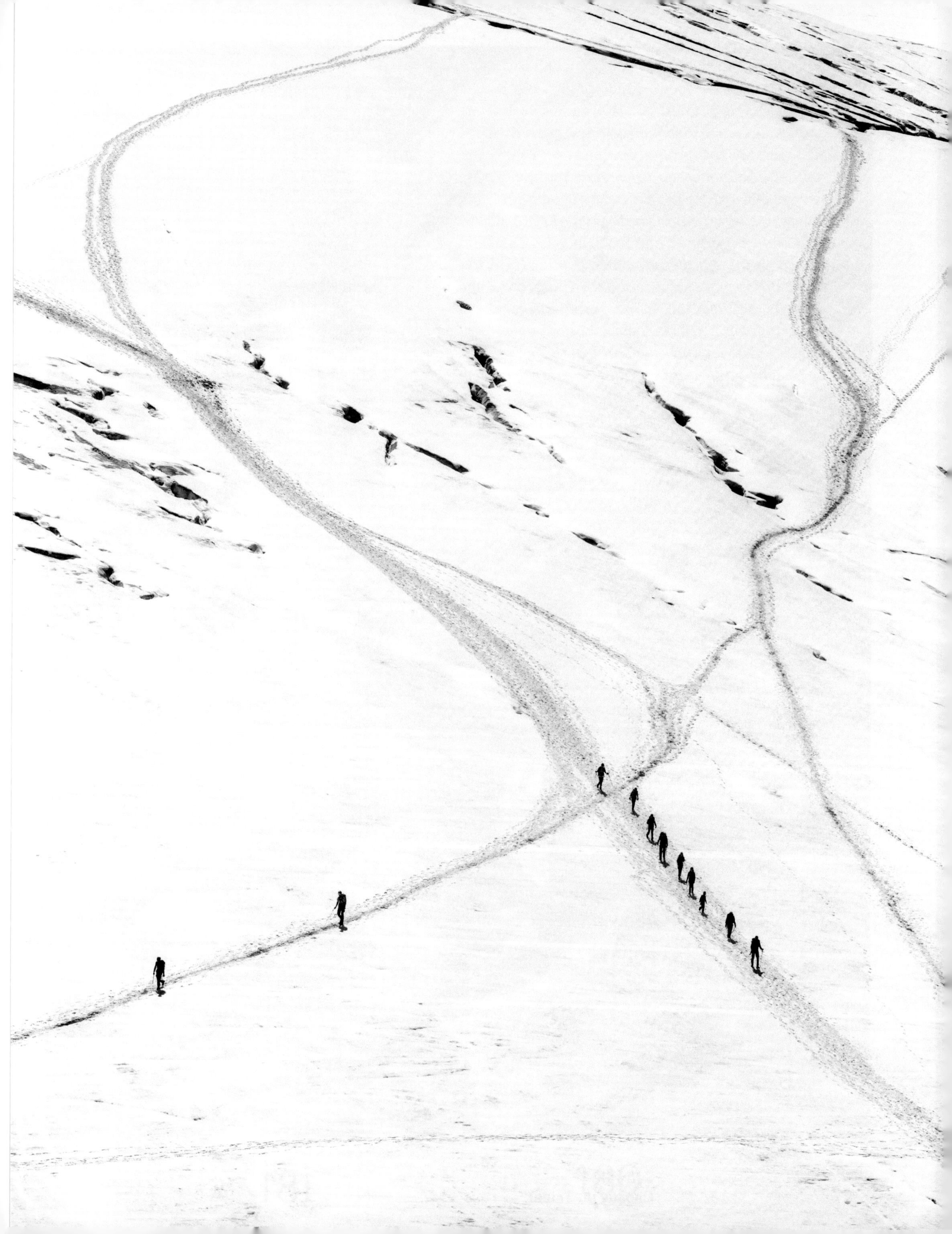

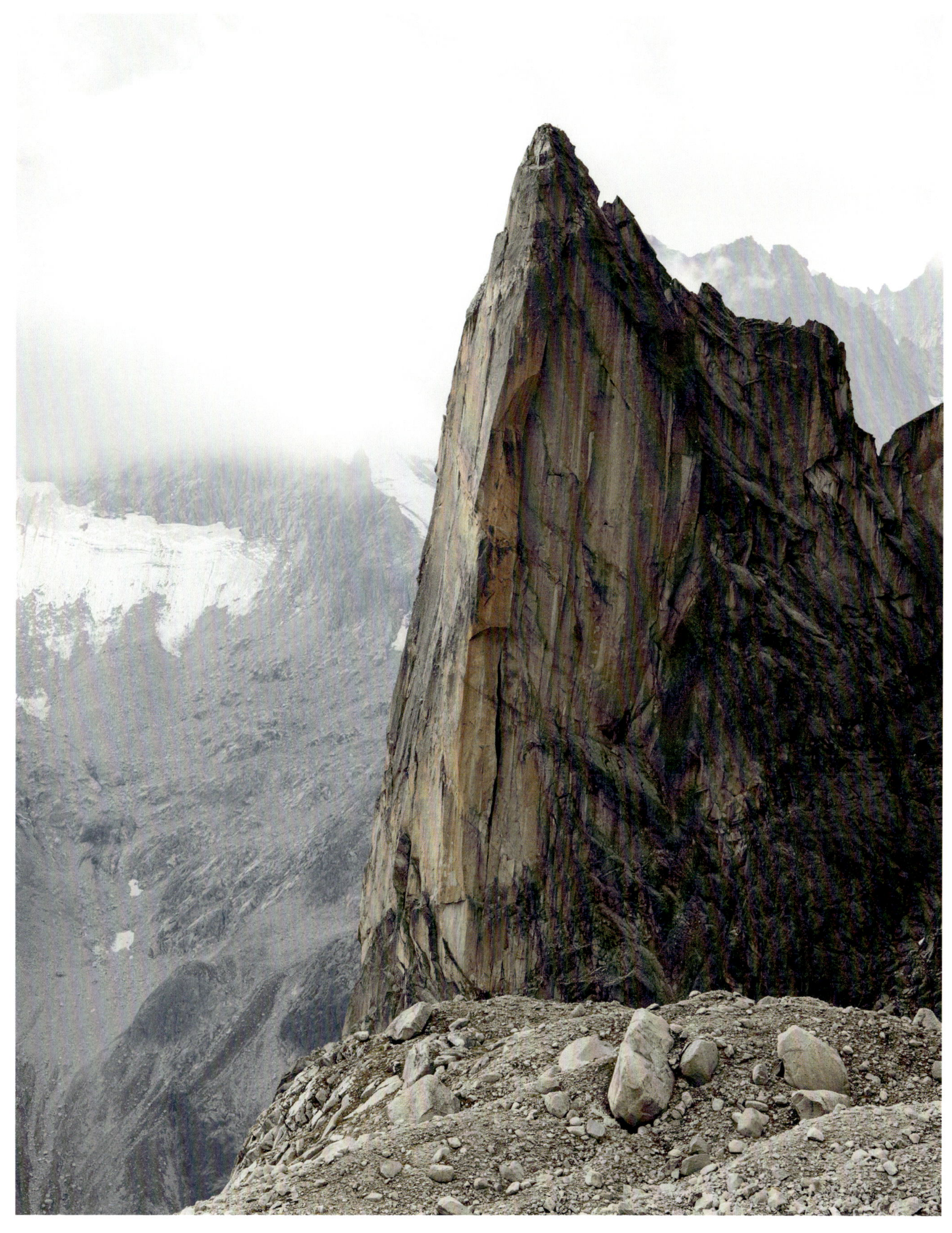

Schweiz
Cabane du Trient

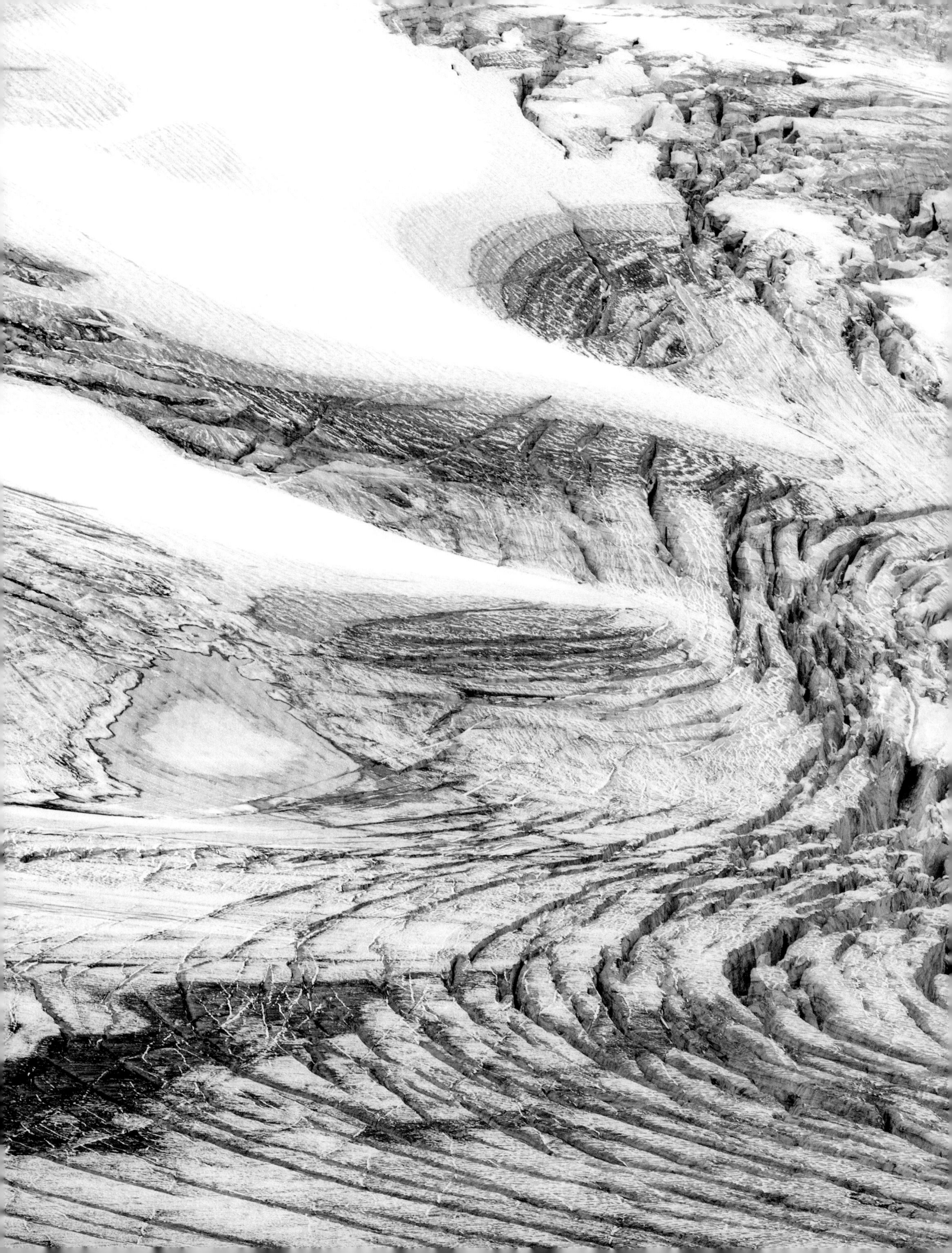

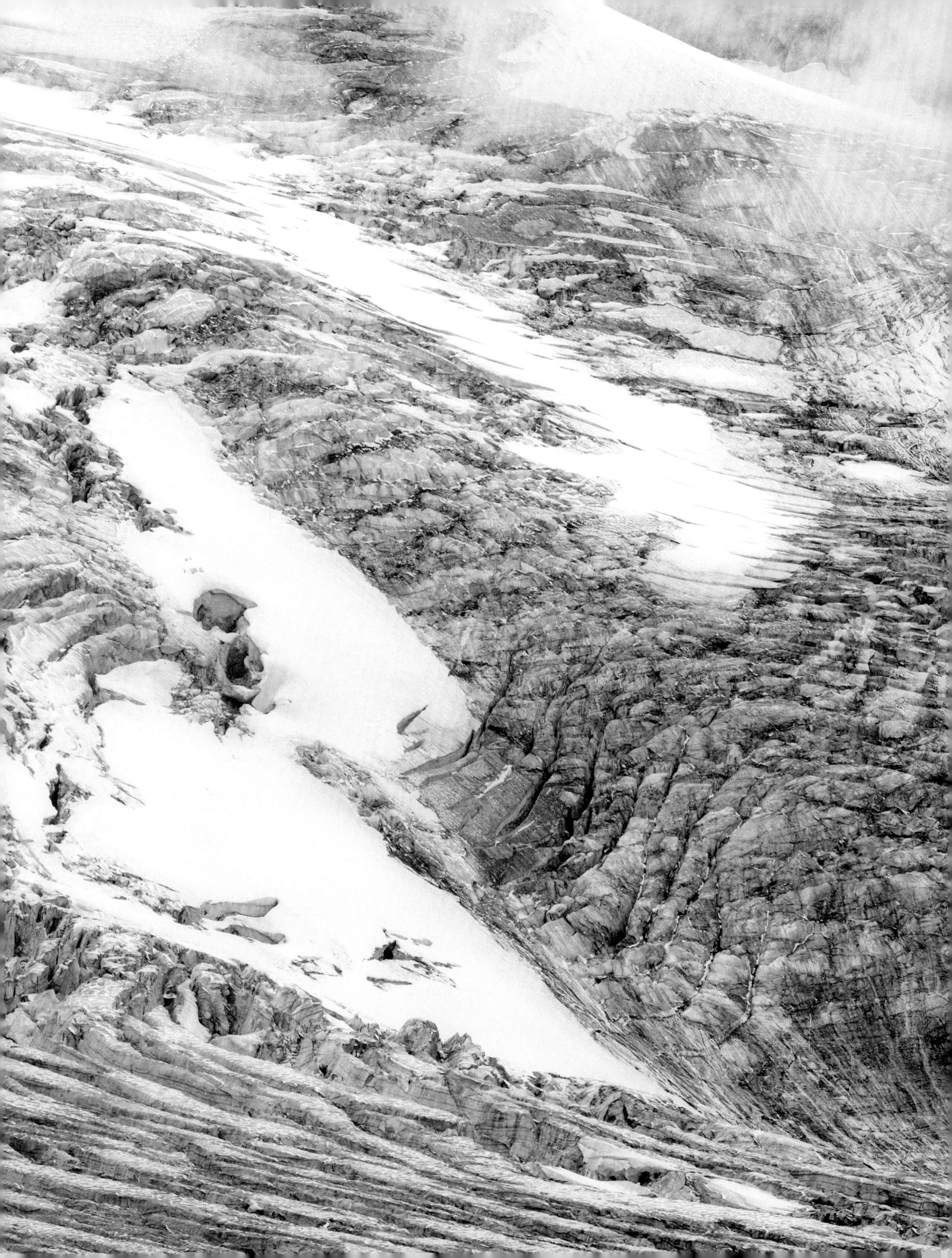

»WLAN haben wir, aber es ist viel lustiger und entspannter, wenn wir das Passwort nicht freigeben.«

Much Weissteiner,
Wirt der Edelrauthütte

Südtirol

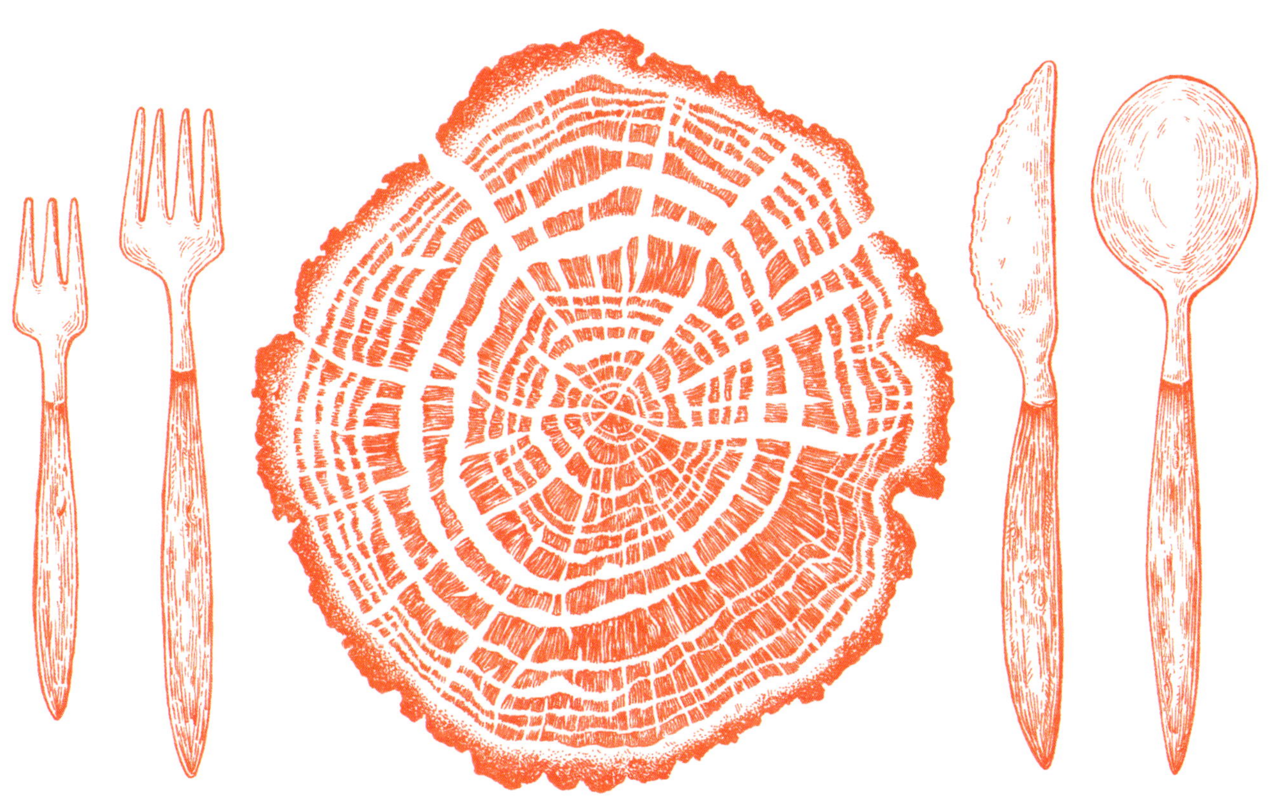

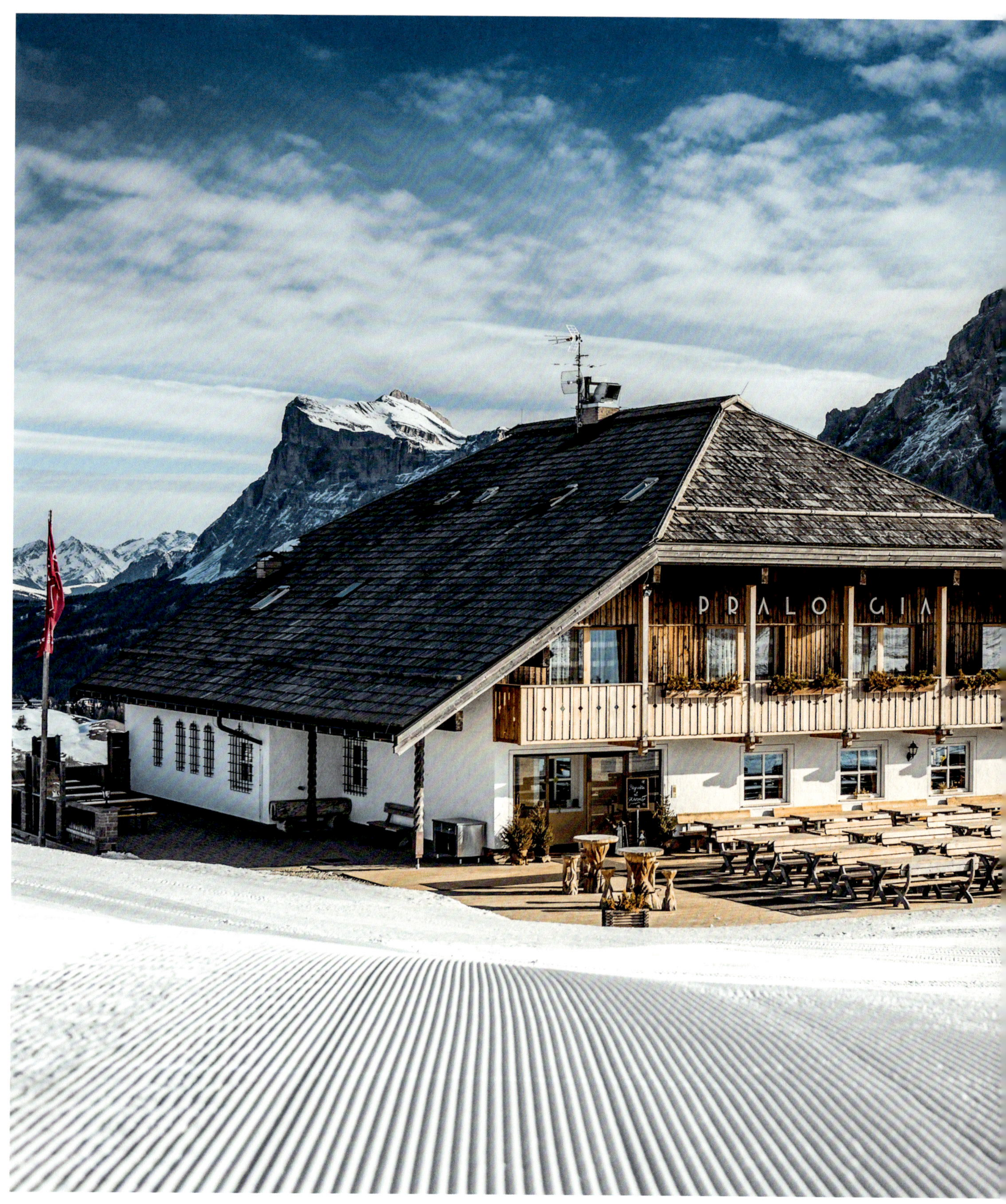
PRALOGIA

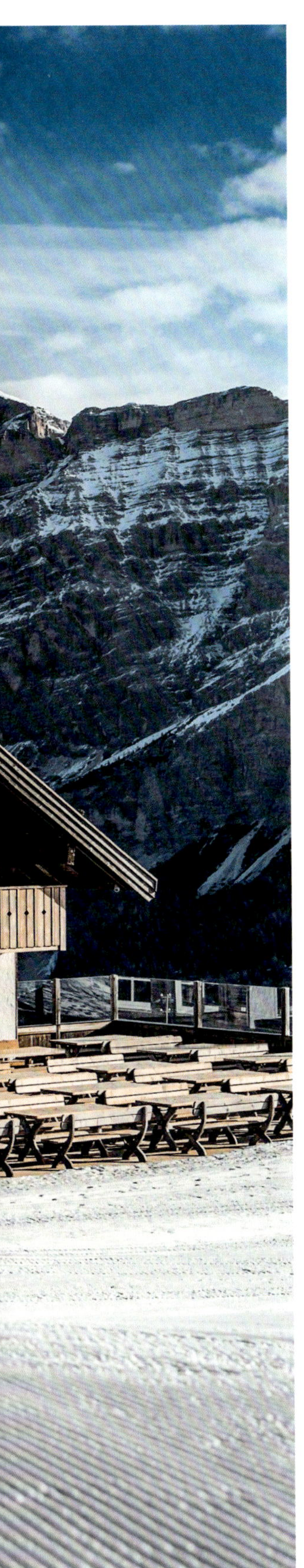

Lage
Pralongià-Hochebene

Hüttenwirt
Dieter Niederkofler

Geöffnet
Winter: Anfang Dezember bis Anfang April
Sommer: Mitte Juni bis Ende September

Touren & Zustiege
→ Seite 252

Das ist besonders

»Enrosadira«, das legendäre magische Leuchten des Dolomiten-Gebirgskamms im Morgen- und Abendlicht, kann man von der Stube aus live miterleben.

Pralongià ↗ 2.157 m

Bereits Anfang des 20. Jahrhunderts versuchte die Familie Pescollderungg aus Alta Badia ihre 17 Kinder durch Gästebeherbergung durch die kargen Zeiten zu bringen. Und drei der Söhne (Konrad, Peter und Siegfried) führten schon in den 1920er-Jahren Touristen auf Skiern durch die Welt der Dolomiten – und vor allem auch auf ein wunderschönes Hochplateau oberhalb von Corvara namens Pralongià. Sie kamen auf die Idee, eine Schutzhütte an diesem speziellen Platz zu errichten, von dem man einen ganz offenen, weiten Blick auf die Fanesgruppe, auf den markanten Sassongher im Naturpark Puez-Geisler oder die Marmolata hat. Heute empfängt Konrads Enkel Dieter Niederkofler Tages- und Übernachtungsgäste in einem dezent luxuriösen Ambiente. Auf der Pralongià kommt man auf der Dolomiten-Durchquerung vorbei, auf Bike-Touren, aber auch ganz einfach über die Liftanlagen, speziell im Winter. Das macht die Hütte zu einem Lieblingsziel für Kinder – übrigens auch für die nächste Niederkofler-Generation: Dieters Kinder Julia und Damian sind lieber auf ihrem Rifugio Alpino als in der Schule im Tal.

Kulinariktipp

Die selbst gemachten Schlutzkrapfen mit Topfen-Bärlauch-Füllung und ein Glas Südtiroler Vernatsch.

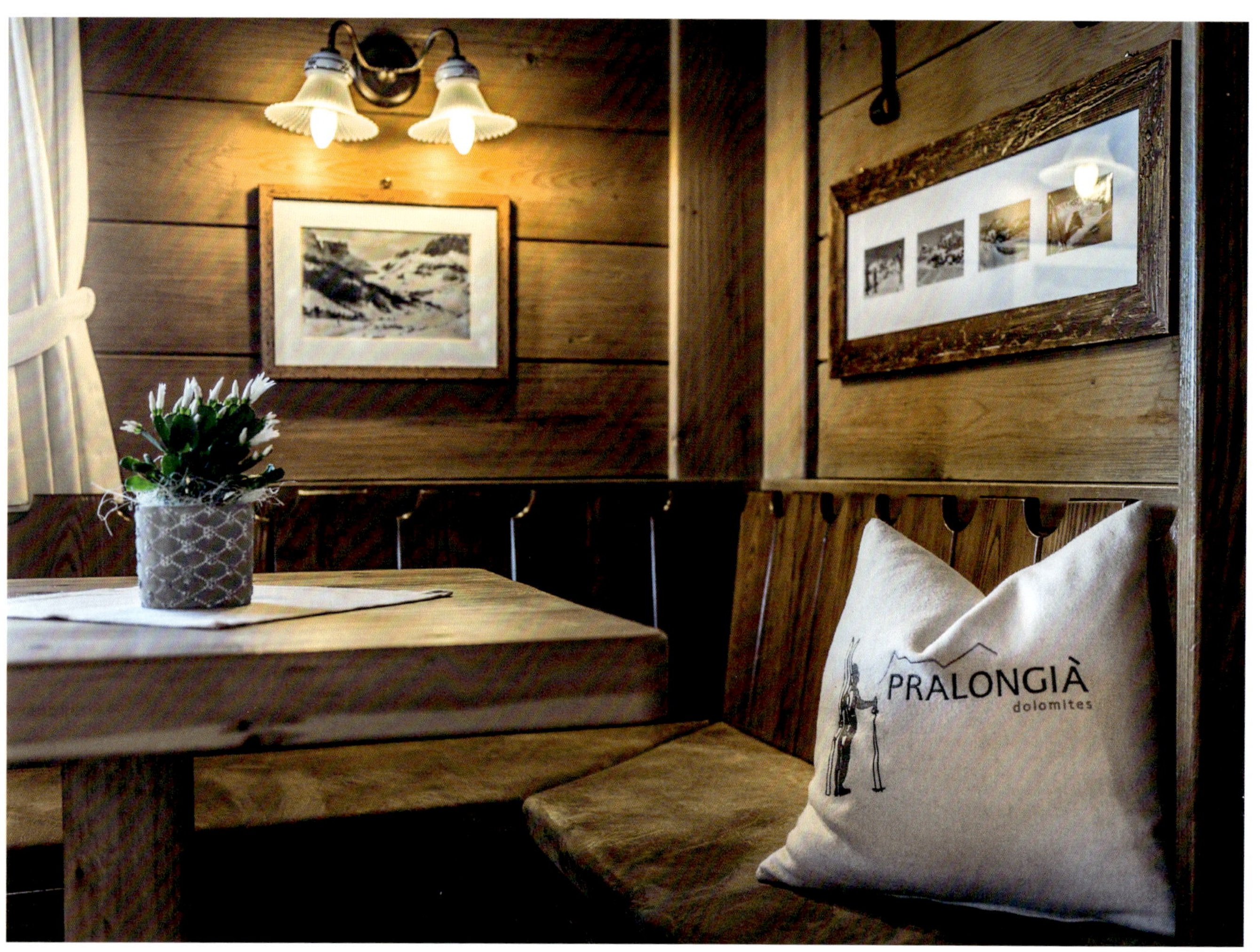
PRALONGIÀ
dolomites

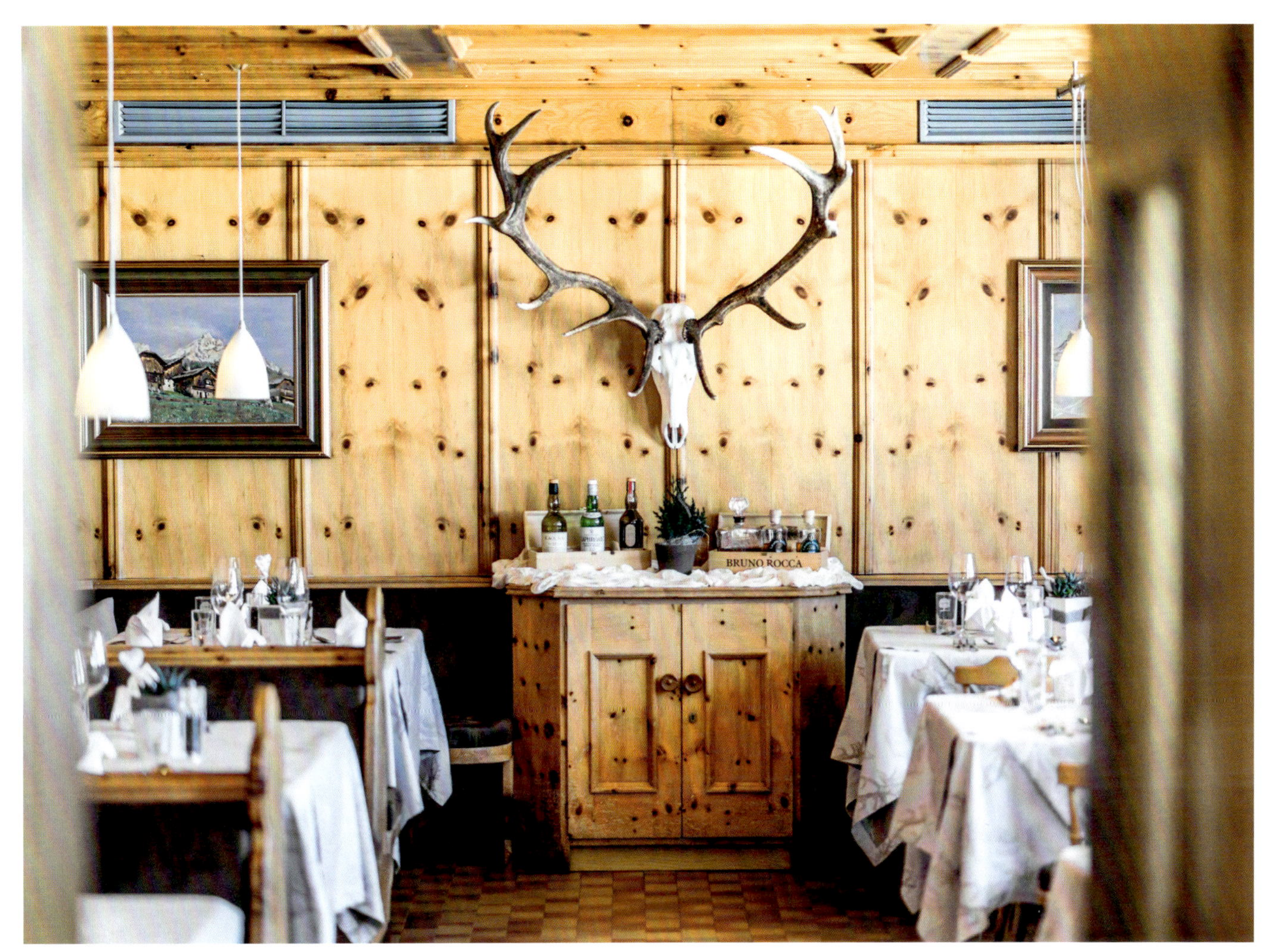
BRUNO ROCCA

Becherhaus ↗ 3.195 m

Eine wahre Luxushütte war das eindrucksvoll auf dem Felsgipfel des Bechers thronende Rifugio Bicchiere am Ende des 19. Jahrhunderts. 1894, bei der Einweihung, wurde es nicht nur auf den Namen Kaiserin-Elisabeth-Haus getauft, es wurde prompt auch der rote Samtteppich ausgerollt, und die feinen Gerichte wurden auf Meissner Porzellan angerichtet. Ein Besuch der Namensgeberin war zwar ebenfalls geplant, doch kurz vor dem Termin 1898 wurde Kaiserin Sisi ermordet. Auf dem silbernen Tablett wird dem heutigen Gast nichts mehr serviert – nicht die ausgezeichneten üppigen Speisen und schon gar nicht der Aufstieg zu der höchstgelegenen Schutzhütte Südtirols. Rund 1.800 Höhenmeter gilt es auf dieser – inzwischen eisfreien – Kaiser-Tour von dem Südtiroler Talort Ridnaun zu Hüttenwirt Erich Pichler zurückzulegen. Belohnt wird man mit einem ganz speziellen Hüttenflair und einer unglaublichen Aussicht auf den Übeltalferner, die Stubaier Alpen und weit darüber hinaus – ein Gipfelhaus, das auf der Liste eines jeden Alpinisten stehen sollte.

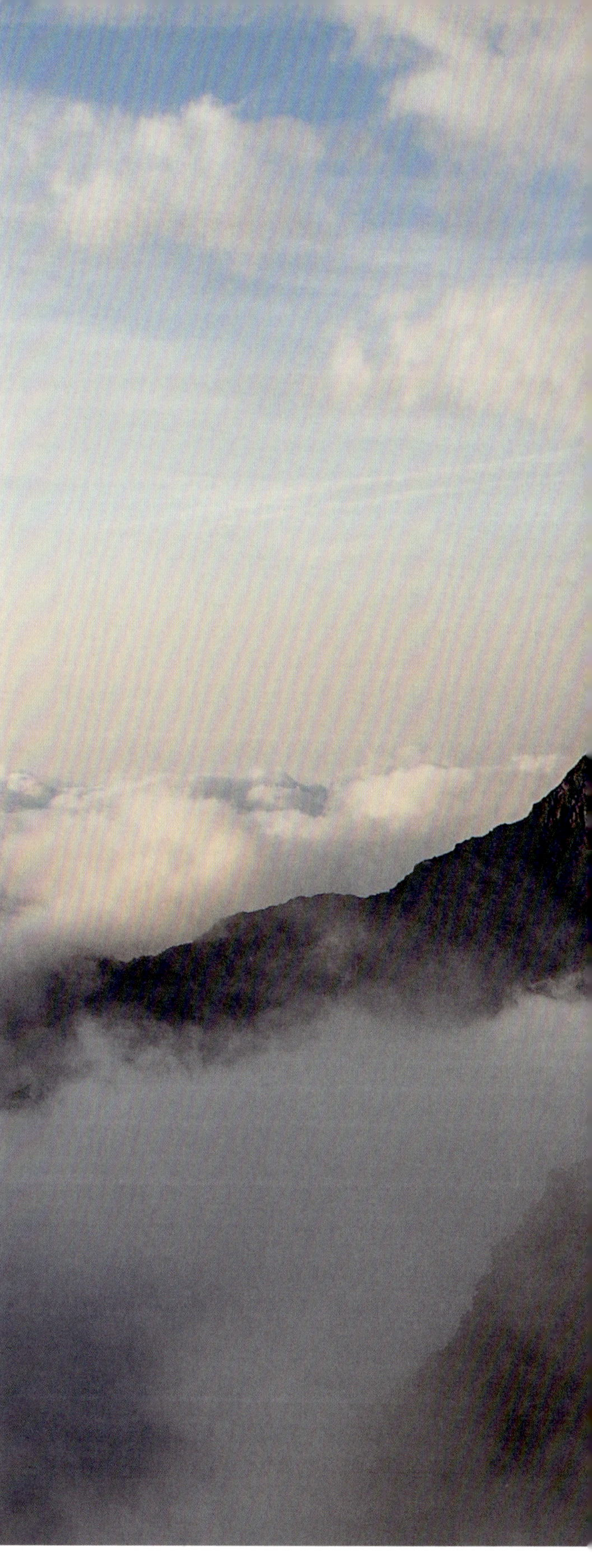

Lage
Stubaier Alpen

Hüttenwirt
Erich Pichler

Geöffnet
Ende Juni bis
Mitte September

Touren & Zustiege
→ Seite 252

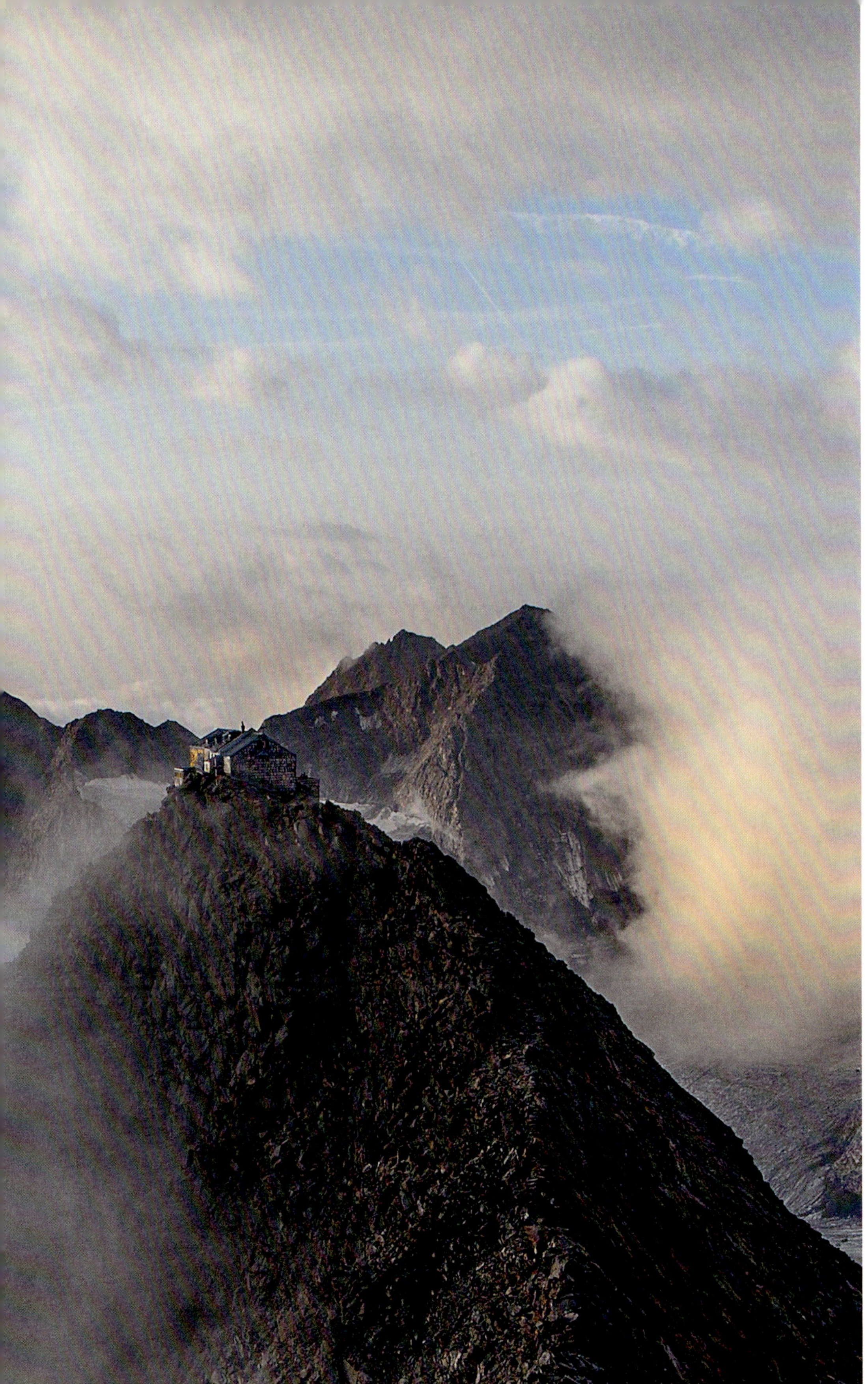

Kulinariktipp

Die scharfen Bechernudeln und der saftige Marillenkuchen.

Das ist besonders

Zu bewundern gibt es die kleine Kapelle »Maria im Schnee«, das höchstgelegene Marienheiligtum der Alpen, und die 70 Kilogramm schwere Marmortafel, die das Relief der Kaiserin Sisi zeigt.

Langkofelhütte

↗ 2.253 m

Mitten in der Kathedrale

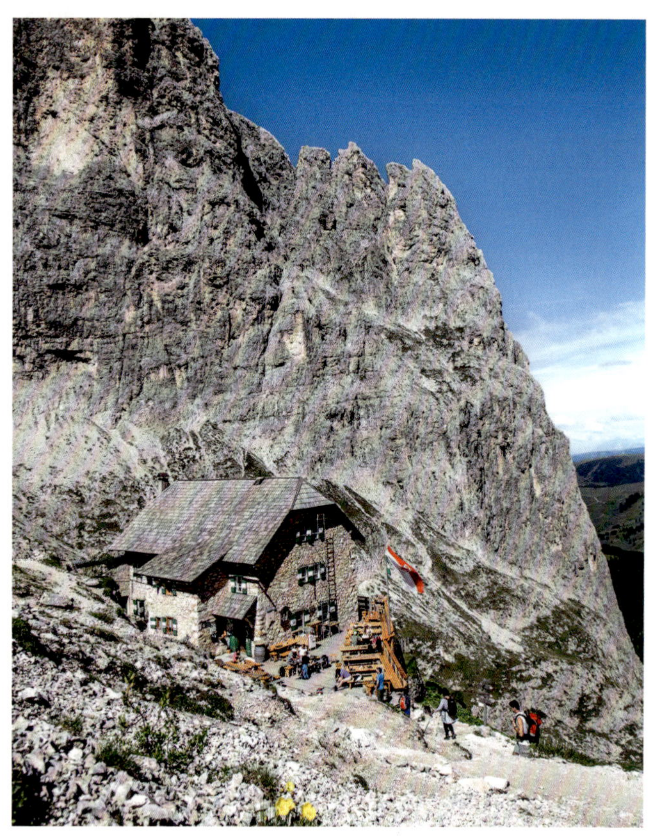

Wie ein Wolkenkuckucksheim klebt die Langkofelhütte hoch über dem Südtiroler Grödnertal. Ein steinernes Monument aus der Pionierzeit des Alpinismus und heute selbst schon eine Legende.

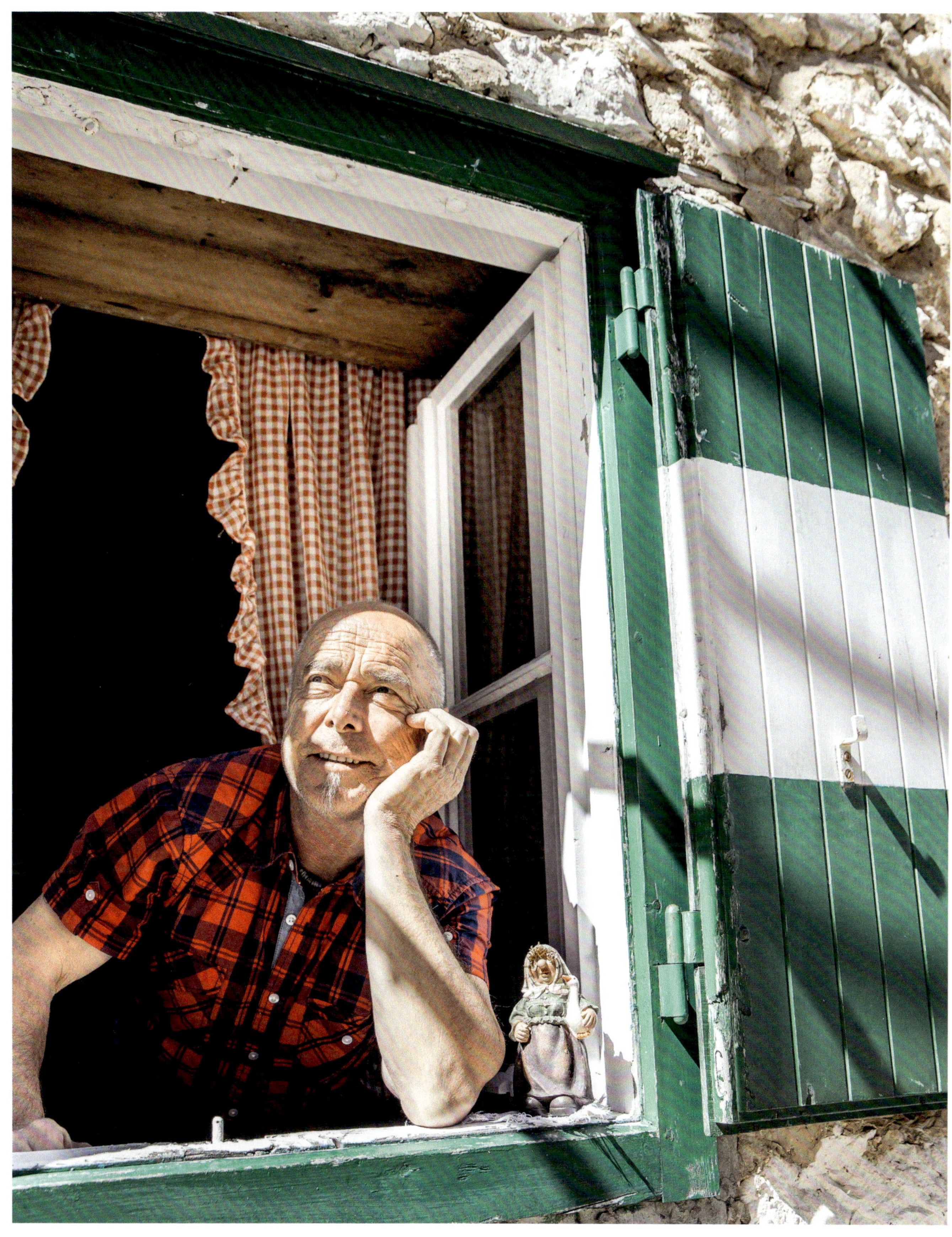

Südtirol
Langkofelhütte

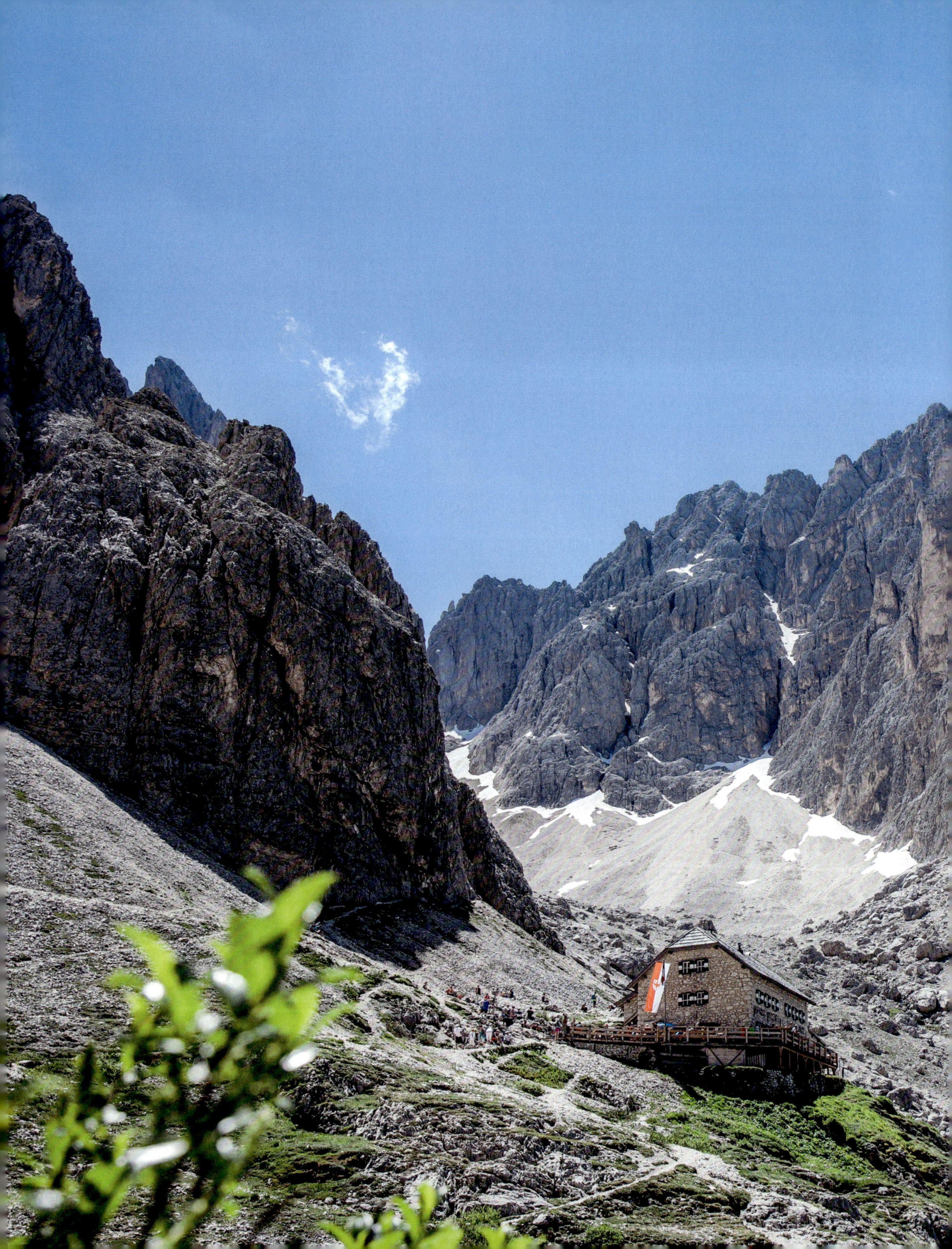

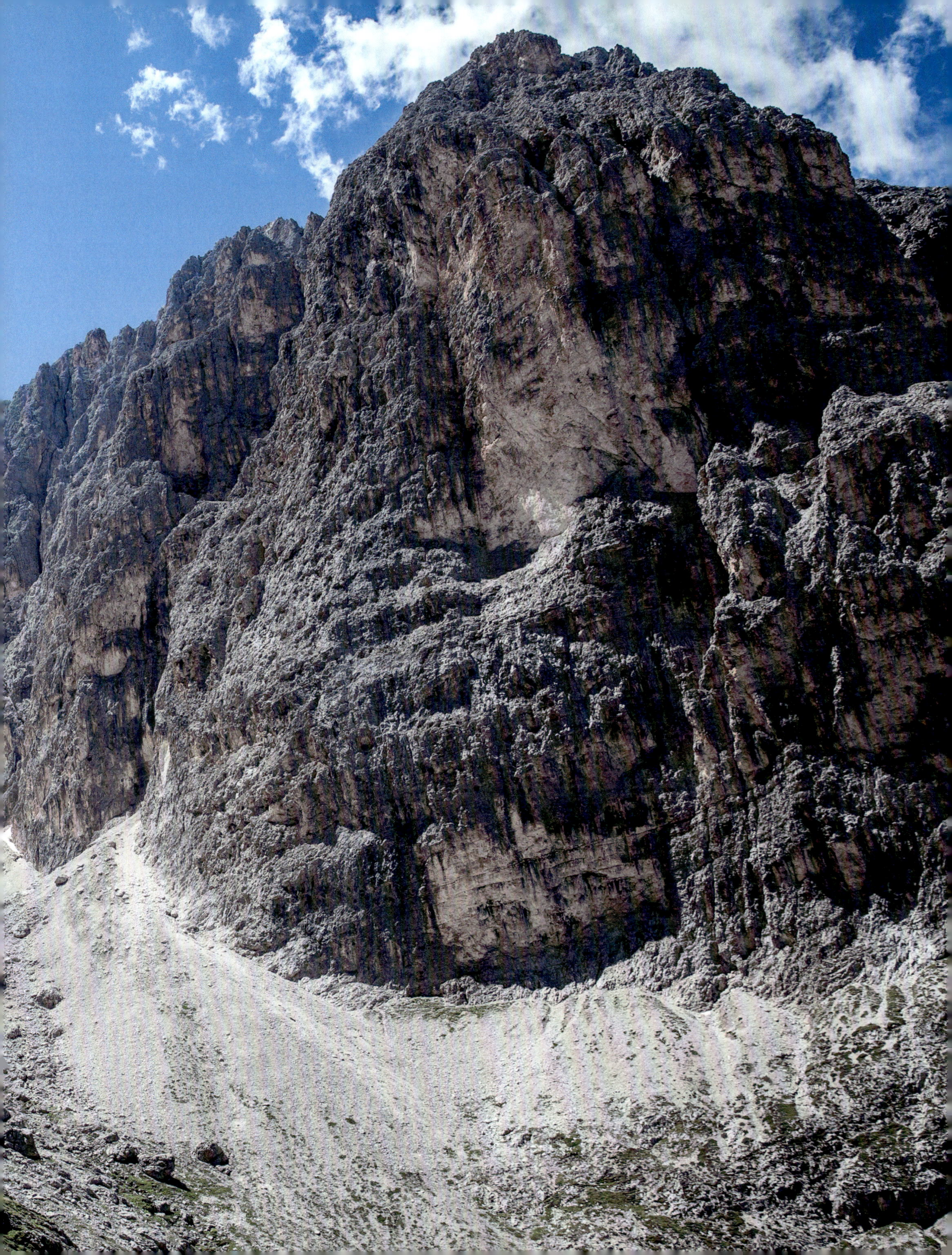

Lage
Grödner Dolomiten

Hüttenwirt
Walter Piazza

Geöffnet
Anfang Juni
bis Mitte Oktober

Touren & Zustiege
→ Seite 252

»Zur Hochsaison in den Sommermonaten«, sagt Hüttenwirt Walter Piazza, »rennen wir hier zu acht.« Wie kleine Karawanen ziehen die Wandersleute dann auf den Hausberg der Grödner. Weil einem dort die Seiser Alm zu Füßen liegt. Weil die Felstürme der Langkofelgruppe majestätisch über dem Tal thronen. Oder weil man vom Sellajoch mit einer historischen Kabinenbahn aus dem Jahr 1960, in die man wie bei einem Paternoster während der Fahrt reinspringen muss, auf die Langkofelscharte (2.685 m) gondeln kann. Wer von dort bergab zur Langkofelhütte steigt, fühlt sich, während er zwischen all den steinernen Monumenten wie in einer gewaltigen Säulenhalle wandelt, als wäre er in der Kathedrale der Dolomiten gelandet.

Wie ein Wolkenschloss hängt das Rifugio Vicenza unter den glatten Felswänden, die in seinem Rücken in der Direttissima in den Himmel stechen. Stabil aus Stein gebaut, blieb sie seit der Eröffnung 1903 unbeschädigt. Im Gegensatz zur Vorgängerhütte, die 360 Soldaten und Arbeiter ein Stück vom jetzigen Standort entfernt im Jahr 1893 in nur vier Monaten ins unwegsame Gelände gestemmt hatten: 1901 wurde sie von einer mächtigen Lawine weggefegt. Die meisten Spesen dieser früheren Hütte entfielen laut den Annalen aufs Essen und Trinken.

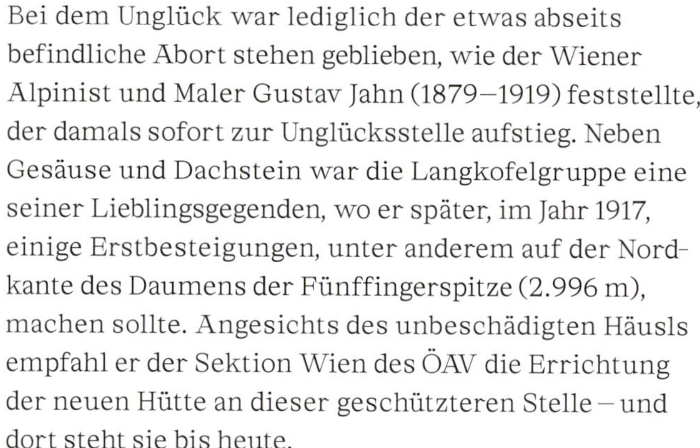

Bei dem Unglück war lediglich der etwas abseits befindliche Abort stehen geblieben, wie der Wiener Alpinist und Maler Gustav Jahn (1879–1919) feststellte, der damals sofort zur Unglücksstelle aufstieg. Neben Gesäuse und Dachstein war die Langkofelgruppe eine seiner Lieblingsgegenden, wo er später, im Jahr 1917, einige Erstbesteigungen, unter anderem auf der Nordkante des Daumens der Fünffingerspitze (2.996 m), machen sollte. Angesichts des unbeschädigten Häusls empfahl er der Sektion Wien des ÖAV die Errichtung der neuen Hütte an dieser geschützteren Stelle – und dort steht sie bis heute.

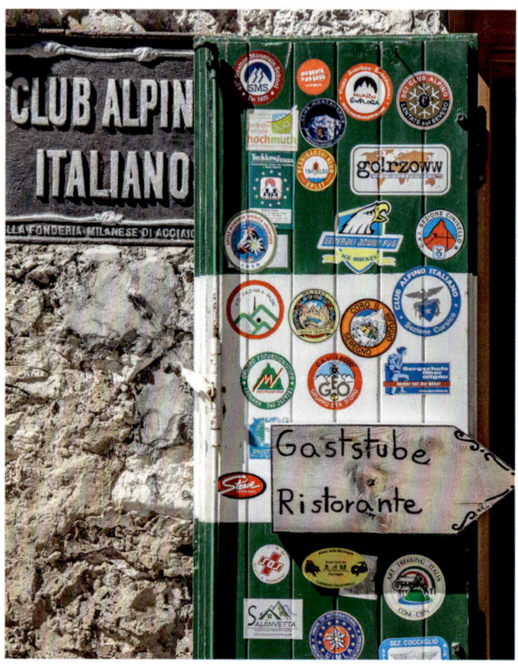

Seit 1946 wird sie von der Familie Piazza geführt und seit 1985 von Walter. Seitdem steigt er auch – inzwischen mit seinen beiden Söhnen Alexander und Hannes – um den 20. Mai herum zur Hütte auf, um mit dem Schneeschaufeln zu beginnen. Dann wird erst einmal alles kontrolliert und repariert: Abflüsse, Fensterläden und vor allem das Terrassengeländer, unter dem es ganz schön steil bergab geht. Wer von St. Ulrich und der Seiser Alm hinwandert, könnte die Hütte permanent im Blickfeld haben. Könnte, wenn er Adleraugen hätte, denn erst wenn man recht nahe ist, meißeln sich die Hauskanten aus dem steinernen Umfeld und lassen sich die Fensterläden als grün-weiße Pünktchen erkennen.

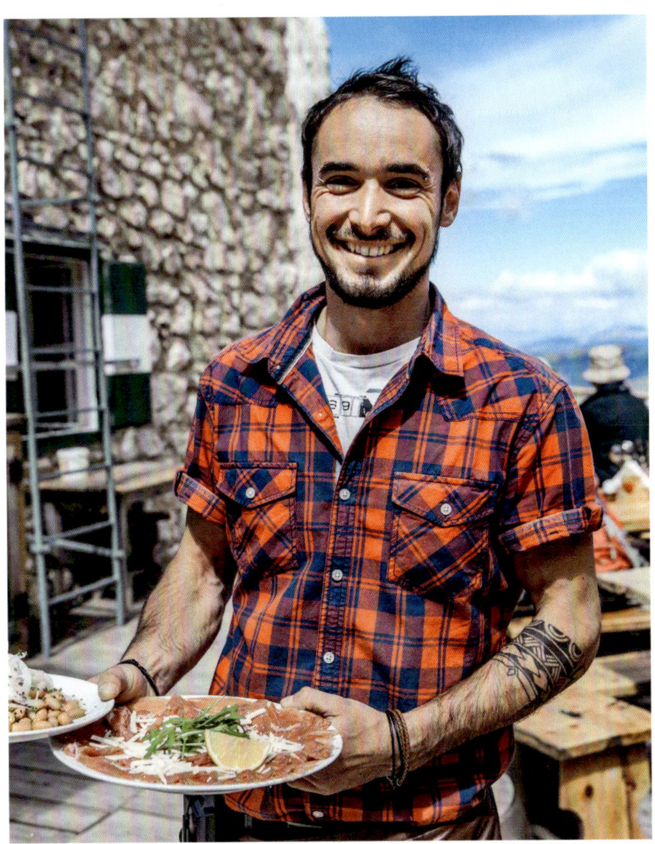

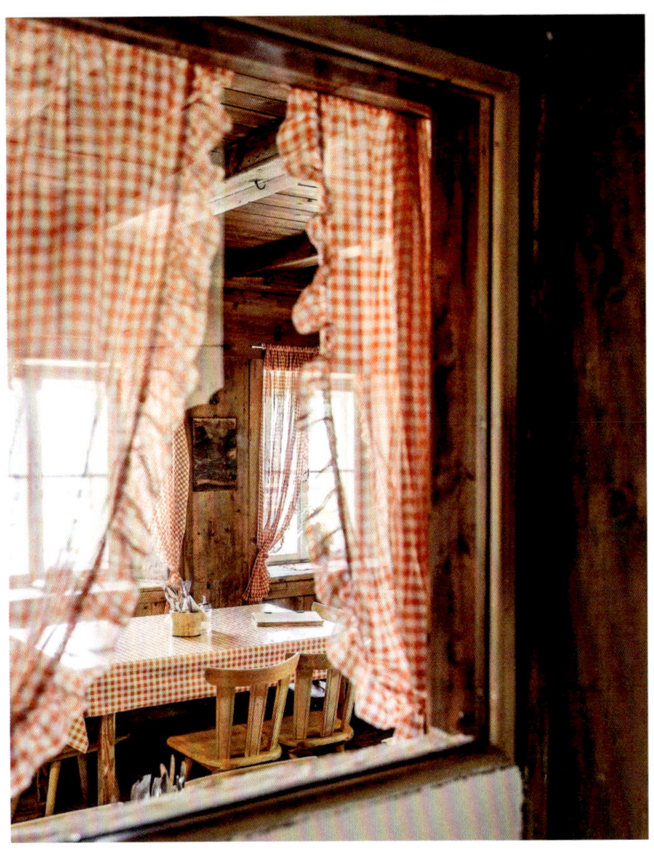

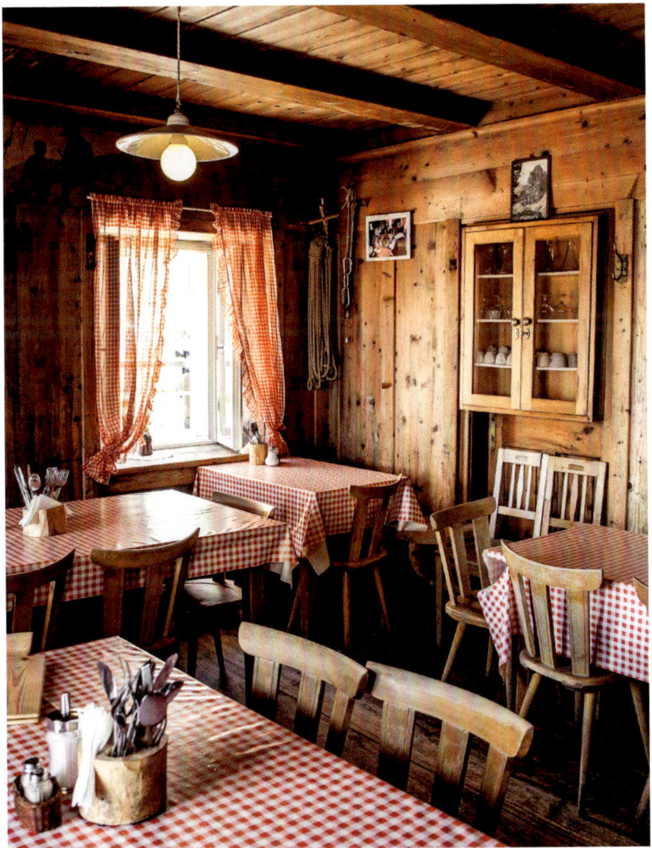

Kulinariktipp

Von pikant bis süß: das Gulasch mit Polenta, das Südtiroler Carne salada mit Schüttelbrot und der Kaiserschmarren mit frischen Äpfeln und Preiselbeermarmelade.

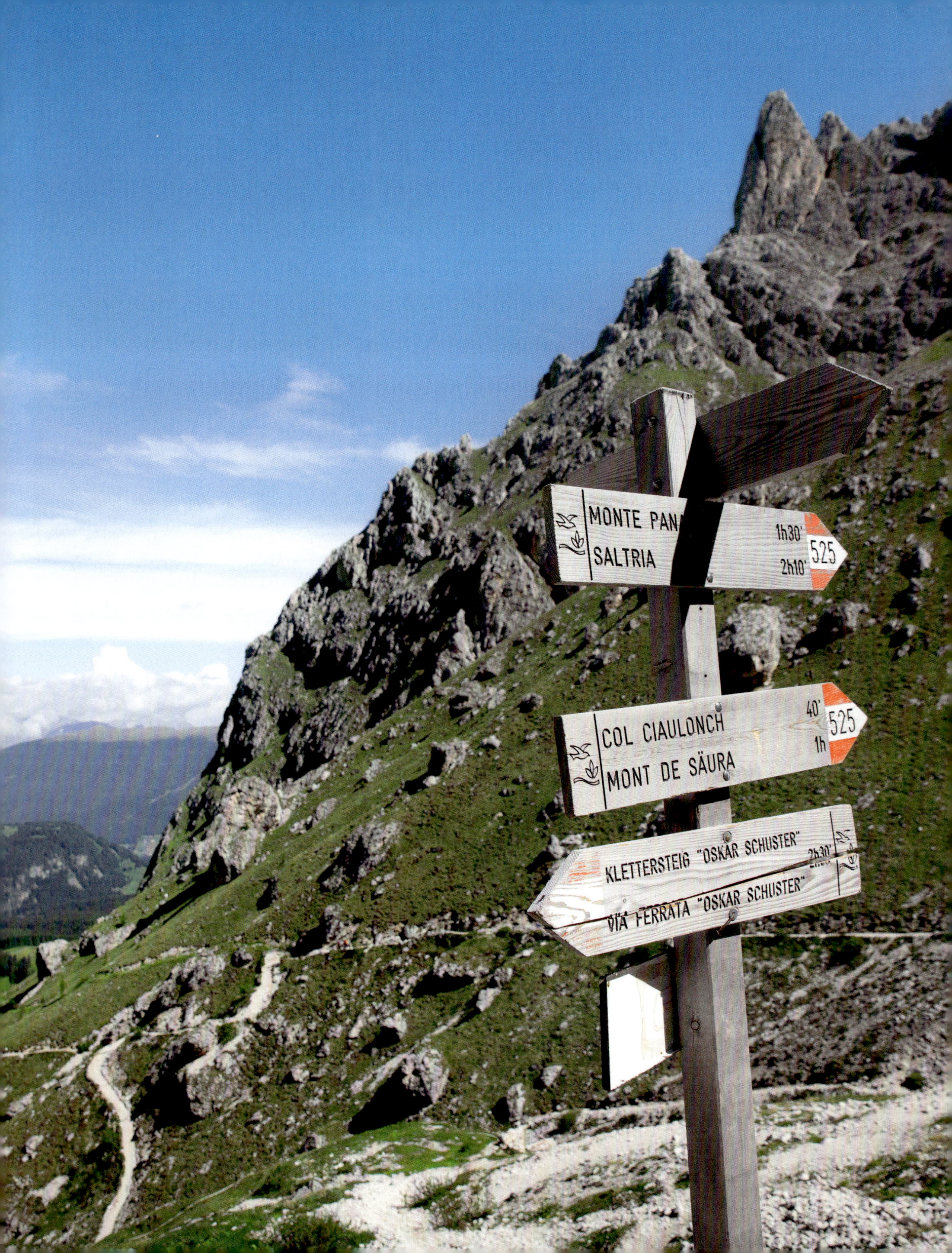
MONTE PANA
1h30'
SALTRIA
2h10'
525
COL CIAULONCH
40'
MONT DE SÄURA
1h
525
KLETTERSTEIG "OSKAR SCHUSTER"
2h30'
VIA FERRATA "OSKAR SCHUSTER"

Das ist besonders

Hüttenwirt Walter Piazza, seine Söhne Alexander und Hannes und die Bergführerin Veronika Schrott haben in der Felswand direkt hinter der Hütte diverse Kletterrouten eingerichtet. Von »Nene« (5b / 18 m) bis »Otto« (6c / 23 m) kann man hier vormittags im Schatten und nachmittags bis abends in der Sonne klettern.

Waschräume, Zimmer und Bettenlager wurden immer wieder den Standards der Zeit angepasst. 1991 hat Walter eine Küche angebaut. Damals hat er noch selbst gekocht: Pökelfleisch, Gulasch und Kaiserschmarren, der noch heute nach seinem Rezept mit Äpfeln zubereitet wird. Seit damals gibt es auch Weine aus dem Veneto. Die sind leichter als jene aus Südtirol, erklärt er – schließlich sind die Wege hier kein Spaziergang.

Für Walter, den Grödner, waren die Berge von klein auf die Heimat. Schon als Bub begann er zu klettern, wurde Bergsteiger, und dann hat ihn der Zufall zu seiner Frau und der Langkofelhütte geführt. Ihr Großvater war schon Pächter, dann ihr Vater, »dann hab ich eingeheiratet«, ergänzt Walter die Historie. Während ihm die Frau – wie soll man sagen – im Laufe des Lebens »verlorenging«, ist ihm die Hütte geblieben. Und die Söhne, die ihm seit Ende ihrer Schulzeit jeden Sommer zur Seite stehen.

Bei schönem Wetter macht auch die Mannschaft auf der Hütte einige Kilometer im Dienste der durstigen und hungrigen Wanderer. Nur an Regentagen ist Pause, da müssen lediglich ein paar Versprengte unterhalten werden. Der Vater aber ist ein guter Chef, das sagt nicht nur der Nachwuchs, sondern das gesamte Personal. Bei Regenwetter gibt er nämlich allen frei und sorgt sich allein um die Hütte. Dann setzt er sich an die Tische dazu, schneidet etwas Speck auf und spielt auf seinem Akkordeon etwaige Regenlaune in Grund und Boden.

»Wennst es gerne machst, ist alles leicht«, sagt Walter und blickt dabei so wissend drein, als hätte er mit all den Riesen und Zwergen, die hier rundum in grauer Vorzeit der Legende zufolge versteinert wurden, schon als kleines Kind Ball gespielt. Kräftig genug wäre er ja, schließlich müssen täglich 150 Kilogramm Lebensmittel hier herauf- und der Müll wieder runtergeschafft werden. Dabei hilft ihm heute eine Materialseilbahn, bis 1979 beförderte man die Waren und den Müll mit Pferdewagen hin und her.

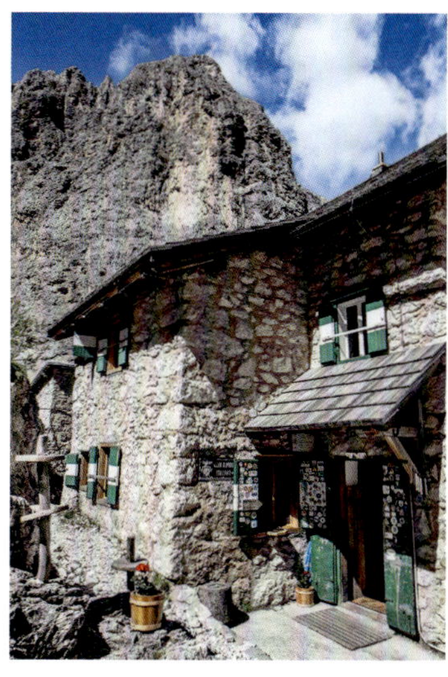

Damals war Grödens berühmtester und widersprüchlichster Sohn Luis Trenker auch schon fast neunzig und schaute kaum mehr auf der Hütte vorbei. Gern und oft war er hier heroben gewesen, wie es in den historischen Büchern nachzulesen ist, in denen Walter Piazza gerne blättert. Unzählige Anekdoten und Erlebnisse wurden darin aufgeschrieben, die von verwegenen Alpinabenteuern erzählen – und von einer ganz besonderen Hütte, einem steinernen Wolkenkuckucksheim in der Kathedrale der Dolomiten.

Das ist besonders

Zur Oberbachernspitze sind es gerade einmal 150 Höhenmeter. Oben wartet ein lohnendes Spektakel: Auf der gegenüberliegenden Seite bricht eine 700-Meter-Wand senkrecht ins Tal ab.

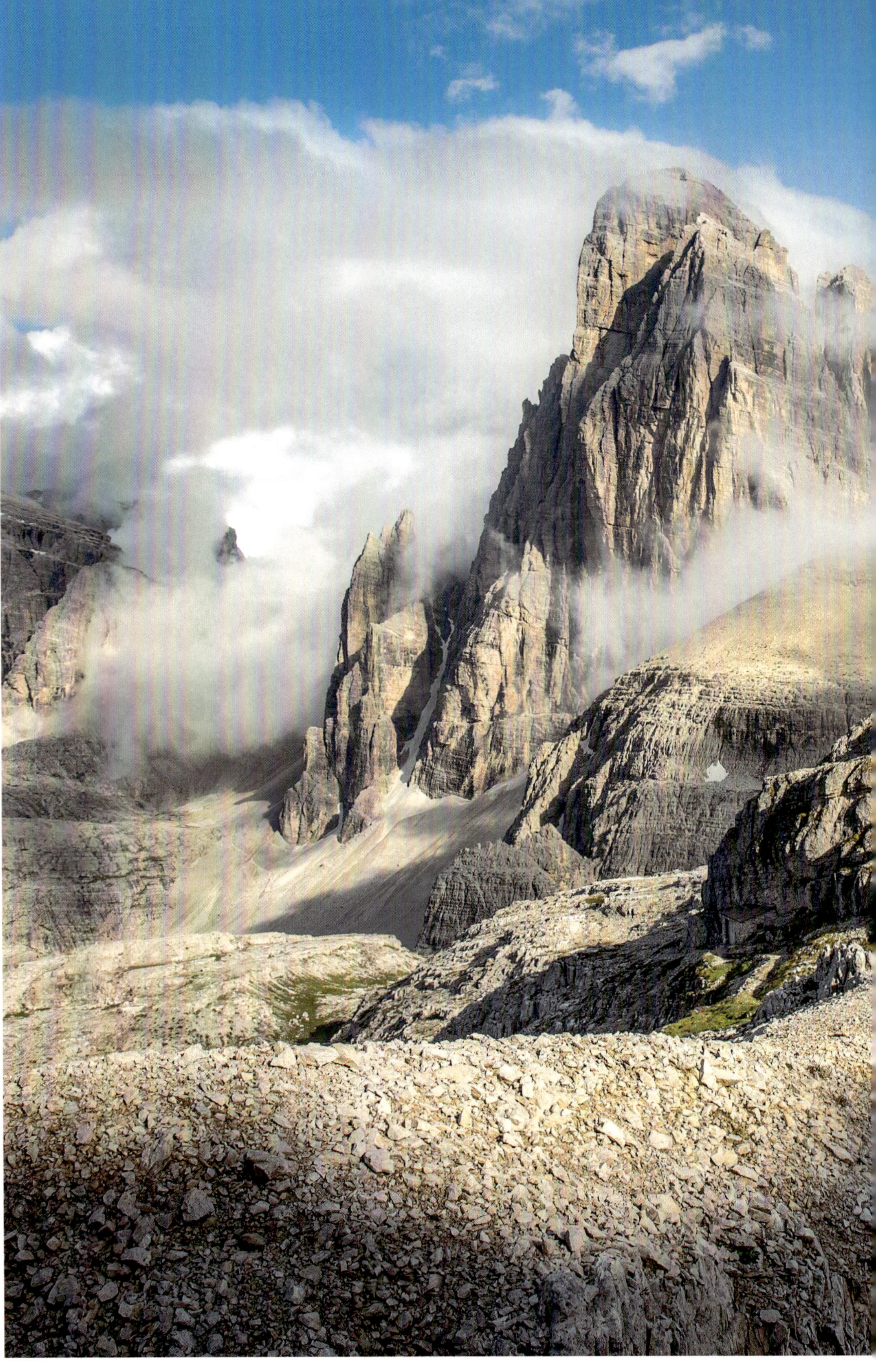

Kulinariktipp

Gretis würzige Kaspressknödel werden erst in Butter gebraten, dann gekocht und schließlich mit leckerem Krautsalat serviert.

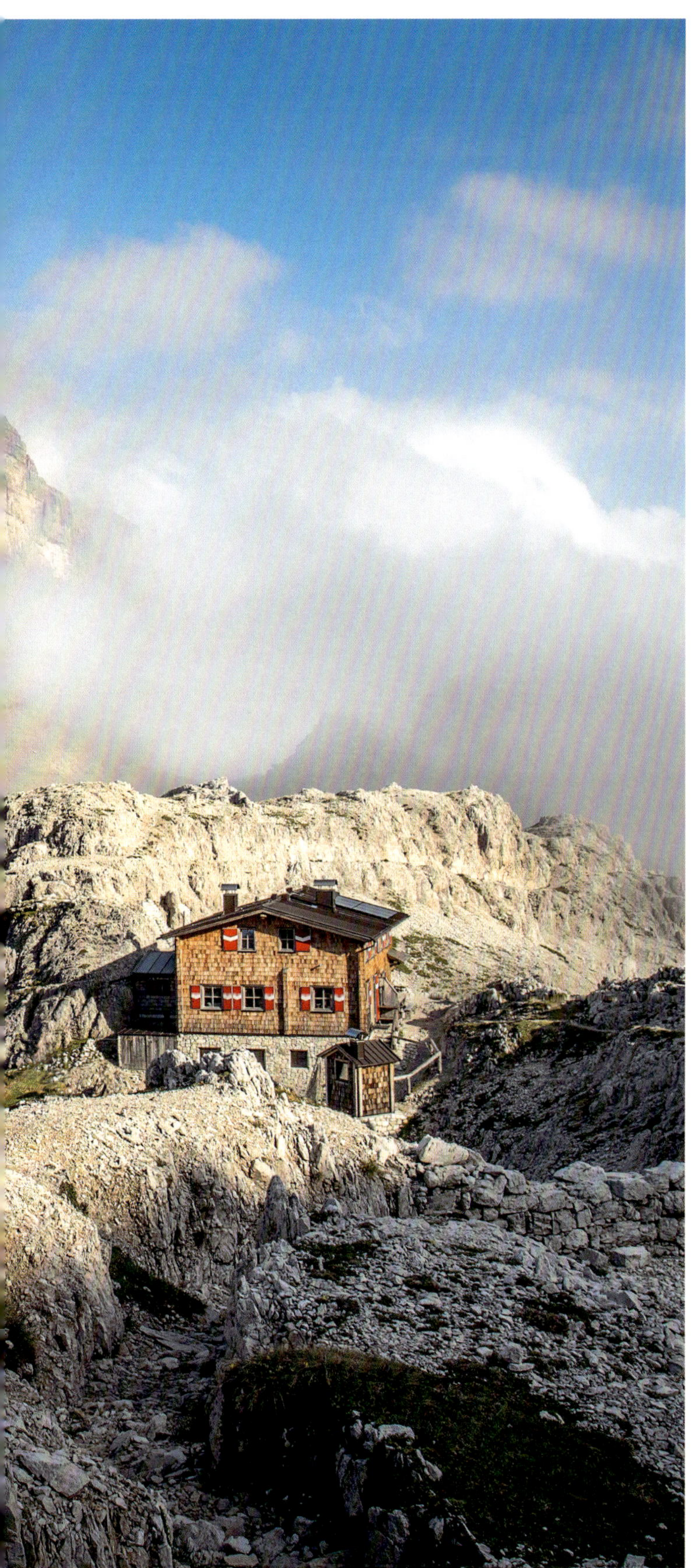

Lage
Sextner Dolomiten

Hüttenwirte
Greti, Steffie
und Hubert Rogger

Geöffnet
Mitte Juni
bis Mitte Oktober

Touren & Zustiege
→ Seite 253

Büllelejoch-hütte ↗ 2.528 m

Wer zur Büllelejochhütte aufsteigt, in die felsige Landschaft auf 2.528 Metern unterhalb der Oberbachernspitze, der lernt Südtirol von seiner ruhigen Seite kennen. Familie Rogger, die das »Rifugio« seit 1979 bewirtschaftet, teilt sich ihren besonderen Platz im Naturpark Drei Zinnen am Ende des Tages mit nur wenigen Bergsteigern, Wanderern, Kletterern und Bikern. Das liegt keineswegs an ihrer Gastfreundschaft – die steht außer Frage –, sondern daran, dass sie mit gerade einmal 15 Lagerbetten die kleinste Schutzhütte im UNESCO-Weltnaturerbe Sextner Dolomiten betreiben – und zugleich die höchstgelegene. Die Büllelejochhütte ist ein heimeliges Familien-Refugium inmitten der wuchtigen Sextner Sonnenuhr – zwischen Zwölfer und Einser, gegenüber von Zehner und Elfer. Vor dem Hintergrund, dass hier im Ersten Weltkrieg die Front verlief, an der erbittert gekämpft wurde, pflegen Gerti, Hubert und Tochter Steffie die Hütte ganz bewusst als friedliche Begegnungsstätte. Sohn Daniel ist übrigens Bergführer und nimmt Gäste gerne mit auf eine der unzähligen Alpin- und Klettertouren im Naturpark.

Lavarella-hütte

↗ 2.050 m

Familiensache

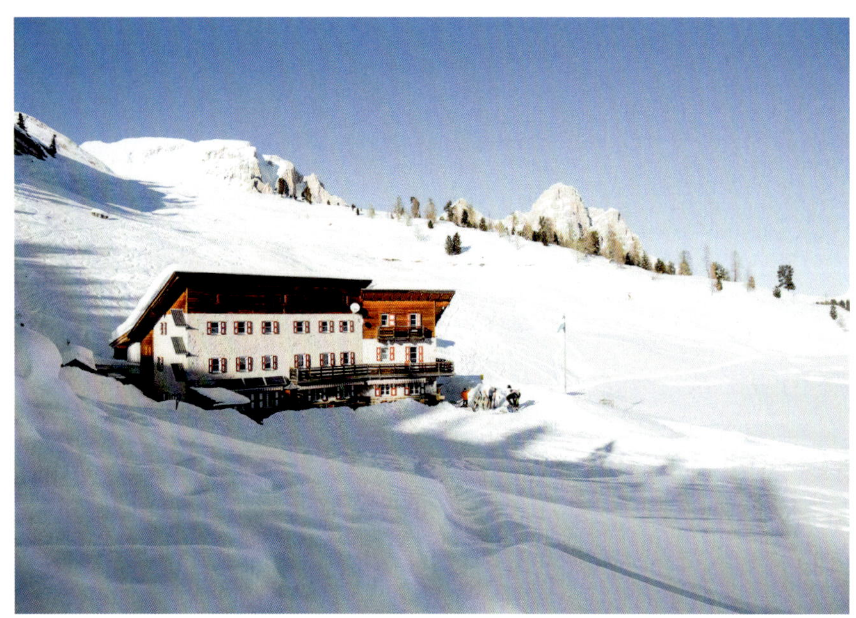

Auf dem Fanes-Sonnenplateau inmitten der sagenhaften Dolomitenlandschaft liegt die Lavarellahütte. Seit über hundert Jahren ist die »Ücia« das Zuhause der Familie Frenner. Zu ihr herauf kommt die Welt – und die Liebe.

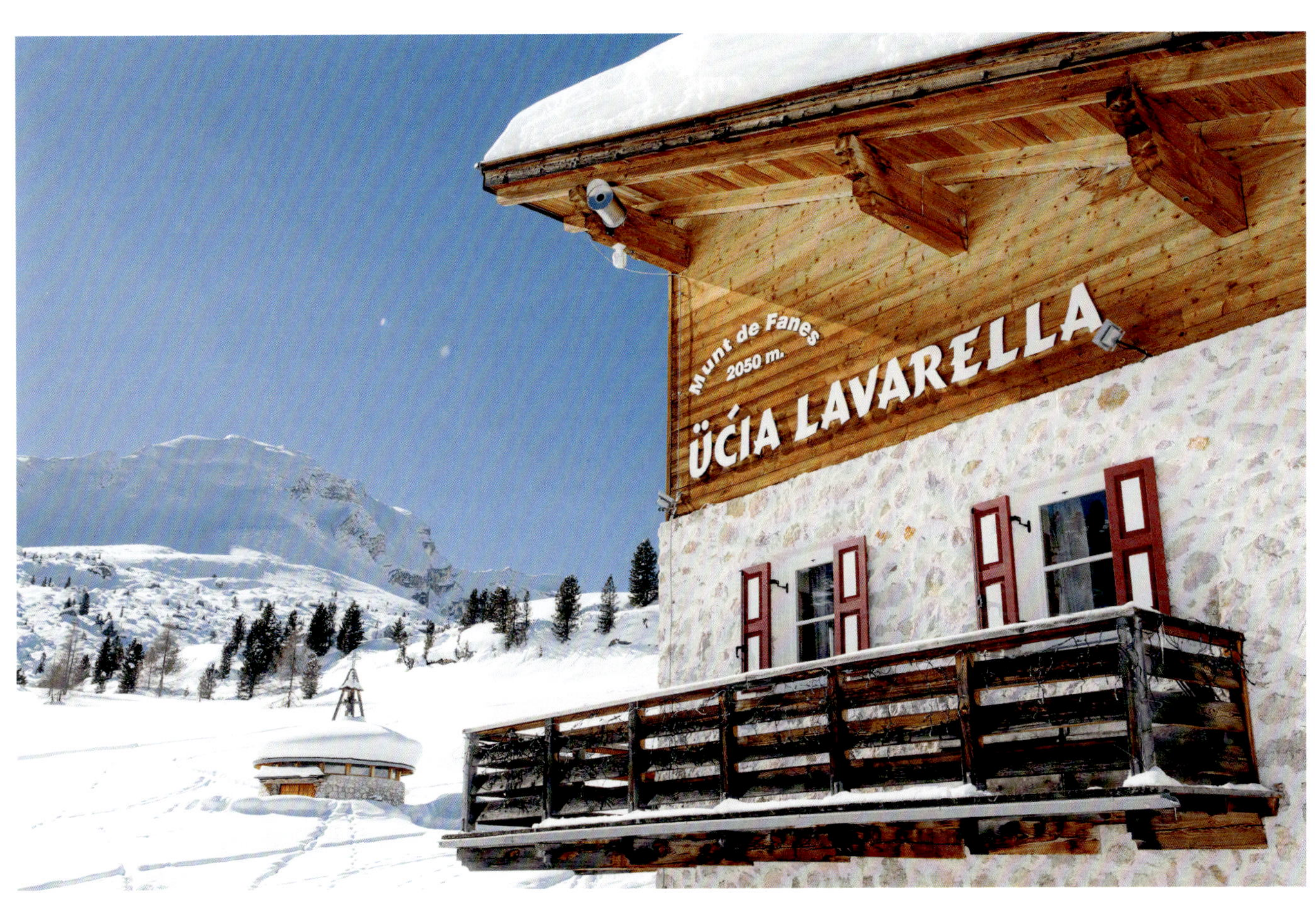
Munt de Fanes
2050 m.
ÜĆIA LAVARELLA

Lage
Fanesgruppe

Besitzer
Familie Frenner

Geöffnet
Winter: Ende Dezember bis Mitte April
Sommer: Anfang Juni bis Mitte Oktober

Touren & Zustiege
→ Seite 253

»Bei uns haben die Männer schon viel zu sagen«, sagt Anna und lacht, »aber die Frauen vielleicht noch mehr. Das steckt tief in uns drin, die ladinische Kultur ist geprägt von starken Frauen.« Anna Frenner, Jahrgang 1984, muss es wissen. Sie ist die Juniorchefin auf der Lavarellahütte – der Ücia Lavarella, wie sie auf Ladinisch heißt – und wuchs somit mitten in einem Sagenland auf. Die sie umgebende Welt ist Schauplatz der Fanes-Sage, jenes tragischen Nationalepos der Ladiner, in dem sich die friedliebenden Frauen der Machtgier des männlichen Königshauses entgegenstellen.

Es ist tatsächlich ein verwunschener Ort hier auf dem sonnigen Plateau der Kleinen Fanesalm auf 2.050 Metern im Naturpark Fanes-Sennes-Prags. Wie ein flauschiger grüner Teppich rollt sich die Hochalm vor den Zacken, Zinken und Zähnen der Dolomiten aus, umrahmt vom kuriosen Monte Castello, dem Felskamm der Furcia Rossa und den glatten Wänden der Neunerspitze. Um die Hütte herum finden sich einige alte Almen, eine Kapelle und der leuchtende Lé Vërt, der Grünsee. Seit über hundert Jahren gibt es die Lavarellahütte nun schon, immer war sie im Besitz der Familie Frenner. Benannt ist sie nach einem der mächtigsten Gipfel in der Gegend, der 3.055 Meter hohen Lavarella.

Auch wenn die Hütte 1912 von Annas Uropa Engelbert errichtet wurde, so waren und sind es doch die Frauen, die sie form(t)en. »Nachdem Engelbert früh im Krieg gefallen war, hat meine Uroma den Betrieb weitergeführt«, erzählt Anna. Im Sommer hatte sie ihre sechs Enkel heroben, darunter Annas Vater Hanspeter. Der fand auf der Hütte nicht nur seine Heimat, sondern auch seine große Liebe Michaela, deren Mutter als Köchin auf der Lavarella arbeitete. Hanspeter sollte als Ältester eigentlich das Hotel im Tal übernehmen, »aber Mama bestand darauf, die Hütte zu übernehmen«, sagt Anna mit einem Schmunzeln. »Wie gesagt: die starken Frauen.«

Und so durfte die Juniorchefin auf der Lavarellahütte aufwachsen, als mittlere von drei – wie könnte es anders sein? – Schwestern. In ihrem Leben war sie niemals länger als sechs Monate von der Hütte entfernt. Selbst für die Suche nach dem passenden Mann musste sie nicht ins Tal. Auf der Lavarella kann man die Liebe auf sich zukommen lassen. In Annas Fall kam sie 2003 in Gestalt von Gábor. Ursprünglich wollte der Ungar nur über die Sommersaison auf der Lavarella arbeiten und die Sprache lernen. Gegangen ist er nicht mehr. »Es war Liebe auf den ersten Blick«, sagt Anna. Seine Deutschkenntnisse hat Gábor perfektioniert, Italienisch schnell gelernt, bald auch Ladinisch. So sprechen Anna und Gábor vier Sprachen – genau wie ihre drei Kinder, die – richtig, wie könnte es anders sein – allesamt Mädchen sind. Die Muttersprache von Emma, Marta und Greta ist Ladinisch, die Vatersprache Ungarisch, Italienisch und Deutsch sind ihre Zweitsprachen.

Kulinariktipp

Zu Michaelas hausgemachten Spinatbandnudeln mit Wildragout empfiehlt ihre Tochter einen im Holzfass gelagerten Lagreiner – und Gábor ein GA-BEER Bayrisch-Dunkel.

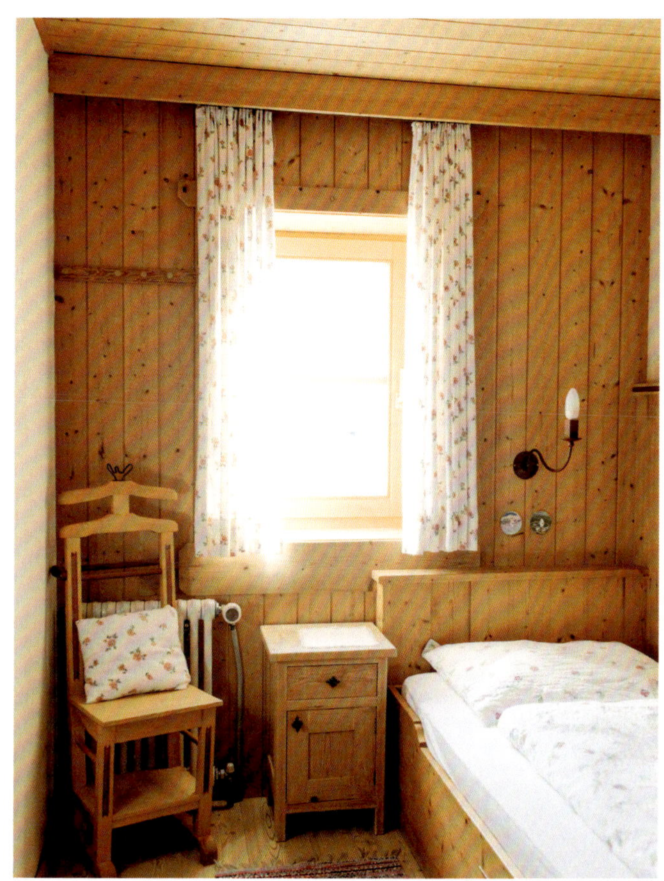

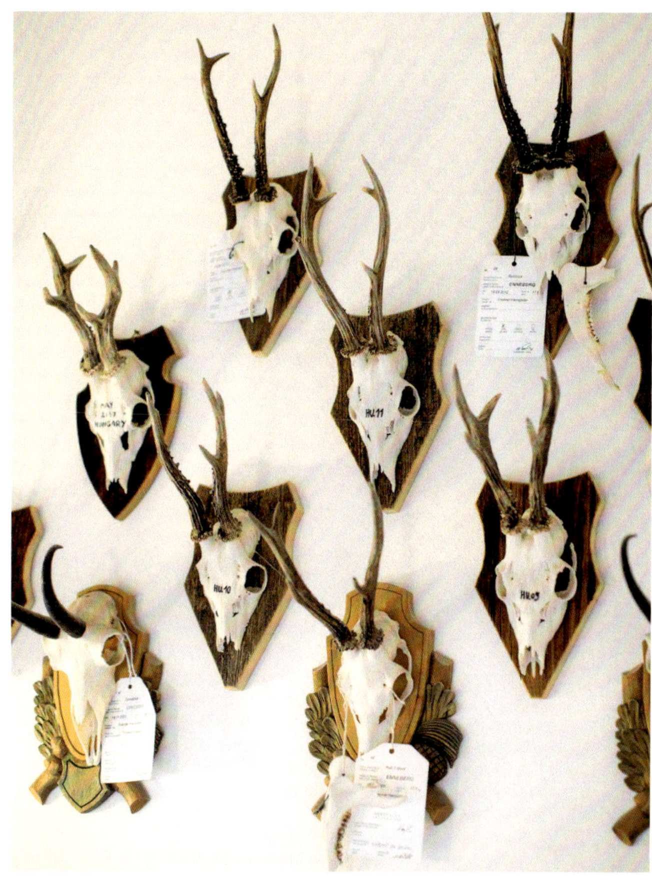

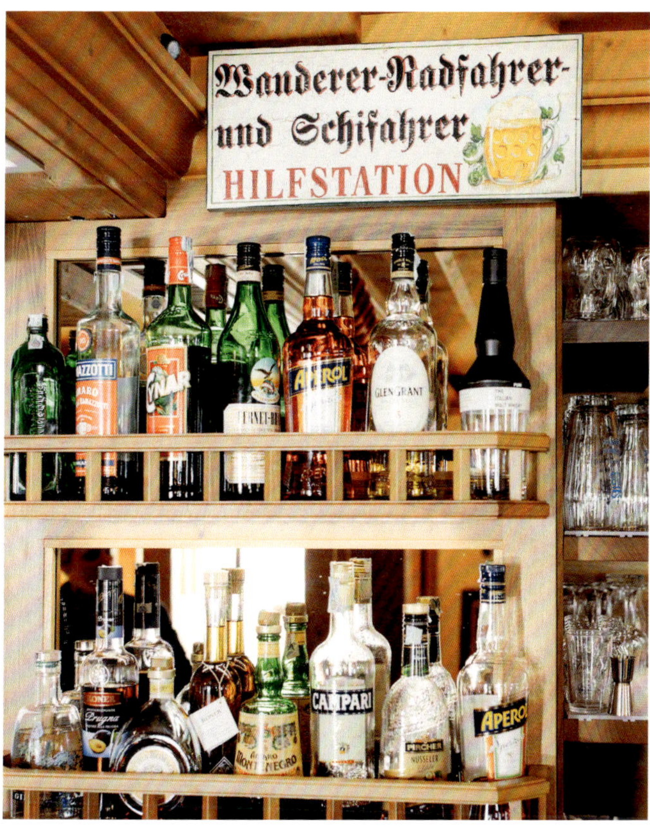
Wanderer-Radfahrer-
und Schifahrer
HILFSTATION

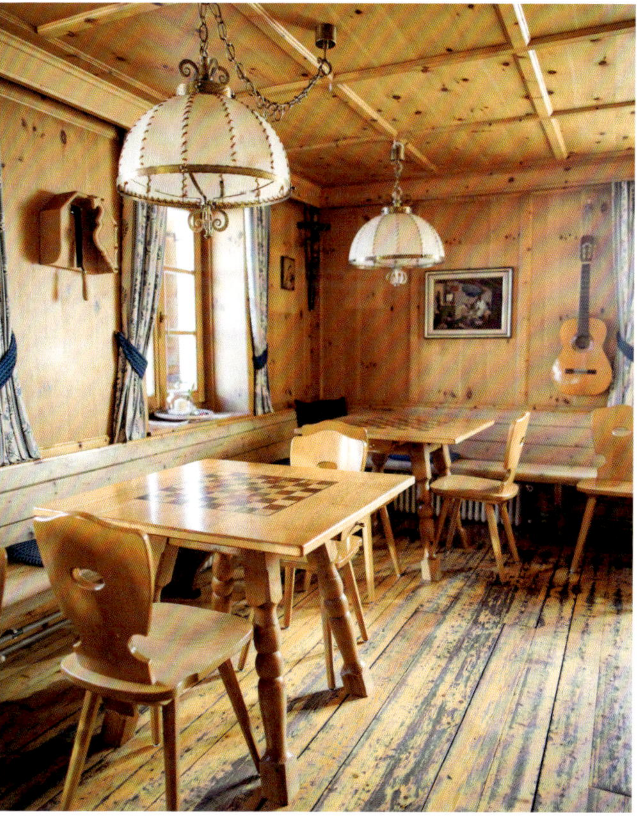

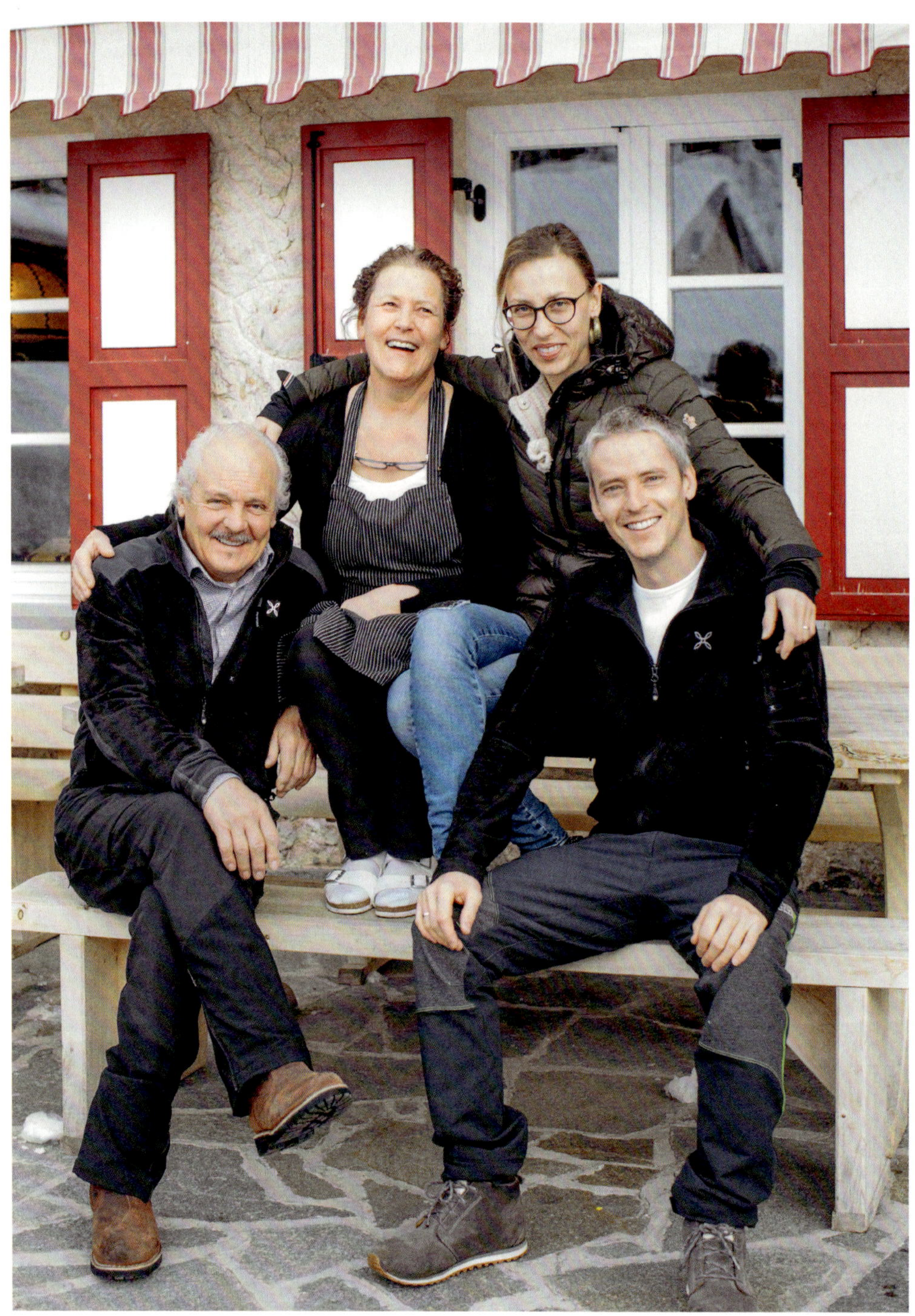

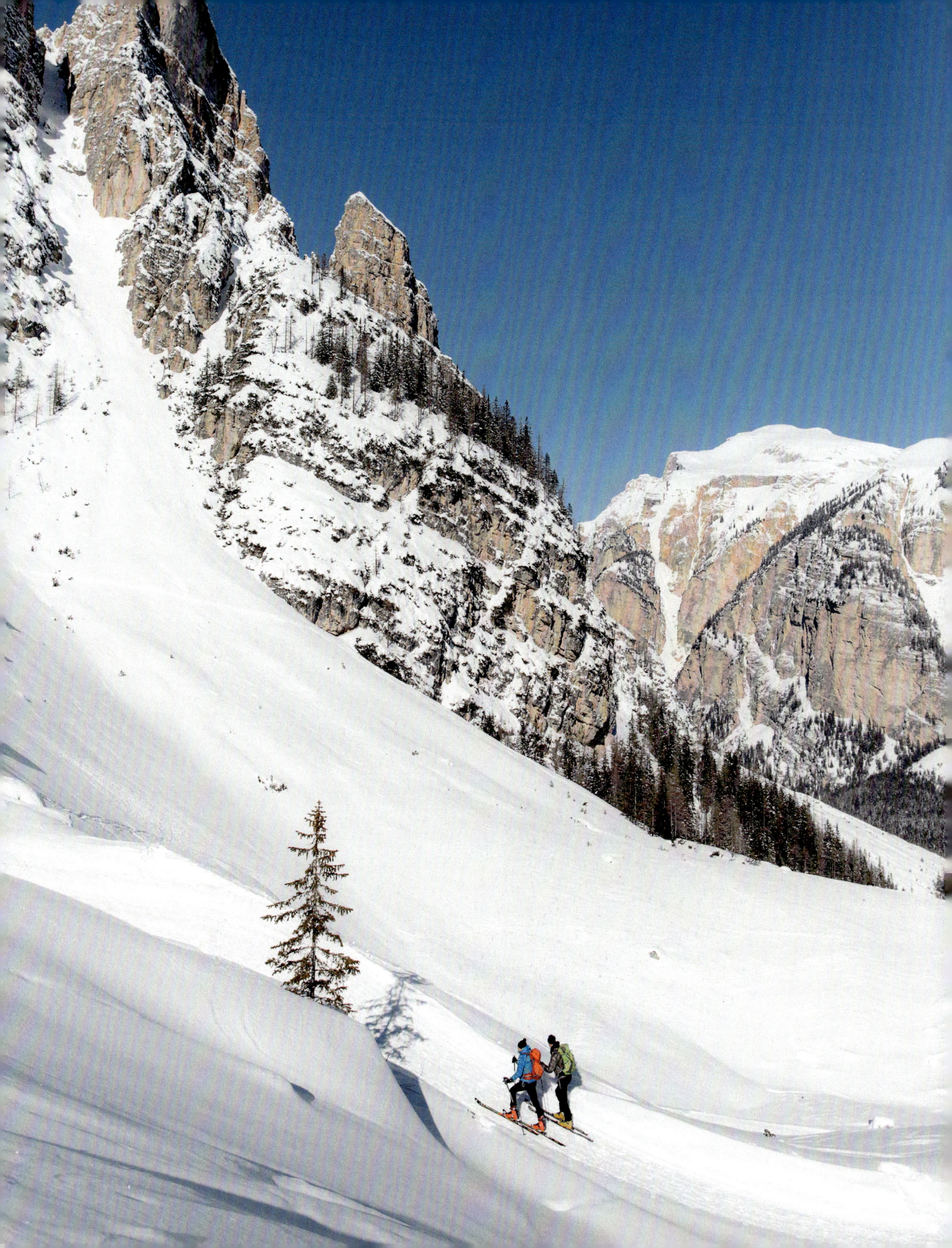

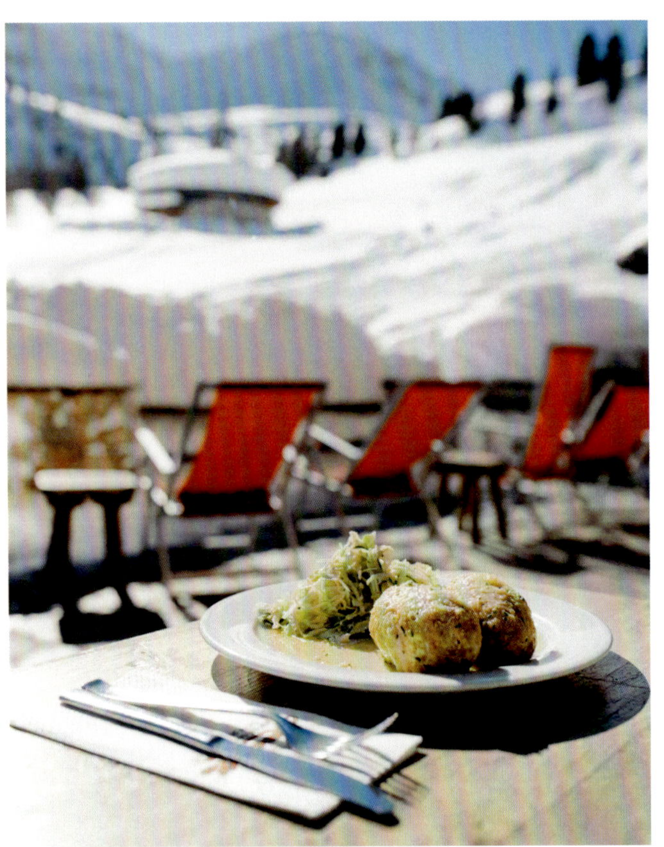

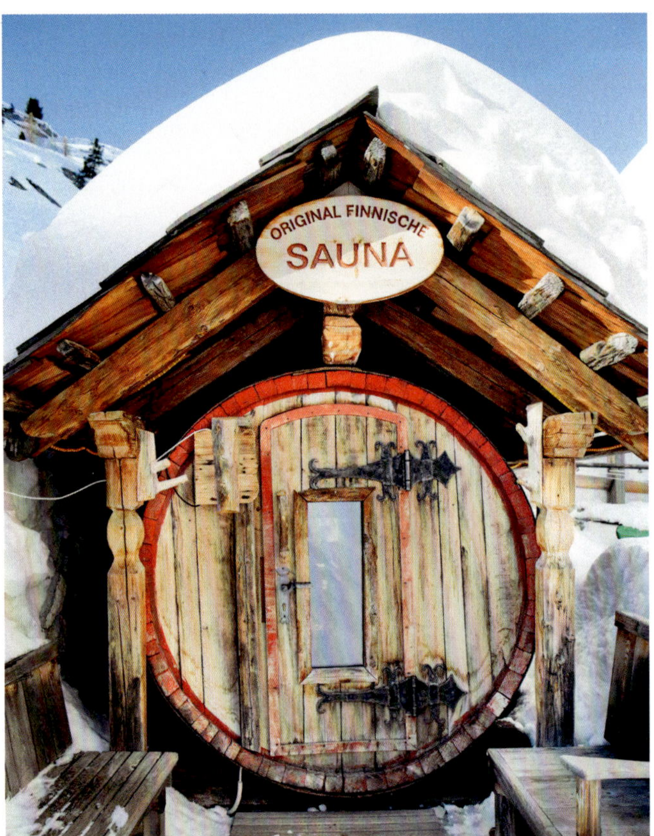

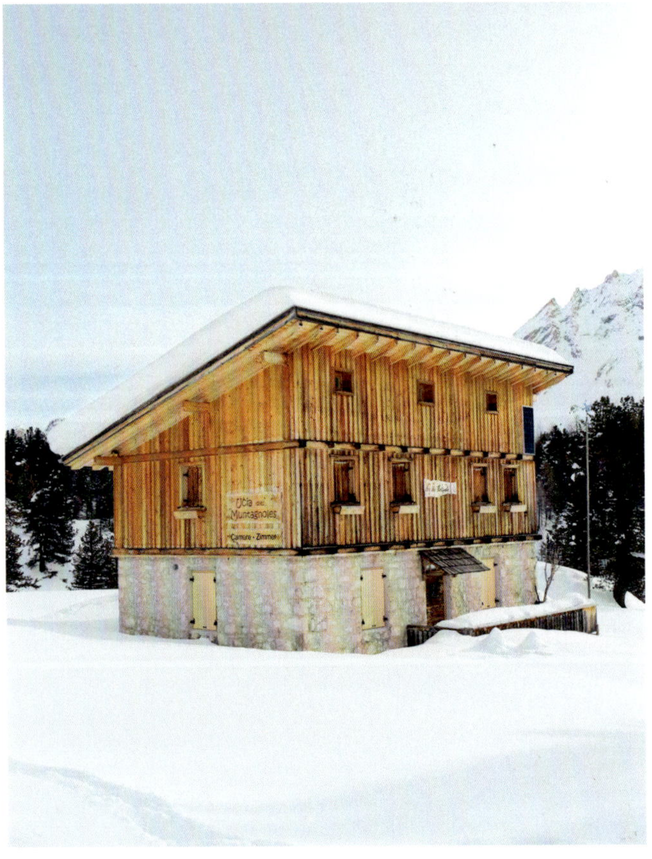

Das ist besonders

Seit 2019 braut Jungwirt Gábor aus dem klaren Bergwasser der Dolomiten nach dem Reinheitsgebot sein naturtrübes GA-BEER: ein naturtrübes Helles sowie ein Hefeweizen. Damit betreibt er auf 2.050 Metern die höchste Brauerei Europas.

Nachdem er das Frühstücksbuffet aufgebaut hat, bringt Großvater Hanspeter die drei jeden Morgen hinunter ins Tal in Schule und Kindergarten. Sorgen, dass die Mädchen auf der Hochalm so fern der Stadt etwas verpassen, muss man sich keine machen. Schließlich kommt nicht nur die Liebe auf die Lavarellahütte, sondern auch die Welt. »Im Sommer haben wir viele Gäste aus Australien, Amerika und Israel oder auch aus Südkorea.« So kann Emma, die Älteste, ihr Englisch üben, und Anna und Gábor haben ebenfalls »eine große Freude« an den von weit her angereisten Gästen: »Sie bringen eine solche Offenheit und Neugierde mit«, schwärmt Anna. »Sie wollen alles wissen, interessieren sich für die Geschichte und probieren ganz begeistert unsere Speisen und Getränke.«

Da sind die Jungwirte in ihrem Element und Mama Michaela sowieso: Die Leidenschaft, die sie in ihre Küchenkreationen steckt, schmeckt man den Kasnocken, dem berühmten Wildragout auf hausgemachten Spinatbandnudeln, der Pasta al forno, dem Saibling mit Linsen und dem Tiramisu an. Ja, jedem einzelnen Gericht. Und weil beim Familienteam Frenner ein Rad ins andere greift, wissen Anna und Gábor stets die passende Begleitung zu empfehlen: Anna ist Wein- und Gábor Biersommelier.

Ganz anders, nämlich viel geruhsamer, geht es hingegen in der Wintersaison zu. »Es ist fast wie eine andere Arbeit«, meint Anna. Die Lavarellahütte ist idealer Stützpunkt für Skitouren zur Neuner- und Zehnerspitze, zum Piz Stiga, dem Col Bechei und dem Monte Castello. Oft kommen Freundesgruppen, meist sind es Franzosen, Österreicher, Schweizer oder Deutsche, und sie bleiben über mehrere Tage. Das WLAN-Netz (das zu den Essenszeiten generell abgestellt wird) werde in der kalten Jahreszeit deutlich weniger strapaziert, erzählt Anna, die Sportler seien genügsamer.

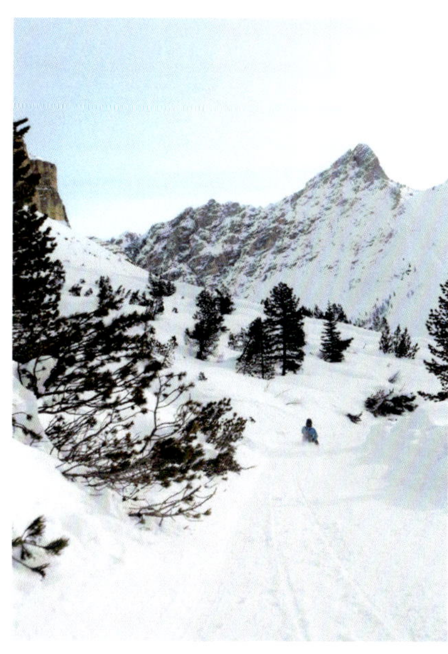

»Das ist aber auch der Grund«, sagt Anna lachend, »warum Gábor im Winter leiden muss. Die Sportler bestellen gern alkoholfreies Weißbier.« Eine Getränkewahl, die ihren Mann inzwischen persönlich tief trifft: Gábor hat selbst die Braukunst erlernt und führt seit diesem Jahr auf der Lavarella die höchste Brauerei Europas. Er hofft aber schon, dass immer mehr Skitourengeher seinen Braukessel zu schätzen lernen – und nicht nur das finnische Weinfass aus Zirbenholz, das die Frenners zu einer höchst populären Sauna umgebaut haben.

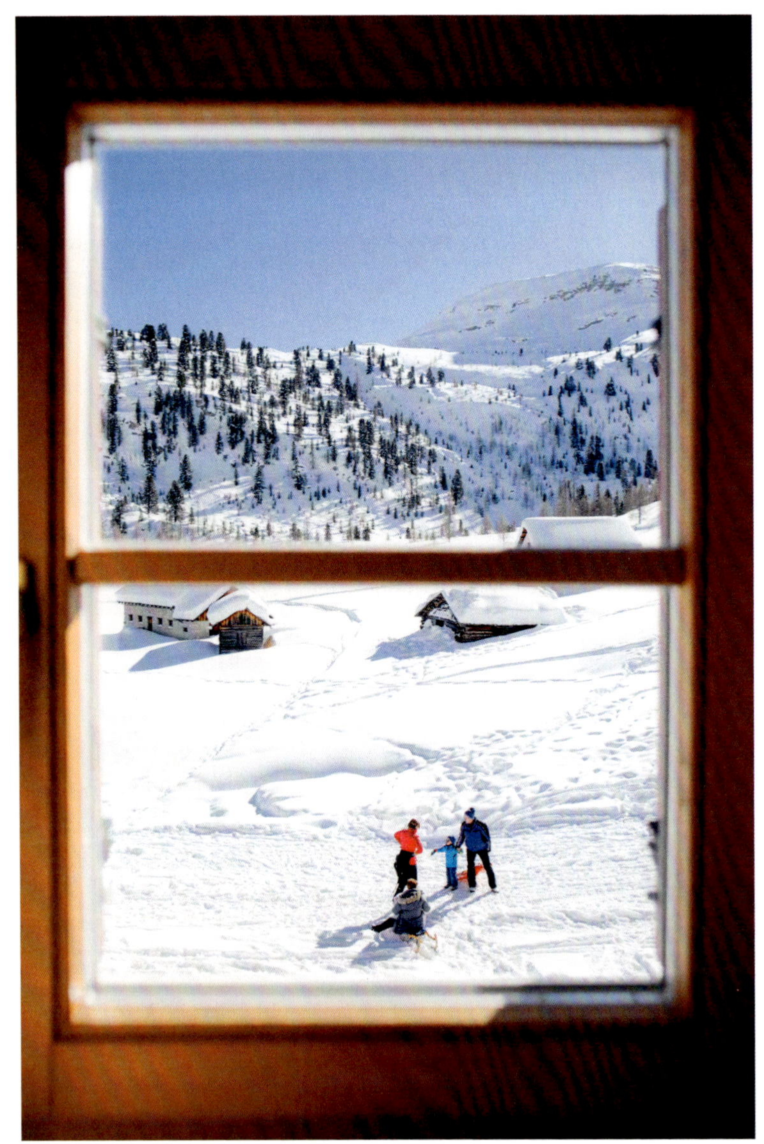

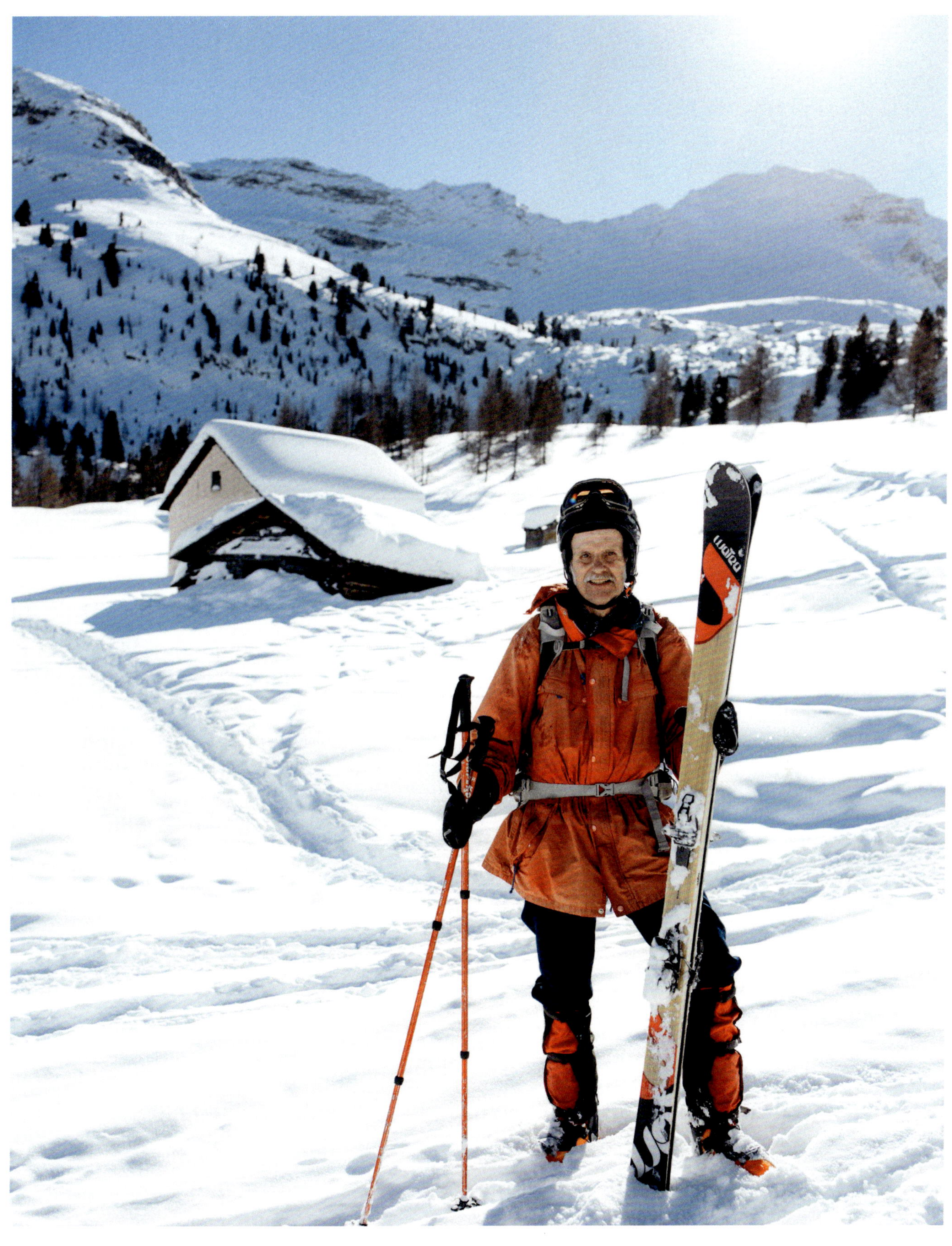

Südtirol
Lavarellahütte

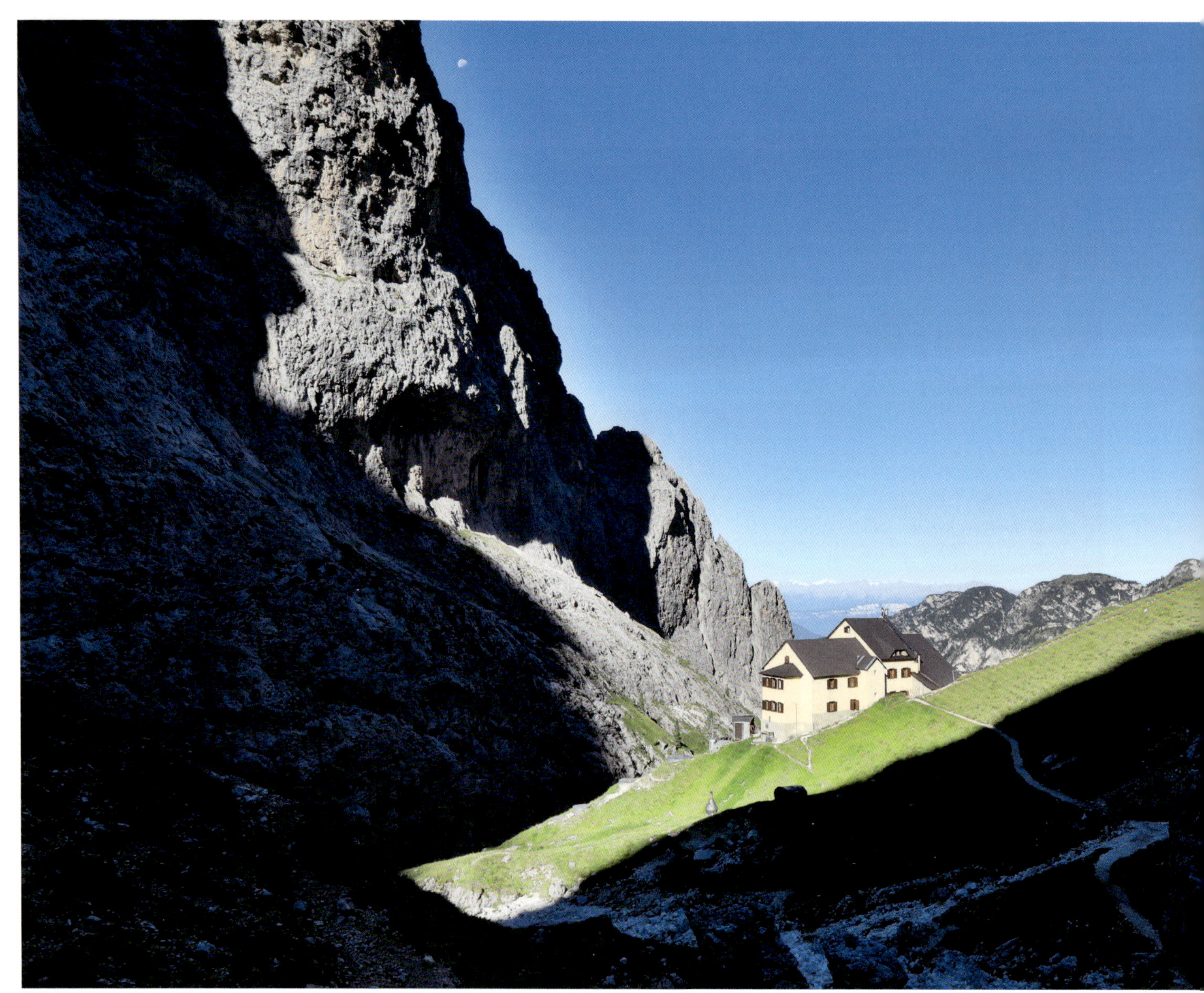

Das ist besonders

Wunderbar lang kann man die Abendsonne auf der Terrasse der Grasleitenhütte genießen – und am nächsten Morgen für den schönsten Sonnenaufgang auf den Molignonpass aufsteigen.

Kulinariktipp

Der indische Koch Rakesh »dreht die Knödel wie ein Tiroler«, sagt Margot und serviert dazu ihre selbst gemachten Minz- oder Holundersäfte.

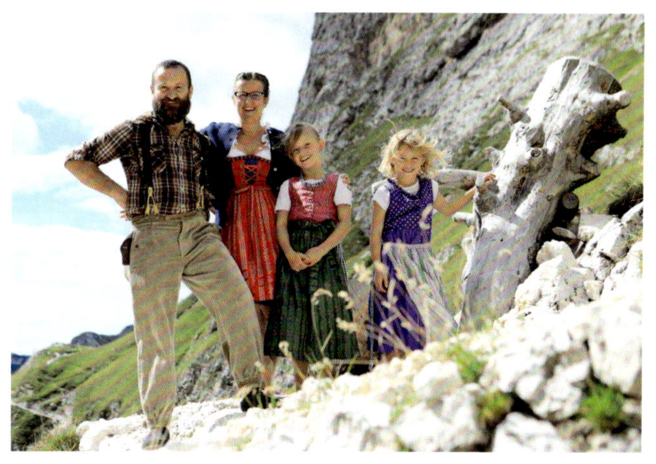

Grasleitenhütte ↗ 2.165 m

Lage
Rosengartengruppe

Hüttenwirte
Margot Federer
und Hansjörg Resch

Geöffnet
Mitte Juni bis
Anfang Oktober

Touren & Zustiege
→ Seite 253

Die Frauen waren auf der Grasleitenhütte seit jeher gut vertreten. 1887, im Jahr der Eröffnung, begrüßte Wirtin Resi 96 Personen auf 2.165 Metern – elf davon waren Damen. Heute liegt der Schnitt deutlich höher, unter den Gästen wie unter den Gastgebern: Hüttenwirt Hansl hat neben seiner Frau Margot noch die Töchter Greta und Lotte mit heroben, aber die Männer für alles, Felix und Rakesh, der indische Koch, gleichen das Geschlechterverhältnis wieder aus. Lebendig geht es allemal zu in der Hütte am Rand des Naturparks Schlern-Rosengarten, zu der man von Tiers über das Tschamintal wunderschön 1.000 Höhenmeter aufsteigt. Aber vor allem ist es gemütlich und urig, die Atmosphäre ungezwungen und entspannt. »So wie wir sind, so sind wir«, sagt Margot, und sie sind herzlich und bodenständig. Die Stube stammt noch aus dem 19. Jahrhundert, und in ihr lässt es sich bestens musizieren, spielen, ratschen, schlemmen – und Kraft tanken für die Touren, Routen und Klettersteige, die im Rosengartengebiet warten.

Lage
Schlerngruppe

Besitzer
Judith und
Stefan Perathoner

Geöffnet
Ende Mai bis
Mitte Oktober

Touren & Zustiege
→ Seite 254

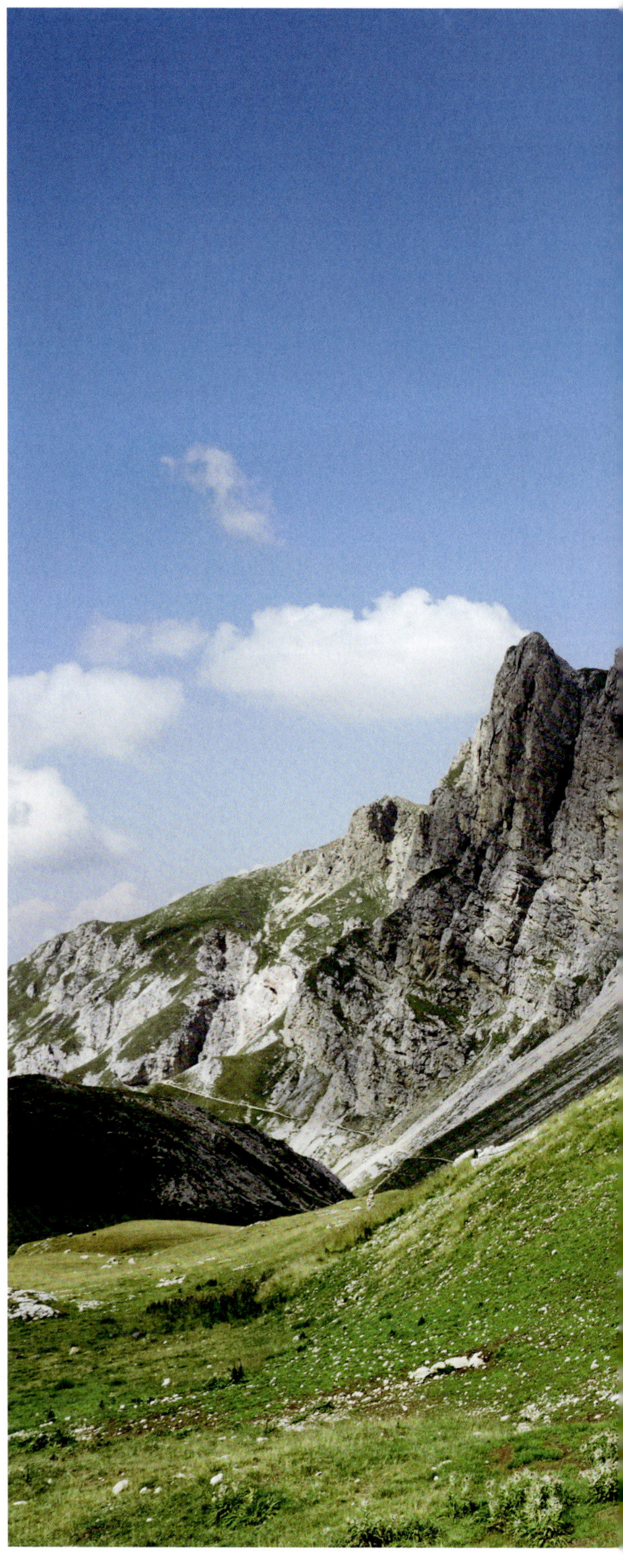

Tierser Alpl ↗ 2.440 m

Am Tierser Sattel scheinen sich sämtliche Wege zu kreuzen: Hier kommt man vorbei, wenn man vom Schlern, dem Hausberg der Bozener, zu Lang- und Plattkofel aufsteigt oder von der Seiser Alm zum Rosengarten. An ebendiesem besonderen Punkt hat Max Aichner 1957 mit eigenen Händen das Alpl aufgebaut – aus Liebe zu seiner Heimat, aber auch aus der Perspektivlosigkeit der Nachkriegsjahre heraus. Mehr als sechs Jahre schleppte er selbst Zementsäcke und Balken vom Tal auf 2.440 Meter Seehöhe, schlug aus dem Dolomitenfels 3.000 Ziegel und setzte seinem Alpl das berühmte feuerrote Dach auf. Über Jahrzehnte erweiterte er den Bau, legte Wege und sogar zwei Klettersteige an: »Maximilian«, den leichteren schmalen Grat, und den anspruchsvolleren »Laurenzisteig« – benannt nach Max' Frau Laura. Inzwischen ist Max Aichner 86 Jahre alt und kommt nur noch einmal die Woche zu seiner Tochter Judith und ihrem Mann Stefan herauf. Sie führen sein Lebenswerk mit viel Einsatz, Frohsinn und Liebe zum Detail fort.

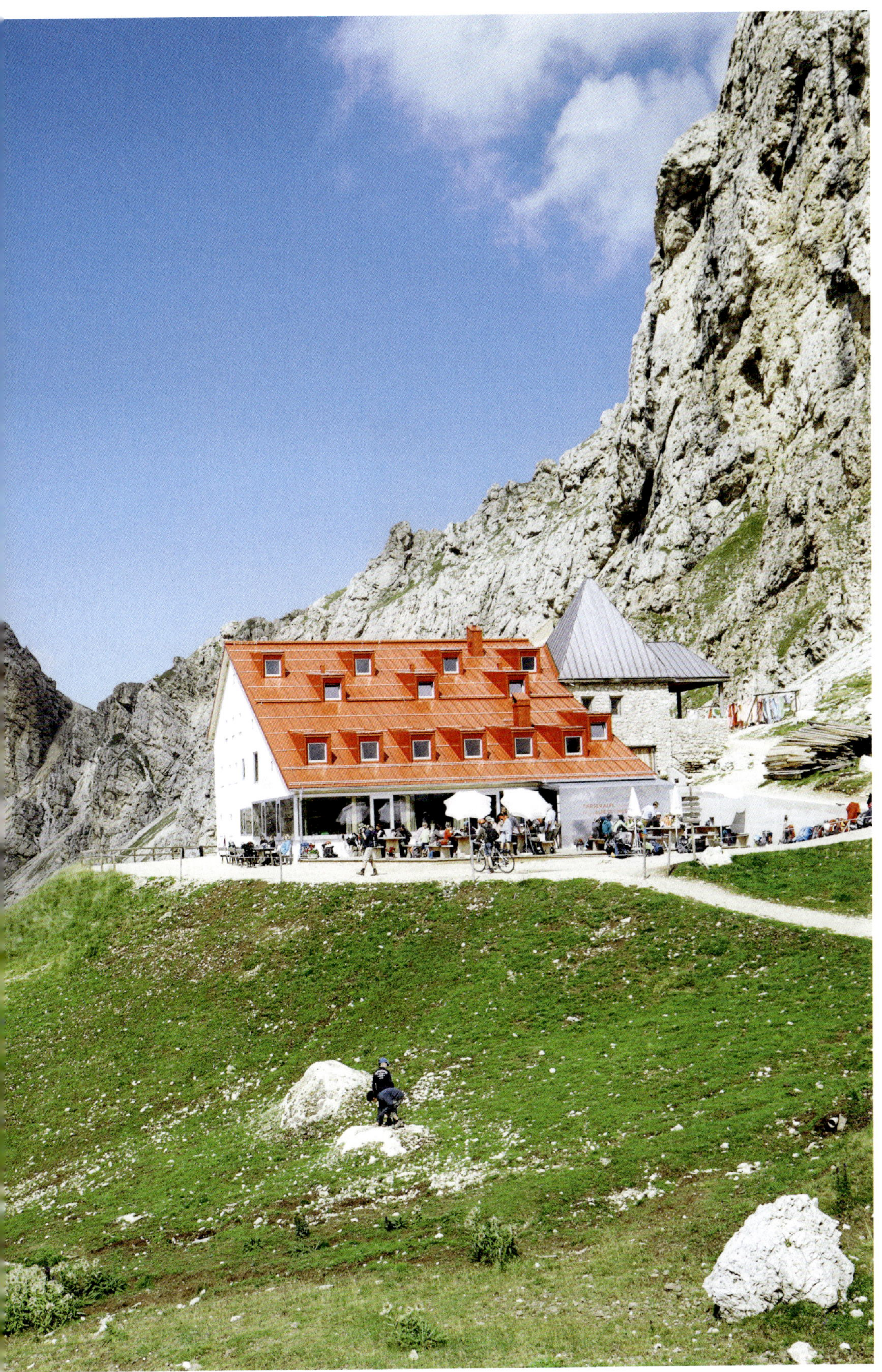

Das ist besonders

Zwei Jahreszeiten-Tipps von Hüttenwirt Stefan: »Anfang, Mitte Juni, wenn nach der Schneeschmelze die Blüte einsetzt und der Tag fast nicht mehr aufhört, ist es besonders schön. Und die stimmungsvollsten Sonnenauf- und -untergänge erlebt man im Herbst ab Mitte September – da werden die weißen Berge richtig rot.«

Kulinariktipp

Hausgemacht und frisch zubereitet: die Spinatknödel mit Gorgonzolasauce oder Rote-Beete-Knödel auf Blattsalaten mit Ziegenfrischmilchkäse.

Edelraut-hütte ↗ 2.545 m

Wie Phönix aus der Asche

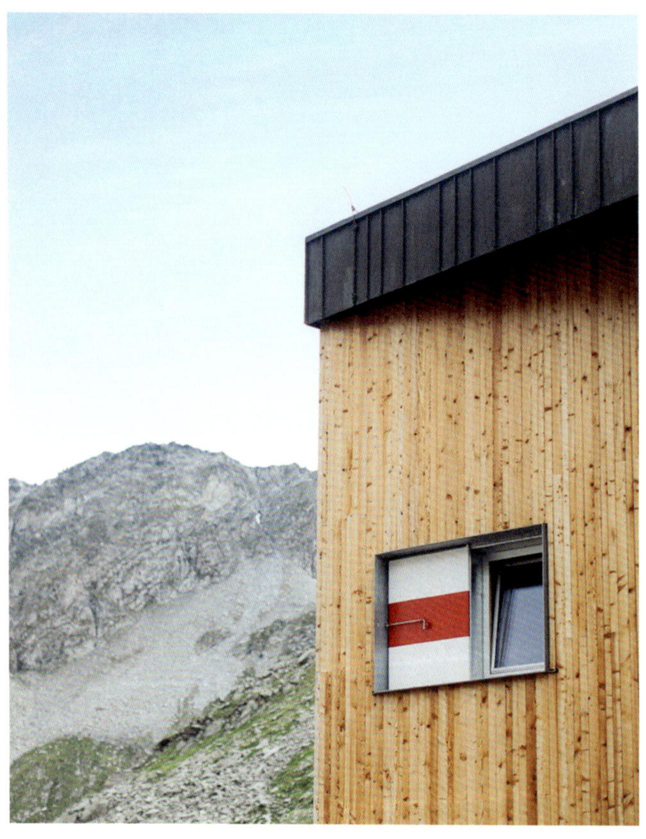

Die einstige Herberge für honorige Herren erlebte harte Zeiten, bevor sie zu dem wiederauferstehen durfte, was sie heute ist: ein schlichter, kraftvoller Bau mit grandiosen Ausblicken in die imposante Gipfelwelt der Zillertaler Alpen.

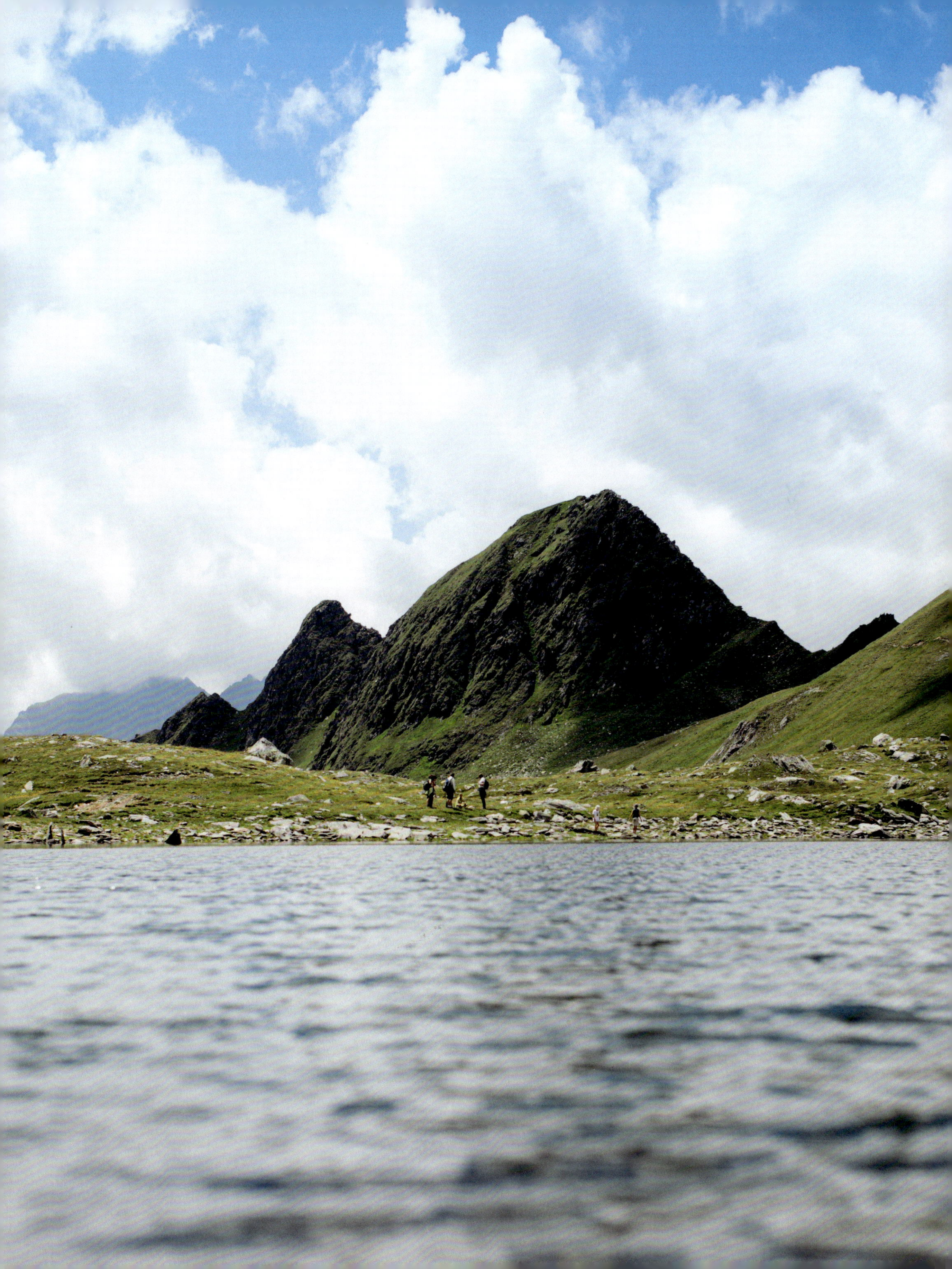

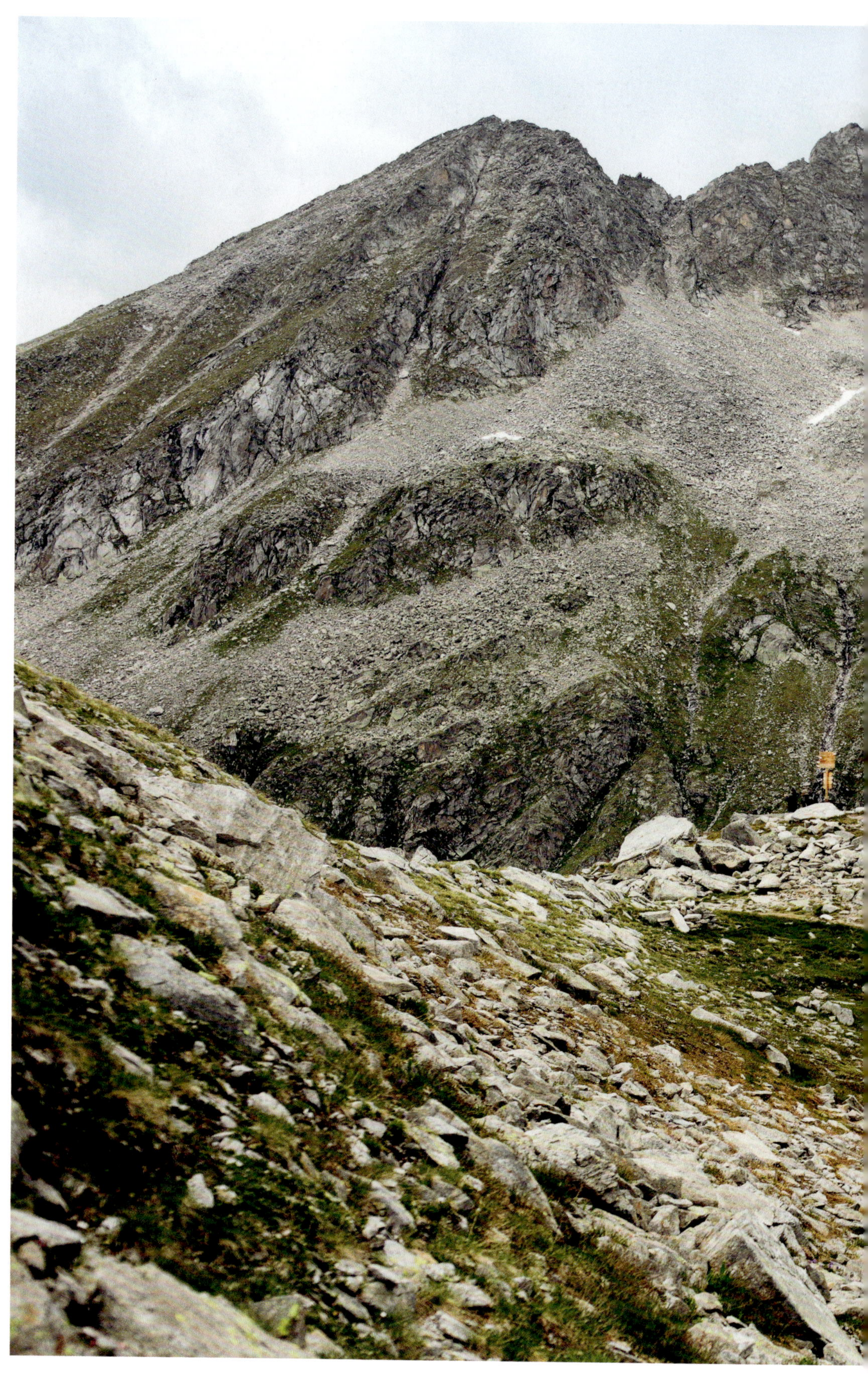

Südtirol
Edelrauthütte

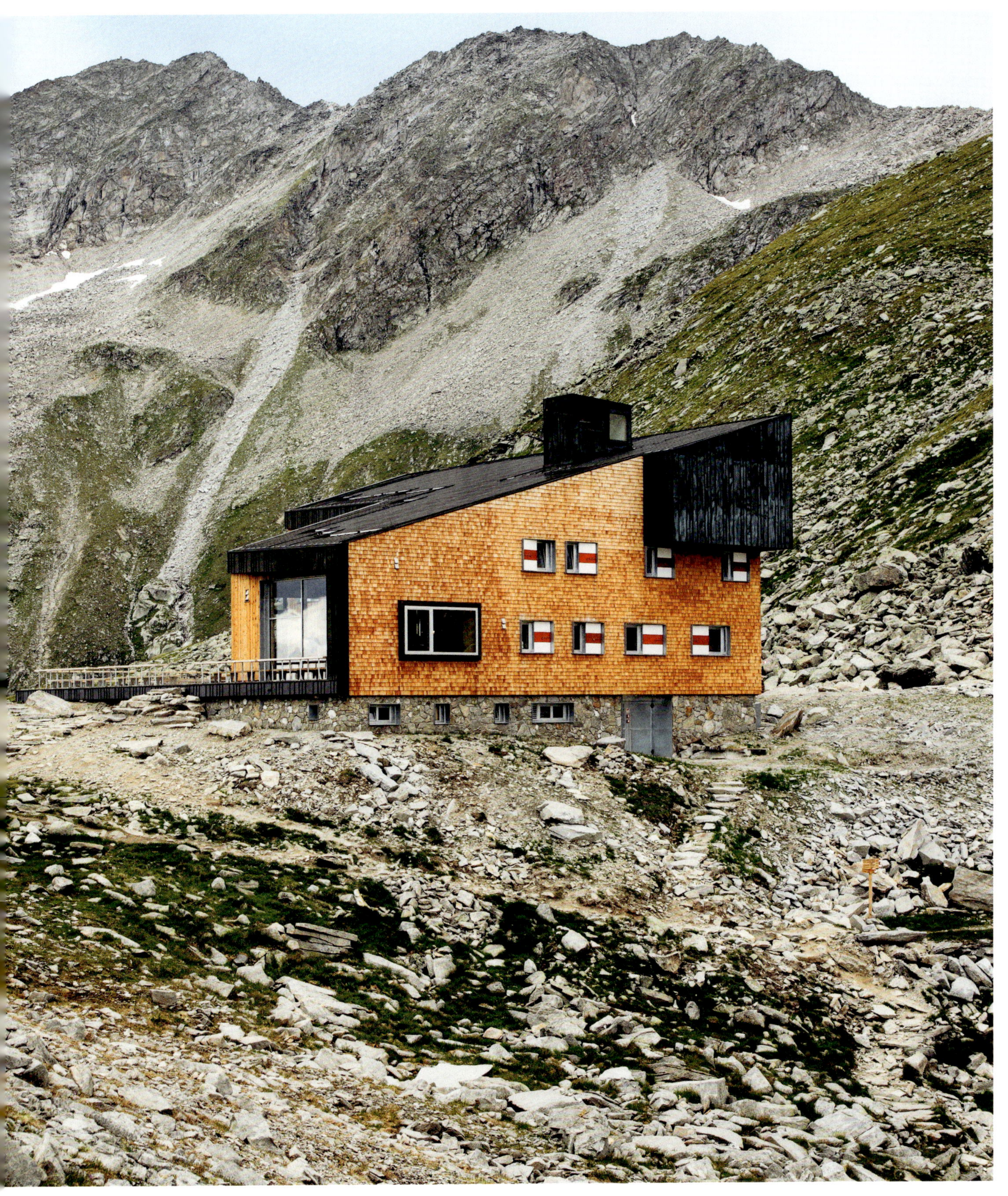

Südtirol
Edelrauthütte

Lage
Zillertaler Alpen

Hüttenwirt
Much Weissteiner

Geöffnet
Anfang Juni
bis Anfang Oktober

Touren & Zustiege
→ Seite 254

»Die alte Hütte war gestorben«, meint Much Weissteiner und fügt rasch an: »Aber ihre Seele war noch da.« Und ist es noch. Ein Weiterleben nach dem Tod? Ja, gibt es – jedenfalls für die Edelrauthütte. Und was für eines. 2016 wurde der Neubau des renommierten Brixner Architekturbüros MoDus Architects eingeweiht. Doch wie zum Gedenken steht der alte Geißstall noch, und Stube und Ausschank der neuen Hütte sind mit dem Holz der alten getäfelt. »Es gibt Bretter, von denen ich weiß, dass sie in dem Raum waren, wo ich früher geschlafen hab«, sagt Much, der Wirt, »weil ich mit dem Messer eine Kerbe eingeschnitzt habe, die ich heute noch sehe. Irgendwie romantisch, oder?« Dem verantwortlichen Architekten Matteo Scagnol war genau das wichtig: die Verbindung vom Einst zum Jetzt.

Die Zeit hatte der einstigen Schönheit arg zugesetzt, ihren Balkon und noch einiges mehr morsch werden lassen. Seit der Eröffnung im August 1908 war das Schutzhaus fast unverändert geblieben: ein Holzblockbau, mit Schindeln verkleidet, kaum unterkellert. Sie hatte bereits einiges durchgemacht bis dahin, auch wenn alles sehr vielversprechend begann für die Edelrauthütte, als sie einst auf einer Fläche von knapp zehn mal sieben Metern von der Alpinen Gesellschaft Edelraute errichtet wurde.

Die honorigen Herren aus Wien – allesamt Mitglieder des Österreichischen Alpenklubs – hatten sich bewusst für den Platz am Eisbruggjoch entschieden. Die Lage am Übergang zwischen dem Pfunderer und dem Lappacher Tal ist perfekt für die Besteigung von Weißzint, Hochfeiler und Großem Möseler. Diese zählen zu den imposantesten Dreitausendern des östlichen Alpenhauptkamms, Gletschererlebnis inklusive. Die Edelraute war ein beliebtes Basislager – bis die Schutzhütte selbst zur Schutzbedürftigen wurde.

Mit der Annexion Südtirols nach dem Ersten Weltkrieg wurde die Hütte nämlich enteignet und zum Rifugio Passo Ponte di Ghiaccio italienisiert. Nach dem Zweiten Weltkrieg war sie stark verwahrlost und von Plünderei gezeichnet. 1950 wurde das Rifugio zwar vom CAI Brixen wieder instandgesetzt und bewirtschaftet, jedoch 1964 erneut militärisch besetzt, als in Südtirol die Freiheitskämpfe abermals aufflammten.

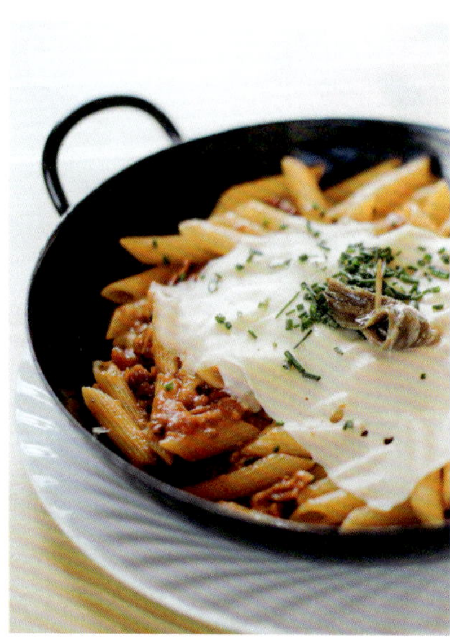

Doch seit 1972 ist Muchs Familie auf der Edelrauthütte. Sie hat sie geprägt mit großer Leidenschaft, unermüdlichem Einsatz und mit viel Drang nach vorn. Much, Jahrgang 1967, hat seit dieser Zeit »keinen Sommer nicht hier oben verbracht«. Und er hat über die Jahrzehnte enorme Veränderungen miterlebt.

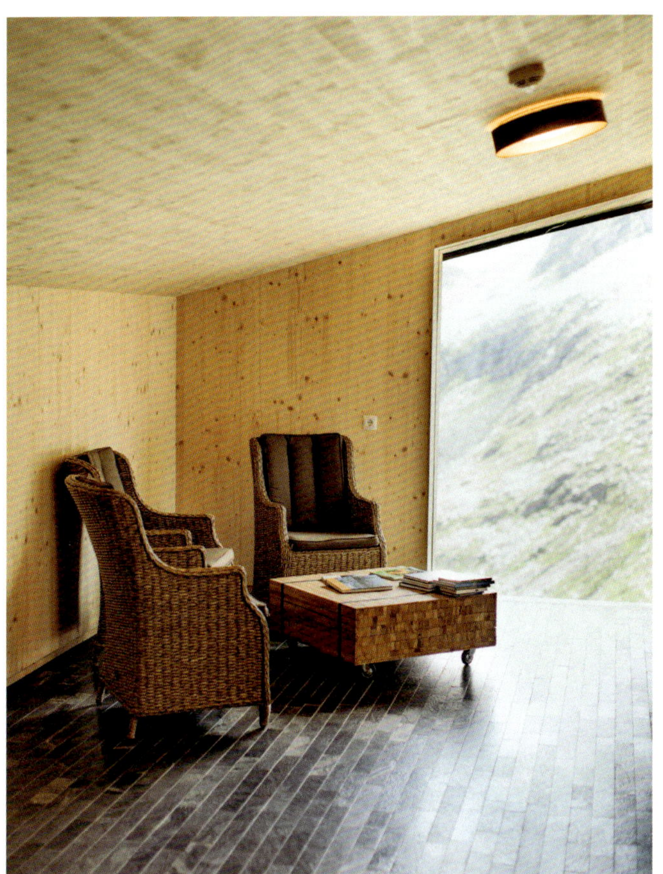

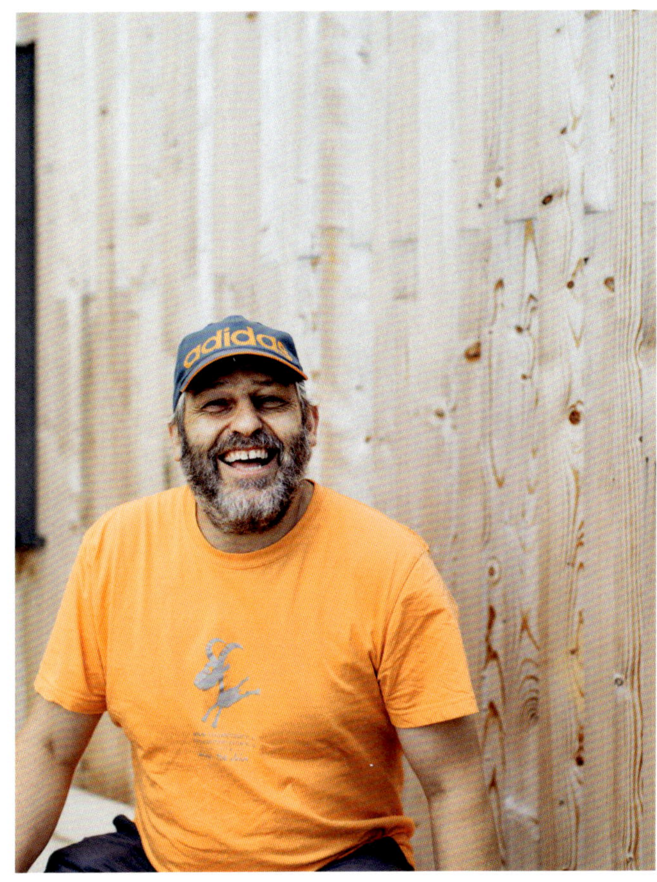

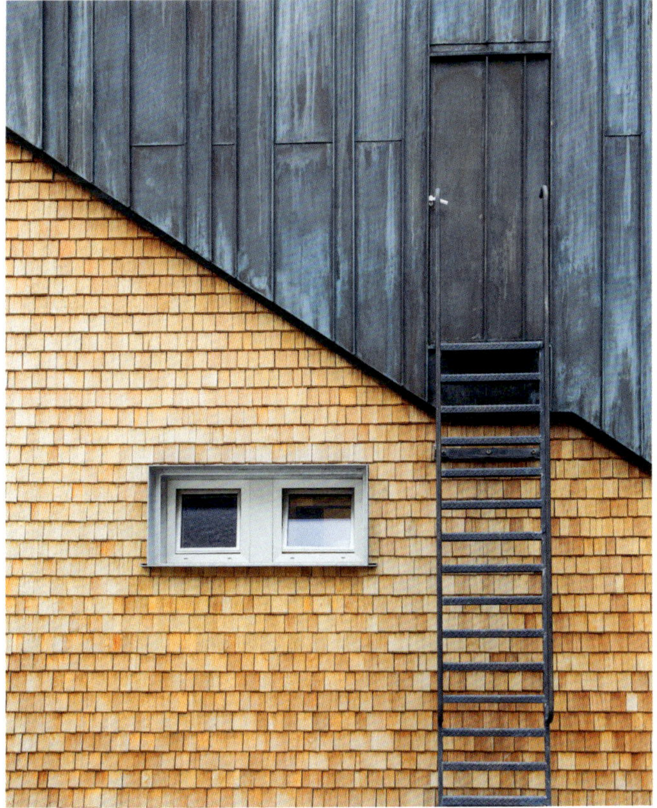

Kulinariktipp

Die Ziehkrapfen – ein handtellergroßes Pustertaler Hefegebäck – werden auf der Edelrauthütte täglich frisch herausgebacken und im Doppelpack serviert. Besonderes Gefühl braucht Much für die exakte Einbuchtung in der Mitte der Krapfen. Sie wird mit hausgemachtem Kompott aus Preiselbeeren von den Pfunderer Bergen gefüllt.

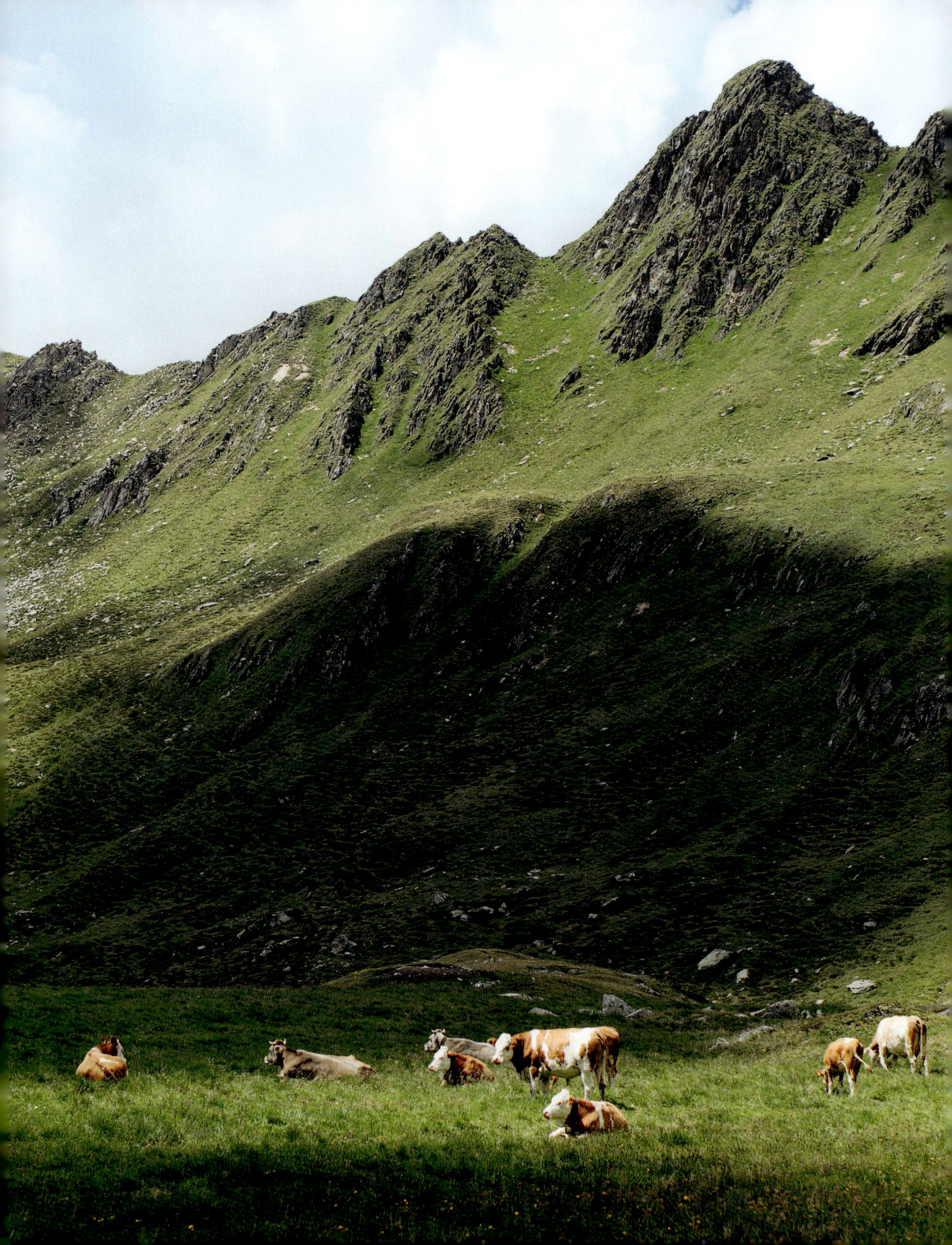

Das ist besonders

Mit ihren vier Meter hohen Fenstern öffnet sich die Stube zu drei Seiten. Zum Frühstück bringt die Sonne, die über der Rieserfernergruppe aufgeht, den Raum zum Leuchten. Aber, meint Much: »Auf der anderen Seite liegen die Pfunderer Berge, die sind nicht weniger schön – und reichen bis in die Gaststube.«

»Einige große Sprünge waren dabei«, erzählt er. »In den ersten Jahren haben mein Vater und sein Freund Sepp noch die Sachen mit der Kraxe nach oben geschleppt. Später haben Pferde es schon um einiges leichter gemacht – und dann kamen die ersten Hubschrauber.« Noch heute wird die auf 2.545 Metern gelegene Hütte aus der Luft versorgt. »Aber das ist auch nicht mehr zu vergleichen mit den ersten Flügen. Am Anfang musste man froh sein, wenn die Hubschrauber nicht ein Stück der Hütte mitgenommen haben. Einmal ist eine Ladung in den Dachstuhl gerauscht. Jeder Flug war damals ein Abenteuer. Heute legen sie dir die Fracht millimetergenau vor die Füße.«

Ein riesiger Sprung erfolgt 2016 mit der Inbetriebnahme der neuen Hütte. Sie ist ein durchdachter L-förmiger Holzbau, der es mit der Umgebung aufnehmen kann: Eine geschlossene Fassade schützt gegen das von Norden kommende Wetter, während die gen Süden gerichtete Terrasse vom Wind abgeschirmt ist. Hoch sind die Räumlichkeiten, klar und ungemein offen – die meterhohen, zum Teil bodentiefen Panoramafenster lassen das Sonnenlicht in die Stube fluten.

Wie hat Muchs Vater Anton auf den Neubau reagiert? »Ach«, sagt der Sohn, »der Papa war immer schon einer, der die Innovation selbst in Gang gesetzt hat. Er ist stets auf Funktionalität bedacht. Wenn etwas funktioniert, dann passt ihm auch die Ästhetik.« Und so kommt Anton noch immer gerne herauf, mindestens einmal in der Woche. Er ist der Kräuterlieferant.

Ein gut funktionierendes Team braucht Much ebenso wie eine funktionelle Hütte, denn als Turnlehrer an einer Mittelschule in Brixen hat er zu Schulzeiten ein strammes Programm: »Wenn ich um elf, zwölf in der Nacht fertig bin, geh ich mit der Stirnlampe runter. Und wenn die Glocke nach der letzten Stunde läutet, wieder rauf.« Eine knappe Stunde Fußweg hat er, über die Gampielalm, am Eisbruggsee vorbei. »Aber ich genieße das auch sehr. Für mich ist es entspannend, ein guter Ausgleich zu dem vielen Betrieb. Und ich weiß, dass es in meinem Team gut läuft.« Und in der Ferienzeit, »da kommen mich schon auch einige Schüler besuchen«.

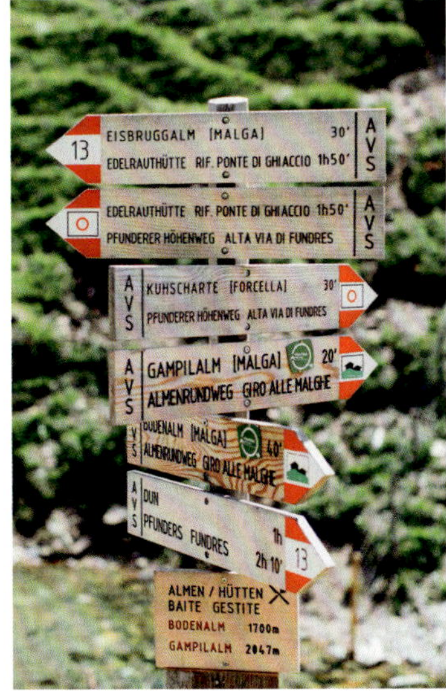

So wie überhaupt die Einheimischen gerne heraufkommen. Genauso wie viele Höhenwegwanderer »und immer mehr Familien«, meint Much. Gerade für sie ist die neue Edelrauthütte mit ihren schönen, hellen Vier- bis Achtbettzimmern ideal. Gibt es da, ganz zeitgemäß, auch WLAN? »Haben wir, aber es ist viel lustiger und entspannter, wenn wir das Passwort nicht freigeben.« Ob alt oder neu, meint Much, auf der Edelrauthütte gilt das Motto: »Weniger wischen, mehr sprechen.«

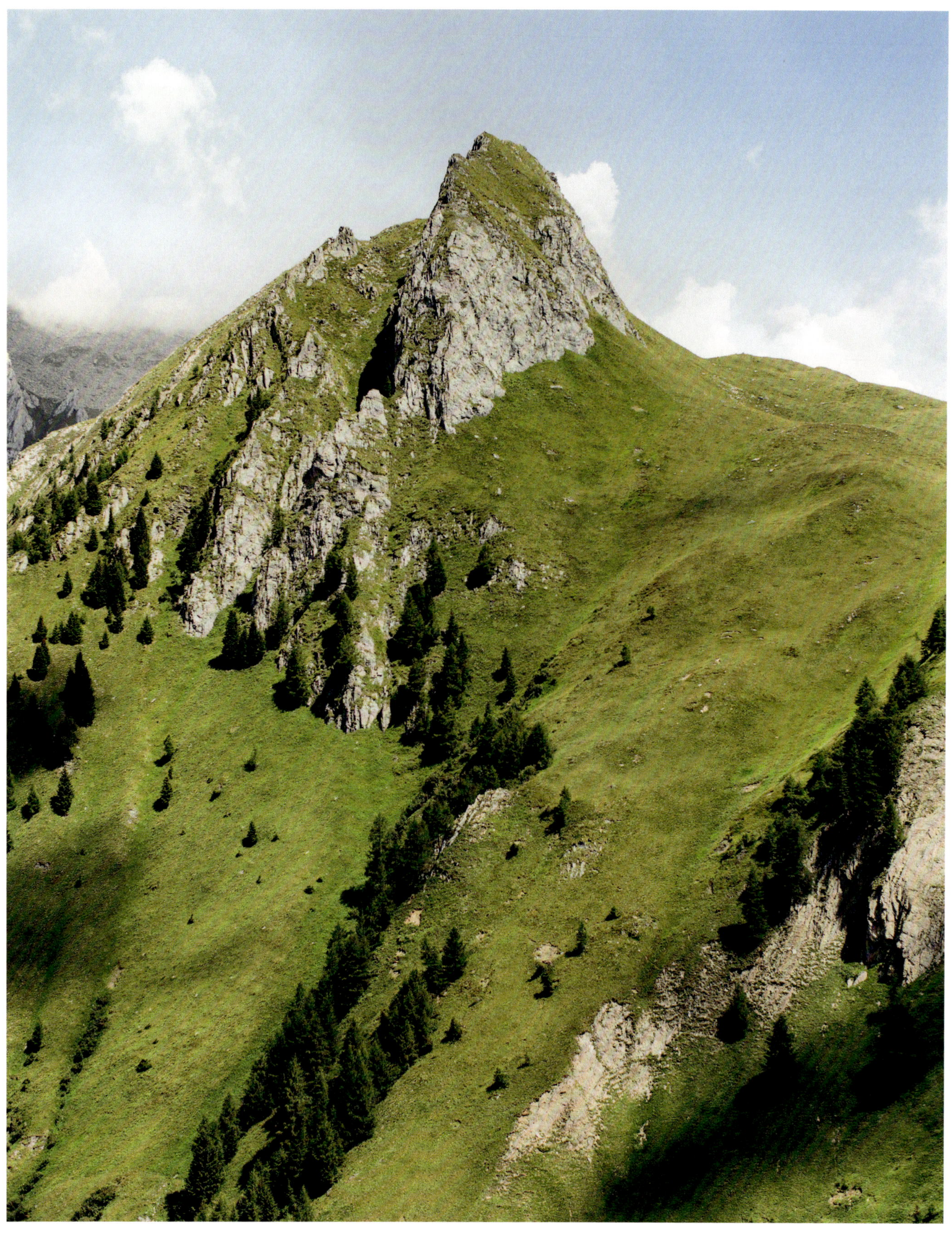

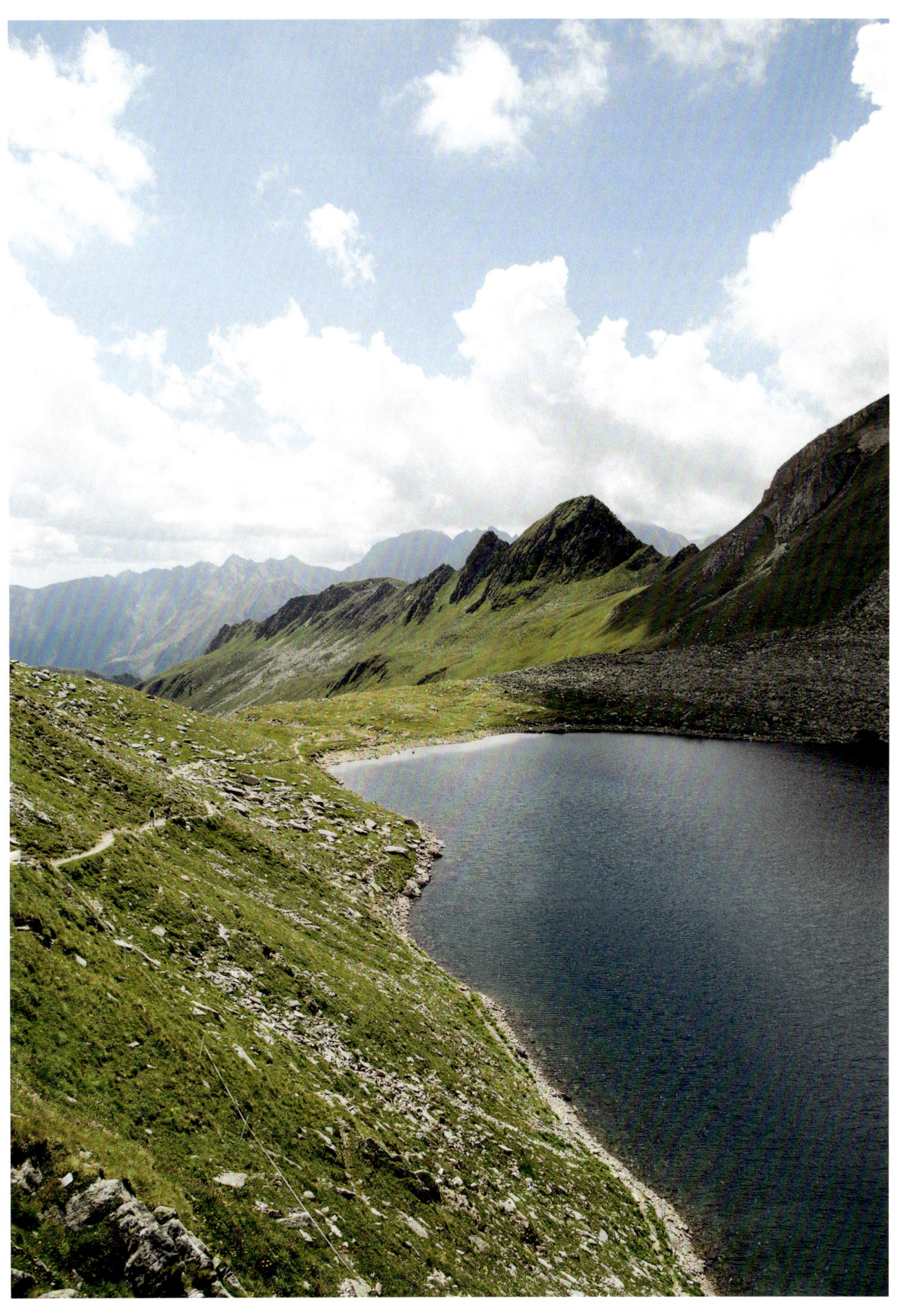

Südtirol
Edelrauthütte

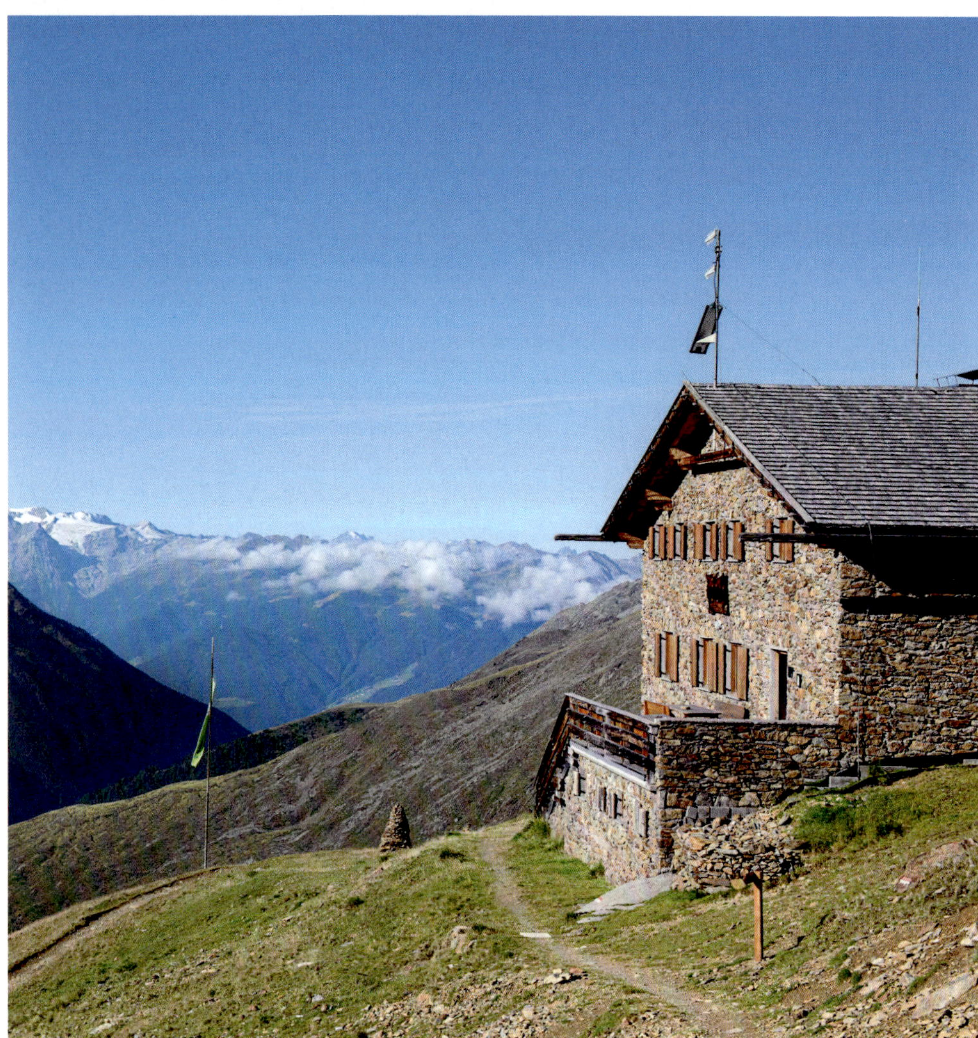

Das ist besonders

Der Talort Mals (bzw. Matsch) war das erste Bergsteigerdorf in Südtirol – eine besondere Auszeichnung der Alpenvereine für Ortschaften, die einen naturnahen, nachhaltigen Tourismus betreiben. »Die Hütte im Dorf lassen« ist das Motto der Oberettes, und so kommen viele der Produkte aus dem Matschertal.

Lage
Ötztaler Alpen

Hüttenwirte
Karin und
Edwin Heinisch

Geöffnet
Mitte Juni bis
Anfang Oktober

Touren & Zustiege
⟶ Seite 255

Oberetteshütte ↗ 2.670 m

Kulinariktipp

Hohes Küchenniveau auf 2.670 Metern: Das Fleisch stammt von den eigenen schottischen Hochlandrindern, die Säfte sind selbst gemacht, und der Käse stammt von der Alm unterhalb der Hütte.

Das Leben auf einer Hütte ist zwar oft nicht märchenhaft, ein Gebrüder-Grimm-Vergleich darf bei der Vinschgauer Oberetteshütte allerdings schon sein: Es war einmal ... im Jahr 2010, als Karin und Edwin Heinisch das Rifugio aus seinem Dornröschenschlaf wachküssten. Edwin drückt das etwas nüchterner aus: »Als wir sie übernommen haben, war hier tote Hose.« Dabei liegt die Oberetteshütte traumhaft in der Weite des Matschertals, auf 2.670 Metern, am Fuße der Weißkugel, mit Ortler und Stilfser Joch vor Augen. Allerdings liegt sie eben auch abseits der bekannten, gut frequentierten Routen. Umso mehr genießt man die Ruhe bei Karin und Edwin – sie Deutsch- und Geschichtelehrerin, er Vermessungstechniker und beide große Sport-, Menschen- und Naturliebhaber. Mit wie viel Bedacht sie die Hütte mit Leben gefüllt haben, spürt und sieht man in jedem Winkel. Und man schmeckt es auch: Auf der Oberettes wird biologisch-regional gekocht – und das mundet sagenhaft gut.

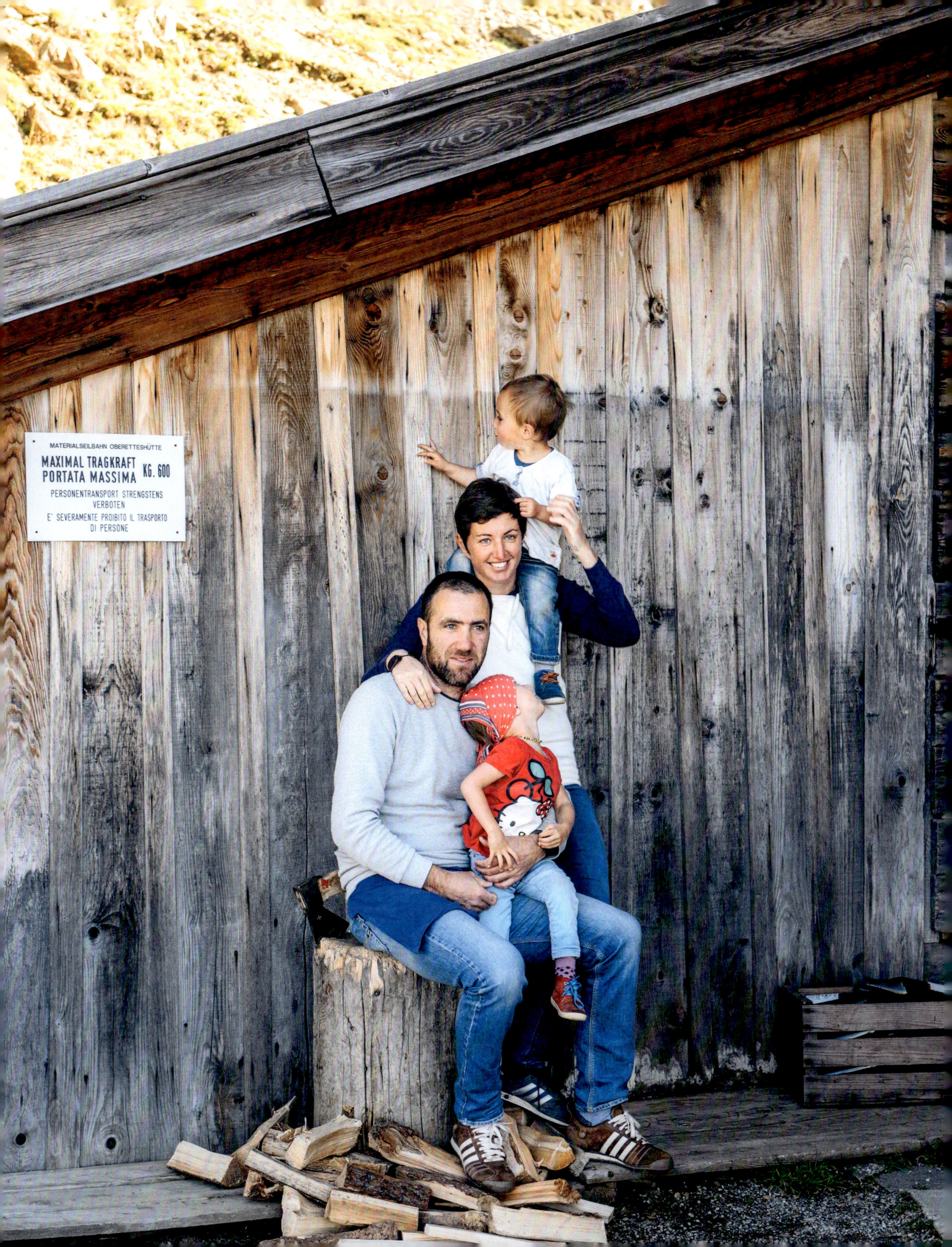
MATERIALSEILBAHN OBERETTESHÜTTE
MAXIMAL TRAGKRAFT
PORTATA MASSIMA
KG. 600
PERSONENTRANSPORT STRENGSTENS
VERBOTEN
E' SEVERAMENTE PROIBITO IL TRASPORTO
DI PERSONE

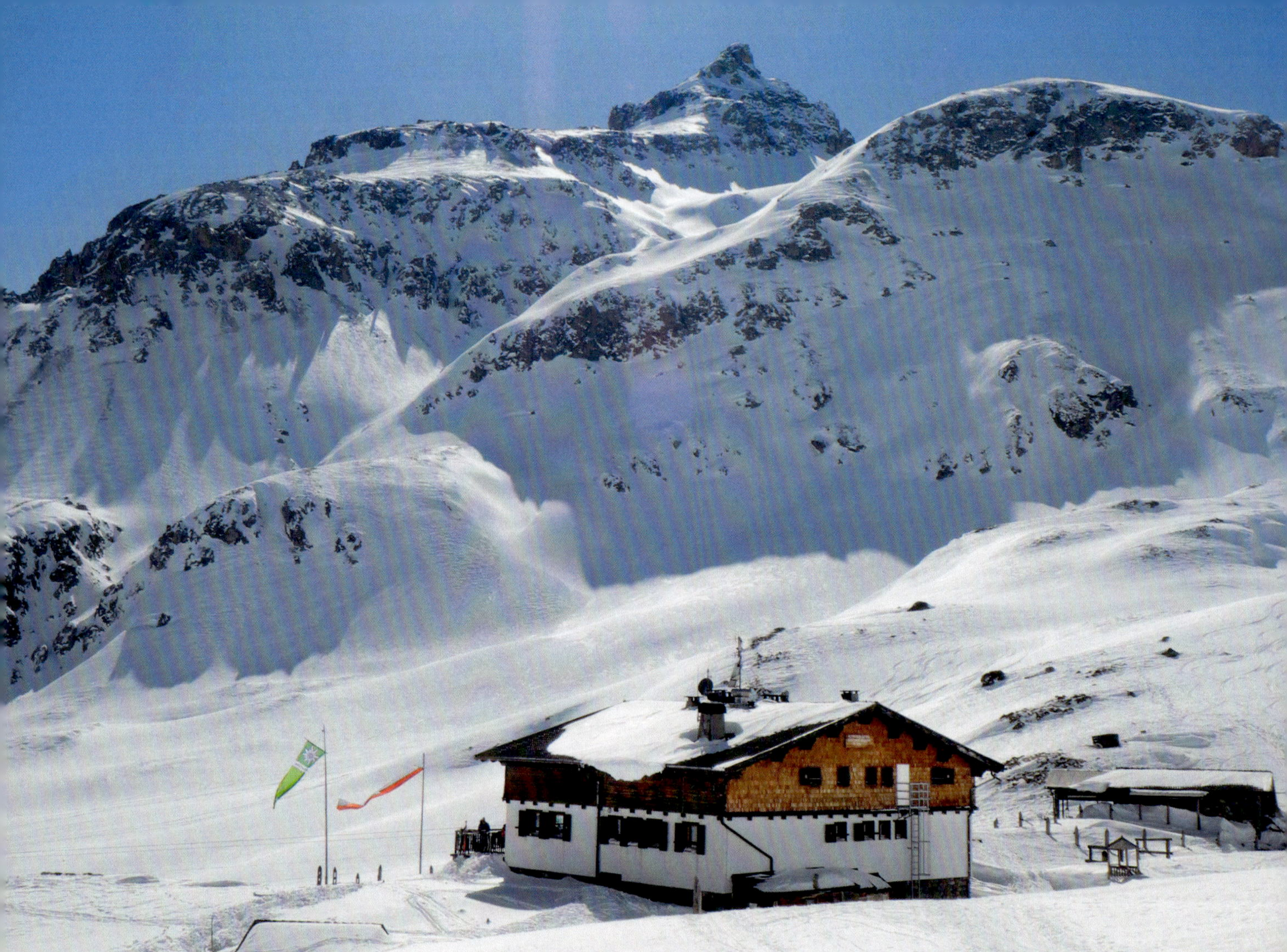

Sesvennahütte ↗ 2.256 m

Lage
Sesvennagruppe

Hüttenwirt
Markus Waldner

Geöffnet
Sommer: Mitte Juni bis Ende Oktober
Winter: Mitte Februar bis Anfang Mai

Touren & Zustiege
→ Seite 255

Seinen ersten Auftritt auf der Sesvennahütte legte Hüttenwirt Markus Waldner als Elfjähriger hin: Im August 1981 schuhplattelte er mit vollem Einsatz zur Einweihung der Hütte, die der Alpenverein unweit der verfallenen Pforzheimer Hütte errichtet hatte. Immer wieder war er danach heroben, erzählt er, aber dass er 2018 hier Hüttenwirt werden würde, das hätte er sich nie gedacht. Fast schon kitschig schön liegt das Haus im Vinschgau auf einem sonnigen Plateau mit Blick hinauf ins Ortlermassiv und hinab ins Suldental. An heißen Tagen hüpft man in einen der zwei kleinen Seen, die Kinder kraxeln im Klettergarten oder schauen bei Alma und Frieda vorbei, den beiden Eseln. Durch die Nähe zum Engadin war das früher hier Schmugglergebiet, heute tauscht man höchstens noch Heldengeschichten aus. Die Transalp-Biker, die durch die legendäre Uinaschlucht gekommen sind, haben aber oft nicht einmal dafür noch die Kraft: »Manche schlafen über dem Essen ein«, verrät Markus – und das ist wahrlich eine Sünde bei dem, was hier aufgetischt wird.

Das ist besonders

Obwohl – so Markus – der Herbst die schönste Zeit auf der Hütte ist, sollte man als Skitourengeher unbedingt im Winter vorbeischauen. Gemütlicher und geselliger gehe es dann zu, und Markus steigt auch gern mal mit den Gästen (und einer Flasche Weißwein) auf die Sesvenna oder die Rasassspitze hinauf.

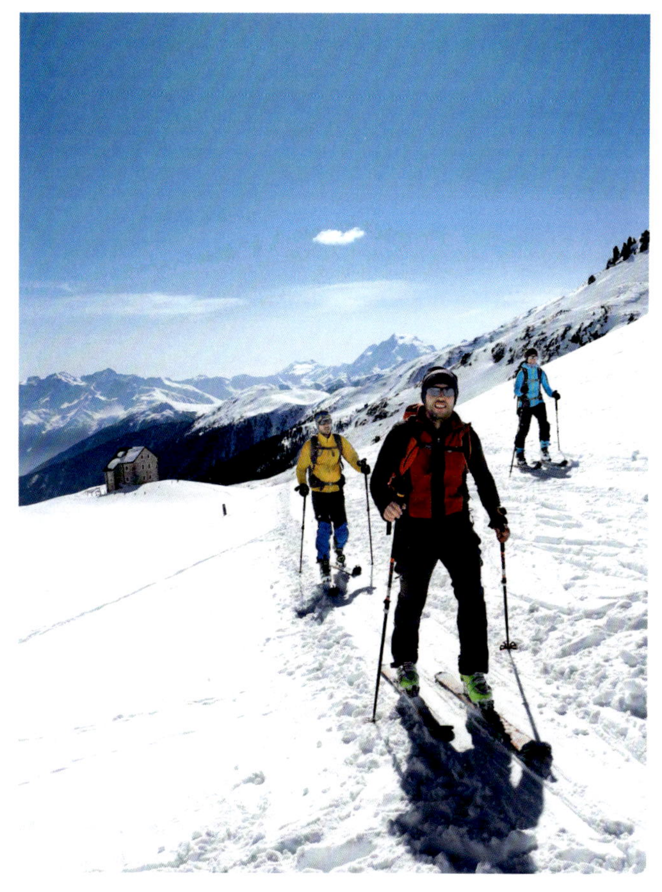

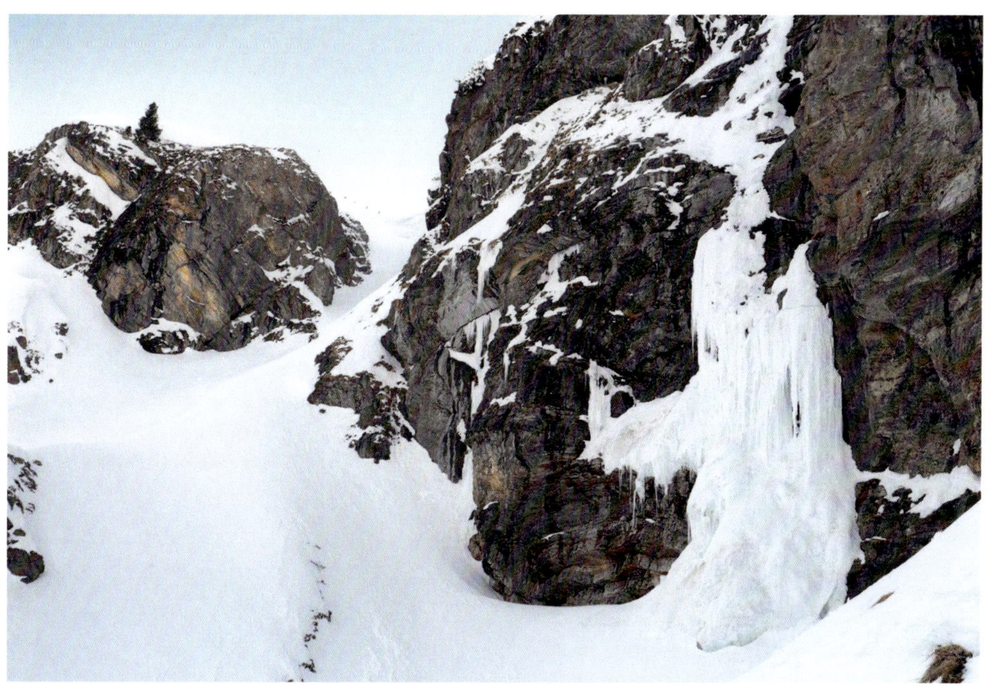

Kulinariktipp

Die geschmorten Schweinswangerl vom Bio-Strohschwein mit Gemüse und Polenta und ein Glas Südtiroler Lafot Cabernet Riserva.

Lage
Ötztaler Alpen

Hüttenwirt
Markus Pirpamer

Geöffnet
Sommer: Mitte Juni bis
Ende September
Frühjahr: Anfang März
bis Ende April

Touren & Zustiege
→ Seite 255

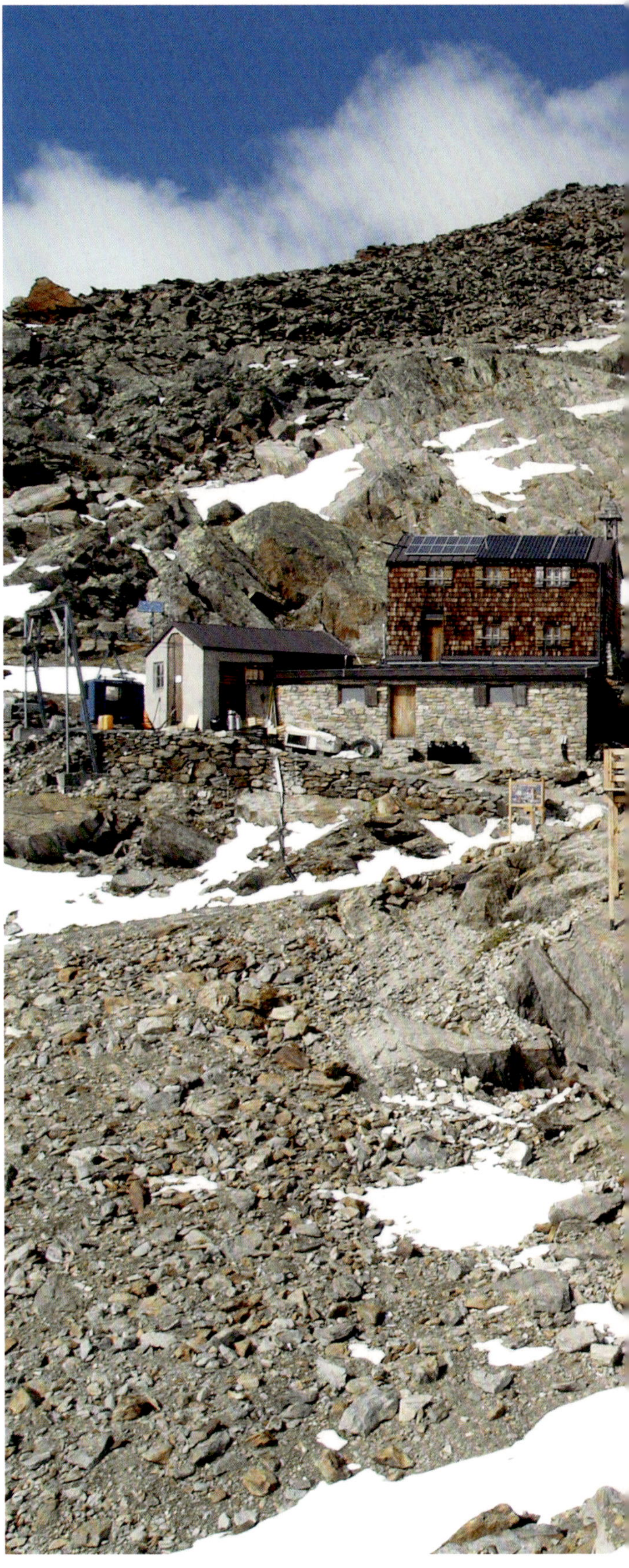

Similaunhütte ↗ 3.019 m

Die Similaunhütte liegt im Naturpark der Texelgruppe, in Kammlage zwischen dem Südtiroler Schnalstal und dem österreichischen Ötztal und ist somit eine Hütte für Grenzgänger – wie es einst auch Ötzi war. Zur Fundstelle der ältesten Mumie der Welt am Tisenjoch steigt man gerade einmal 230 Höhenmeter auf – es ist somit fast schon ein Muss, wenn man hier auf über 3.000 Metern am Niederjoch übernachtet. Wobei Hüttenwirt Markus Pirpamer noch ein paar weitere Ziele auf die Liste setzen würde – und er muss es wissen. Seit 1904 ist die Similaunhütte im Besitz seiner Familie, er hat zig Sommer hier oben verbracht, und Bergführer ist er obendrein. So kann man mit ihm auch eine der vielen hochalpinen Ski- und Bergtouren unternehmen, wie etwa die Gletscher-Hochtour auf den Similaun oder die Fineilspitze. Nebenher kann Markus dann ja davon erzählen, wie er 1991 als dritter Mensch überhaupt den ledrigen Ötzi mitsamt Beil im Eis liegen sah und kundig urteilte: »So jung schaut mir diese Leiche nicht aus.«

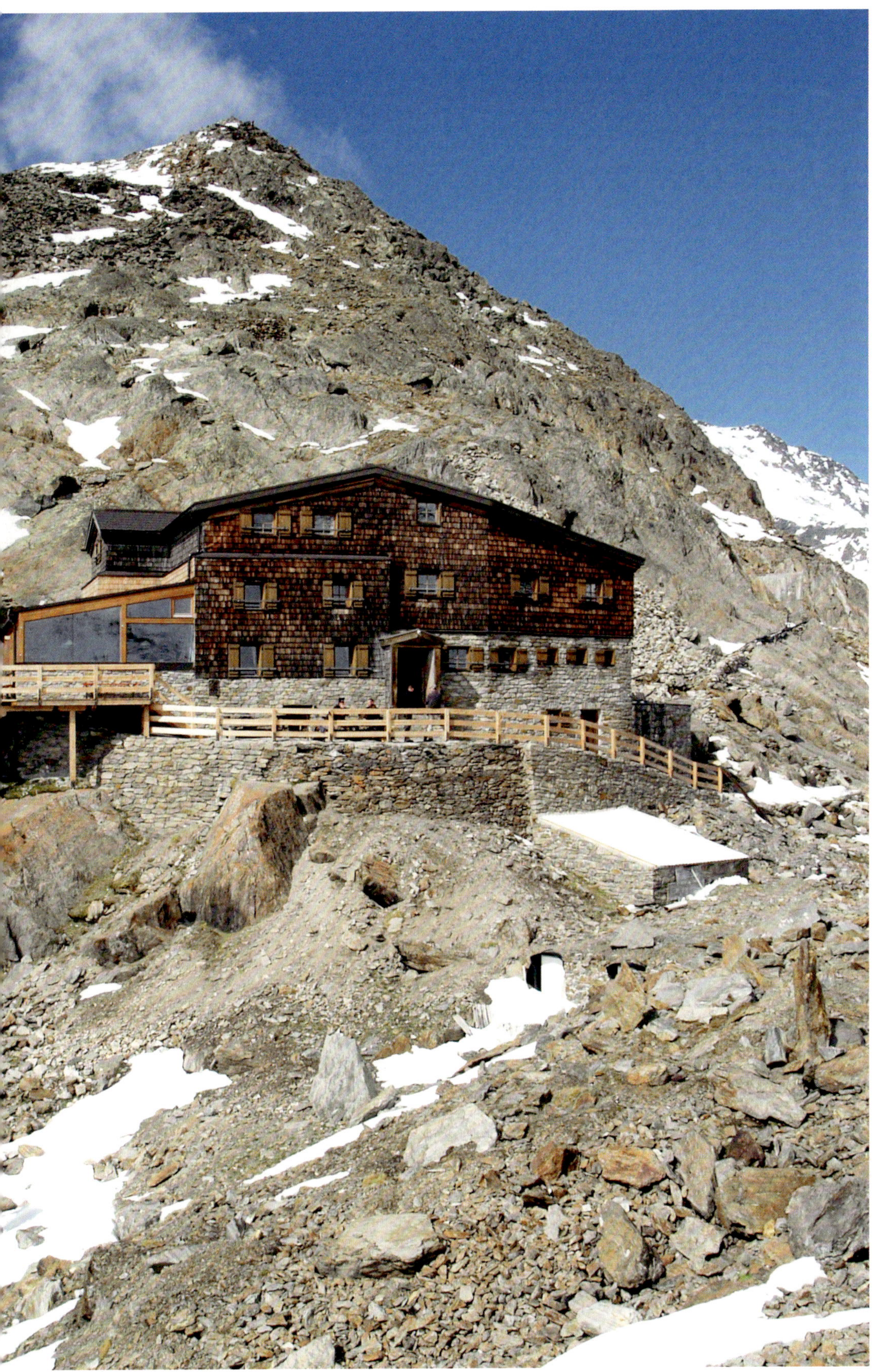

Das ist besonders

Von der schönen Hüttenterrasse und dem Wintergarten hat man einen freien Blick Richtung Südwesten und sieht so den Similaun im Sonnenuntergang orange leuchten: »So viel schöner als jedes leuchtende Handydisplay«, versichert Hüttenwirt Markus.

Kulinariktipp

Ein Bauernbratl vom selbst gezüchteten Jungschaf, mit viel Zwiebel und Knoblauch im Holzofen geschmort, begleitet von einem Südtiroler Lagrein.

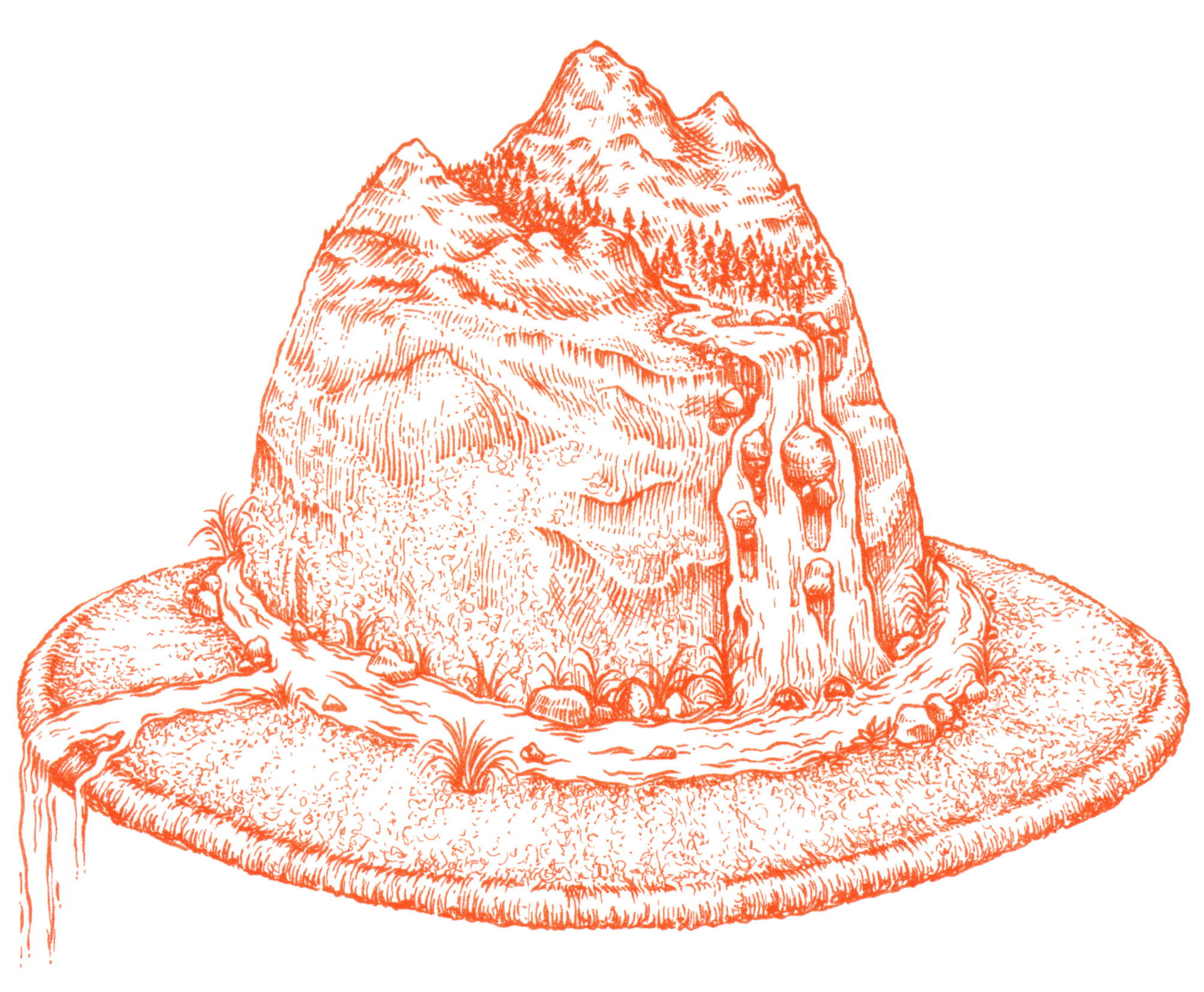

Anhang

Mitwirkende

Barbara Bachmann
→ Lavarellahütte

Roland Baumgartner
→ Cabane du Trient

Veronika Dolna
→ Tegernseer Hütte

Nina Kaltenböck
→ Lindauer Hütte

Uschi Korda
→ Langkofelhütte

Uta de Monte
→ Voralphütte

Dominik Prantl
→ Dolomitenhütte

Stefan Schlögl
→ Richterhütte

Mara Simperler
→ Tölzer Hütte

Martin Staudinger
→ Gollinghütte

Wolfgang Wieser
→ Edelrauthütte

Andreas Wollinger
→ Nossbergerhütte

Bildnachweis

Marco Rossi
→ Seiten 12–13, 32–37, 107–109

Sam Strauss
→ 14–23, 38–45

Philipp Schönauer
→ Seiten 24, 69

Philipp Horak
→ Seite 25

Robert Maybach
→ Seiten 26, 28–29

Christof Wagner
→ Seite 27

Christian Strolz
→ Seiten 30/31

Christian Wind
→ Seiten 46–52

Daniel Gebhart de Koekoek
→ Seiten 54–57

Ramona Waldner
→ Seiten 58–65

Toni Riepler
→ Seiten 66–67

Julian Bückers
→ Seiten 70–73

Elias Holzknecht
→ Seiten 74–81, 134–145, 149–150, 174–185, 204–213, 218–227

Hans Herbig
→ Seiten 82–88, 122–131

Karl-Rudolf Huber / Klein-walsertal Tourismus
→ Seiten 90/91

Martin Erd
→ Seiten 94–97

Hans-Martin Kudlinski
→ Seiten 98–104

Manuel Ferrigato
→ Seite 106

Markus Hohenegg
→ Seiten 110/111

Thomas Straub
→ Seiten 112–119, 228–229

Matthias Fend
→ Seiten 120/121

Frederik van den Berg
→ Seiten 146–147

Rainer Eder
→ Seite 148

Urs Homberger
→ Seite 151

Sebastian Doerk
→ Seiten 152–156

Markus Bertschi / 13 Photo
→ Seite 157

Eskil Roll
→ Seiten 158–161

Marvin Zilm
→ Seiten 162–165

Oskar Enander
→ Seiten 166–172

Alex Moling
→ Seiten 188–191

Markus Lamplmayr
→ Seiten 192/193

Bernhard Huber
→ 194–201

Daniel Rogger
→ Seiten 202/203

Manuela Prossliner
→ Seiten 214–215

Andreas Jakwerth
→ Seiten 216/217

Enno Kapitza
→ Seiten 230–231

Klaus Thomsen / TVB Ötztal
→ Seiten 232/233

Kärnten

Millstätter Hütte

→ Seite 12

Lage
1.880 m, Nockberge

Hüttenwirtin
Edith Widmann

Übernachtung
Lager mit 15 Plätzen, Familienzimmer mit fünf Betten und zwei Dreierzimmer

Geöffnet
Anfang Mai bis Ende Oktober – die beheizbare Winterhütte mit elf Schlafplätzen kann angemietet werden.

Kontakt
+43/664/73 63 34 39
millstaetterhuette.at

Zustieg
→ Kurze, kinderfreundliche Tour ab der Schwaigerhütte (Zufahrt über die mautpflichtige Almstraße von Millstatt), ist auch eine schöne Biketour. Ausgangspunkt: Schwaigerhütte, Strecke: 1,5 km, Höhendifferenz: 250 Hm, Dauer: 45 Min.

Touren
→ Kurze, nette Wanderung auf den Hausberg der Hütte, den Kamplnock (2.101 m). Ausgangspunkt: Millstätter Hütte, Strecke: 1,1 km, Höhendifferenz: 221 Hm, Dauer: 30 Min.

→ Die Wanderung kann man zu einer Rundtour ausweiten, indem man vom Gipfel zum Grünen Törl weitergeht und über den Almweg zur Hütte zurückkehrt. Strecke: 5,4 km, Höhendifferenz: 221 Hm, Dauer: 1:40 Std.

→ Der »Weg der Liebe« ist ein Teilstück des Millstätter Höhensteigs, der in drei Etappen von Hütte zu Hütte führt. Zur Lammersdorfer Hütte: Strecke: 8,6 km, Aufstieg: 300 Hm, Abstieg: 530 Hm, Dauer: 3 Std.

→ Auf der beliebten Bike-Transalp-Route von Salzburg nach Hermagor ist die Millstätter Hütte Übernachtungsstützpunkt.

Kärnten

Nossbergerhütte

→ Seite 14

Lage
2.488 m, Schobergruppe

Hüttenwirt
Christian Krüger

Übernachtung
50 Betten in der Hütte, aufgeteilt in Drei- und Fünfbettzimmer sowie kleine Lager mit sieben bis zehn Betten. Außerdem finden sich vor der Hütte ein Tipi und mehrere kleine Zelte.

Geöffnet
Mitte Juni bis Ende September

Kontakt
+43/676/496 69 31
nossberger.at

Zustieg
→ Der klassische Zustieg – der Seenplattenweg (Nr. 816) – verläuft über das Gradenmoos und eine Steilstufe vorbei an Vorder- und Mittersee bis zum Großen Gradensee. Alternativ geht es über die Tierleiten (kurzer seilgesicherter Abschnitt). Ausgangsort: Parkplatz Gradenalm bei Putschall, Strecke: 5,7 km, Höhendifferenz: 930 Hm, Dauer: 3 Std.

Touren
→ Von der Hütte geht es über die Niedere Gradenscharte (2.796 m) zur Lienzer Hütte (1.977 m). Dabei kann man auch noch den Keeskopf (3.081 m) integrieren. Strecke: 5,5 km, Aufstieg: 430 Hm, Abstieg: 930 Hm, Dauer: 3:30 Std.

→ Der anspruchsvolle Wiener Höhenweg führt in sechs Etappen durch die Schobergruppe – vom Iselsberg zum Glocknerhaus. Auf der Nossbergerhütte übernachtet man mittendrin, an Tag 3.

Kärnten

Wolayerseehütte

→ Seite 24

Lage
1.960 m, Karnische Alpen

Hüttenwirt
Helmut Ortner

Übernachtung
64 Schlafplätze, verteilt auf vier Vierbettzimmer, zwei Dreibettzimmer, ein Zweibettzimmer und Lager für sechs, acht, zwölf und vierzehn Personen

Geöffnet
Mitte Juni bis Anfang Oktober

Kontakt
+43/720/34 61 41
wolayerseehuette-lesachtal.at/de

Zustieg
→ Von der Unteren Valentinalm geht es über das Valentintörl. Ausgangsort: Parkplatz Untere Valentinalm, Strecke: 6,6 km, Höhendifferenz: 1.000 Hm, Dauer: 3:30 Std.

→ Vom Lesachtal kann man auch perfekt mit dem Bike starten. Ausgangspunkt: Parkplatz bei der Hubertuskapelle, Lesachtal, Strecke: 6,7 km, Höhendifferenz: 870 Hm, Dauer: 3 Std.

Touren
→ Schöne Aussichtstour mit gesichertem Steig über das Valentintörl auf den Rauchkofel (2.460 m). Strecke: 4,1 km, Höhendifferenz: 465 Hm, Dauer: 1:30 Std.

→ Zwei Klettersteige führen durch die Nordwand der Hohen Warte (2.780 m): der »Weg der 26er« (Schwierigkeit D) und der Koban-Prunner-Weg (Schwierigkeit B/C). Bis zum Startpunkt am Valentintörl geht man von der Hütte 30 Minuten. Die Steige werden gerne kombiniert: über den schwierigeren »Weg der 26er« bergauf und abwärts über den Koban-Prunner-Weg. Strecke: jeweils 2,3 km, Höhendifferenz: 650 Hm, Dauer: 3 Std.

→ Der Seekopf (2.554 m) ist der prägende Gipfel über dem Wolayersee. Der Anstieg verläuft über das Rifugio Lambertenghi und durch das Dangelloch steil aufwärts. Strecke: 2 km, Höhendifferenz: 640 Hm, Dauer: 2 Std.

→ Der Karnische Höhenweg führt in acht Etappen über 155 Kilometer von Sillian nach Thörl-Maglern. Die Wolayerseehütte ist Stützpunkt an Tag 4.

Niederösterreich

Schutzhaus Vorderötscher

→ Seite 25

Lage
887 m, Ybbstaler Alpen

Inhaber
Naturpark Ötscher-Tormäuer

Übernachtung
20 Lagerplätze und 20 Betten, verteilt auf ein Einzelzimmer, drei Dreibettzimmer und fünf Doppelzimmer

Geöffnet
Anfang Mai bis Ende Oktober

Kontakt
+43/2728/211 00
naturpark-oetscher.at/vorderoetscher

Zustieg
→ Ein absolutes Muss ist die Wanderung durch die berühmten Ötschergräben. Ausgangspunkt: Wienerbruck, Strecke: 9,6 km, Aufstieg: 400 Hm, Abstieg: 310 Hm, Dauer: 4 Std.

Touren
→ Nicht zu unterschätzen ist der Aufstieg zum Ötscher (1.893 m) über den Rauhen Kamm. Strecke: 10 km, Höhendifferenz: 1.400 Hm, Dauer: 6 Std.

→ Wer es technisch einfacher, aber mindestens genauso schön haben will, der nimmt den Weg über den Riffelsattel und das Ötscherschutzhaus (1.418 m) bis zum Gipfel. Strecke: 10 km, Höhendifferenz: 1.125 Hm, Dauer: 5 Std.

→ In sieben bis zehn Etappen führt der Ötscher-Rundwanderweg um den Ötscher durch den Naturpark. Start- und Zielpunkt ist Laubenbachmühle.

Oberösterreich

Goiserer Hütte

→ Seite 26

Lage
1.592 m, Salzkammergut-Berge

Hüttenwirt
Max Verwagner

Übernachtung
28 Schlafplätze in vier Lagern und ein Winterraum für vier Personen

Geöffnet
Mitte Mai bis Ende Oktober. Winter: teils durchgehend, teils am Wochenende ab Ende Dezember bis Ende März.

Kontakt
+43/664/75 01 52 42
goisererhuette.at

Zustieg
→ der traditionelle, auch im Winter präparierte Aufstieg von Gosau. Ausgangspunkt: Gosau-Ramsau, Strecke: 5 km, Höhendifferenz: 857 Hm, Dauer: 2,5 Std.

→ Von Bad Goisern über Trockentannalm. Ausgangspunkt: Bad Goisern, Parkplatz »Nordisches Zentrum« im Ortsteil Ramsau, Strecke: 4,9 km, Höhendifferenz: 800 m, Dauer: 3 Std.

Touren
→ Der Hohe Kalmberg (1.833 m) muss sein. Strecke: 3,5 km, Höhendifferenz: 240 Hm, Dauer: 1 Std.

→ Der Dachstein-Rundwanderweg führt in acht Etappen und 121 Kilometer um den Dachstein, Start- und Endpunkt: Gosau.

Oberösterreich

Traunsteinhaus

→ Seite 27

Lage
1.580 m, Oberösterreichische Voralpen

Hüttenwirt
Kurt Resch

Übernachtung
43 Doppelkojen-Schlafplätze in Lagern zu maximal zwölf Personen

Geöffnet
Anfang Mai bis Ende Oktober

Kontakt
+43/7612/650 10
traunsteinhaus.at

Zustieg
Diverse Steige führen auf das Traunsteinhaus.

→ Der Zustieg über den Mairalm-Steig ist der leichteste. Ausgangspunkt: letzter Parkplatz am Ostufer des Traunsees (weiter entlang der Forststraße bis kurz vor die Mairalm, dann links auf den Mairalm-Steig abzweigen). Strecke: 6,4 km, Höhendifferenz: 1.200 Hm, Dauer: 4 Std.

→ Zustieg über den legendären Naturfreundesteig (Schwierigkeit A/B). Ausgangspunkt: letzter Parkplatz am Ostufer des Traunsees. Strecke: 3,8 km, Höhendifferenz: 1.240 Hm, Dauer: 3 Std.

→ Zustieg von Gmunden über den Hans-Hernler-Steig über die Gmundner Hütte (Klettersteig Schwierigkeit A/B). Ausgangspunkt: ca. 1 km nach dem Gasthof Hois'n Wirt am Ostufer des Traunsees Strecke: 3,5 km, Höhendifferenz: 1.200 Hm, Dauer: 3 Std.

Touren
→ Auf den aussichtsreichen Gipfel des Traunsteins (1.692 m) ist es nur ein Katzensprung. Strecke: 1,1 km, Höhendifferenz: 150 Hm, Dauer: 35 Min.

Am Traunkirchner Kogel gibt es mehrere lohnende, aber anspruchsvolle alpine Kletterrouten wie:

→ Traunkirchner-Kogel-Westwand: 6 Seillängen zwischen 6+ und 8

→ Brandgraben-Nordwestwand: 8 Seillängen zwischen 6+ und 8−

→ »Kaffee & Kuchen«: 30 Seillängen bis 7+

Österreich

Oberösterreich

Zellerhütte

→ Seite 28

Lage

1.575 m, Totes Gebirge

Hüttenwirte

Theresia Panholzer und Wolfgang Peböck

Übernachtung

Zwei Vierbettzimmer, 28 Lagerplätze und 15 Notlagerplätze

Geöffnet

Sommer: Anfang Mai bis Ende Oktober
Winter: Anfang Dezember bis Ende Februar, Freitag bis Sonntag. In den Weihnachtsferien täglich

Kontakt

+43/664/411 27 17
zellerhuette.com

Zustieg

→ Für Sommer- wie Winterwanderer und Schneeschuhgeher führt der Zustieg ab dem Parkplatz beim Schafferteich zur Hütte. Strecke: 3,9 km, Höhendifferenz: 690 Hm, Dauer: 2 Std.

→ Eine weitere Variante für Skitourengeher startet in Walchegg bei Roßleithen und führt vorbei am Windhagersee. Strecke: 6 km, Höhendifferenz: 850 Hm, Dauer: 2:30 Std.

Touren

→ Der Hausberg der Zellerhütte ist das wuchtige Warscheneck (2.388 m). Hinauf geht der Weg in teils steilem Gelände. Im Winter ist es auch eine beliebte Skitour. Strecke: 3,7 km, Höhendifferenz: 810 Hm, Dauer: 2:30 Std.

→ Der Kalkalpenweg führt in elf Etappen über 150 Kilometer vom Ennstal (Reichraming) ins Tote Gebirge nach Sankt Pankraz. Die Zellerhütte ist Stützpunkt an Tag 8.

Salzburg

Krefelder Hütte

→ Seite 30

Lage

2.295 m, Hohe Tauern – Glocknergruppe

Hüttenwirte

Jutta und Christian Strolz

Übernachtung

40 Schlafplätze in Zwei- bis Fünfbettzimmern

Geöffnet

Sommer: Mitte Juli bis Anfang August
Winter: Mitte November bis Anfang Mai

Kontakt

+43/664/544 47 26
krefelderhuette.at

Zustieg

→ Einfacher Abstieg (im Sommer und Winter) von der Bergstation Gletscherjet II: Strecke: 1 km, Abstieg: 148 Hm, Dauer: 20 Min.

→ Aufstieg über den Alexander-Enzinger-Weg (Ausgangspunkt mit dem Wanderbus erreichbar): Maiskogel (1.670 m), Strecke: 6,6 km, Höhendifferenz: 700 Hm, Dauer: 4 Std.

→ Oder direkt von Kaprun/Talstation: Strecke: 12,1 km, Höhendifferenz: 1.600 Hm, Dauer: 7 Std.

Touren

→ Der Geißstein (2.230 m) ist ein einfach zu erklimmender Gipfel mit schöner Sicht auf das Kitzsteinhorn: Strecke: 1,2 km, Höhendifferenz: 157 Hm abwärts, 84 Hm aufwärts, Dauer: 1 Std.

→ Fast ein Muss: das Kitzsteinhorn (3.203 m) mit seinem markanten Gipfel (im Gipfelbereich seilversichert): Strecke: 4,1 km, Höhendifferenz: 1.055 Hm, Dauer: 3 Std.

→ Langer und durchaus hochalpiner Übergang auf dem Krefelder Weg zum Berghotel Rudolfshütte am Weißsee: Strecke: 16,6 km, Aufstieg: 1.372 Hm, Abstieg: 1.358 Hm, Dauer: 9–10 Std.

→ Kletterer finden an der Rettenwand (30 Min. von der Hütte) über 40 Anstiegsrouten in allen Schwierigkeitsgraden.

→ Skitouren-Einsteiger können sich auf der Route zur Bergstation des Maurerliftes an den Sport herantasten: Strecke: 3,1 km, Höhendifferenz: 630 Hm, Dauer: 2 Std.

→ Es gibt fünf liftnahe, ausgeschilderte Freeride-Routen. Die Info-Base beim Alpincenter gibt Auskunft und Sicherheitstipps.

Salzburg

Peter-Wiechenthaler-Hütte

→ Seite 32

Lage

1.752 m, Berchtesgadener Alpen

Hüttenwirtin

Christiane Feller

Übernachtung

25 Betten in zwei Vierbett-, einem Fünfbett- und zwei Sechsbettzimmern sowie 40 Schlafplätze im Lager

Geöffnet

ab Mitte April von Freitag bis Sonntag; ab Mitte Mai bis Ende Oktober täglich

Kontakt

+43/6582/734 89
wiechenthaler-huette.at

Zustieg

→ Die kürzesten Zustiege führen von Bachwinkl entweder über den Waldsteig oder entlang der Forststraße und unterhalb der Seilbahn aufwärts. Am Kienberg treffen beide Wege aufeinander. Ausgangspunkt: Parkplatz Ortsteil Bachwinkl, Saalfelden

→ Variante Waldsteig: Strecke: 3,9 km, Höhendifferenz: 850 Hm, Dauer: 2:30 Std.

→ Variante Materialseilbahn: Strecke: 4,2 km, Höhendifferenz: 850 Hm, Dauer: 3 Std.

→ Länger ist der Weg vom Stoißengraben. Ausgangspunkt: Parkplatz Stoißen bei Saalfelden, Strecke: 9 km, Höhendifferenz: 1.100 Hm, Dauer: 4 Std.

→ Die Wanderung über die Steinalm ist schwierig – ein kurzes Stück seilversichert – und nur für Geübte geeignet. Ausgangspunkt: Parkplatz Ortsteil Bürgerau, Strecke: 6,2 km, Höhendifferenz: 980 Hm, Dauer: 3:30 Std.

Touren

→ Auf den Gipfel des Persailhorns (2.347 m) führen Klettersteige bis Schwierigkeitsgrad C, der Südwand- und der Wildental-Klettersteig. Strecke: 2 km, Höhendifferenz: 595 Hm, Dauer: 2:30 Std.

→ Der Saalfeldner Höhenweg ist eine fordernde Bergtour mit Kletterstellen im II. Schwierigkeitsgrad. Er führt von der Peter-Wiechenthaler-Hütte über das Persailhorn (Klettersteig B/C), das Mitterhorn und das Breithorn zum Riemannhaus. Strecke: 7,8 km, Höhendifferenz: Aufstieg: 970 Hm, Abstieg: 495 Hm, Dauer: 6:30 Std.

→ Die wunderschöne Wanderung über das Plateau des Steinernen Meeres bis zum Ingolstädter Haus ist anfangs kurz steil und seilversichert. Strecke: 7 km, Höhendifferenz: Aufstieg: 710 Hm, Abstieg: 290 Hm, Dauer: 3:30 Std.

Salzburg

Richterhütte

→ Seite 38

Lage

2.374 m, Zillertaler Alpen

Hüttenwirte

Julia Stauder und Martin Falkner

Übernachtung

50 Schlafplätze, verteilt auf Lager mit je 6 bis 15 Matratzen sowie ein Vierer- und drei Doppelzimmer.

Geöffnet

Mitte Juni bis Ende September

Kontakt

+43/5242/213 28
richterhuette.com

Zustieg

→ Der lange Weg von Krimml führt entlang der Krimmler Wasserfälle zum Krimmler Tauernhaus. Ausgangspunkt: Krimml, Strecke: 18,4 km, Höhendifferenz: 1.330 Hm, Dauer: 6:30 Std.

→ Die Strecke kann verkürzt werden, indem man mit dem Taxi oder (E-)Bike bis zum Krimmler Tauernhaus fährt. Ausgangspunkt: Tauernhaus. Strecke: 6,6 km, Höhendifferenz: 750 Hm, Dauer: 2:30 Std.

Touren

→ Die Richterspitze (3.054 m) über die Gamsscharte ist einer der »einfachen« Dreitausender – ein steiles Schneefeld unterhalb der Gamsscharte und seilversicherte Stellen gehören trotzdem dazu. Strecke: 2 km, Höhendifferenz: 685 Hm, Dauer: 2:30 Std.

→ Der Windbachtalkopf (2.844 m) ist der Hüttengipfel mit grandiosem Blick auf die Zillertaler Alpen und die Hohen Tauern. Das Gelände ist allerdings relativ schwierig. Strecke: 1,2 km, Höhendifferenz: 400 Hm, Dauer: 1:30 Std.

→ Die Dreiländertour verläuft über sechs Etappen am Tauernhauptkamm. Start und Ziel ist Mayrhofen im Zillertal. Auf der Richterhütte übernachtet man am zweiten Tag.

Steiermark

Gollinghütte

→ Seite 46

Lage

1.642 m, Schladminger Tauern

Hüttenwirte

Herwig und Herta Reiter

Übernachtung

13 Betten in zwei Doppel- und drei Dreibettzimmern, Matratzenlager mit 88 Plätzen. Duschgelegenheit

Geöffnet

Mitte Juni bis Anfang Oktober

Kontakt

+43/676/533 62 88
gollinghuette.com

Zustieg

→ Der kurze Anstieg vom Parkplatz Riesachfälle im Untertal. Strecke: 5,3 km, Höhendifferenz: 580 Hm, Dauer: 2 Std.

→ Direkt von Schladming kann man durch das Untertal bis zum Parkplatz Riesachfälle auch biken. Strecke: 16 km, Höhendifferenz: 1.000 Hm, Dauer: 5 Std.

Touren

→ Mittelschwierige Tour auf den Hausberg, den Hochgolling (2.862 m). Strecke: 3,6 km, Höhendifferenz: 1.220 Hm, Dauer: 4 Std.

→ Wunderschöne Tour auf den Greifenberg (2.618 m) mit vielen Kehren und Seen. Strecke: 3,4 km, Höhendifferenz: 982 Hm, Dauer: 3 Std. Der Schladminger-Tauern-Höhenweg ist eine Rundtour, die in fünf Etappen vom Rohrmooser Hausberg Hochwurzen zum Schladminger Hausberg Planai führt. Die Gollinghütte ist Übernachtungsstation auf Etappe 3.

→ Die Königstour Klafferkessel ist ein Klassiker und führt zur Preintalerhütte. Strecke: 7,7 km, Höhendifferenz: 1.032 Hm aufwärts, 1.024 Hm abwärts, Dauer: 5,5 Std.

Österreich

Steiermark

Mödlinger Hütte

→ Seite 54

Lage
1.523 m, Ennstaler Alpen

Hüttenwirte
Annabell und Alfred Stieg

Übernachtung
26 Lagerplätze, 26 Plätze im Mehrbettzimmer und 12 Plätze in Zweierzimmern

Geöffnet
Mitte Mai bis Ende Oktober

Kontakt
+43/720/51 67 62
moedlingerhuette.at

Zustieg
→ Viele Wege führen auf die Mödlinger Hütte – der traditionelle Anstieg führt vom Bergsteigerdorf Johnsbach hinauf. Ausgangspunkt: Donnerwirt am Ortseingang von Johnsbach, Strecke: 4,5 km, Höhendifferenz: 760 Hm, Dauer: 2,5 Std.

→ Von Gaishorn am See führt eine Mautstraße bis auf 1.360 m. Ab hier: Strecke 1,4 km, Höhendifferenz: 160 Hm, Dauer: 35 Min. Von Gaishorn direkt: Strecke: 6,8 km, Höhendifferenz 800 Hm, Dauer: 3 Std.

Touren
→ Leichte Wanderung auf den schönen Spielkogel (1.731 m), der auch für Kinder gut zu machen ist. Strecke: 1,9 km, Höhendifferenz: 220 Hm, Dauer: 1 Std.

→ Auf den Admonter Reichenstein (2.251 m) führt eine tolle, aber anspruchsvolle Bergtour für geübte Bergsteiger, Schwierigkeitsgrad II +, unversichert. Strecke: 3,5 km, Höhendifferenz: 750 Hm, Dauer: 2,5 Std.

→ Für Kletterer spannend sind der Ostgrat des Totenköpfls (6 SL, III) sowie der Reichenstein-Nordostpfeiler (VI +).

→ Der Gesäuse-Hüttenrundwanderweg lässt sich in sieben bis neun Etappen bestreiten und führt 120 Kilometer über zehn Hütten, die Mödlinger macht den Übernachtungsauftakt.

Osttirol

Dolomitenhütte

→ Seite 58

Lage
1.616 m, Lienzer Dolomiten

Besitzer
Scarlett Olesova und Juraj Oles

Übernachtung
19 Betten in Doppel-, Drei und Vierbettzimmern

Geöffnet
ganzjährig bis auf November

Kontakt
+43/664/225 37 82
dolomitenhuette.at

Zustieg
→ Im Sommer befindet sich kurz vor der Hütte, am Ende der Dolomitenstraße, ein Parkplatz. In wenigen Minuten erreicht man die Hütte.

→ Ein wunderschöner Zustieg führt ab dem Parkplatz Klammbrückl und das gleichnamige Naturdenkmal zur Hütte. Ausgangsort: Parkplatz Klammbrückl, Strecke: 3,3 km, Höhendifferenz: 550 Hm, Dauer: 1:45 Std.

→ Im Winter führt eine Rodelstrecke bzw. auch beliebte Nachtskitour vom Kreithof (1.040 m) empor. Ausgangsort: Parkplatz Kreithof, Strecke: 4,1 km, Höhendifferenz: 600 Hm, Dauer: 1:45 Std.

Touren
→ Ein Klassiker ist der familienfreundliche Aufstieg zur Karlsbader Hütte (2.260 m) am Laserzsee, die zugleich Ausgangspunkt vieler Klettereien ist. Auch als Skitour zu empfehlen. Strecke: 4 km, Höhendifferenz: 640 Hm, Dauer: 2:25 Std.

→ Eine kurze und mäßig steile Skitour führt ab der Hütte auf den Auerling (2.035 m). Strecke: 2,3 km, Höhendifferenz: 400 Hm, Dauer: 1:30 Std.

→ Seilversichert und ausgesetzt führt der Steig auf die Laserzwand (2.614 m). Abstieg über die Karlsbader Hütte. Strecke: 4 km, Höhendifferenz: 1.200 Hm, Dauer: 2:30 Std.

→ Zahlreiche Klettergipfel befinden sich in unmittelbarer Nähe der Hütte. So unter anderem die Kleine Gamswiesenspitze (2.486 m). Eine schöne Genusskletterei im IV. Grad ist hier die Nordostkante.Höhendifferenz Kletterlänge: 210 Hm, Höhendifferenz Gesamtlänge: 900 Hm, Kletterdauer: 2:30 Std., Gesamtdauer: 5:45 Std.

Osttirol

Erzherzog-Johann-Hütte

→ Seite 66

Lage
3.454 m, Glocknergruppe

Hüttenwirt
Toni Riepler

Übernachtung
Ein Fünfbettzimmer, drei Zweibettzimmer und 100 Schlafplätze, aufgeteilt auf Lager mit 14 bis 28 Matratzen

Geöffnet
Mitte Juni bis Ende September

Kontakt
+43/664/125 10 41
erzherzog-johann-huette.at

Zustieg
→ Von Kals geht man über die Stüdlhütte zum Kampl und seilversichert weiter zur Hütte (eventuell kann man auf der Stüdlhütte zwischennächtigen). Ausgangsort: Parkplatz beim Lucknerhaus, Länge: 8,2 km, Höhendifferenz: 1.540 Hm, Dauer: 5 Std.

→ Eine Variante führt über die Lucknerhütte und Burgwartscharte. Ausgangsort: Parkplatz beim Lucknerhaus, Länge: 7,2 km, Höhendifferenz: 1.540 Hm, Dauer: 4:30 Std.

→ Unterhalb der Kaiser-Franz-Josefs-Höhe und der Pasterze an der Großglockner-Hochalpenstraße befindet sich ein weiterer Ausgangspunkt – das Glocknerhaus (2.132 m). Ab hier führt der Weg der Erstbegeher über die Salmhütte (2.638 m) und die Hohenwartscharte (3.183 m) in kurzer, leichter Kletterei zur Hütte. Länge: 10,4 km, Aufstieg: 1.320 Hm, Abstieg: 200 Hm, Dauer: 6 Std.

Touren

→ So nahe der Großglockner auch scheinen mag, der Aufstieg hat es in sich: Zunächst geht es flach zum »Bahnhof«, weiter in einer 40 Grad steilen Schneerinne, dem »Glocknerleitl« (oder, falls ausgeapert, rechts davon), über den Kleinglockner (3.770 m), die ausgesetzte Glocknerscharte und eine Kletterstelle II+ zum Gipfel. An den Eisenstangen muss gesichert werden. Länge: 1 km, Höhendifferenz: 330 Hm, Dauer: 1:30 Std. bis 3 Std. – je nach Bedingungen und Frequenz.

Tirol

Franz-Senn-Hütte

→ Seite 68

Lage

2.145 m, Stubaier Alpen

Hüttenwirte

Familie Fankhauser

Übernachtung

80 Schlafplätze, verteilt auf Vier- bis Siebenbettzimmer, und 80 Plätze im Matratzenlager

Geöffnet

Sommer: Mitte Juni bis Anfang Oktober
Frühjahr: Mitte Februar bis Mitte Mai

Kontakt

+43/5226/22 18
franzsennhuette.at

Zustieg

→ Von der Oberissalm im Oberbergtal ist es nicht weit bis zur Hütte. Ausgangspunkt: Parkplatz Oberissalm, Strecke: 3 km, Höhendifferenz: 390 Hm, Dauer: 1:30 Std.

Touren

→ Ohne Gletscherpassage und mit Seilversicherung ist die Rinnenspitze (3.003 m) zu erreichen. Strecke: 2,5 km, Höhendifferenz: 865 Hm, Dauer: 2:30 Std.

→ Eine anspruchsvolle und lange Tour führt über den Alpeiner Ferner, die Wildgratscharte, den Schwarzenberg-Ferner und den Ostgrat auf den Schrankogel (3.496 m). Strecke: 9 km, Höhendifferenz: 1.350 Hm, Dauer: 6 Std.

→ Auch die Tour auf die Ruderhofspitze (3.473 m) als dritthöchsten Berg der Stubaier Alpen führt über den Alpeiner Ferner und vorbei an der Hölltalscharte auf den Gipfel. Strecke: 9 km, Höhendifferenz: 1.390 Hm, Dauer: 6 Std.

Osttirol

Johannishütte

→ Seite 70

Lage

2.121 m, Venedigergruppe

Hüttenwirte

Margit und Leonhard Unterwurzacher

Übernachtung

50 Schlafplätze, aufgeteilt in Lager für acht und zehn Personen

Geöffnet

Sommer: Mitte Juni bis Anfang Oktober
Frühjahr: Anfang März bis Anfang Mai

Kontakt

+43/4877/51 50
johannis-huette.at

Zustieg

→ Im Winter und Sommer zu Fuß oder mit dem Bike von Hinterbichl. Ausgangspunkt: Parkplatz Wiesenkreuz im Dorfertal, Strecke: 6,2 km, Höhendifferenz: 780 Hm, Dauer: 2,5 Std.

Touren

→ Knackige Tour auf die Kreuzspitze (3.155 m). Strecke: 3,8 km, Höhendifferenz: 1.100 Hm, Dauer: 3,5 Std.

→ Unvergessliche Hochtour auf den Großvenediger (3.666 m) über das Defreggerhaus. Strecke: 8 km, Höhendifferenz: 1.600 Hm, Dauer: 5 Std.

→ Die Johannishütte ist Übernachtungsstation auf der ersten von 33 Etappen des Adlerwegs durch Tirol.

→ Die Venedigertour ist eine viertägige Wanderung durch die Venedigergruppe von Hinterbichl im Virgental nach Ströden / Prägraten.

→ Klettersteig: Türml (2.845 m): Schwierigkeitsgrad: B / C, Dauer: 2 Std.

Tirol

Tölzer Hütte

→ Seite 74

Lage

1.825 m, Karwendel

Hüttenwirte

Margot Lickert und Michael Bubeck

Übernachtung

35 Plätze in Mehrbettzimmern (bis 6 Betten) und 38 Plätze in Lagern (mit je 8 bis 14 Schlafplätzen)

Geöffnet

Mitte Mai bis Ende Oktober

Kontakt

+43/664/180 17 90
toelzer-huette.at

Zustieg

→ Über den Leckbachweg geht es relativ steil zur Hütte. Ausgangsort: Parkplatz Bushaltestelle Tölzer Hütte zwischen Vorder- und Hinterriß, Strecke: 5 km, Höhendifferenz: 910 Hm, Dauer: 2:30 Std.

→ Der längere Zustieg beginnt am Sylvensteinstausee und führt über das beeindruckende Krottenbachtal zur Hütte. Ausgangsort: Parkplatz Fall, Strecke: 12 km, Höhendifferenz: 1.130 Hm, Dauer: 4:30 Std.

Touren

→ Ein Karwendel-Klassiker, der Schafreuter (2.102 m), liegt quasi unmittelbar hinter der Hütte. Doch die wenigen Höhenmeter haben es in sich – der Weg ist teils steil, ausgesetzt und seilversichert. Strecke: 1 km, Höhendifferenz: 270 Hm, Dauer: 1 Std.

→ Eine ausgedehnte Tages- bzw. Zweitageswanderung führt von der Mautstelle Hinterriß über Fleischbank, Ochsentalalm und Baumgartenalm-Hochleger zur Tölzer Hütte und wieder hinunter ins Rißtal. Strecke (bis zur Tölzer Hütte): 12 km, Höhendifferenz: 1.450 Hm, Dauer: 5:30 Std.

→ Die sechstägige nördliche Karwendelrunde startet in Pertisau am Achensee. An Tag 4 kommt man über die Oswaldhütte und die Moosenalm auf die Tölzer Hütte.

Vorarlberg

Lindauer Hütte

→ Seite 82

Lage

1.744 m, Rätikon

Hüttenwirt

Thomas Beck

Übernachtung

103 Betten, verteilt auf Doppelzimmer, Drei-, Vier-, Sechs- und Achtbettzimmer, 90 Plätze im Matratzenlager

Geöffnet

Sommer: Ende Mai bis Mitte Oktober
Winter: Mitte Dezember bis Ende März

Kontakt

+43/664/503 34 56
lindauerhuette.at

Zustieg

→ Der kürzeste Weg zur Lindauer Hütte führt von der Bergstation der Golmerbahn über den familienfreundlichen Latschätzer Höhenweg. Ausgangspunkt: Bergstation Golmerbahn, Strecke: 5,2 km, Aufstieg: 120 Hm, Abstieg: 260 Hm, Dauer: 2 Std.

→ Oder über den aussichtsreicheren Golmer Höhenweg. Ausgangspunkt: Bergstation Golmerbahn, Strecke: 8,3 km, Aufstieg: 635 Hm, Abstieg: 786 Hm, Dauer: 3,5 Std.

→ Der Winterzustieg erfolgt durch das malerische Gauertal. Ausgangspunkt: Latschau/Tschagguns, Strecke: 7,3 km, Höhendifferenz: 751 Hm, Dauer: 3 Std.

Touren

→ »Königstour« auf die Drei Türme. Strecke: 4,5 km, Höhendifferenz: 1.090 Hm, Dauer: 3 Std.

→ Die Sulzfluh (2.817 m) ist ein beeindruckender Berg und der Anstieg durch den »Rachen« ziemlich steil und vor allem im Winter nur bei guten Verhältnissen zu begehen. Strecke: 5,4 km, Höhendifferenz: 1.204 Hm, Dauer: 3,5 Std.

→ Eine relativ lawinensichere Skitour von der Hütte zum Öfapass (2.291 m). Strecke: 4 km, Höhendifferenz: 550 Hm, Dauer: 2 Std.

→ In unmittelbarer Nähe zur Hütte befindet sich der alpine Klettergarten »Blena Maisäs« mit zahlreichen Routen zwischen 3a und 6c.

→ Klettersteiggeher zieht es u.a. über den Blodigrinne-Steig (Schwierigkeit C/D) auf die Drusenfluh (2.827 m) oder durch die Gauablickhöhle (Schwierigkeit C).

Vorarlberg

Schwarzwasserhütte

→ Seite 90

Lage

1.620 m, Allgäuer Alpen

Hüttenwirte

Nicole und Martin Kinzel

Übernachtung

80 Schlafplätze, aufgeteilt auf neun Zweibettzimmer, sechs Vierbettzimmer und 38 Plätze in zwei Matratzenlagern

Geöffnet

Sommer: Ende Mai bis Anfang Oktober
Winter: Ende Dezember bis Ende März

Kontakt

+43/5517/302 10
schwarzwasserhuette.com

Zustieg

→ Die Wanderung zur Hütte ist leicht und auch für Familien perfekt geeignet. Ausgangspunkt: Parkplatz Auenhütte, Strecke: 5 km, Höhendifferenz: 370 Hm, Dauer: 1:30 Std.

→ Ausgangsort: Parkplatz Hinterdorf, Strecke: 19 km, Aufstieg: 1.800 Hm, Abstieg: 900 Hm, Dauer: 9 Std.

Touren

→ Sehr eindrücklich ist die Wanderung auf den Hohen Ifen (2.229 m), seilversicherte Passagen inbegriffen. Strecke: 4,8 km, Höhendifferenz: 610 Hm, Dauer: 2:30 Std.

→ Der Hählekopf (2.058 m) ist von der Hütte relativ schnell zu erreichen. Im Winter führt die Skitour über den Gerachsattel mit seinen ideal geneigten Hängen. Strecke: 2,7 km, Höhendifferenz: 430 Hm, Dauer: 1:30 Std.

→ Das Steinmandl (1.982 m) ist sommers wie winters einfach zugänglich. Strecke: 1,7 km, Höhendifferenz: 360 Hm, Dauer: 1 Std.

Bayern

Allgäu

Prinz-Luitpold-Haus

→ Seite 94

Lage
1.846 m, Allgäuer Alpen

Hüttenwirte
Christoph und Ulli Erd

Übernachtung
200 Schlafplätze, davon 45 in Mehrbettzimmern und 155 im Lager

Geöffnet
Anfang Juni bis Anfang Oktober

Kontakt
info@prinz-luitpoldhaus.de
prinz-luitpoldhaus.de

Zustieg
→ Die Anfahrt zum Giebelhaus legt man am besten per Bus oder Bike zurück. Von dort geht es durch das Bärgündeletal zur Hütte. Ausgangspunkt: Giebelhaus, Strecke: 5 km, Höhendifferenz: 800 Hm, Dauer: 2 Std.

→ Die Hütte ist auch Ziel des langen, anspruchsvollen Jubiläumweges, der von Hinterdorf über den Schrecksee auf teils seilversichertem Terrain verläuft. Ausgangsort: Parkplatz Hinterdorf, Strecke: 19 km, Aufstieg: 1.800 Hm, Abstieg: 900 Hm, Dauer: 9 Std.

Touren
→ Die »Pyramide des Allgäus«, den Hochvogel (2.592 m), erreicht man über einen schmalen, zum Teil seilversicherten Weg. Strecke: 3 km, Höhendifferenz: 800 Hm, Dauer: 2:30 Std.

→ Weit hat man es nicht auf den Hausberg der Hütte, den Wiedemerkopf (2.166 m) – mit seilversicherten Stellen. Strecke: 1,5 km, Höhendifferenz: 360 Hm, Dauer: 1 Std.

→ Für den Gipfel des Glasfelderkopfs (2.270 m) geht man ein Stück des Jubiläumsweges bis zur Bockkarscharte und steigt von dort an. Strecke: 2 km, Höhendifferenz: 450 Hm, Dauer: 1:30 Std.

Allgäu

Waltenbergerhaus

→ Seite 98

Lage
2.084 m, Allgäuer Alpen

Hüttenwirt
Markus Karlinger

Übernachtung
42 Schlafplätze, verteilt auf Vierbettzimmer sowie 28 Lagerplätze

Geöffnet
Anfang Juni bis Mitte Oktober

Kontakt
+49/8322/70 01 56
waltenbergerhaus.de

Zustieg
→ Von Birgsau/Oberstdorf lohnt sich die Fahrt mit Bus oder Bike bis nach Einödsbach, wo der eigentliche Aufstieg beginnt. Strecke: 6,9 km, Höhendifferenz: 1.130 Hm, Dauer: 3:30–4 Std.

Touren
→ Der Heilbronner Höhenweg ist der höchstgelegene Höhenweg Deutschlands und teilweise sehr anspruchsvoll. Er führt in zwei oder drei Etappen von der Kemptner zur Rappenseehütte. Das Waltenberger Haus steht an einem Notabstieg, wird aber auch gerne in den Weg integriert.

Mehrere anspruchsvolle Gipfeltouren lassen sich vom Waltenbergerhaus angehen, darunter:

→ Mädelegabel (2.645 m). Strecke: 2,5 km, Höhendifferenz: 620 Hm, Dauer: 3 Std.

→ Bockkarkopf (2.609 m). Strecke: 2 km, Höhendifferenz: 524 Hm, Dauer: 2 Std.

→ Hohes Licht (2.652 m). Strecke: 4,3 km, Höhendifferenz: 903 Hm, Dauer: 4 Std.

→ Die Trettachspitze (2.595 m) wartet mit Kletterrouten vom II. bis VI. Schwierigkeitsgrad auf.

Ammergauer Alpen

Brunnenkopfhütte

→ Seite 106

Lage
1.602 m, Ammergauer Alpen

Inhaber
DAV-Sektion Bergland

Übernachtung
30 Schlafplätze im Lager

Geöffnet
Mitte Mai bis Mitte Oktober

Kontakt
brunnenkopfhuette.eu

Zustieg
→ Der royale Weg von Schloss Linderhof führt entweder über den Forstweg, der auch mit dem Bike befahrbar ist, oder über einen kleinen Steig am Ende des linken Forstweges (Richtung Roßeck/Martinswand). Strecke: 5 km, Höhendifferenz: 670 Hm, Dauer: 2 Std.

Touren
→ Der Aufstieg zum Brunnenkopfgipfel (1.719 m) ist von der Hütte schnell gemacht: Strecke: 300 m, Höhendifferenz: 120 Hm, Dauer: 30 Min.

→ Die Tour auf die Große Klammspitze (1.924 m) ist ausgesetzt und anspruchsvoll. Strecke: 2 km, Höhendifferenz: 355 Hm, Dauer: 1:30 Std.

→ Der Maximiliansweg verläuft in 22 Etappen von Lindau am Bodensee nach Berchtesgaden. Das Brunnenkopfhaus liegt auf der achten Etappe zwischen Kenzenhütte und Pürschlinghaus.

Index Bayern

Berchtesgadener Land

Purtscheller-haus

→ Seite 107

Lage
1.692 m, Berchtesgadener Alpen

Hüttenwirte
Sigi und Gabi Hinterbrandner

Übernachtung
6 Doppelzimmer, 1 Dreibett-zimmer und 35 Lagerplätze

Geöffnet
Mitte Mai bis Mitte Oktober

Kontakt
+49/8652/24 20
purtschellerhaus.de

Zustieg
Man kann in Ländervarianten auf das Haus zusteigen:

→ Der kurze Weg von der deutsch-österreichischen Grenze ist auch mit Kindern gut zu bewältigen – man steigt zunächst zum Eckersattel ab, bevor es bergan geht. Ausgangspunkt: Ahornkaser. Strecke: 1,6 km, Abstieg: 109 Hm, Aufstieg: 280 Hm, Dauer: 1 Std.

→ Einfacher Weg über den Eckersattel von deutscher Seite. Ausgangspunkt: Enzianhütte (Mautstraße). Strecke: 2,3 km, Höhendifferenz: 470 Hm, Dauer: 1,5 Std.

→ Der lange, steile Anstieg von Österreich. Ausgangspunkt: Gasteig bei Golling. Strecke: 4,7 km, Höhendifferenz: 1.023 Hm, Dauer: 3 Std.

→ Ab Eckersattel bleibt die Wahl zwischen dem Österreichweg (östlich des Grenzkamms) und dem kürzeren, aber steileren Deutschlandweg.

Touren
→ Der Aufstieg zum Hohen Göll (2.522 m) über den Schustersteig ist abwechslungsreich mit einigen exponierten Klettersteigpassagen. Ausgangspunkt: Purtschellerhaus, Strecke: 3 km, Höhendifferenz: 850 Hm, Dauer: 3 Std.

→ Um über den Kletterseig Mannlgrat (B/C) auf den Hohen Göll zu gelangen, steigt man vom Kehlsteinhaus zu. Abstieg über den Schustersteig zum Purtschellerhaus. Ausgangspunkt: Kehlsteinhaus, Strecke: 3,5 km, Höhendifferenz: 750 Hm, Dauer: 3 Std. (auf den Gipfel, ohne Abstieg).

Chiemgau

Hochries-hütte

→ Seite 110

Lage
1.569 m, Chiemgauer Alpen

Hüttenwirt
Manuel Hohenegg

Übernachtung
37 Übernachtungsplätze in Drei- und Vierbettzimmern

Geöffnet
Mitte März bis Anfang November täglich, November bis März Dienstag/Mittwoch Ruhetag

Kontakt
+49/8032/82 10
hochrieshuette.de

Zustieg
Die Hochries ist durch ein dichtes Wegenetz erschlossen, und die Hochriesbahn bringt Gäste bis wenige Meter unter den Gipfel. Zu Fuß gibt es diverse Möglichkeiten, zur Hütte zu gelangen:

→ Ausgangspunkt: Grainbach, Strecke: 4,4 km, Höhendifferenz: 860 Hm, Dauer: 2:30 Std.

→ Ausgangspunkt: Wanderparkplatz Spatenau/Samerberg, Strecke: 4,4 km, Höhendifferenz: 805 Hm, Dauer: 2:30 Std.

→ Ausgangspunkt: Aschau, Strecke: 7,5 km, Höhendifferenz: 930 Hm, Dauer: 3 Std. Wird auch gern mit dem Bike gefahren. Ausgangspunkt: Frasdorf, Strecke: 8 km, Höhendifferenz: 906 Hm, Dauer: 3:30 Std.

Touren
→ Die viertägige Chiemgau-Tour führt genauso über die Hochrieshütte wie der Maximiliansweg an (Etappe 15: Mitteralm–Hochrieshütte, Etappe 16: Hochrieshütte–Sonnenalm).

→ Auf den Karkopf (1.497 m) ist man schnell gewandert. Strecke: 1,2 km, Aufstieg: 66 Hm, Abstieg: 136 Hm, Dauer: 45 Min.

→ Und auch das Feichteck (1.514 m) ist einfach zu erreichen. Strecke: 2,3 km, Aufstieg: 200 Hm, Abstieg: 260 Hm, Dauer: 1:30 Std.

Tegernseer Tal

Tegernseer Hütte

→ Seite 112

Lage
1.650 m, Bayerische Voralpen

Hüttenwirte
Sylvia und Michl Ludwig

Übernachtung
38 Schlafplätze in zwei Matratzenlagern

Geöffnet
täglich vom zweiten Samstag im Mai bis zum ersten Sonntag im November

Kontakt
+49/8029/997 92 62
tegernseerhuette.de

Zustieg
→ Die kurze, steile Variante vom Parkplatz Bayerwald führt am Ende über einen einfachen Klettersteig, der auch umgangen werden kann. Ausgangspunkt: Parkplatz Bayerwald, Strecke: 4,1 km, Höhendifferenz: 800 Hm, Dauer: 2 Std.

→ Der flachere, schattigere und längere Weg führt über die Buchsteinhütte, bis zu der man auch mit dem Bike fahren kann. Ausgangspunkt: Parkplatz Winterstube, Strecke: 6,6 km, Höhendifferenz: 750 Hm, Dauer: 3 Std.

Touren

→ Man kann über das malerische Söllbachtal auch bis nach Bad Wiessee am Tegernsee absteigen. Strecke: 15,3 km, Abstieg: 890 Hm, Dauer: 4,5 Std.

→ In Hüttennähe finden Kletterer 90 Routen zwischen einer und fünf Seillängen und in den Schwierigkeitsgraden von 3+ bis 8−.

→ Für Alpinkletterer gibt es zahlreiche sanierte Riffkalk-Kletterrouten am Roßstein.

Werdenfelser Land

Höllental-angerhütte

→ Seite 120

Lage

1.387 m, Wettersteingebirge

Hüttenwirte

Silvia und Thomas Auer

Übernachtung

Zwei Lager mit je 23 Plätzen und zehn Sechsbettzimmer

Geöffnet

Mitte Mai bis Oktober

Kontakt

+49/8821/943 85 48
hoellentalangerhuette.de

Zustieg

→ Der obligatorische Zustieg führt durch das (gebührenpflichtige) Naturspektakel Höllentalklamm. Ausgangsort: Parkplatz Hammersbach, Strecke: 5 km, Höhendifferenz: 760 Hm, Dauer: 2 Std.

→ Hoch über der Klamm auf dem Stangensteig führt eine weitere Möglichkeit zur Hütte. Ausgangsort: Parkplatz Hammersbach, Strecke: 6 km, Höhendifferenz: 850 Hm, Dauer: 2:30 Std.

Touren

→ Der beliebte Klassiker ist natürlich der Aufstieg zur Zugspitze: Wanderung, Klettersteig (Maximalschwierigkeit C), Gletscher- und Hochtour in einem. Strecke: 5 km, Höhendifferenz: 1.600 Hm, Dauer: 6 Std.

→ Hochalpin ist die Tour auf den Großen Waxenstein (2.276 m) mit seilfreiem Felsklettern im II. Schwierigkeitsgrad. Strecke: 2 km, Höhendifferenz: 800 Hm, Dauer: 3:30 Std.

→ Der Klettersteig Alpspitze (2.620 m) ist gut gesichert, erfordert jedoch gute Kondition, Trittsicherheit und Schwindelfreiheit (Schwierigkeit B). Dauer Steig: 2:30 Std., Zustiegszeit: 20 Min., Höhendifferenz Steig: 530 Hm, Gesamthöhendifferenz: 650 Hm.

Werdenfelser Land

Weilheimer Hütte

→ Seite 122

Lage

1.946 m, Estergebirge

Hüttenwirt

Christian Weiermann

Übernachtung

50 Betten in Einzel-, Doppel- und Viererzimmern sowie Fünfer- und Zwölfer-Matratzenlagern

Geöffnet

Mitte Mai bis Mitte Oktober

Kontakt

+49/170/270 80 52
dav-weilheim.de
> Hütten > Weilheimer Hütte

Zustieg

→ Vom Fuße der Wankbahn geht es über die Daxkapelle und die Esterbergalm über die Farchanter Alm zur Hütte. Ausgangspunkt: Parkplatz Wankbahn, Strecke: 11 km, Höhendifferenz: 1.240 Hm, Dauer: 4 Std.

→ Der Zustieg lässt sich abkürzen durch die Fahrt mit der Wankbahn. Ausgangsort: Gipfelstation Wankbahn, Strecke: 9 km, Aufstieg: 700 Hm, Abstieg: 490 Hm, Dauer: 3:15 Std.

→ Steil geht es über den Hahnbichlsteig bergauf. Ausgangsort: Parkplatz Eschenlohe, Strecke: 10 km, Höhendifferenz: 1.350 Hm, Dauer: 5:30 Std.

→ Von Krün bei Wallgau geht es über die Finzbachklamm und Krüner Alm bergan. Ausgangsort: Krottenkopfstraße in Krün, Strecke: 12 km, Höhendifferenz: 1.200 Hm, Dauer: 5:30 Std.

Touren

→ Die Hütte liegt auf einem Sattel zwischen Oberem Risskopf (2.049 m) und Krottenkopf (2.086 m), die beide in etwa 30 Minuten erreichbar sind.

→ Die Weilheimer Hütte liegt auf der violetten Route des weniger stark frequentierten internationalen Fernwanderwegs Via Alpina, der von Slowenien über Österreich bis nach Oberstdorf führt. Die Hütte ist Stützpunkt auf dem Weg vom Herzogstand nach Garmisch-Partenkirchen.

Index Schweiz

Daten, Touren und Fakten

Appenzell Ausserrhoden

Berggasthaus Tierwies

→ Seite 134

Lage
2.085 m, Appenzeller Alpen

Besitzer
Familie Schoop

Übernachtung
50 Schlafplätze – ein Doppelzimmer, ein 6-Bett-, zwei 8-Bett-, ein 10-Bett- und ein 16-Bett-Zimmer

Geöffnet
ab Ende Mai an den schönen Wochenenden, ab Juli bis Mitte Oktober durchgehend

Kontakt
+41/71/364 12 35
tierwis.ch

Zustieg
→ Kurz und knackig geht es von der Appenzeller Seite zur Hütte. Ausgangspunkt: Schwägalpe, Talstation: Säntisbahn, Distanz: 2,8 km, Höhendifferenz: 740 Hm, Dauer: 2 Std.

→ Länger und mit mehr Höhenmetern geht es von der Toggenburger Seite hinauf. Ausgangspunkt: Unterwasser, Distanz: 10,2 km, Höhendifferenz: 1.600 Hm, Dauer: 6 Std.

→ Oder man steigt in leichter Kletterei von der Säntisbahn ab: Strecke: 1,8 km, Abstieg: 430 Hm, Dauer: 1 Std.

Touren
→ Auf den Säntis-Gipfel klettert man via Girenspitz – man sollte aber schwindelfrei und trittsicher sein. Distanz: 1,8 km, Höhendifferenz: 430 Hm, Dauer: 1:30 Std.

→ An der Silber- und der Kluckerplatte sind verschiedene Kletterrouten zwischen dem vierten und achten Grad eingerichtet.

Appenzell Innerrhoden

Hundsteinhütte

→ Seite 146

Lage
1.554 m, Alpsteinmassiv

Hüttenwirt
Peter Ehrbar

Übernachtung
Zwei Doppelstock-Bettenlager für 14 und 18 Gäste. Winterlager für 12 Personen

Geöffnet
Anfang Mai bis Mitte Oktober

Kontakt
+41/71/799 15 81
hundstein.ch

Zustieg
→ Einfache Wanderung über den Fälensee, ausgehend von Brülisau. Ausgangsort: Parkplatz Seilbahn Hoher Kasten, Strecke: 7 km, Aufstieg: 735 Hm, Abstieg: 110 Hm, Dauer: 3 Std.

→ Man kann auch mit der Bahn ab Brülisau bis zum Hohen Kasten auffahren und am Grat entlang über Staubern, Saxer Lücke und Bollenwees bis zur Hütte gehen. Ausgangsort: Parkplatz Seilbahn Hoher Kasten, Strecke: 9,4 km, Aufstieg: 630 Hm, Abstieg: 870 Hm, Dauer: 3:45 Std.

→ Die kürzeste Variante erfolgt mit Unterstützung der Seilbahn Frümsen-Staubern und, wie oben erwähnt, weiter über die Saxer Lücke und Bollenwees zur Hütte. Strecke: 4,4 km, Aufstieg: 250 Hm, Abstieg: 450 Hm, Dauer: 1:45 Std.

Touren
→ Mehrere Wege führen ab der Hütte auf den Säntis (2.502 m) – so zum Beispiel über den Widderalpsattel und die Meglisalp. Strecke: 9,4 km, Aufstieg: 1.560 Hm, Abstieg: 560 Hm, Dauer: 5 Std.

→ Der Hundstein (2.157 m) ist in einer knapp zweistündigen Wanderung zu erreichen. Strecke: 2 km, Höhendifferenz: 600 Hm, Dauer: 1:45 Std.

→ In der Hundstein-Südwand findet man zudem die längste Kletterroute im Appenzellerland, den Alpsteinmarathon: eine gut abgesicherte alpine Sportkletterroute mit 21 Seillängen und 835 Metern Kletterlänge im Kalkfels.

Bern

Glecksteinhütte

→ Seite 148

Lage
2.317 m, Berner Alpen

Hüttenwirte
Rosmarie und Christian Bleuer

Übernachtung
Fünf Lager mit je zwölf Schlafplätzen, vier Viererzimmer

Geöffnet
Mitte Juni bis Anfang Oktober

Kontakt
+41/33/853 11 40
gleckstein.ch

Zustieg
Beide Zustiege sind ebenso eindrücklich wie anspruchsvoll und erfordern Trittsicherheit und Schwindelfreiheit.

→ Ausgangspunkt: Grindelwald, Bushaltestelle Grindelwald Bahnhof/Grosse Scheidegg (Bus 128), Strecke; 4,4 km, Höhendifferenz: 900 Hm, Dauer: 2,5 Std.

→ Ausgangspunkt: Hotel Wetterstein/Grindelwald, Strecke; 5,1 km, Höhendifferenz: 1.140 Hm, Dauer: 3 Std.

Touren
→ Schöne Gipfeltour auf das Chrinnenhorn (2.741 m). Strecke: 1,2 km, Höhendifferenz: 450 Hm, Dauer: 1,5 Std.

→ Auf das Wetterhorn (3.692 m) führen drei schwierige, hochalpine Routen: 1. Willsgrätli (ZS–), Höhendifferenz: 1.400 Hm, Dauer: 5–6 Std. 2. Nordwestgrat (ZS+), Höhendifferenz: 1.500 Hm, Dauer: 6–7 Std. 3. Südwestgrat (S+), Höhendifferenz: 1.400 Hm, Dauer: 6–9 Std.

→ Innerhalb weniger Minuten gelangt man von der Hütte zu mehreren Kletterrouten: über 60 Seillängen mit Schwierigkeitsgraden zwischen 2b und 6b.

→ Der Bärentrek ist eine zum Teil anspruchsvolle siebentägige Passwanderung von der Ostschweiz (Sargans) in die Westschweiz (Montreux).

Bern

Wildstrubelhütte

→ Seite 149

Lage
2.793 m, Berner Alpen

Hüttenwirte
Konrad Rösti und Maxi Weiner

Übernachtung
68 Schlafplätze in sieben Lagern, im Sommer ein zusätzliches Familienzimmer mit vier Betten

Geöffnet
Ende Juni bis Mitte Oktober
Frühjahr: Ende Februar bis Anfang Mai

Kontakt
+41/33/744 33 39
wildstrubelhuette.ch

Zustieg
→ Einfach und schnell gelangt man von der Bergstation (Glacier de la) Plaine Morte zur Hütte. Die Talstation liegt in Crans-Montana. Strecke: 2,4 km, Höhendifferenz: 110 Hm, Dauer: 1:30 Std.

→ Ein wunderschöner, nicht allzu schwieriger Zustieg verläuft von Lenk über die Blatti-Schutzhütte. Ausgangsort: Iffigenalp/Lenk, Strecke: 6 km, Höhendifferenz: 1.200 Hm, Dauer: 3:30 Std.

Touren
→ Auf den Wildstrubel (3.244 m) geht es via Weisshornlücke und den Plaine-Morte-Gletscher. Distanz: 7 km, Höhendifferenz: 590 Hm, Dauer: 3:30 Std.

→ Eine kurze Tour »hinter der Hütte« ist der Aufstieg auf den Rohrbachstein (2.950 m). Das letzte Stück ist seilversichert. Distanz: 1,6 km, Aufstieg: 260 Hm, Abstieg: 150 Hm, Dauer: 1 Std.

→ In fünf Tagen kann der Wildstrubel umrundet werden. Ausgangs- und Zielpunkt sind die Simmenfälle. Auf der Wildstrubelhütte übernachtet man an Tag 4.

Glarus

Leglerhütte

→ Seite 150

Lage
2.273 m, Glarner Alpen

Hüttenwirtin
Simone Landolt

Übernachtung
60 Schlafplätze; 22 im Lager und 32 verteilt auf sechs Vierbett-, zwei Sechsbettzimmer und ein Doppelzimmer

Geöffnet
Sommer: Juli bis Oktober durchgehend
Winter: Ende Dezember bis März am Wochenende

Kontakt
+41/55/640 81 77
leglerhuette.ch

Zustieg
→ Ein einfacher Zustieg führt ab Kies und über den Garichtisee zur Hütte. Ausgangsort: Parkplatz Bahn Kies-Mettmen, Strecke: 5,6 km, Aufstieg: 770 Hm, Abstieg: 100 Hm, Dauer: 2:45 Std.

→ Etwas länger wandert man auf der anderen Seeseite zur Matzlenfurggelen und vorbei am Chammseeli. Strecke: 6 km, Aufstieg: 870 Hm, Abstieg: 200 Hm, Dauer: 3 Std.

Touren
→ Der Kleine Kärpf/Chli Chärpf (2.699 m) ist ab der Hütte gut erreichbar–als Wanderung, Ski- oder auch Schneeschuhtour. Das letzte Gipfelstück weist eine leichte Kletterei auf. Strecke: 1,8 km, Aufstieg: 440 Hm, Dauer: 1:30 Std.

→ Den Gipfel des Großen Kärpf (2.793 m) erreicht man mit leichter Kletterei. Strecke: 2,4 km, Aufstieg: 640 Hm, Abstieg: 125 Hm, Dauer: 3:30 Std.

→ Der Chärpfbrugg-Rundweg führt in drei Etappen durch das älteste Naturschutzgebiet Europas. Start- und Zielpunkt ist Mettmen, die Leglerhütte ist Stützpunkt an Tag 1.

Graubünden

Heimeli

→ Seite 151

Lage
1.831 m, Plessuralpen

Hüttenwirt
Markus Koch

Übernachtung
30 Betten, aufgeteilt auf vier Doppel-, zwei Vierbett- und zwei Siebenbettzimmer

Geöffnet
Juni bis Oktober und Dezember bis April

Kontakt
+41/81/374 21 61
heimeli.swiss

Zustieg
→ Leichte, idyllische Wanderung vom Parkplatz Langwies. Strecke: 4,5 km, Höhendifferenz: 450 Hm, Dauer: 1:30 Std. Im Winter kann man hier auch gut rodeln.

→ Mit dem Bike von Arosa über Langwies. Ausgangspunkt: Arosa, Strecke 13,5 km, Höhendifferenz: 530 Hm, Dauer: 2:30 Std.

Touren
→ über den Strelapass (2.347 m) nach Davos. Strecke: 8 km, Höhendifferenz: 530 Hm aufwärts, 796 Hm abwärts, Dauer: 3 Std.

→ Das Heimeli liegt sowohl am Jakobsweg Graubünden (20 Etappen, 250 Kilometer von Müstair nach Amsteg) als auch am Walserweg Graubünden (23 Etappen, über 300 Kilometer von San Bernardino nach Brand in Vorarlberg).

Graubünden

Terrihütte

→ Seite 152

Lage
2.170 m, Adula-Gruppe

Hüttenwirte
Doris und Toni Trummer-Tomaschett

Übernachtung
110 Schlafplätze, verteilt auf zwölf Räume vom Vierbettzimmer bis zum 16-Bett-Lager

Geöffnet
Mitte Juni bis Mitte Oktober

Kontakt
+41/81/943 12 05
terrihuette.ch

Zustieg
→ Der traditionelle Hüttenzustieg führt entlang des Rein da Sumvitg zunächst flach, später steil zur Hütte. Ausgangsort: Runcahez, Strecke: 8 km, Höhendifferenz: 1.280 Hm, Dauer: 4 Std.

→ Eine weitere Aufstiegsmöglichkeit startet in Vrin (und verläuft über den Pass Diesrut). Ausgangsort: Vrin, Strecke: 10,6 km, Aufstieg: 1.180 Hm, Abstieg: 470 Hm, Dauer: 4:30 Std.

Touren
→ Auf den formschönen Piz Terri (3.149 m) mit seinen markanten Schieferflanken geht es zum Teil durch steiles Gelände. Distanz: 8,7 km, Höhendifferenz: 1.170 Hm, Dauer: 5 Std.

→ Eine schwierige Wanderung ist der Übergang zur Medelserhütte (2.524 m) über die Fuorcla Sura da Lavaz und den Lavaz-Gletscher (teilweise verblocktes Gelände). Distanz: 13 km, Aufstieg: 1.130 Hm, Abstieg: 770 Hm, Dauer: 6 Std.

→ Die Surselva-Kronenwanderung ist eine so beeindruckende wie fordernde Hüttenwanderung, die in zwölf Etappen von Disentis bis zum Oberalppass führt. Die Terrihütte ist Stützpunkt am achten Tag.

Graubünden

Tschiervahütte

→ Seite 157

Lage
2.573 m, Berninagruppe

Hüttenwirtin
Caroline Zimmermann

Übernachtung
100 Lagerplätze, verteilt auf Zimmer mit 4 bis 24 Betten, sowie ein Doppelzimmer

Geöffnet
Mitte Juni bis Anfang Oktober

Kontakt
Tel: +41/81/842 63 91
tschierva.ch

Zustieg
→ Pontresina/Val Roseg, 3 Std. Den ersten Wegabschnitt von Pontresina/Val Roseg kann man mit Bike oder Pferdekutsche (Reservierung unter Tel.: +41/78/944 75 55) bestreiten. Der obere Teil ist relativ anspruchsvoll, T3. Ausgangspunkt: Pontresina/Val Roseg, Strecke: 12 km, Höhendifferenz: 800 Hm, Dauer: 3:30 Std.

Hochtouren
→ Der Piz Tschierva (3.546 m) ist ein relativ einfach zu besteigender Gipfel, mittlerweile sogar ohne Gletscherausrüstung. Strecke: 3,7 km, Höhendifferenz: 990 Hm, Dauer: 3 Std.

→ Den Piz Morteratsch (3.751 m) besteigt man von Norden unter der Fuorcla da Boval. Strecke: 3,5 km, Höhendifferenz: 1.230 Hm, Dauer: 4 Std.

→ Die Hochtour auf den Piz Bernina (4.049 m) führt natürlich über den Bianco-Grat (Bergführer empfohlen). Strecke: 5 km, Höhendifferenz: 1.650 Hm, Dauer: je nach Betrieb und Verhältnissen zwischen 7 und 10 Std. Der Abstieg erfolgt über den Spallagrat zum Rifugio Marco e Rosa (3.597 m). Gesamt muss man mit 9 bis 12 Stunden Gehzeit rechnen.

Obwalden

Spannorthütte

→ Seite 158

Lage
1.956 m, Urner Alpen

Hüttenwirte
Andy Ott und Fredy Städler

Übernachtung
40 Schlafplätze, auf fünf Räume verteilt: 16 Plätze im alten (sanierten) Trakt sowie zwei Acht- und zwei Vierbettzimmer

Geöffnet
Mitte Juli bis Mitte Oktober

Kontakt
+41/41/637 34 80
spannorthuette.ch

Zustieg
→ Der Normalanstieg zur Hütte erfolgt von Engelberg durch das grüne Engelbergertal. Ausgangspunkt: Engelberg, Strecke: 10,8 km, Höhendifferenz: 940 Hm, Dauer: 3,5 Std.

→ Kürzer, aber etwas anspruchsvoller ist der Zustieg vom Surrenpass. Ausgangspunkt: Surrenpass, Strecke: 2,4 km, Aufstieg: 620 Hm, Abstieg: 300 Hm, Dauer: 1,5 Std.

→ Oder man steigt von der Talstation der Fürenalpbahn südwestlich vom Surrenpass auf. Ausgangspunkt: Talstation Fürenalpbahn, Strecke: 1,9 km, Höhendifferenz: 600 Hm, Dauer: 1,5 Std.

Touren
→ Auf den Gross Spannort (3.198 m) führt eine schöne Hochtour mit kurzen Kletterpassagen. Strecke: 4 km, Höhendifferenz: 1.240 Hm, Dauer: 4,5 Std.

→ Die Gletscherhochtour über den Westgrat auf den Krönten (3.108 m) ist absolut lohnend. Strecke: 6 km, Höhendifferenz: 1.152 Hm, Dauer: 4 Std.

→ Am Schlossberg finden sich 21 Kletterrouten in festem Kalk (Schwierigkeit 5a bis 7c).

Schwyz

Glattalphütte

→ Seite 162

Lage
1.896 m, Schwyzer Alpen

Hüttenwirtin
Franziska Gwerder

Übernachtung
51 Betten in vier Matratzenlagern

Geöffnet
Anfang Juni bis Ende Oktober

Kontakt
+41/41/830 19 39
glattalphuette.ch

Zustieg
→ Ausgangspunkt: Talstation Luftseilbahn Sahli-Glattalp am Ende des Muotatals. Strecke: 4,7 km, Höhendifferenz: 745 Hm, Dauer: 2,5 Std.

→ Ausgangspunkt: Bisisthal im Muotatal über die Charetalp. Strecke: 10,9 km, Höhendifferenz: 1.390 Hm, Dauer: 4 Std.

Touren
→ Die Klassiker-Wanderung führt von der Glattalphütte über die Charetalp und Erigsmatt ins autofreie Dörfchen Braunwald. Strecke: 17,3 km, Höhendifferenz: Aufstieg: 500 Hm, Abstieg: 1.140 Hm, Dauer: 6–7 Std.

→ Eine schöne leichte Tour auch für Familien ist die auf den Pfaff (2.109 m). Aufstieg: 220 Hm, 1,5 km, Dauer: 45 Min.

Uri

Voralphütte

→ Seite 166

Lage
2.126 m, Urner Alpen

Hüttenwirte
Silvia und Peter Bernhard

Übernachtung
42 Betten, verteilt auf vier Lager mit acht bis zwölf Schlafplätzen

Geöffnet
Sommer: Mitte Juni bis Anfang Oktober
Frühjahr: Mitte März bis Mitte April

Kontakt
+41/41/887 04 20
voralphuette.ch

Zustieg
→ Ein abwechslungsreicher Weg führt entlang der Voralpreuss über die Alp Horenfelli zur Hütte. Ausgangsort: Bushaltestelle Voralpkurve, Göscheneralpstrasse, Länge: 6 km, Höhendifferenz: 740 Hm, Dauer: 2:30 Std.

→ Landschaftlich beeindruckend, aber steil und anspruchsvoll (teilweise gesichert) geht es über das Sustenjoch. Ausgangsort: Sustenpass, Länge: 6,4 km, Aufstieg: 680 Hm, Abstieg: 780 Hm, Dauer: 5 Std.

Touren
→ Sommers wie winters kann man das Sustenhorn (3.503 m) über eine Steilstufe zur Chelenalplücke (3.090 m) erklimmen. Eine nicht zu unterschätzende (Ski-)Hochtour. Länge: 5,5 km, Höhendifferenz: 1.470 Hm. Dauer: 4:30 Std.

→ Von der Hütte führt der anspruchsvolle Weg zur Bergseehütte über die Voralpreuss und den Horenfellistock. Länge: 5,1 km, Aufstieg: 530 Hm, Abstieg: 770 Hm, Dauer: 3:30 Std.

→ Zur Salbithütte gelangt man u.a. über die spektakuläre 90 Meter lange Salbitbrücke. Klettersteig-Set ist obligatorisch und kann in der Voralphütte ausgeliehen werden. Länge: 7,1 km, Höhendifferenz: 866 Hm, Dauer: 5:30 Std.

→ Wenige Meter neben der Hütte befindet sich ein kleiner Hüttenklettergarten mit einer zehn Meter langen 3c-Route. Rund 20 Minuten von der Hütte entfernt liegt der Klettergarten Zenden mit 25 bis 40 Meter langen Routen im Bereich 4c bis 7a.

Wallis

Cabane du Trient

→ Seite 174

Lage
3.170 m, Walliser Alpen

Hüttenwirte
Mélanie und Olivier Genet

Übernachtung
121 Schlafplätze in zwölf Zimmern zu 4 bis 16 Betten

Geöffnet
Sommer: Anfang Juni bis Mitte September
Frühjahr: Anfang März bis Anfang Mai

Kontakt
+41/27/783 14 38
cas-diablerets.ch/trient

Zustieg
→ Für den Weg von der Bergstation Sessellift La Breya sollte man etwas alpine Erfahrung mitbringen. Strecke: 6 km, Aufstieg: 983 Hm, Dauer: 3,5 Std. (T4, Fixseile, Leitern und Metallbügel)

→ Lang und zehrend direkt vom Talort Champex-Lac: Strecke: 9,1 km, Aufstieg: 1.775 Hm, Dauer: 5 Std.

Touren
→ Die Aiguille du Tour (3.540 m) eignet sich als Einsteiger-Hochtour in Begleitung eines Bergführers. Distanz: 3,3 km, Aufstieg: 440 Hm, Dauer: 3 Std.

→ Erfahrene Alpinisten erleben auf der kombinierten Hochtour über den Ostgrat auf die Aiguille du Chardonnet (3.824 m) eine gewaltige alpine Vielfalt. Abstieg via Westgrat/ Nordflanke, Zielpunkt ist das Refuge Albert 1er. Strecke: 9,8 km, Aufstieg: 829 Hm, Abstieg: 1.295 Hm, Dauer: 9 Std.

→ Die Trienthütte liegt auf der legendären Haute Route, der anspruchsvollen Wander- und Skidurchquerung der Walliser Alpen von Chamonix nach Zermatt.

Alta Badia

Pralongià

→ Seite 188

Lage
2.157 m, Pralongià-Hochebene

Hüttenwirt
Dieter Niederkofler

Übernachtung
sieben Doppelzimmer und zwei Schlafsäle für acht Personen

Geöffnet
Winter: Anfang Dezember bis Anfang April
Sommer: Mitte Juni bis Ende September

Kontakt
+39/0471/83 60 72
pralongia.it

Zustieg
Ob mit dem (E-)Bike oder zu Fuß: Viele Wege führen auf die Pralongià-Hochebene. Unter anderem:

→ Nach der Auffahrt mit der Bahn ab dem Hotel Planac in Corvara ist es nicht mehr weit zur Hütte – perfekt für Familien. Ausgangsort: Bergstation Pralongià, Strecke: 1 km, Höhendifferenz: 100 Hm, Dauer: 20 Min.

→ Ohne Bahn kann man natürlich ebenfalls aufsteigen. Der breite Weg ist im Winter gewalzt. Ausgangsort: Talstation Pralongià-Sessellift, Strecke: 4 km, Höhendifferenz: 430 Hm, Dauer: 1:30 Std.

→ Ein weiterer traumhafter Winterwanderweg startet in der Ortschaft Armentarola. Strecke: 7,5 km, Höhendifferenz: 550 Hm, Dauer: 2:15 Std.

→ Mittelschwierig ist der Zustieg ab dem Passo Campolongo. Strecke: 4,4 km, Höhendifferenz: 330 Hm, Dauer: 2:30 Std.

→ Weitere Möglichkeiten hat man ab Stern, St. Kassian und über den Valparola- und den Falzarego-Pass.

Touren
→ Eine mäßig schwierige Tour geht auf den historischen Col di Lana (2.572 m). Strecke: 6,6 km, Höhendifferenz: 517 Hm, Dauer: 3 Std.

→ Einen spektakulären Rundblick hat man bereits bei der leichten Wanderung auf den Settsass (2.571 m). Strecke: 4,4 km, Höhendifferenz: 410 Hm, Dauer: 2 Std.

Eisacktal

Becherhaus

→ Seite 192

Lage
3.195 m, Stubaier Alpen

Hüttenwirt
Erich Pichler

Übernachtung
55 Lagerplätze und zehn Vierbettzimmer

Geöffnet
Ende Juni bis Mitte September

Kontakt
anmeldung@becherhaus.com
becherhaus.com

Zustieg
→ Als Hochtour mit Gipfel des Freigers (3.418 m) führt der Zustieg ab dem Stubaital über die Dresdner Hütte (per Bahn), weiter über das Peiljoch (2.672 m), den Lübecker Weg und Freiger zur Hütte. Strecke: 8 km, Höhendifferenz: 1.360 Hm, Dauer: 4:30 Std.

→ Ein weiterer hochalpiner Anstieg führt von der Timmelsjochstraße / Timmelsbrücke über die Schwarzwandscharte (3.059 m) und den Übertalferner. Strecke: 11,5 km, Höhendifferenz: 1.580 Hm, Dauer: 6 Std.

Touren
→ In knapp einer Stunde erreicht man vom Becherhaus schon den Wilden Freiger (3.418 m) – und das ohne Gletscherausrüstung. Strecke: 1,2 km, Höhendifferenz: 250 Hm, Dauer: 1 Std.

→ Die Tour auf das Zuckerhütl (3.507 m), den höchsten Gipfel der Stubaier Alpen, über den Wilden Pfaff (3.456 m) ist an einigen Stellen sehr fordernd. Strecke: 3,8 km, Höhendifferenz: 650 Hm, Dauer: 4 Std.

Grödnertal

Langkofelhütte

→ Seite 194

Lage
2.253 m, Grödner Dolomiten

Hüttenwirt
Walter Piazza

Übernachtung
69 Betten, aufgeteilt auf Zwei- und Siebenbettzimmer sowie zwei Matratzenlager

Geöffnet
Anfang Juni bis Mitte Oktober

Kontakt
+39/0471/79 23 23
rifugiovicenza.com

Zustieg
→ Von Santa Cristina hat man die Wahl zwischen dem landschaftlich schönen Santnerweg (Nr. 525) und der flacheren Variante (Nr. 572A). Ausgangspunkt: Monte Pana / Santa Cristina, Strecke: 5,8 km, Höhendifferenz: 630 Hm, Dauer: 2:15 Std.

→ Oder man nimmt den Sessellift zur Alm am Monte de Sëura und wandert von dort zur Hütte. Ausgangspunkt: Monte Pana / Santa Cristina, Strecke: 2,8 km, Höhendifferenz: 300 Hm, Dauer: 1:15 Std.

→ Mit der legendären Bahn Forcella Sassolungo kommt man vom Sellajoch auf die Langkofelscharte, von dort abwärts über das steile Langkofelkar zur Hütte. Strecke: 1,7 km, Abstieg: 430 Hm, Dauer: 1 Std.

→ Der Zustieg über die Langkofel-Umrundung (via Plattkofelhütte) ist sensationell schön, allerdings auch lang. Ausgangsort: Sellajochhaus, Strecke: 10,2 km, Aufstieg: 1.030 Hm, Abstieg: 950 Hm, Dauer: 4:30 Std.

Touren

→ Von der Hütte erreicht man den Plattkofel (2.958 m) über den Oskar-Schuster-Klettersteig in der Schwierigkeit B/C, Kletterstellen 1+. Strecke: 6,8 km, Höhendifferenz Klettersteig: 380 Hm, Höhendifferenz gesamt: 730 Hm, Dauer Klettersteig: 2 Std., Dauer Aufstieg gesamt: 3 Std.

→ Der Normalweg auf den Langkofel ist eine Kletterei im Schwierigkeitsgrad III bzw. III+. Die »Pichlroute« zählt mit ihren 1.000 Kletterhöhenmetern zu den längsten Touren der Grödner Dolomiten (zusätzlich noch 250 Hm in leichtem Gelände), Schwierigkeitsgrad IV. Und die Route Sisyphos zieht sich im oberen VI. Schwierigkeitsgrad durch die Nordwand.

Pustertal

Büllelejochhütte

→ Seite 202

Lage
2.528 m, Sextner Dolomiten

Hüttenwirte
Greti, Steffie und Hubert Rogger

Übernachtung
Lager mit 15 Betten

Geöffnet
Mitte Juni bis Mitte Oktober

Kontakt
+39/337/45 15 17
rifugiopiandicengia.it

Zustieg

→ Leicht begehbar ist der Weg von der Auronzohütte oberhalb von Misurina. Ausgangspunkt: Auronzohütte, Strecke: 6,3 km, Aufstieg: 410 Hm, Abstieg: 260 Hm, Dauer: 2,5 Std.

→ Alternativ wandert man vom Parkplatz Fischleintal / Sexten über die Dreizinnenhütte zur Büllelejochhütte. Ausgangspunkt: Fischleinbodenhütte/ Fischleintal, Strecke: 8 km, Höhendifferenz: 1.100 Hm, Dauer: 4 Std.

→ Geübte Biker fahren vom Misurinasee über die Auronzo- und die Lavaredohütte. Strecke: 14 km, Aufstieg: 1.000 Hm, Dauer: 3 Std.

Touren

→ Wunderschön und familientauglich: die Umrundung der Drei Zinnen in vier leichten, kurzen Etappen mit Start- und Ausgangspunkt Fischleinboden.

→ Tageswanderung um die Drei Zinnen via Dreizinnenhütte, Langalm, Auronzohütte und über die Lavaredohütte. Strecke: 14 km, Höhendifferenz: 830 Hm, Dauer: 6 Std.

→ Von der Hütte erreichbar sind u. a. die Oberbachernspitze (2.635 m), Strecke: 1,2 km, Höhendifferenz: 130 Hm, Dauer: 30 Min.

→ Alpine Trittsicherheit braucht man für die Hochbrunnerschneid (3.046 m): Strecke: 6 km, Höhendifferenz: 920 Hm, Dauer: 4 Std.

→ Es gibt viele Klettersteige rund um die Hütte. Unter anderem die Tour durch den Zwölferkofel über den Klettersteig »Croda dei Toni« (Schwierigkeit B/C), der die Büllelejochhütte mit der Carducci-Hütte verbindet und seit 2018 Teil der mehrtägigen Klettersteigtour »Dolomiten ohne Grenzen« ist.

Pustertal

Lavarellahütte

→ Seite 204

Lage
2.050 m, Fanesgruppe

Besitzer
Familie Frenner

Übernachtung
25 Betten in Zweier- und Dreierzimmern, 25 Lagerplätze

Geöffnet
Winter: Ende Dezember bis Mitte April
Sommer: Anfang Juni bis Mitte Oktober

Kontakt
+39/0474/50 10 79
lavarella.it

Zustieg

→ Über St. Vigil im Gadertal; vom Parkplatz des Berggasthauses Pederü geht es zu Fuß oder mit dem Bike das Rautal hinauf zur Lavarellahütte. Ausgangspunkt: Berggasthaus Pederü, Parkplatz, Strecke: 5,6 km, Höhendifferenz: 540 Hm, Dauer: 2 Std.

Touren

→ Über das Limojoch und den gleichnamigen See gelangt man an den Klettersteig Furcia Rossa III (Schwierigkeit C). Höhendifferenz Steig: 300 Hm, Gesamt-Höhendifferenz: 1.250 Hm, Zustiegsdauer: 3:30 Std., Dauer Steig: 1:30 Std.

→ Eine imposante Bergtour mit leichten Klettersteigstellen und zwei Gipfeln: dem Heiligkreuzkofel (2.907 m) und der Zehnerspitze (3.026 m). Strecke: 9 km, Höhendifferenz: 1.100 Hm, Dauer: 4 Std.

→ Die beliebte Skitour und Schneeschuhwanderung auf den Monte Castello (2.817 m) führt über Limojoch und das Bivacco della Pace (Skidepot). Strecke: 13,6 km, Höhendifferenz: 900 Hm, Dauer: 3:30 Std.

→ Auf dem Dolomiten-Höhenweg 1, der in 13 Etappen vom Pragser Wildsee nach Belluno verläuft, ist die Ücia der Familie Frenner Übernachtungsstation am ersten Tag.

Seiser Alm

Grasleitenhütte

→ Seite 214

Lage
2.165 m, Rosengartengruppe

Hüttenwirte
Margot Federer und Hansjörg Resch

Übernachtung
70 Schlafplätze, aufgeteilt in 23 Lagerplätze sowie Zwei-, Drei-, Vier-, Fünf- und Achtbettzimmer

Geöffnet
Mitte Juni bis Anfang Oktober

Kontakt
+39/0471/64 21 03
grasleitenhuette.com

Zustieg
→ Der Zustieg zur Hütte über das Tschamintal und das Bärenloch gilt als einer der schönsten Wege ins Rosengarten-Massiv. Strecke: 6,9 km, Höhendifferenz: 980 Hm, Dauer: 3 Std.

Touren
→ Für die schöne Rundtour zum Schutzhaus Tierser Alpl nimmt man am Tschamintalschluss den Weg 3B und erreicht dann über den Friedrich-August-Weg die Hütte. Zurück geht es teils seilversichert über den Molignonpass. Strecke: 7 km, Höhendifferenz: 745 Hm, Dauer: 3:30 Std.

→ Über den Grasleitenkessel geht es auf den Kesselkogel, den mit 3.004 Metern höchsten Berg des Rosengartens. Nach etwa einer Stunde steigt man am Pass in den Kesselkogel-Klettersteig ein und gelangt über den sehr ausgesetzten (und ungesicherten) Nordgrat zum Gipfel. Strecke: 3 km, Höhendifferenz: 867 Hm, Dauer: 3 Std. (davon 2 Std. Klettersteig)

Seiser Alm
Tierser Alpl
→ Seite 216

Lage
2.444 m, Schlerngruppe

Besitzer
Judith und Stefan Perathoner

Übernachtung
100 Betten, verteilt auf Lager für acht, zehn und zwölf Personen und auf Zimmer für zwei, vier oder sechs Personen

Geöffnet
Ende Mai bis Mitte Oktober

Kontakt
+39/0471/72 79 58
tierseralpl.com

Zustieg
Das Tierser Alpl ist ein Knotenpunkt vieler Wegenetze in den Dolomiten–entsprechend vielfältig sind die Zustiege.

→ Ab Seiser Alm/Compatsch über Panorama, Goldknopf und die Rosszahnscharte. Strecke: 7,5 km, Höhendifferenz: 680 Hm, Dauer: 2:30 Std.

→ Ab Seiser Alm/Saltria über die Forststraße und den Berggasthof Dialer. Diese Strecke ist auch mit dem Bike fahrbar. Strecke: 7 km, Höhendifferenz: 600 Hm, Dauer: 2:30 Std.

→ Ab Weißlahnbad bei Tiers/Tschaminschwaige durch das Tschamintal über das Bärenloch. Strecke: 7,5 km, Höhendifferenz: 1.200 Hm, Dauer: 3:30 Std.

→ Oberhalb von Campitello di Fassa geht man in einer Kehre in das Durontal, weiter über die Malga Micheluzzi und über einen Steig zur Hütte. Strecke: 11,5 km, Höhendifferenz: 1.060 Hm, Dauer: 3:30 Std.

→ Vom Sellajoch über den Friedrich-August-Steig zur Plattkofelhütte und weiter über die »Schneid«. Strecke: 13 km, Höhendifferenz: 400 Hm, Dauer: 4 Std.

Touren
→ Das Hochplateau des Schlern (2.563 m) kann über die Schlernhütte bestiegen werden. Strecke: 6 km, Höhendifferenz: 470 Hm, Dauer: 2:30 Std.

→ Auf die Roterdspitze bzw. den Großen Rosszahn (2.655 m) führt der Maximilian-Klettersteig (Schwierigkeit A/B) mit einer Kletterstelle. Abstieg über den Weg Nr. 4. Höhendifferenz Zustieg: 60 Hm, Dauer Zustieg: 15 Min., Aufstieg Steig: 300 Hm, Abstieg Steig: 150 Hm, Dauer Steig: 1:30 Std.

Tauferer Ahrntal
Edelrauthütte
→ Seite 218

Lage
2.545 m, Zillertaler Alpen

Hüttenwirt
Much Weissteiner

Übernachtung
12 Lagerplätze und 58 Betten, verteilt auf Vier- bis Achtbettzimmer

Geöffnet
Anfang Juni bis Anfang Oktober

Kontakt
+39/340/660 47 38
edelrauthuette.com

Zustieg
→ Der klassische Weg von Pfunders. Ausgangsort: Parkplatz in Dun, Strecke: 7,5 km, Höhendifferenz: 1.050 Hm, Dauer: 3:30 Std.

→ Der kürzeste Zustieg beginnt am Neves-Stausee (die Höhenstraße von Lappach zum See ist im Sommer gebührenpflichtig). Ausgangsort: Parkplatz am Neves-Stausee, Strecke: 3,9 km, Höhendifferenz: 690 Hm, Dauer: 2 Std.

Touren
→ Der Hochfeiler (3.509 m), der höchste Gipfel der Zillertaler Alpen, ist von der Hütte nur mäßig schwierig zu besteigen. Strecke: 4,9 km, Höhendifferenz: 1.200 Hm, Dauer: 3:30 Std.

→ Auf den zweithöchsten Gipfel der Zillertaler Alpen, den Großen Möseler (3.478 m), geht es über den Neveser Höhenweg und den Nevesferner. Strecke: 8,6 km, Höhendifferenz: 1.400 Hm, Dauer: 4 Std.

→ Der Pfunderer Höhenweg ist noch ein Geheimtipp und verläuft in 6 Etappen von Sterzing nach St. Georgen bei Bruneck. Auf der Edelrauthütte übernachtet man an Tag 5.

→ Auf dem Neveser Höhenweg kommt man der Gletscherwelt ganz nah. Ausgangsort: Parkplatz am Ostufer des Neves-Stausees, Strecke: 18,4 km, Höhendifferenz: 930 Hm, Dauer: 7 Std.

Vinschgau

Oberettes-hütte

→ Seite 228

Lage
2.670 m, Ötztaler Alpen

Hüttenwirte
Karin und Edwin Heinisch

Übernachtung
50 Betten in sieben Zimmern, 23 Schlafplätze im Lager (20 Schlafplätze im Winterlager)

Geöffnet
Mitte Juni bis Anfang Oktober

Kontakt
+39/340/611 94 41
oberettes.it

Zustieg
→ Der klassische Aufstieg vom hinteren Matschertal. Ausgangspunkt: Parkplatz Glieshof, Höhendifferenz: 895 Hm, Strecke: 6,2 km, Dauer: 3 Std.

→ Gerne verbindet man den Anstieg mit einem Abstecher zu den Saldurseen. Ausgangspunkt: Glieserhöfe, Strecke: 9 km, Aufstieg: 1.245 Hm, Abstieg 400 Hm, Dauer: 4:30 Std.

Touren
→ Für die Gletschertour auf die Königin der Ötztaler Alpen, die Weißkugel (3.739 m), sind eine Hochtourenausrüstung und sicheres Gehen am Seil erforderlich. Ausgangspunkt: Oberetteshütte, Strecke: 5,5 km, Höhendifferenz: 1.140 Hm, Dauer: 4:30 Std.

→ Die Saldurseen sind die höchstgelegene Seengruppe Südtirols und betten sich in ein geradezu mystisches Plateau. Der ausgesetzte Steig erfordert Trittsicherheit. Ausgangspunkt: Oberetteshütte, Strecke: 3,6 km, Aufstieg: 400 Hm, Abstieg: 243 Hm, Dauer: 2 Std.

Vinschgau

Sesvenna-hütte

→ Seite 230

Lage
2.256 m, Sesvennagruppe

Hüttenwirt
Markus Waldner

Übernachtung
50 Schlafplätze im Lager, 28 Plätze in Vier- und Sechsbettzimmern, sechs Winterräume

Geöffnet
Sommer: Mitte Juni bis Ende Oktober
Winter: Mitte Februar bis Anfang Mai

Kontakt
+39/0473/83 02 34
sesvenna.com

Zustieg
→ Von Schlinig gelangt man zunächst über einen breiten Weg, dann mit Steilstufe bei der Schwarzen Wand auf die Hütte. Der Weg ist auch für Biker befahrbar, die Steilstufe als Schiebepassage. Ähnlich ist es im Winter mit Skiern: Am Steilstück muss man den Sommerweg umgehen. Ausgangsort: Parkplatz Schlinig, Strecke: 5 km, Höhendifferenz: 560 Hm, Dauer: 2 Std.

Touren
→ Eine schöne, kurzweilige Tour führt über die Sesvennascharte und den gleichnamigen See auf den Föllakopf (2.878 m). Strecke: 3 km, Höhendifferenz: 600 Hm, Dauer: 2 Std.

→ Im Sommer wie im Winter eine spannende Tour: über die Sesvennascharte und den Sesvennaferner auf den Piz Sesvenna (3.204 m). Im Winter liegt das Skidepot unterhalb des Gipfelgrats. Strecke: 6 km, Höhendifferenz: 1.070 Hm, Dauer: 4 Std.

→ Eine legendäre Bike-Route: die beeindruckenden Tunnel der Uinaschlucht, vom Engadin kommend. Schiebe- und Tragepassagen. Ausgangspunkt: Sur En bei Scuol, Schweiz, Strecke: 13 km, Höhendifferenz: 1.220 Hm, Dauer: 4 Std.

Vinschgau

Similaunhütte

→ Seite 232

Lage
3.019 m, Ötztaler Alpen

Hüttenwirt
Markus Pirpamer

Übernachtung
30 Betten in Mehrbettzimmern (Doppel-, Vier-, Fünf- und Sechsbettzimmer) und 40 Plätze in Matratzenlagern

Geöffnet
Sommer: Mitte Juni bis Ende September
Frühjahr: Anfang März bis Ende April

Kontakt
+39/0473/66 97 11
similaunhuette.com

Zustieg
→ Der distanzmäßig kürzeste Weg steigt kontinuierlich steil vom Südtiroler Schnalstal über das Tisental an. Ausgangsort: Vernagt, Länge: 6 km, Höhendifferenz: 1.300 Hm, Dauer: 3:30 Std.

→ Vom Tiroler Ötztal steigt man durch das Niedertal zur Martin-Busch-Hütte auf und geht weiter über die Seitenmoräne des Niederjochferners zur Hütte. Ausgangsort: Vent, Länge: 12 km, Höhendifferenz: 1.230 Hm, Dauer: 5 Std.

Touren
→ Der Similaun (3.606 m) ist sommers wie winters eine beeindruckende und technisch relativ einfache (Ski-)Hochtour. Der Aufstieg führt über den spaltenreichen Niederjochferner. Länge: 2,5 km, Höhendifferenz: 590 Hm, Dauer: 2:30 Std.

→ Den Gipfel der Fineilspitze (3.514 m) erreicht man teils versichert über leichtes Klettergelände, teils über einen exponierten Grat via die Ötzi-Fundstelle am Tisenjoch. Länge: 2,7 km, Höhendifferenz: 500 Hm, Dauer: 2:30 Std.

→ Die Similaunhütte liegt (als höchstes Haus) auf der sechsten und letzten Etappe des Weitwanderwegs E5 von Oberstdorf nach Meran.

Impressum

4. Auflage 2021

Eine Zusammenarbeit mit dem Magazin Bergwelten (Red Bull Media House GmbH)

Medieninhaber, Verleger und Herausgeber
Red Bull Media House GmbH
Oberst-Lepperdinger-Straße 11–15
5071 Wals bei Salzburg, Österreich

Konzeption & Redaktion
Sissi Pärsch

Redaktion Touren
Riki Daurer, Christina Schwann

Korrektorat
Klaus Peham

Lektorat
Maria Köchler

Projektmanagement
Stephanie Winkler

Produktion
Benedikt Lechner

Art Direction & Design
Hammer Albrecht (Tom Albrecht, Daniel Hammer, Alexandra Varsek)

Illustration
Marion Kamper

Schriften
Chapter, Good Type Foundry
Atlas, Commercial Type

Umschlagabbildungen
Cover: Daniel Rogger
Backcover: Marco Rossi, Sam Strauss, Hans Herbig, Julian Bückers

Printed in
Europe

ISBN
978-3-7112-0005-1

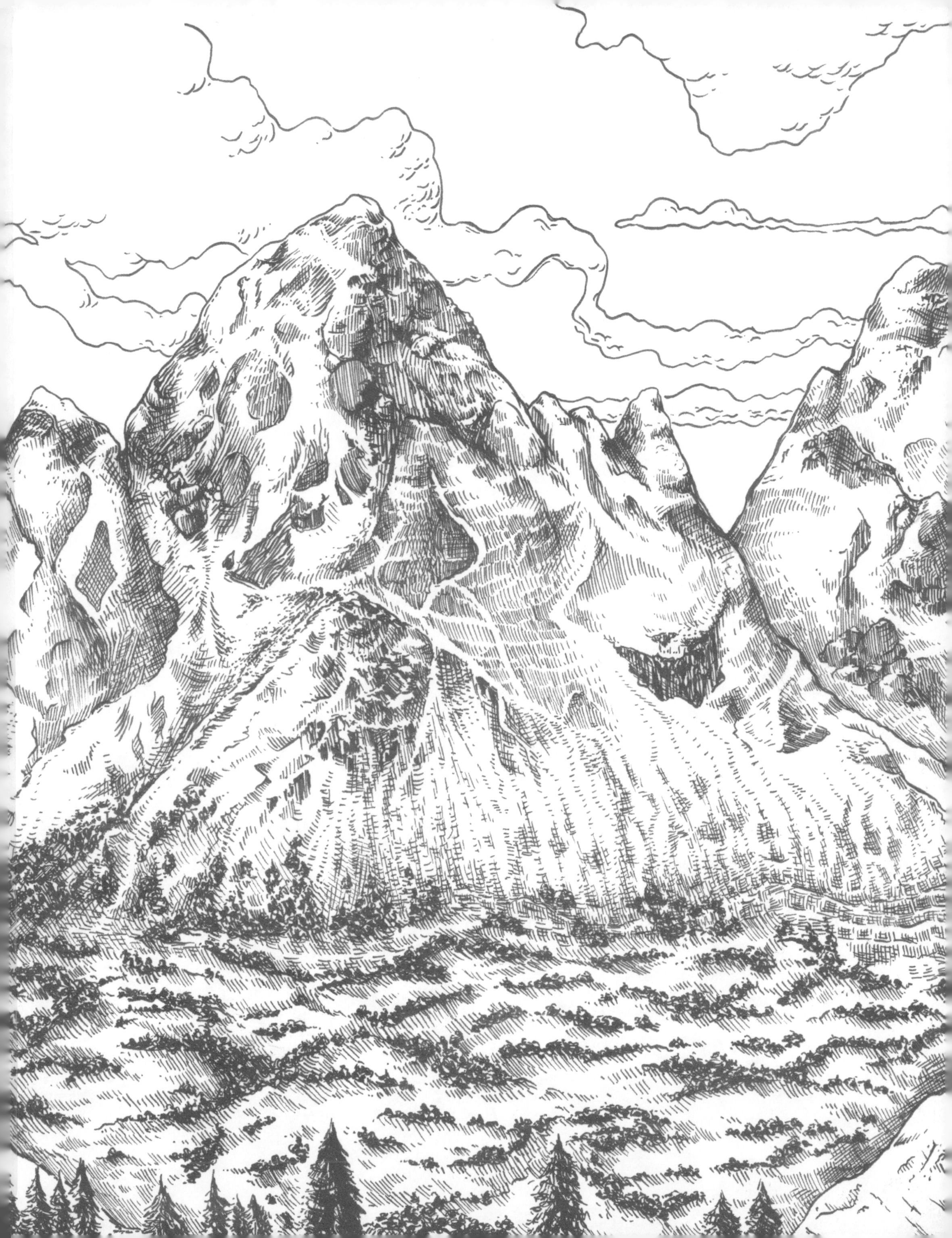

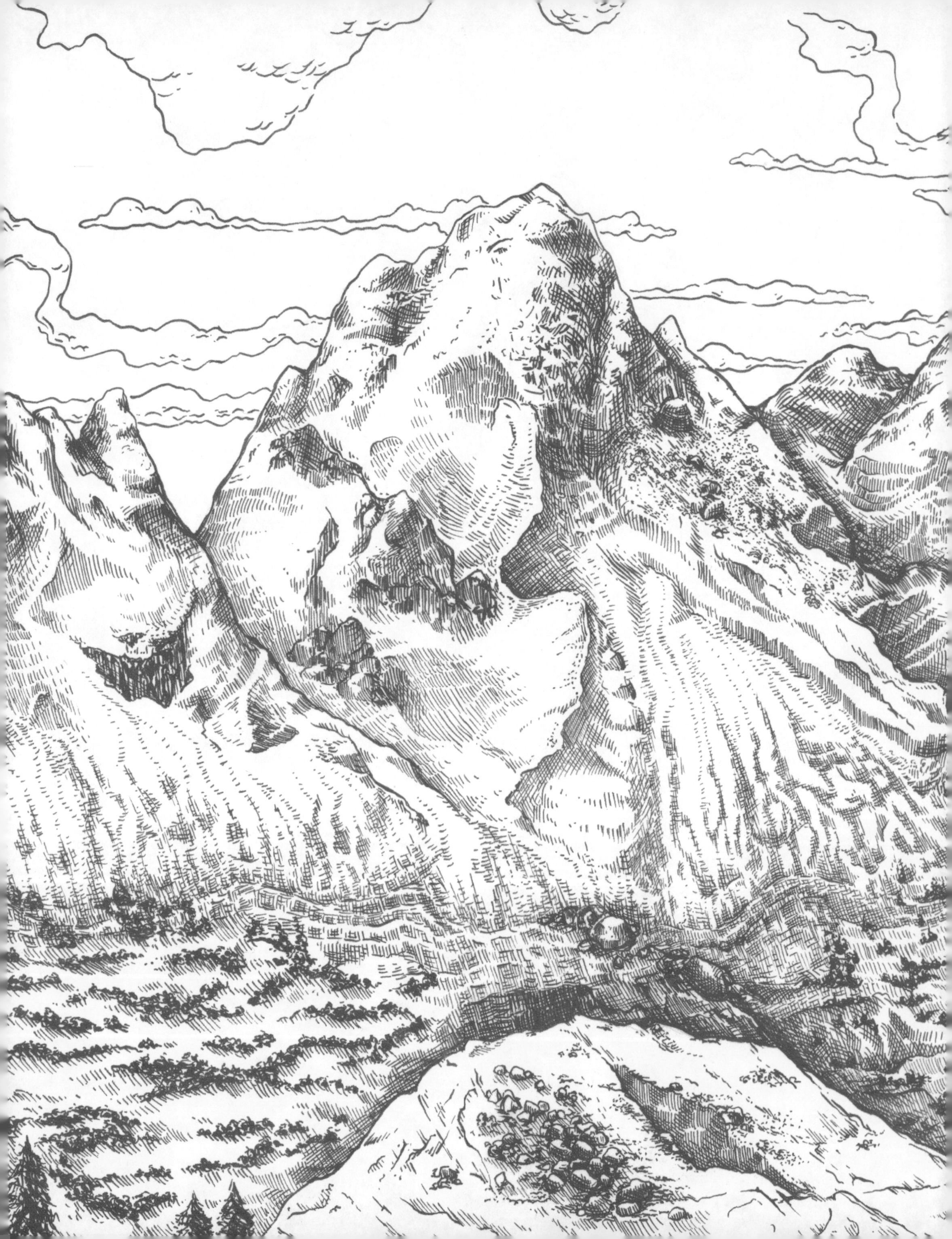